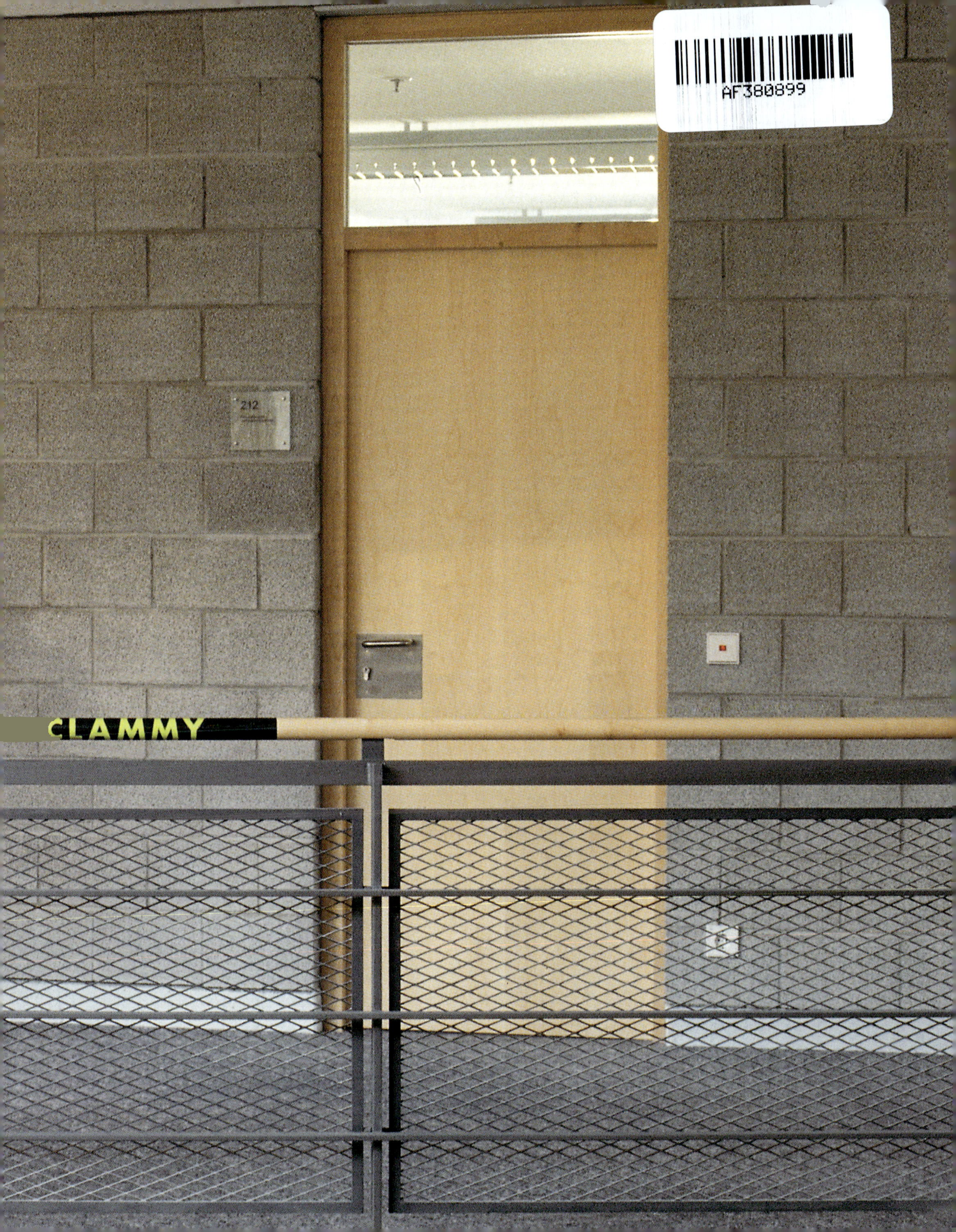

AF380899
212
CLAMMY

DIE PARKETT-REIHE MIT GEGENWARTSKÜNSTLERN / THE PARKETT SERIES WITH CONTEMPORARY ARTISTS

Book Series with contemporary artists in English and German, published three times a year. Each volume is created in collaboration with artists, who contribute an original work specially made for the readers of Parkett. The works are reproduced in the regular edition and available in a limited and signed Special Edition.

Buchreihe mit Gegenwartskünstlern in deutscher und englischer Sprache, erscheint dreimal im Jahr. Jeder Band entsteht mit Künstlern oder Künstlerinnen, die eigens für die Leser von Parkett einen Originalbeitrag gestalten. Diese Werke sind in der gesamten Auflage abgebildet und zusätzlich in einer limitierten und signierten Vorzugsausgabe erhältlich.

PARKETT NR. 55 ENTSTEHT IN COLLABORATION MIT • EDWARD RUSCHA, ANDREAS SLOMINSKI, SAM TAYLOR-WOOD • WILL BE COLLABORATING ON PARKETT NO. 55

JAHRESABONNEMENT (DREI NUMMERN) / ANNUAL SUBSCRIPTION (THREE ISSUES) SFR. 108.– (SCHWEIZ), DM 130,– (BRD), SFR. 118.– (ÜBRIGES EUROPA), US$ 80 (USA AND CANADA ONLY)

Zürichsee Druckereien AG (Stäfa) Satz, Litho, Druck/Copy, Printing, Color Separations

PARKETT-VERLAG AG, ZÜRICH, DEZ./JAN. 1998/99   PRINTED IN SWITZERLAND   ISBN 3-907582-04-7   ISSN 0256-0917

HEFTRÜCKEN / SPINE NO. 52–54: SYLVIE FLEURY
(Photograph from *Hot Rod Magazine* 2/98 by Terry Pellegrin & Jeff Koch)

Cover, front page: MARIKO MORI, MIKO NO INORI, 1996, video still, detail.

Inside cover page & flap / Klappe innen: BEAT STREULI, OXFORD STREET, 1998, c-print.

Cover flap & page 1 / Umschlagklappe & Seite 1: RONI HORN, YOU ARE THE WEATHER—MUNICH, 1997.

Back cover / Rückseite: BEAT STREULI, SYDNEY/MELBOURNE 97/98, 1998, c-print.

PARKETT   Zürich   New York   Frankfurt

Bice Curiger Chefredaktorin/Editor-in-Chief; **Jacqueline Burckhardt** Redaktorin/Senior Editor; **Louise Neri** Redaktorin USA/ Senior Editor US; **Susanne Schmidt** Textredaktion und Produktion/Editing and Production; **Trix Wetter · Hanna Koller** Graphik/Design; **Catherine Schelbert** Englisches Lektorat/Editorial Assistant for English; **Claudia Meneghini Nevzadi** Korrektur/Proof Reading

Beatrice Fässler Vorzugsausgaben/Special Editions; **Beatrice Aschmann** Buchvertrieb, Inserate/Distribution, Advertising; **Conradin Bernoulli** Abonnemente/Subscriptions; **Bettina Hubby** Redaktionsassistenz, Vorzugsausgaben und Marketing USA/Assistant Editor, Editions and Marketing US; **Monika Condrea** Abonnemente USA/Subscriptions US; **Katja Schenker** Volontariat/Traineeship, **Adrian Koerfer** Deutsche Verlagsvertretung/German Representative

Jacqueline Burckhardt – Bice Curiger – Dieter von Graffenried Herausgeber/Parkett Board; **Jacqueline Burckhardt – Bice Curiger – Dieter von Graffenried – Walter Keller – Peter Blum** Gründer/Founders

Dieter von Graffenried Verleger/Publisher

PARKETT-VERLAG AG, QUELLENSTRASSE 27, CH-8005 ZURICH, TEL. 41-1-271 81 40, FAX 41-1-272 43 01
PARKETT, NEW YORK, 155 AV. OF THE AMERICAS, N.Y. 10013, PHONE (212) 673-2660, FAX (212) 271-0704
PARKETT-VERLAG AG, TANNENWALDALLEE 17, D-61348 BAD HOMBURG, FAX 06172-937 444

Zukunftsmusik

Was sehen sie wohl, die hypnotisch erleuchteten Augen der Fee auf unserem Titelblatt? Die Rollen, welche Mariko Mori in ihren Bildern verkörpert, bündeln auf rätselhaft anziehende Art Unwirkliches und Wirkliches. Moris futuristische Phantasien erheben Anspruch auf Allgemeinverbindlichkeit. Japan hat sich in den letzten Jahren fest in der Vorstellungswelt der westlichen Jugend eingebürgert. Es ist sowohl als imaginäre wie reale Grösse ein vertrautes Universum, unabhängig davon, ob eine reale Begegnung mit der fremden Kultur je stattgefunden hat. Hinter Mariko Moris Bewusstseinsalchemie erkennen wir einmal mehr mit Staunen die wirklichkeitsbildende Kraft von Mythen.

Es ist, als wäre das Thema dieser Ausgabe jener imaginäre Teil der Wirklichkeit, der uns als schillernder Vorstellungsballon auf unseren bodenständig prosaischen Wegen begleitet. Denn auch die Werke von Roni Horn und Beat Streuli, die sich zwar in der Wahl der technischen Mittel meist im Bereich lapidarer Wirklichkeitsfixierung situieren, steuern vor allem die darin verborgenen Bilder und Energien an.

Beat Streuli photographiert Menschen sozusagen im Fluss der Masse. Das Ergebnis mag sich gänzlich konträr zu unseren diesbezüglich gesammelten Erfahrungen ausnehmen. Ein ganz kurzer Augenblick etwa beim Abstieg in die Unterwelt einer U-Bahn: Streulis Blick lässt die in ekstatisch schönes Licht getauchte urbane (Ur-)Szene zur lautlosen visuellen Oper gerinnen, in einer grossräumigen, mehrteilig rhythmisierten Diaprojektion. Die Wirkung des Wiedererkennens von «Pathosformeln» (Aby Warburg) wie Feierlichkeit, Gefasstheit, Insichgekehrtsein, Andächtigkeit ist umso nachhaltiger verwirrend, als in keiner Weise ein objektiver Grund für solche Gefühle besteht.

Zukunftsmusik? «Subjekte im fortgeschrittenen Kapitalismus mögen nach wie vor aufwachen und im Spiegel eine Kreatur aus Haut und Knochen vorfinden, aber in dem Moment, wo sie das grossstädtische Territorium betreten, werden sie zum Vehikel von Flüssen und Energien, von Körpern, Informationen und Waren, als Pendler, als Arbeitende, als Konsumenten.» Dies schreibt Norman Bryson zu Mariko Mori (S. 89) um dann allerdings in ihren Werken Visionen eines bereits so beweglichen und vergeistigten Menschen zu erkennen, dass er zum Engel oder Bodhisattva zu mutieren im Begriffe ist.

Roni Horn tätigt ihren Blick «in eine bewegte Vergangenheit, aber manchmal auch auf das, was kommt» auf einer Insel weitab vom global Urbanen, auf Island. Ihre Bilder von diesem Ort, der vom Wetter, einem extremen Klima und einer noch jungen geologischen Entstehungsgeschichte geprägt ist, lassen die Zeit für unseren Blick durchlässig werden: Wir sehen Vergangenheit, Gegenwart – gerade auch ihre urbane Variante – sowie die Zukunft mit neuen Augen. Die Gestalt unseres Planeten sei an wenigen Orten derart transparent, meint Horn (S. 37). Aber auch das Fragile seiner und unserer Existenz wird hier fühlbarer als anderswo: Das schärft und ernüchtert den Blick für die Zukunft, stärkt aber auch das Traumpotenzial.

What do those eyes see, those hypnotic, luminous eyes of the sprite on our cover? An enigmatic appeal emanates from the concentrated distillation of the real and the unreal in the roles Mariko Mori assumes in her pictures. Her futurist fantasies lay claim to a general, binding validity. In recent years, Japan has thoroughly imbibed the fantasy world of western youth. This universe, both imagined and real, is familiar without ever necessarily having been encountered at first hand. Behind Mariko Mori's alchemy of awareness, we are astonished to discover once again the power of myth to create reality.

It is as if the subject of this issue were that imaginary part of reality that accompanies us on our humdrum, prosaic paths as an iridescent balloon of fantasies. The works of Roni Horn and Beat Streuli also primarily target reality's hidden images and energies despite the understated, laconic fixation of reality entailed in their choice of technical means.

Beat Streuli could be said to photograph people as part of a flowing crowd, but the outcome may be diametrically opposed to our accumulated experience in this respect. For instance, a split second captured while descending into the underworld of a subway: Streuli's gaze immerses the urban (ur-)scene in ecstatically beautiful light, distilling it into a silent, visual opera in the immense, rhythmical projection of his slides. The effect of recognizing the "pathos formula," as Warburg called it, in emotions such as solemnity, composure, introspection, raptness is all the more disturbing due to the utter want of objective reasons for such feelings.

Dreams of the future? "Subjects under advanced capitalism may still wake up and discover in the mirror a creature of skin and bone; yet the moment they step out into the metropolitan field, they at once become a vector of flows and energies, of bodies, information and goods, as a commuter, as a worker, as a consumer." Having said this, Norman Bryson (p. 80) sees Mariko Mori's works as visions so agile and spiritualized that they mutate into angels or bodhisattvas.

Roni Horn reflects on "the rolling past and sometimes what's to come" in her studies of an island far removed from global urbanity: Iceland. The artist is particularly drawn to the unobstructed view that "lays out the planet with an expansiveness and transparence that exists in few other places" (p. 44). Her pictures of this place, marked by the weather, an extreme climate, and a still recent geological history, transform time and make it permeable to our gaze. It seems that the fragility of existence is more palpable here. The effect is sobering; it sharpens our view of the future and heightens the potential of dreams.

Bice Curiger

VINCENT KATZ

One Flight Up

Streetlights glow, reflected in puddles and on wet pavement. A chill runs through you, as you hurry up Fifth Avenue. You light another cigarette while waiting for the buzzer. Climb a flight of dingy stairs into a bright loft filled with the smoke of conversation and living.

Straight ahead is Frank Lima, boxer turned poet, genius of the fire escape and "Mom, I'm All Screwed Up." He's without his beautiful wife Sheyla and hangs a little dully, eyes staring forward, preoccupied. His curly coif signals an entrance to this fête, a watchful Cerberus easily subdued by wit or intellect. No, wait! There's Sheyla, her back to us, leaning to the left as though interested in hearing what someone is saying, her dark brown hair pulled back in a pony tail. She is so elegant—what could one possibly say to her?

Let's talk to Sandy instead. Is Ted here? Sandy is refined, glasses and white shirt with red beaded necklace defining her radical intelligence. Ted Berrigan can be made out in the distance barreling across the room in a red sweater over dark blue shirt to grab Lewis Warsh by the arm or perhaps ask Henry Geldzahler a question.

Sheyla is talking to Jane Freilicher while Joe looks the other way, somewhat distantly. Not that Joe is not present. He's just behind Jane, walking over to talk with Yvonne, whose stunning red hair is pulled up so that only select wisps are allowed to flutter around her ears. Her silver dress is the most psychedelic thing here, followed closely by Paul Taylor's shirt and Harry Matthews's tie.

You saunter over to a large painting table which has been given over to bottles of whiskey, wine, vod-

VINCENT KATZ, Alex Katz's son, is a poet and critic. He edited Alex Katz's book of memoirs, *Invented Symbols* (Cantz, Ostfildern, Germany, 1997).

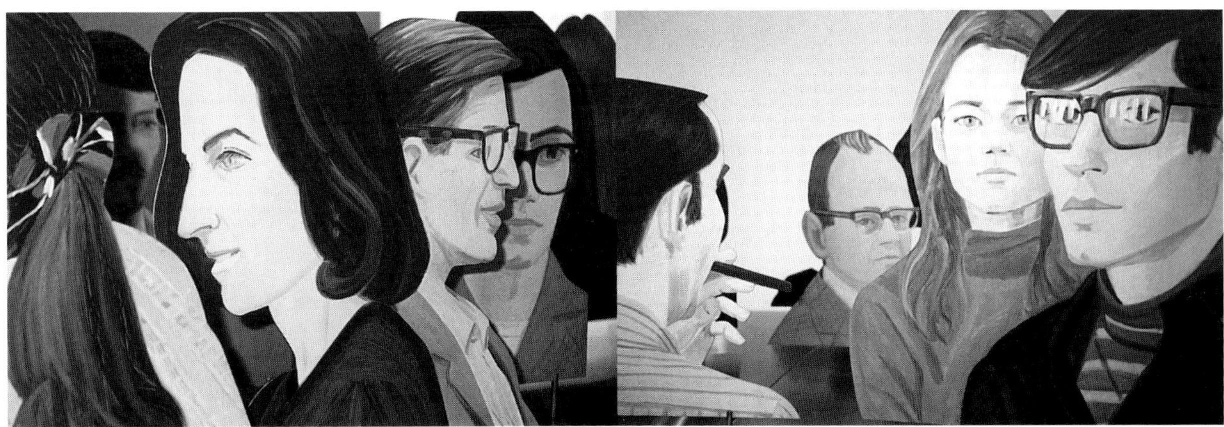

ka, and a case of beer. You pour yourself a tall whis-key and greet your hostess. Ada is some few paces in front of you, wearing a jacket with fur collar over an orange sweater. You chat about the latest Kenneth Koch play, your plans for the summer.

There is something odd about this gathering. As you circle it, you realize it is impenetrable. You can go and talk to anyone you want, just pull someone away and start berating or ask what they think of D'Arcangelo's latest. It's more than that. It forms a closed circle. You are some kind of rude alien, unable to penetrate the calm of these urbane faces. It is socially and physically impossible. Some people have their backs to you, and even the ones facing you seem contained in their own worlds.

Everyone is smoking, from the echoing angles of Al Held's and Irving Sandler's cigars to Christopher Scott's cigarette poised at eye level, required accou-trement for making the precise point that needs

being made. There is a pleasing mix of formal and informal. Joe Brainard, Kenward Elmslie, John Ash-bery, Ron Padgett, and Harry Matthews (the poets!) in ties; Paul Taylor, John Button, and Scott Burton without. Bill Berkson, poet, critic, and Top Ten Best Dressed List, is wearing a black turtle neck with cash-mere jacket and pinky ring.

For the women, it is the era of letting their hair down. Their lush tresses flow—Maxine Groffsky's reddish mane, Linda Schjeldahl with purple tassle earrings matching her dress, Patty Padgett alluring in long hair parted down the middle and black shirt with baby Wayne. On the other side of the room, Anne Waldman hangs with Lewis, she in lavender and crimson, he in brown-and-orange striped turtle-neck under dark blue collared shirt.

A typical gathering such as one might find at any of a number of locations on any of many evenings in this city of New York in this year of 1968. It happens to be happening right now, but one can never look at it, when one is in it. One simply cannot step back and say, "Wait a minute! This is the most exciting place in the world at this moment!" They would probably ask to you to lie down for a minute, and perhaps you would do that, taking comfort in the big pile of coats on the bed, mingling in a huge orgy of fabric and style, just as attitudes, stances, demeanors, pitches, and tones of voice are mingling on the other side of the loft.

This is a space where people—a family—live. It is also a space where one's daily occupation is undertaken—fashioning art, or more precisely coming to terms with the aesthetic and technical demands one feels incumbent upon oneself to entertain, each day, for eternity. At the moment, however, it is a very different space, for it is a space containing the vital energy of a shifting group of personages, a high informal cultural elite. Anyone can enter this company, provided he come accompanied by brilliance and grace. These are the tools-in-trade of the New York art world. You must be able not only to inform or entertain. You must be able to charm.

The painter Alex Katz has decided to have a cocktail party. Instead of having the usual, real, party, he will have the cocktail party of his imagination. He starts inviting people over, one by one, or in pairs, at different times. When they come to his loft on Fifth Avenue and Twenty-third Street, he paints their portraits on thin aluminum sheets. In the first session, he paints their outline in cadmium yellow or orange. Then he cuts the portrait—in this case always a bust-height image—out from the sheet of aluminum. In the next session, he supplies the tones, as he would on a painting.

Little by little, over the winter, the guests accumulate around his studio. Posing for Alex is not a tedious process. He paints quickly and likes to engage his sitters in conversation, so that their faces remain lively, lifelike. Over the course of painting this series of portraits, Alex is having his own private cocktail party, as he gets to interact with each subject personally, telling stories, catching up on what they've been reading.

It is largely a mixture of painters and poets, with a sprinkling of others—a choreographer, a curator, a

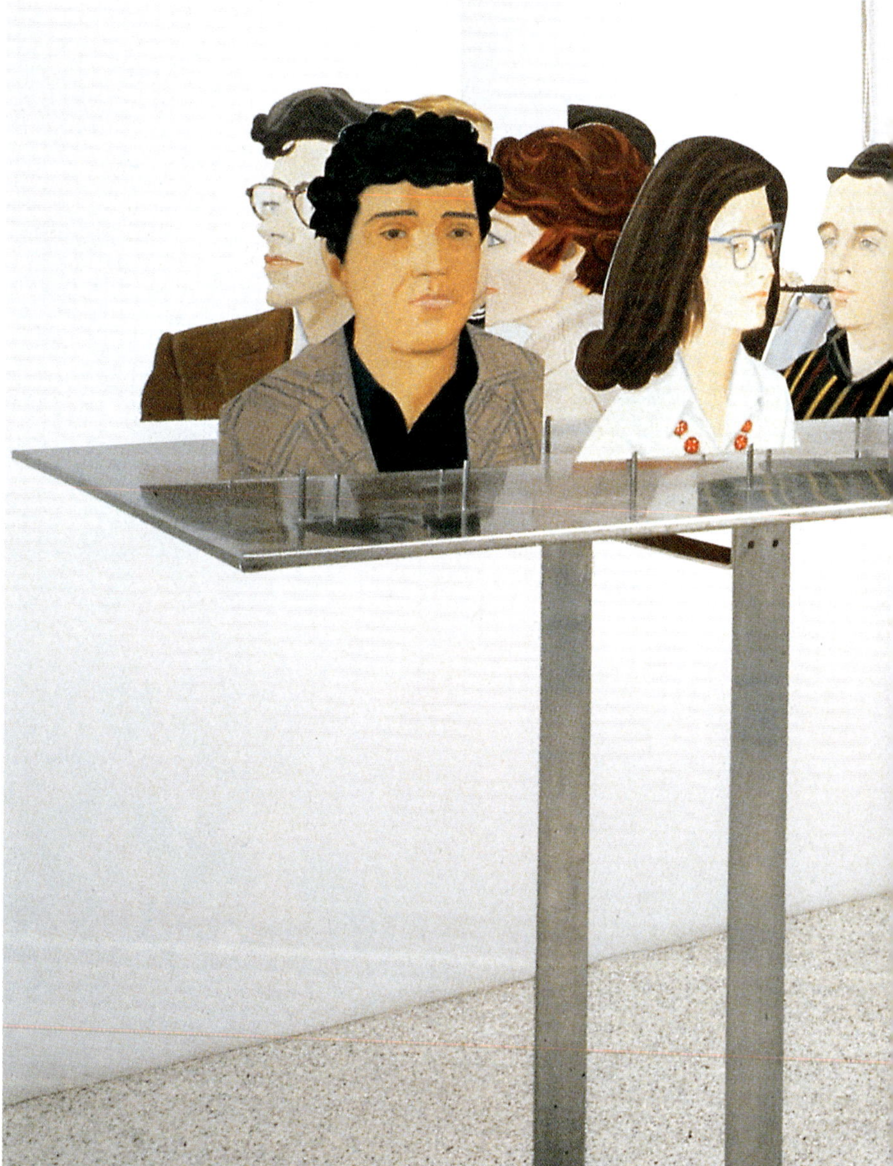

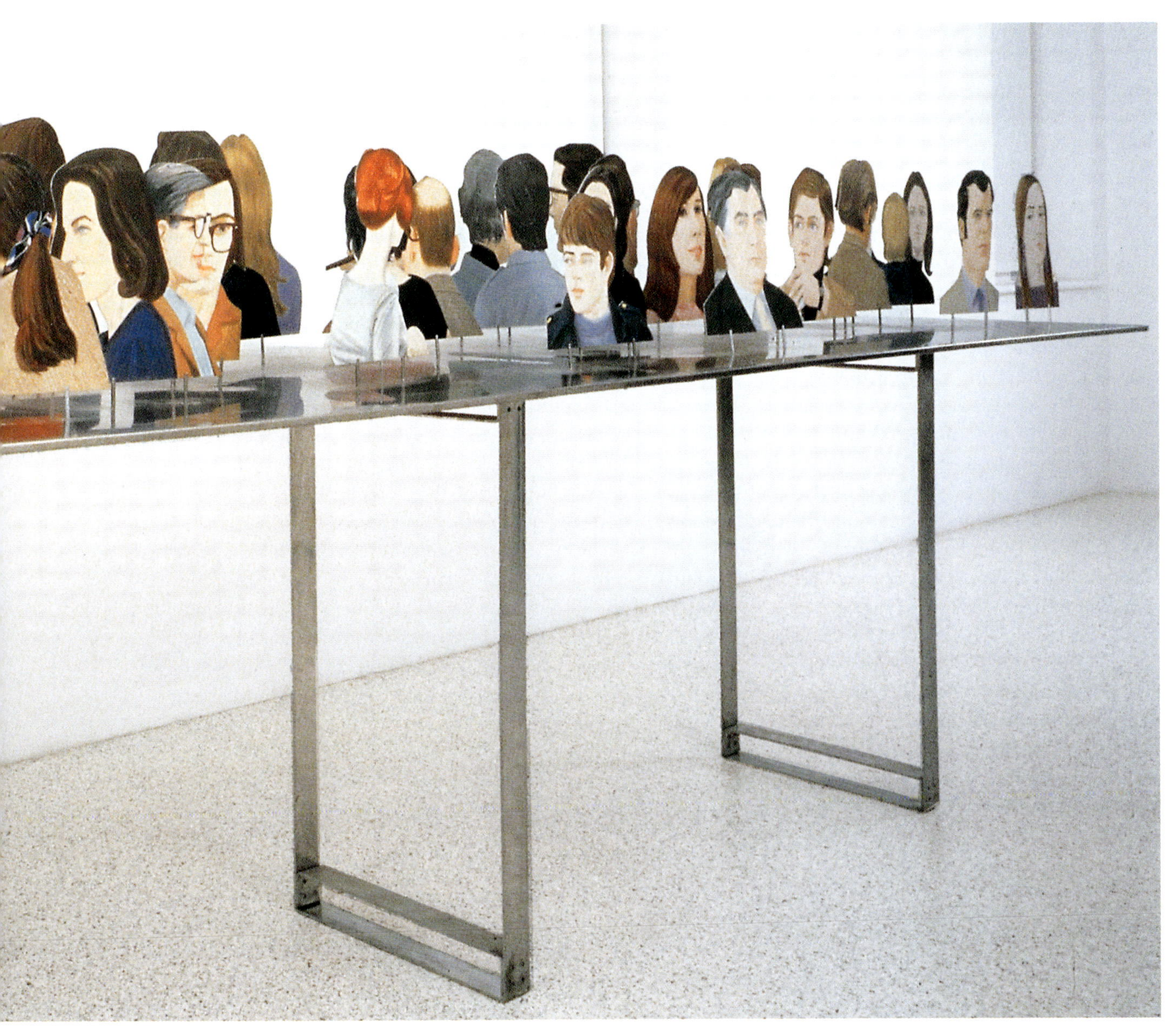

couple of critics—thrown in. Finally, when he decides there's a big enough crowd, Katz assembles the group for their imaginary gathering. He constructs a table four feet high, fifteen feet long, three feet ten inches wide, covered in unpainted stainless steel, with three modern-looking supports. On top of this shiny pedestal, he mounts his guests, each on two two-inch metal pegs.

This last detail is crucial, for it causes the figures to float in space. If they had been mounted directly to the table, the effect would have been much more static. With this breathing room beneath them and the obvious space between the figures, Katz uncannily gives the viewer the impression of visiting a group of people at a party. They are selected at one particular moment in 1968, but they are not frozen. They are in mid-thought, mid-gesture, mid-word, mid-listen. Their ingenuousness and calm directness are forever on the cusp of that next moment. The viewer feels as though he has been given some sacred license to go back in time and feel what it was like to be at such a party. One can walk around this group, receiving a constantly shifting relationship of figures, some becoming hidden as others come into view, just as in a real party. One can view the party from each of the two long sides, as every panel is painted on both sides. Although each panel is two-dimensional, the piece as a whole is three-dimensional. One needs to walk around it, to see it in motion, to experience its full effect. There is no front to the piece, no optimum position from which to view it.

It is in the period when Katz has moved from the free brushwork of his paintings of the 1950s (when he also first started making cutouts, painted then on wood) to a cleaner, more finely lined style, while maintaining the openness in tone and light he had achieved in his early work. In these cut-out portraits of a society, like a collection of Roman portrait busts, you are drawn to the precise lines of eyelashes and lips, the delicate way the paint is applied, never congealing as one might expect from such tight painting.

In fact, it is the light, or lights—the varieties of artificial light in which Katz has painted his subjects—that gives this piece its compelling cumulative realism. Each person or couple is painted in an individual, unschematic light, and is seen by the viewer individually, while composing part of an overall harmony, as in a large-scale painting by Tintoretto.

There are interesting optical plays, particularly in the couples. In the portrait of Anne Waldman and Lewis Warsh, for instance, in the frontal view Lewis is in the foreground, while from behind, he is behind Anne. This is partially dictated by the shapes of the cut-out aluminum, when Katz would come to paint the reverse of an already painted image. It is also partially a choice, a dislocation, imperceptible at first but which later adds a dynamic to the time-based viewing of the entire piece. In another couple, Henry Geldzahler and Scott are facing each other from one side and are back to back from the other. Philip

Pearlstein and his wife Dorothy, on the other hand, are both frontal and then both seen from behind. The busts are arranged so that, at any given moment, the viewer is confronted by a mixture of faces and backs.

The Katz glamour effect is at work in this piece. Everyone looks their best, their most beautiful, most interesting, intelligent, poised, circumspect. No one is intruding on anyone else. In fact, the expected artificiality of conversational poses is avoided. Everyone appears to be floating, self-consciously weighing the situation before making their move. It is this weightless free-float which gives the piece its gesture, its timeless expectancy, its eternal life.

You realize then that someone is missing, someone crucial to this world, the critical link between poets and painters, their center. Frank O'Hara would have been present, no doubt, had this party taken place in 1966 or 1965, but by 1968 he has vanished from the earth's surface, and the crowd here is poised to enter a new decade with its concomitant migrations and changes of scale and color. In fact, this is the last year Alex and Ada will be on Fifth Avenue. By the end of 1968, they will move to Soho.

Thirty years after its creation, some of the people in ONE FLIGHT UP have died, but the majority are still with us. It is unusual in our time as a portrait of a society, particularly a society so close to the center of the art world. Being a collective portrait of a group, ONE FLIGHT UP brings into focus more sharply than most pieces the evanescence of the moment. At the same time, it causes one to question the very idea of personality as something distinct from façade.

You stand back on the street again, fumbling for matches. You can't find any, but fortunately someone passes and gives you a light. It must be 2 a.m. Your head is a little foggy, and in the light rain the colors look even keener, bright green and red reflections on asphalt, neons, and headlights of Checker cabs. You feel stimulated, perhaps over-stimulated. You want to share your impressions with someone. It appears you've left something back at the party, something irreplaceable. You head for home. There's always tomorrow and the next party.

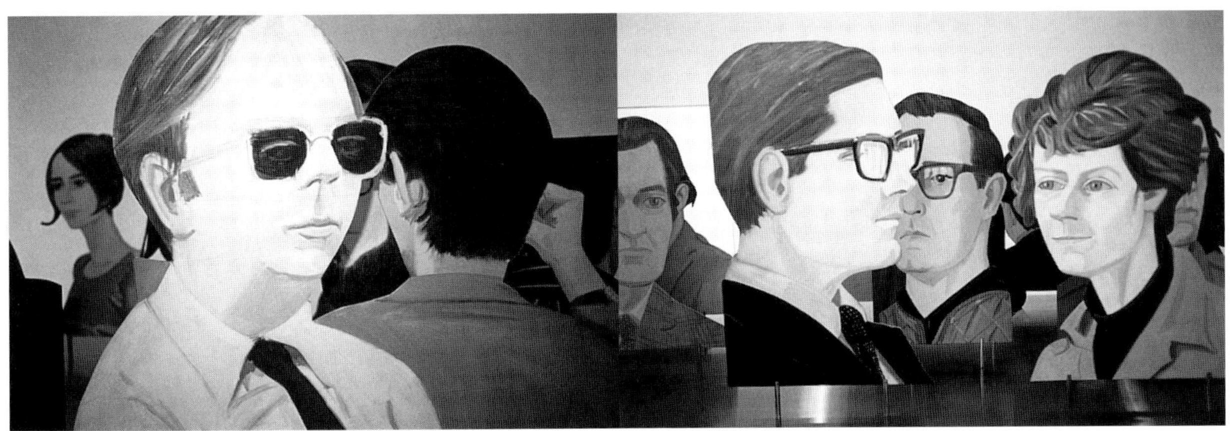

höher
Eine Treppe

VINCENT KATZ

Das Licht der Strassenlampen spiegelt sich in Pfützen und auf dem nassen Asphalt. Ein Frösteln kriecht in dir hoch, während du die Fifth Avenue hinaufeilst. Beim Warten auf das Summen des Türöffners zündest du dir noch eine Zigarette an. Kraxelst dann die abgewetzte Treppe hoch, hinein in einen hellen Loft, der vom Qualm der Gespräche und des Lebens erfüllt ist.

Geradeaus ist Frank Lima, der zum Dichter gewordene Boxer, das Genie der Feuerleiter und des «Mama, ich bin völlig erledigt». Er ist ohne seine schöne Frau Sheyla hier und hängt ein bisschen schlapp herum, den Blick gedankenverloren geradeaus gerichtet. An seiner Kraushaarmähne muss jeder vorbei, der an dieser Fete teilnehmen will, ein wachsamer Zerberus, der mit etwas Witz und Intellekt aber leicht zu besänftigen ist. Nein, halt! Da ist ja Sheyla, mit dem Rücken zu uns, etwas nach links geneigt, als höre sie interessiert jemandem zu, ihr dunkelbraunes Haar nach hinten zu einem Pferdeschwanz zusammengebunden. Sie ist so elegant – was könnte man schon zu ihr sagen?

Reden wir stattdessen mit Sandy. Ist Ted da? Sandy ist eine edle Erscheinung, wobei Brille, weisses Hemd und rote Halskette auf ihren scharfen Verstand schliessen lassen. Ted Berrigan kann ausfindig gemacht werden, wie er weiter hinten in roter Jacke und dunkelblauem Hemd durch den Raum wieselt

---

VINCENT KATZ, der Sohn von Alex Katz, ist Schriftsteller und Kritiker. Er hat die Memoiren von Alex Katz herausgegeben, Invented Symbols (Cantz, 1997).

um Lewis Warsh am Arm zu packen oder vielleicht Henry Geldzahler eine Frage zu stellen. Sheyla spricht mit Jane Freilicher, während Joe etwas abwesend in eine andere Richtung schaut. Nicht dass Joe nicht präsent wäre. Er steht unmittelbar hinter Jane und geht jetzt hinüber um mit Yvonne zu sprechen, deren knallrotes Haar radikal hochgekämmt ist, nur ein paar auserwählte Strähnen dürfen ihre Ohren umspielen. Ihr silbernes Kleid ist das mit Abstand Psychedelischste auf dieser Party, dicht gefolgt von Paul Taylors Hemd und Harry Matthews' Krawatte.

Du schlenderst hinüber zu einem grossen Maltisch, der den Flaschen geopfert worden ist: Whiskey, Wein, Wodka und eine Kiste Bier. Du schenkst dir einen grossen Whiskey ein und begrüsst die Gastgeberin. Ada steht wenige Schritte vor dir, sie trägt eine Jacke mit Pelzkragen und darunter einen orangen Pullover. Ihr sprecht über das letzte Stück von Kenneth Koch, eure Pläne für den Sommer. Diese Gesellschaft ist irgendwie seltsam. Während du die Runde machst, realisierst du, dass du nicht hineinfindest. Du kannst zwar jede beliebige Person ansprechen und mit ihr reden, einfach jemanden beiseite nehmen und losschimpfen oder fragen, was er oder sie von D'Arcangelos neustem Werk hält. Mehr als das. Es ist eine geschlossene Gesellschaft. Du bist eine Art ungehobelter Fremder, unfähig hinter die ruhigen Gesichter dieser Stadtmenschen zu blicken. Es ist gesellschaftlich und physisch ein Ding der Unmöglichkeit. Manche drehen dir den Rücken zu und selbst jene, die in deine Richtung schauen, scheinen sich in einer anderen Welt zu bewegen.

Alle rauchen. Von den miteinander korrespondierenden Winkeln der Zigarren von Al Held und Irving Sandler bis zu Christopher Scotts in Augenhöhe gehaltener Zigarette: ein unabdingbares Accessoire um wirklich präzis sagen zu können, was gesagt werden muss. Das Ganze ist eine ansprechende Mischung formeller und zwangloser Elemente. Joe Brainard, Kenward Elmslie, John Ashbery, Ron Padgett und Harry Matthews (die Dichter!) in Krawatten; Paul Taylor, John Button und Scott Burton ohne. Bill Berkson, Dichter, Kritiker und einer der zehn bestgekleideten Männer, trägt einen schwarzen Rollkragenpullover mit Kaschmirjacke und einen Ring am kleinen Finger.

Die Frauen tragen jetzt das Haar vermehrt lang und offen. Frei fliesst die üppige Pracht – Maxine Groffskys rötliche Mähne, Linda Schjeldahl, die Ohren mit lila Troddeln behängt, Patty Padgett verführerisch mit langem in der Mitte gescheiteltem Haar, schwarzer Bluse und Baby Wayne. Am anderen Ende des Raums lungern Anne Waldman und Lewis herum, sie in Lavendel und Karmesinrot, er mit einem braunorange gestreiften Rollkragenpulli unter dem dunkelblauen Hemd.

Es ist eine für das New York von 1968 charakteristische Gesellschaft, wie man sie an irgendeinem Ort und irgendeinem Abend jenes Jahres antreffen kann. Tatsächlich spielt sich alles genau hier und jetzt ab, aber man hat den Blick dafür nicht, wenn man selbst mittendrin ist. Es ist einfach nicht möglich, einen Schritt Abstand zu nehmen und zu sagen: «Halt! Dies ist im Moment der spannendste Ort der Welt!»

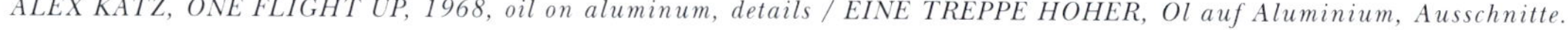

ALEX KATZ, ONE FLIGHT UP, 1968, oil on aluminum, details / EINE TREPPE HÖHER, Öl auf Aluminium, Ausschnitte.

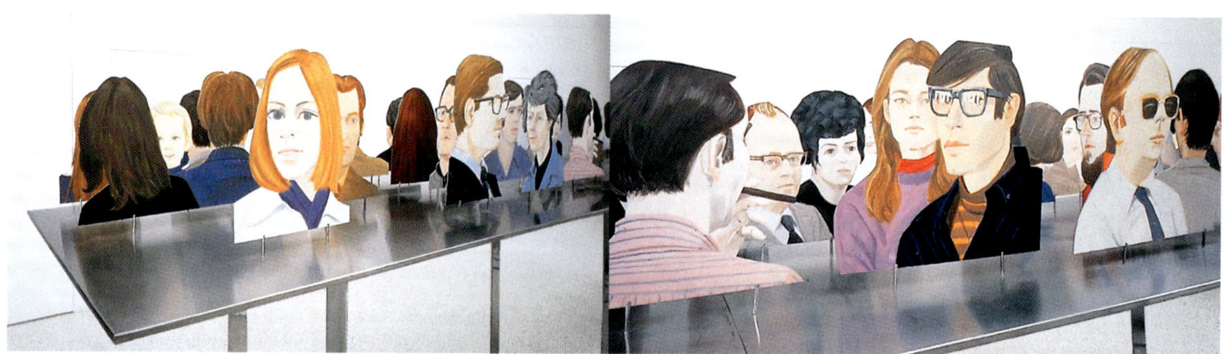

Die andern würden dich vermutlich bitten dich einen Augenblick hinzulegen und du würdest es wohl auch tun und dich etwas entspannen im Mantelhaufen auf dem Bett, wo sich Materialien und Stile ein orgiastisches Stelldichein geben, genau wie die verschiedenen Positionen, Posen und Verhaltensweisen, Lautstärken und Stimmlagen am anderen Ende des Lofts.

Dies ist ein Raum, der von Menschen – einer Familie – bewohnt wird. Es ist auch ein Raum, in dem täglich Arbeit verrichtet, Kunst gemacht wird, genauer: wo die Auseinandersetzung mit den ästhetischen und technischen Herausforderungen, die man sich anzunehmen genötigt fühlt, ausgetragen wird, Tag für Tag, ohne Ende. Gerade jetzt ist es allerdings ein ganz anderer Raum, denn es ist ein Raum, der erfüllt ist von der pulsierenden Vitalität einer sich ständig verändernden Gruppe von Leuten, einer erlesenen inoffiziellen kulturellen Elite. Jede und jeder kann zu dieser Gesellschaft stossen, vorausgesetzt er oder sie bringt Geist und Charme mit. Das ist der Schlüssel zur New Yorker Kunstszene. Du musst nicht nur Inhalte vermitteln oder die Leute unterhalten können. Du musst sie bezaubern.

Der Maler Alex Katz hat beschlossen eine Cocktailparty zu geben. Aber statt wirklich eine der üblichen Partys zu geben, gibt er diese Cocktailparty in seiner Phantasie. Er beginnt Leute zu sich einzuladen, jeden oder jedes Paar für sich, zu verschiedenen Zeiten. Wenn sie in seinen Loft Ecke Fifth Avenue und dreiundzwanzigste Strasse kommen, malt er ihr Porträt auf dünnes Aluminiumblech. In der ersten Sitzung malt er ihre Umrisse in Kadmiumgelb oder Orange. Dann schneidet er das Porträt – in diesem Fall ein Brustbild – aus. In der nächsten Sitzung fügt er die Farbe hinzu, genau wie bei einem Gemälde.

Nach und nach, den ganzen Winter hindurch, werden die Gäste in seinem Atelier immer zahlreicher. Für Alex Modell zu sitzen ist keine langweilige Angelegenheit. Er malt schnell und verwickelt seine Modelle gern in Gespräche, so dass ihre Gesichter lebendig bleiben wie im normalen Leben auch. Während er diese Porträtserie malt, hält Alex seine eigene kleine Cocktailparty ab, indem er mit jedem Gegenüber persönlich spricht, ihm Geschichten erzählt und erfährt, was es jeweils gerade gelesen hat.

In der Hauptsache ist es eine Mischung aus Malern und Dichtern, dazwischen spärlich eingestreut ein paar andere: ein Choreograph, ein Ausstellungsmacher, einige Kritiker. Als er schliesslich findet, es seien genügend Leute beisammen, arrangiert Katz die Gruppe zu einem imaginären Treffen. Er baut einen Tisch von 120 Zentimeter Höhe, 450 Zentimeter Länge und 115 Zentimeter Tiefe auf drei modern wirkenden Füssen aus unbemaltem rostfreiem Stahl. Oben auf diesen schimmernden Sockel pflanzt er seine Gäste, jeden auf zwei fünf Zentimeter hohen Metallstelzen.

Dieses letzte Detail ist entscheidend, denn es lässt die Figuren im Raum schweben. Wären sie direkt auf den Tisch montiert worden, würden sie sehr viel statischer wirken. Indem er zwischen und unter den Figuren Raum zum Atmen lässt, vermittelt Katz dem Betrachter auf unheimliche Weise den Eindruck, er treffe eine Gruppe von Leuten auf einer Party.

Sie wurden in einem bestimmten Augenblick des Jahres 1968 erfasst und festgehalten, aber sie sind nicht erstarrt. Sie sind mitten in einem Gedanken, einer Geste, einem Wort, mitten im Zuhören begriffen. Ihre Aufmerksamkeit ist ruhig und direkt für immer auf den unmittelbar bevorstehenden Moment gerichtet. Der Besucher hat ein Gefühl, als habe er eine höhere Weihe erhalten, die ihm erlaubt die Zeit zurückzudrehen und zu erleben, wie es war auf so einer Party. Man kann sich um die Gruppe herum bewegen, so dass sich das Verhältnis zwischen den Figuren laufend verändert; einige verschwinden, während andere sichtbar werden, genau wie auf einer wirklichen Party. Man kann das Ganze von beiden Seiten her betrachten, da alle Tafeln beidseitig bemalt sind. Obwohl die Tafeln selbst nur zweidimensional sind, ist das Werk insgesamt dreidimensional. Man muss darum herumgehen, damit es in Bewegung gerät und seine volle Wirkung entfalten kann. Es hat keine Vorderseite und es gibt keine Idealposition für den Betrachter.

Es fällt in die Zeit, als Katz sich vom freien Pinselstrich seiner Bilder der 50er Jahre zu lösen begann (und auch seine ersten – damals noch auf Holz gemalten – Figuren auszuschneiden anfing) und einen «reinlicheren» Stil mit klareren Linien entwickelte, wobei er die Offenheit der Farb- und Lichtgebung, die er in seinem Frühwerk erreicht hatte, beibehielt. Bei diesen ausgeschnittenen Gesellschaftsporträts, die einer Sammlung von römischen Porträtbüsten gleichen, fällt einem auf, wie exakt die Linien der Wimpern und Lippen gezogen sind, wie sorgfältig die Farbe aufgetragen wurde, die nirgends stockt und unregelmässig ist, wie das bei einem so satten Farbauftrag durchaus zu erwarten wäre.

Tatsächlich ist es das Licht oder sind es die Lichter – die unterschiedlichen künstlichen Beleuchtungen, bei denen Katz seine Sujets gemalt hat –, welche den auffälligen und bei längerer Betrachtung zunehmenden Realismus dieses Werks ausmachen. Jede Person und jedes Paar wurde in einem individuellen, nicht vorgegebenen Licht gemalt und wird vom Betrachter auch individuell wahrgenommen, obwohl sie oder es zugleich Bestandteil einer umfassenden harmonischen Ordnung ist, wie in einem grossformatigen Gemälde von Tintoretto.

Dabei gibt es interessante optische Spielereien, besonders bei den Paaren. Im Porträt von Anne Waldman und Lewis Warsh, zum Beispiel, ist Lewis von vorn betrachtet im Vordergrund, während er von hinten betrachtet hinter Anne steht. Zum Teil ergab sich das durch die Form der ausgeschnittenen Aluminium-Figuren, wenn es ans Malen der Rückseite einer bereits gemalten Figur ging. Zum Teil war es auch eine freie Entscheidung, eine Verschiebung, die zunächst kaum wahrnehmbar ist, später aber, bei der einige Zeit in Anspruch nehmenden Betrachtung des ganzen Werks, eine gewisse Dynamik hinzufügt. Bei einem anderen Paar, Henry Geldzahler und Scott, sehen die beiden einander von der einen Seite her betrachtet an, während sie einander auf der anderen Seite den Rücken zukehren. Philip Pearlstein und seine Frau Dorothy wiederum sieht man beide einmal frontal von vorn, einmal von hinten. Die Figuren sind so angeordnet, dass der Betrachter sich in jedem Moment sowohl Gesichtern als auch Hinterköpfen und Rücken gegenübersieht.

Der Katzsche Glamour-Effekt spielt in diesem Werk: Alle schauen gut aus und sind in ihrem schönsten, intelligentesten, ausgeglichensten und umsichtigsten Moment festgehalten. Keiner belagert den andern und ist aufdringlich. Selbst das zu erwartende Gekünstelte der Konversations-Posen wurde vermieden. Alle scheinen in der Schwebe zu sein und sich bewusst Rechenschaft über die Situation abzulegen, bevor sie den nächsten Schritt tun. Es ist dieser gewichtslose Schwebezustand, der dem Werk seine Kraft verleiht und es in zeitloser Erwartung des Kommenden dauernd lebendig erhält.

Dann bemerkt man, dass jemand fehlt, jemand der wichtig ist für diese Welt, das entscheidende Bindeglied zwischen Dichtern und Malern, ihr Mittelpunkt. Frank O'Hara wäre ohne Zweifel dabei gewesen, hätte diese Party 1966 oder 1965 stattgefunden, aber 1968 ist er von der Erdoberfläche verschwunden und die hier versammelten Menschen sind gefasst und bereit für ein neues Jahrzehnt mit allen dazugehörenden Verlagerungen und Veränderungen von Mass und Farbe. Tatsächlich ist es das letzte Jahr, das Alex und Ada an der Fifth Avenue verbringen. Ende Jahr werden sie nach Soho umziehen.

Dreissig Jahre nach der Entstehung von ONE FLIGHT UP (Eine Treppe höher, 1968) sind einige der darin abgebildeten Leute gestorben, die meisten aber sind noch da. Für unsere Zeit ist dieses Porträt einer Gesellschaft und insbesondere einer Gesellschaft, die so eng mit dem Zentrum der Kunstszene verbunden ist, ungewöhnlich. Als kollektives Porträt einer Gruppe hebt ONE FLIGHT UP das Flüchtige des Augenblicks deutlicher hervor als die meisten Kunstwerke. Zugleich wirft es die Frage auf, ob Persönlichkeit und äussere Erscheinung wirklich zwei verschiedene Dinge sind.

Du stehst wieder auf der Strasse, suchst nach Streichhölzern. Du findest sie nicht, aber glücklicherweise kommt gerade jemand vorbei und gibt dir Feuer. Es muss zwei Uhr morgens sein. Du bist etwas benebelt und im leisen Regen wirken die Farben noch kräftiger, helles Grün und rote Lichter auf dem Asphalt, Leuchtreklamen und Scheinwerfer von Patrouillenfahrzeugen. Du bist angeregt, vielleicht auch etwas überreizt. Du willst das Erlebte mit jemandem teilen. Es ist, als ob du auf der Party etwas Unersetzliches zurückgelassen hättest. Du machst dich auf den Heimweg. Es gibt immer noch ein Morgen und die nächste Party.

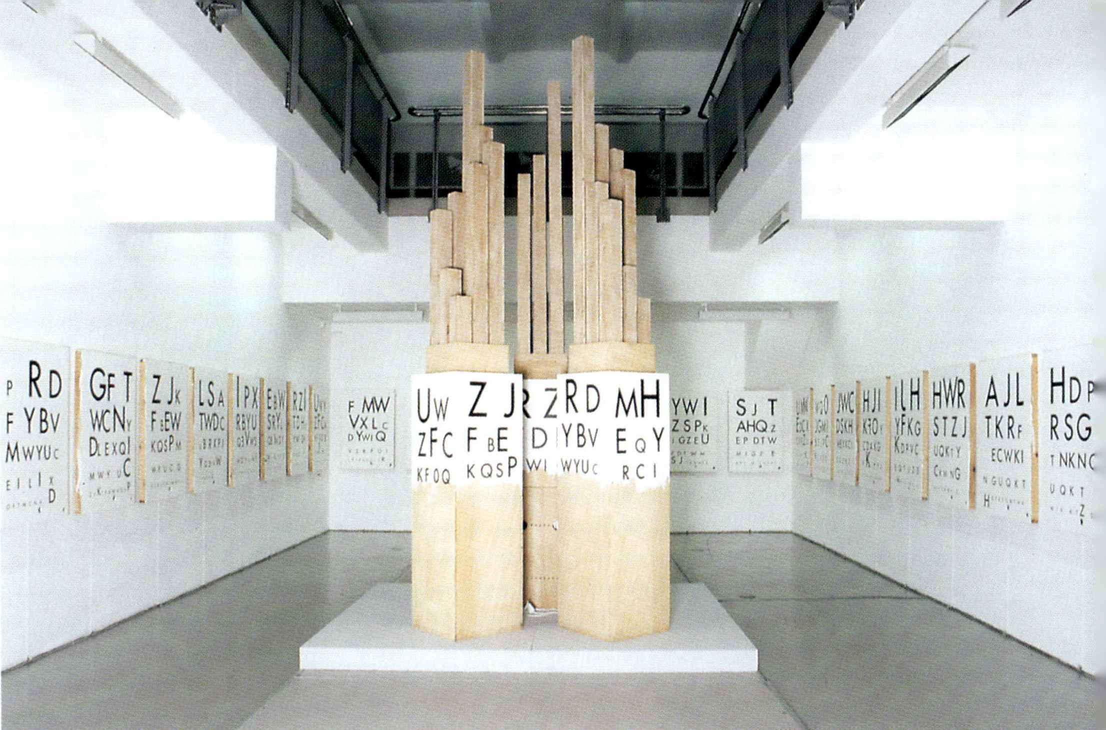

STEPHAN VON HUENE, LEXICHAOS, Installation, Bremen, 1998. (PHOTO: JÖRG MICHAELIS, BREMEN)

What's Wrong with Culture?

Die Kunst der Experimente Stephan von Huenes

HORST BREDEKAMP

Zahlreiche Versuche sind unternommen worden um die Kunst der Moderne den Paradigmenwechseln der Naturwissenschaften und der Philosophie zuzuordnen, so etwa den Neukantianismus dem Impressionismus, Einsteins «vierte Dimension» dem Kubismus oder auch die Quantenmechanik dem Expressionismus.[1] Zumeist handelt es sich darum, der Kunst den Wert eines Kommentars zuzuschreiben, der im besten Fall einen kongenialen Nachvollzug bildet. Auch das gelungenste Werk bleibt in dieser Perspektive eine Illustration von Denkbewegungen, die zumeist von den Naturwissenschaften ausgehend der Kunst vorausliefen und diese zu einer Reaktion provozierten.

Derartige Deutungen sind schon von sich aus fragwürdig, weil sie auf einer undefinierten Hierarchie der Sphären beruhen, und für das Werk Stephan von Huencs wären sie von Grund auf verfehlt. Als Sohn eines am California Institute of Technology arbeitenden Ingenieurs war von Huene von klein auf mit der Welt der Naturwissenschaften vertraut und er hat gelernt sich in ihr intuitiv zu bewegen ohne als

HORST BREDEKAMP ist Professor für Kunstgeschichte an der Humboldt Universität in Berlin. Zu seinen zahlreichen Publikationen zählt auch *Antikensehnsucht und Maschinenglauben. Die Geschichte der Kunstkammer und die Zukunft der Kunstgeschichte* (Wagenbach, Berlin 1993).

Wissenschaftler beteiligt zu sein. Vor allem die Theorien des Geistes, des «mind», die ihm seit seiner Jugendzeit in Kalifornien quasi zugeflogen sind – die Kybernetik, die Linguistik, die künstliche Intelligenz, der Konstruktivismus und die Systemtheorie –, bilden für von Huene die Herausforderung für die Experimentreihen seiner Kunst.

Von Huenes Werke sprechen in ihrer Verbindung von Gestalt, Bewegung, Klang und technischer Präzision die Sinne unmittelbar an. Wenn sie zudem Kommentare provozieren, dann nicht weil sie, wie fast die gesamte Moderne, einer binnensprachlichen Differenzierung folgen, die eine Rückübersetzung benötigt, sondern weil sie den Expansionen ungelöster Probleme des «mind» parallel laufen. Daher stellen sie dieselben theoretischen Anforderungen, von denen diese bestimmt sind.

So hat sich von Huene seit den 60er Jahren immer wieder mit der Macht und den Grenzen der Sprache und ihren Mechanismen der Öffnung und des Ausschliessens auseinandergesetzt. Der Schritt von den TOTEM TONES (1969–70) über die TEXT TONES (1982 und 1990) zu dem von März bis Mai 1998 im Neuen Museum Weserburg in Bremen zusammengestellten Werkkomplex WHAT'S WRONG WITH CULTURE?[2] steigert und intensiviert jenen Vorgang, der in der Philosophie als Auseinandersetzung um den «Linguistic Turn»[3] und in der Sozialwissenschaft als Streit um die Systemtheorie geführt wurde.

Zu von Huenes vier in Bremen gezeigten Installationen gehören die drei Türme des LEXICHAOS (1990), aus denen stalagmitenhafte Orgelpfeifen als Ensembles abstrahierter Wolkenkratzer aufragen. Sie stehen für die zahllosen Sprachen, in welche die babylonische Ursprache verwirrt wurde. Durch diese acht quadratischen Orgelpfeifen, deren Höhe sich massstäblich an den rekonstruierten Stufen des Babelturmes orientiert und die sich daher in einer S-Linie vor dem Betrachter erheben, ertönt der Bibeltext Moses I, 11, in Hebräisch, Griechisch und Lutherdeutsch. Nicht nur die versetzte Simultaneität der Rezitation, auch die unterschiedlichen Resonanzhöhen erzeugen ein Klanggewirr, aus dem lediglich einzelne Wortelemente teils raunend, teils guttural verfremdet auftauchen.

Die Produkte dieser Zergliederung erscheinen auf dem Podest des Sockels der Babeltürme in Form unterschiedlich grosser Buchstaben, die sich schwarz auf weisser Farbe wie über einem erdigen Boden erheben. Die Anordnung ihrer nach oben hin zunehmenden Grösse wird auf zahlreichen Tafeln reproduziert, die, an den Wänden angebracht, die Babeltürme in einigem Abstand umstellen. Wie um die Wahrnehmungsfähigkeit jener Lettern zu testen, die ohne Wortbindung vom Zerreissen auch noch des Zusammenhanges von Zeichen und Bezeichnetem sprechen, führen die Tafeln die Buchstaben ins Reich der Bildsignete zurück, das schon vorhanden war, bevor die Systematisierung der Buchstaben durch die Sprache erfolgte. Das «Chaos» bietet die Möglichkeit durch die Verwirrung der Universalsprache hinter ihr Bezeichnungssystem als Ganzes zu gelangen. LEXICHAOS geht radikaler vor als die babylonische Sprachzergliederung um die Rudimente einer visuellen Poesie freizulegen, in der sich Ikonisches und Sprachliches verbinden.[4] Zu dem Klang der verfremdeten Wiedergabe der Bibelstelle kommt schliesslich das Schrillen von Klingeln, das durch die Bewegungen der Besucher ausgelöst wird. Durch die in die Tafeln eingelassenen Löcher werden Sensoren aktiviert, die durch Geräusche die Betrachter erschrecken. Es ist derselbe Mechanismus, der in den Gärten des Manierismus Fussfallen für Besucher vorsah, durch die sie unversehens entweder Geräusche oder Wasserstrahlen auslösten, die auf sie gerichtet waren. Von Huene nutzt diesen alten, «interaktiven» Mechanismus um in einer Zeit, in der ein philosophischer *mainstream* alle Welt zum Text zu machen suchte, die Körperbewegungen, Bildzeichen, Buchstaben und Klänge als Residuen einer die Medien und Einzelsinne übersteigenden Kommunikationsform zu erkennen. Die Sprachverwirrung wird hier als Möglichkeit einer Öffnung gewertet, die das Durcheinander in einen weiteren Horizont stellt und in der verstärkten Desorientierung eine die Sprache überschreitende Kommunikation zu gewinnen sucht.

Die drei weiteren Elemente des Komplexes WHAT'S WRONG WITH CULTURE?, der ironisch nach der «Falschheit» der Kultur fragt, fokussieren drei unterschiedliche Reaktionen auf die Kunst. Die Installation EINGANGSFRAGEN – AUSGANGSFRAGEN hat zu Seiten des Holzgestells eine gerahmte Glaswand, die an das Vor- und Zurückschwingen von Türen erinnert. Das mittlere Holzgestell erhebt sich über einem abgestuften Kasten, über dem Orgelpfeifen aufragen. Sie geben in einer dreifach gestuften Sequenz die, vom damaligen Volontär Martin Warnke festgehaltenen,[5] teils absurden und ahnungslosen Fragen der Museumsbesucher wieder, welche ihre Erwartungen beim Besuch der Gemäldegalerie in Berlin-Dahlem getäuscht sahen. Die Sequenzen werden zunächst in versetzten Sprachfolgen gesendet und dann synchron mit Orgeltönen unterlegt: eine «tristrophische» Ordnung, die mit den letzten Tönen die hypnotische Internalisierung jener Erwartungen wiedergibt, die im Museum nicht zu erfüllen waren.

Die BLAUEN BÜCHER (1997) nehmen eine Arbeit Martin Warnkes auf, mit der er das Fach Kunstgeschichte im Jahre 1970 nachhaltig durch Belege dafür erschüttert hatte, dass auch und gerade die populärwissenschaftliche Literatur die Denkformen der Unter- und Überordnung und der Unterjochung der Details durch das Ganze insbesondere in der unverfänglich wirkenden Beschreibung der Formen verfestigt hatte.[6] Von Huene lässt auf zwei Trommeln jeweils zwei Diapositive der zitierten Kunstwerke projizieren um die Kommentare teils synchron, teils versetzt durch einen Sprecher vorlesen und durch Trommelschläge unterstützen zu lassen. Das Stocksteife der Beschreibungen, diese Einpferchung des Denkens in die Raster von unbewusst internalisierten Ordnungsvorstellungen, wird durch die militärische Lautparade der Trommelschläge geradezu handgreiflich bezeichnet.

Die Krönung des Ensembles WHAT'S WRONG WITH CULTURE? bietet die Installation WHAT'S WRONG WITH ART? (1997). Wie im LEXICHAOS ragen drei hölzerne Türme auf, die mit ihren Farben Rot, Gelb und Blau mit an der Wand hängenden, rechteckigen, monochromen Tafeln korrespondieren. Was im LEXICHAOS das Verwirrspiel der Buchstaben vorstellte, ist hier die reine Farbe, die eine Reihe sich widersprechender Grundaussagen provoziert, die durch die schweren Orgelpfeifen artikuliert werden: «Art is always wrong», «Art is always right», «Art is always Art» oder auch: «too much blue». Von Huene

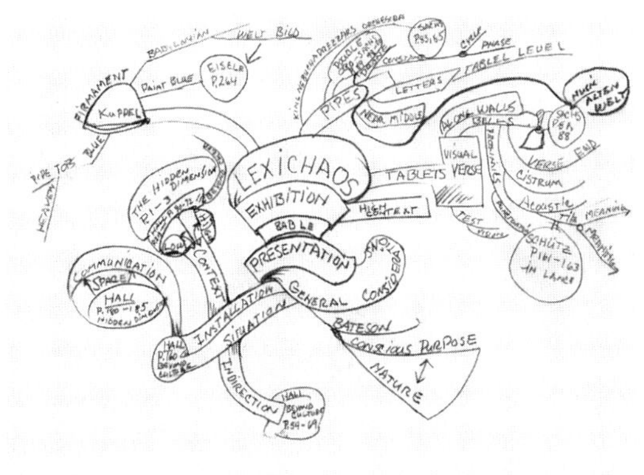

STEPHAN VON HUENE, Gedankenskizze zu /
mind-map for LEXICHAOS, 1998.

spielt natürlich auf Barnett Newmans WHO'S AFRAID OF RED, YELLOW AND BLUE? an, das die Radikalität der puren Farbe gegen die Sehgewohnheiten der Kunstkenner stellte.

Zu hören sind auch Schlagworte des jüngeren Jargons der Postmoderne, wie sie die Kunstzeitschriften mit der Unerträglichkeit sich selbst genügender «Diskurse» durchziehen, die weder die Strenge von Descartes *Discours de la méthode* noch die Härte von Foucaults Machtanalysen besitzen und lediglich Werke durch Worte vertreiben. Zugleich blitzen Bildnisse bekannter Kunstvermittler auf, wobei der zeitversetzte Rhythmus jedoch keine denunziatorische Zuordnung zulässt.

Wer WHAT'S WRONG WITH ART? im Neuen Museum Weserburg besuchte, wurde beim Abstieg zu den Räumen des Komplexes mit einer Kamera konfrontiert, die nun nicht wie bei den BLAUEN BÜCHERN das Kunstwerk, sondern das Gesicht des sich Nähernden auf die Haut einer Trommel projizierte. Die Rampe des Abstieges führte links an dem Raum vorbei, in dem sich die Äusserungen der verschiedensten Persönlichkeiten der Kunstszene überlagerten und in die Elemente der sprachlichen Codes zerlegt wurden. Der unerwartete Schlag einer Trommel auf das projizierte Gesicht der Haut des Klangkörpers sollte mit jenem Effekt, mit dem buddhistische Meister ihre Schüler durch den Schock von Stockschlägen belehren, einen Rahmensprung bewirken: ein physisch nachvollziehbarer Satz aus der Ebene der gewohnten Beobachtung.

Das gesamte Ensemble drängt einen Vergleich mit Niklas Luhmanns Systemtheorie geradezu auf, und hierin hat von Huenes Arbeit ihren aktuellsten Bezug. Für Luhmann bedeutet die Formenlehre des Mathematikers George Spencer Brown ein gedankliches Fundament der Unterscheidung, Differenzierung und Ausdifferenzierung aller Systeme, und so vor allem des Systems der Kunst.[7] Browns *Laws of Form* ist ein Ausgangspunkt auch für von Huene.[8] Die Regel «to draw a distinction», eine Unterscheidungslinie ziehen, die Urform jeder Bewegung aus dem strukturlosen Chaos und Motor aller körperlichen, sozialen, gedanklichen und künstlerischen Form, hat ihn dazu geführt, der inflationären Verwendung des Begriffes der «Interaktion», welche seit der frühen Computerkunst das Verhältnis zwischen Mensch und Maschine bestimmt, die Wechselwirkung von «Interaktion» und «Reaktion», also der Einwirkung und der folgenden Antwort, entgegenzustellen um die holistische Vernebelung zu durchdringen, dass zwischen Mensch und Maschine ein gleichrangiges oder gleichberechtigtes Beziehungsgeflecht gegeben sein könnte.

Trotz des gemeinsamen Faibles für Browns Theorie der formschaffenden Unterscheidung kommt von Huene jedoch zu Luhmann diametral entgegengesetzten Konsequenzen. Mit Luhmanns Hauptidee, dass durch Unterscheidungen Systeme gebildet werden, die ihre Trennung von der Umwelt mit einer dichotomischen Struktur beantworten, die sich ihrerseits weiter aufspaltet und in weitere Unterscheidungen gliedert, könnte von Huene noch übereinstimmen, und auch die Definition der Moderne als «Ausdifferenzierung und Wiederholung von Ausdifferenzierungen in bereits ausdifferenzierten Systemen»[9] könnte er schon aus dem Grund bejahen, dass ihm in WHAT'S WRONG WITH CULTURE? die Darstellung sozialer Systeme gelingt, die sich stärker aufeinander beziehen als auf die Sache, gegenüber der sie sich definieren.

Und von Huene vollzieht, was Luhmann von der eigenen Systemtheorie in Bezug auf die Kunst erwartet, selbst aber nicht einlösen kann. Um eine Gesellschaft zu erfassen, dies ist Luhmanns Generalthema, ist nicht zu erschliessen, was bewegt wird, sondern wie die Bewegung abläuft. Der erste Beobachter zieht

Trennlinien, er unterscheidet Formen von ihrer Umwelt, er gestaltet oder beschreibt sie, er ist dicht am Stoff als Homo faber, der auch Künstler sein kann. Der Beobachter zweiter Stufe aber interessiert sich nicht für die Substanz einer Form oder eines Austausches, sondern für die Art, wie diese sich ereignen: für die Organisation, die Leitung, das Netz, die Vermittlung. Im Bereich der Kunst bilden der Kunstmarkt, das Zusammenspiel privater Sammler und öffentlicher Museen, die Regeln der Kunstkritik und die Formeln der Kunstgeschichte den Gegenstandsbereich der Beobachtung zweiten Grades. Eine dritte Beobachterstufe sucht diese vermittelnde Instanz nochmals zu abstrahieren und Abstand zu gewinnen um die Verengungen, die sich in jeder Systembildung ergeben, zu fixieren und allein schon durch diese Benennung eine Wiedereröffnung zu ermöglichen: Die Theorie wird für Luhmann schlechthin zum «Erlaubnisgeber».[10]

Von einer zukünftigen Theorie erwartet er, die postmoderne Theorie der Kunst nochmals zu überdenken und dadurch ihre Kurzschlüsse und Verengungen zu benennen.[11] Mit dieser Forderung gerät er jedoch in einen Selbstwiderspruch, weil er bereits für die zweite Beobachterebene betont, dass sie nicht ohne die erste auskommen kann, weil ohne genaue Kenntnis und Durchdringung der Form jede Analyse leer bleibt.[12] Genau dies aber leistet die Systemtheorie Luhmanns auf dem Gebiet der Kunst nicht. An keiner Stelle findet sich eine Beschreibung des Gegenstandes der ersten Beobachterebene, so dass eine Vermittlung zum zweiten Niveau nirgendwo erreicht, der Anspruch verfehlt wird.

Von Huenes WHAT'S WRONG WITH CULTURE? vollzieht sich auf dem von Luhmann geforderten Niveau des dritten Beobachters ohne in dessen Zirkelschluss zu verfallen. Die Installationen entfalten das System der Kunst in allen Schattierungen der Reaktion auf die Werke. Ihr radikalster Ausgangspunkt im Teilwerk WHAT'S WRONG WITH ART? ist der Ikonoklasmus. Schon der Titel setzt ironisch voraus, dass alle Welt der Kunst vorwirft ganz oder in Teilen «falsch» zu sein. Dass von Huene hierin keine nur rhetorische Floskel sieht, bezeugen die drei Farben seines Ensembles Rot, Gelb und Blau, die auf den vor Jahren erfolgten bilderstürmerischen Angriff auf

Barnett Newmans WHO'S AFRAID OF RED, YELLOW AND BLUE? anspielen. Die Unerträglichkeit der puren Form hatte hier einen physischen Angriff auf die Leinwand provoziert. Der Ikonoklasmus, den von Huene in WHAT'S WRONG WITH ART? thematisiert, ist dagegen unauffälliger, bequemer und nachhaltiger. Er äussert sich in den Sprachformen der Kunstverständigen. Wohl selten hat die Kritik der Kunstkritik tiefer und neurolinguistischer angesetzt. Entscheidend ist aber, dass von Huene die dritte Beobachterebene durch eine Rückführung des zweiten Betrachterniveaus auf den Ausgangspunkt, die Kunst, im Medium des Reflektierten selbst erreicht. Das Kunstwerk hat eine sinnliche Stärke, die aller Systemtheorie naturgemäss nicht zu eigen ist.

Die Klingel und die Trommelschläge, die der Betrachter der Werke von Huenes auslöst, die ihn irritieren und vielleicht auch ärgern, um ihn in eine jenseits seiner Erwartungen angesiedelte Sphäre zu versetzen, haben das eine Ziel, die Verschalungen der zweiten Beobachterebene zu durchbrechen: die intellektuelle Schulbildung, die Ismen, aber auch die Sekten von Künstlergruppen, die nicht weniger dieser zweiten Ebene zuzurechnen sind als die der Kritiker und Historiker. Das stochastische Prinzip, das die Besucher in Gang setzen, unterläuft alle Standards und selbst noch jenes Dogma des Zufalls, das durch die Ästhetik John Cages sakralisiert worden ist.

Wohl nirgendwo ist von Huene seinem Freund Heinz von Foerster näher als in diesem Ensemble; möglicherweise angeregt durch die Radikalität dieser Arbeiten hat sich von Foerster kürzlich in einer zuvor nie gelesenen Schärfe gegen Denkmoden wie die «Postmoderne» oder den «Konstruktivismus» gewendet,[13] die ihn bislang als einen ihren Ahnen gewertet haben.[14] Von Huene sucht durch immer neue Konstellationen vorzuführen, dass alle Begriffe und Systeme, Wertsetzungen und Definitionen den Preis haben, das stochastische Prinzip des Lebens zu verfehlen, aus dessen Reservoir alle Freiheit und Bindung, alle Intuition und Präzision stammen.

Von Huenes Auseinandersetzung mit den Spielarten der linguistisch und systemtheoretisch geprägten Erläuterungen des «mind» versucht bei aller Wertschätzung die produktive Irrelevanz der genutzten Theorien zu bezeugen. Anreger und Gegner zugleich, werden sie überspielt und übertanzt und nicht ohne Grund ist der mechanisch-stochastische Tänzer ein Leitmotiv im Werk von Huenes.[15] Das Bild, in dem Heinz von Foerster seine Überzeugung fasst – dass alle Vorgänge Produkt einer autopoietischen Selbstbewegung seien, die einen spielerischen, durch Zufälle erweiterten Austausch mit der Welt bewirken: «Der Tanz ist das Ziel des Tanzes» –, könnte auch über von Huenes klanglich und körperlich bewegten Skulpturen stehen.[16]

1) Den umfangreichsten Versuch hat Linda D. Henderson, *The Fourth Dimension and Non-Euclidian Geometry in Modern Art*, Princeton University Press, Princeton 1983, vorgelegt.
2) *What's Wrong with Culture? Stephan von Huene*, Ausstellungskatalog, Neues Museum Weserburg Bremen, Bremen 1998.
3) Vgl. die rückblickende Bewertung des durch Richard M. Rortys «Metaphilosophical Difficulties of Lingustic Philosophy» (in: *The Linguistic Turn*, Chicago University Press, Chicago und London 1992 [1967] (Hg.: ders.), S. 1–39) ausgelösten «Linguistic turn» bei Jürgen Habermas, «Rortys pragmatische Wende», in: *Deutsche Zeitschrift für Philosophie*, Bd. 44, 1996, Nr. 5, S. 715–741.
4) Martin Warnke, «Lexichaos oder der Weg zurück nach vorn», in: *What's Wrong with Culture?*, op. cit., S. 61–66, hier: 64.
5) Martin Warnke, «Eingangsfragen – Ausgangsfragen», in: *Kritische Berichte*, Bd. 1, 1973/74, Heft Nr. 2, S. 20–25.
6) Martin Warnke, «Wissenschaft als Knechtungsakt», in: ders., *Künstler, Kunsthistoriker, Museen*, Verlag C. J. Bucher, Luzern und Frankfurt am Main 1979, S. 99. *Die Blauen Bücher*. Populäre deutsche Kunstführer-Reihe.

7) Niklas Luhmann, *Die Kunst der Gesellschaft*, Suhrkamp, Frankfurt am Main 1997, S. 19, 72f., passim.
8) George Spencer Brown, *Laws of Form*, Allen & Unwin, London 1969. (Deutsch in: Dirk Baecker [Hg.], *Probleme der Form*, Suhrkamp, Frankfurt am Main 1993.)
9) Niklas Luhmann, *Die Gesellschaft der Gesellschaft*, Suhrkamp, Frankfurt am Main 1998, S. 1138.
10) Luhmann, *Die Kunst der Gesellschaft*, S. 472.
11) Luhmann, *Die Gesellschaft der Gesellschaft*, S. 1149.
12) Luhmann, *Die Kunst der Gesellschaft*, S. 111.
13) Heinz von Foerster, «What's wrong with Stephan von Huene?», in: *What's Wrong with Culture?*, op. cit., S. 101–102.
14) Heinz von Foerster und Bernhard Pörksen, *Wahrheit ist die Erfindung eines Lügners. Gespräche für Skeptiker*, Carl-Auer-Systeme Verlag, Heidelberg 1998, S. 42ff.
15) Horst Bredekamp, «Theater der Unterleiber. Über Stephan von Huenes ‹Tischtänzer›», in: *Stephan von Huene. Tischtänzer* (Hg.: Petra Oelschlägel), Cantz, Ostfildern-Ruit 1995, S. 53–57.
16) von Foerster und Pörksen, op. cit., S. 41.

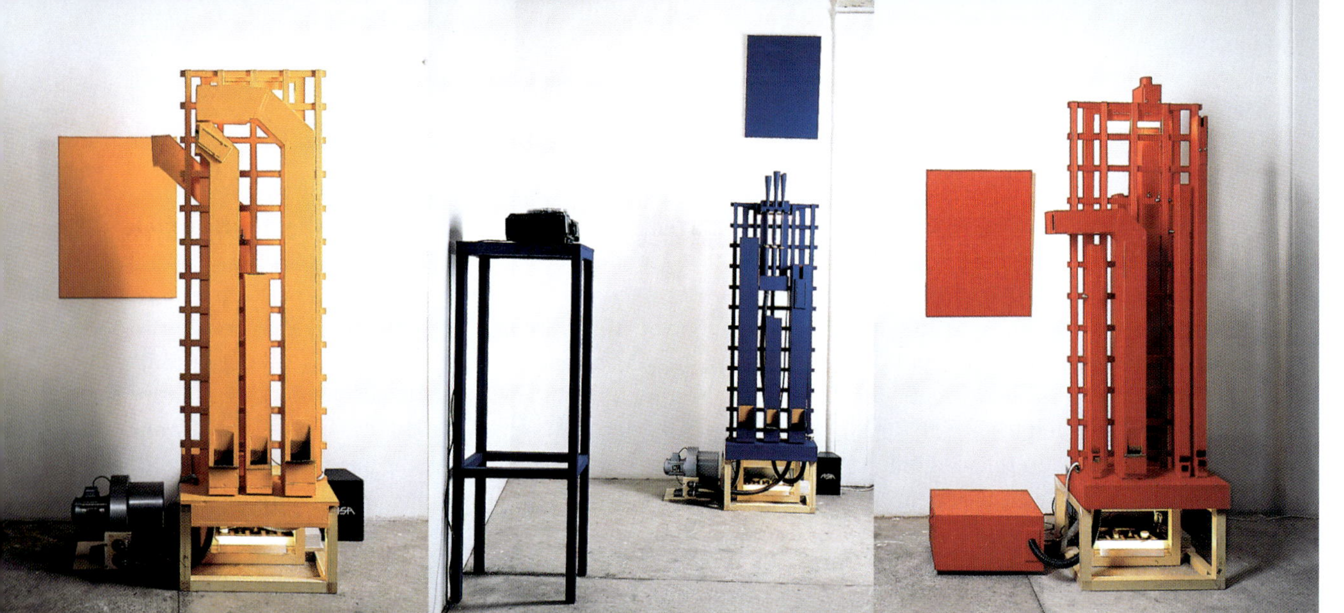

What's Wrong with Culture?

The Art of Stephan von Huene's Experiments

HORST BREDEKAMP

There have been numerous attempts to assign the paradigm shifts of science and philosophy to modernist art: Neo-Kantianism to Impressionism; Einstein's "fourth dimension" to Cubism; even quantum mechanics to Expressionism.[1] In most such cases, the aim has been to give art the status of a commentary—though in fact it is at best a felicitous analogy. Seen from such a perspective, even the most successful work of art is reduced to an illustration of mental processes that in most cases start in science, anticipate the arts, and provoke them into a reaction.

HORST BREDEKAMP is Professor of Art History at Humboldt University, Berlin. He is the author of *The Lure of Antiquity and the Cult of the Machine: the Kunstkammer and the Evolution of Nature, Art and Technology* (Princeton: Wiener, 1995).

Interpretations of this kind are dubious from the start, because they rest on an undefined hierarchy of mental spheres; but to apply them to the work of Stephan von Huene would be fundamentally wrong. As the son of an engineer who worked at the California Institute of Technology, von Huene has been familiar with the world of science ever since childhood; and he has learned to operate intuitively in that world without himself being a scientist. Above all, for von Huene, the theories of the mind that have been familiar to him since his youth in California—cybernetics, linguistics, artificial intelligence, constructivism, systems theory—represent the challenge that leads to the experimental sequences in his art.

His works, with their combination of gestalt, motion, sound, and technological precision, speak directly to the senses. If they additionally seem to call for commentary, this does not mean that they—like almost the whole of Modernism—pursue a specific, intralinguistic differentiation that requires retranslation; it is because they run parallel to the emergence of unsolved problems of the mind. They therefore pose the same theoretical demands that define those problems.

Thus, ever since the 1960s, von Huene has constantly reverted to the topic of the power and limitations of language, its mechanisms of opening and exclusion. The progression from TOTEM TONES (1969–70), by way of TEXT TONES (1982, 1990), to the complex of works shown at the Neues Museum Weserburg in Bremen from March through May, 1998, under the title of WHAT'S WRONG WITH CULTURE?[2] accentuates and intensifies the same process that manifests itself in philosophy as the debate on the "Linguistic Turn"[3] and in social science as the controversy over systems theory.

Of the four installations by von Huene in Bremen, one consists of the three towers of LEXICHAOS (1990), from which organ pipes emerge like stalagmites or abstractions of skyscrapers. These stand for the countless tongues into which the primordial language of Babel was confounded. Through eight square-section organ pipes, scaled in height to match the reconstructed steps of the Tower of Babel, and therefore rising to confront the viewer in an S-formation, the biblical text of Genesis 11 is intoned in Hebrew, Greek, and Martin Luther's German. Not only the unsynchronized recitation but also the use of different resonant frequencies generates a welter of sound from which only occasional fragments of words emerge, now whispered, now gutturally distorted.

On the base of the plinth below the towers of Babel, the products of this dismemberment appear in the form of letters of differing sizes, standing out in black on white paint as if raised above an earthy surface. Their arrangement, increasing in size toward the top, is reproduced some distance away on numerous panels attached to the walls around the Towers of Babel. Divorced from the context of a word, the letters speak of the breaking of the connection between sign and signified. As if to test the perceptibility of the letters, the panels lead them back into the realm of pictograms, which existed long before they were systematized through language. "Chaos" offers the possibility of using the scrambling of the universal language to explore its system of denotation as a whole. LEXICHAOS takes the Babylonish disintegration of language one stage further, to lay bare the rudiments of a visual poetry in which the iconic and the linguistic combine.[4] In addition to the distorted sounds of the biblical passage, visitors hear the shrilling of electric bells, set off by their own movements. Sensors are activated through holes in the panels, setting off startling noises. This is the same mechanism that was used in the gardens of the Mannerist era, catching visitors unaware with sudden noises or well-aimed jets of water. In an age in which a philosophical "mainstream" has sought to turn the whole world into a text, von Huene deploys this old "interactive" mechanism in order to reveal bodily movements, pictograms, letters, and sounds as the residues of a form of communication that transcends all media and all single senses. The scrambling of language is used here to open the possibility of setting this confusion against a wider horizon, and thus of gaining, through aggravated disorientation, a communication that transcends language.

The three other elements in the complex WHAT'S WRONG WITH CULTURE? extend the question ironically formulated in the title to cover three different reactions to art. One installation, EINGANGSFRAGEN—AUSGANGSFRAGEN (Entrance Questions—Exit Questions), flanks its central wooden framework with a framed glass screen, suggesting the action of swing doors. The central frame stands above a stepped box, from which organ pipes rise. In a three-step sequence, these relay the naïve and sometimes absurd questions asked by disappointed visitors to the Gemäldegalerie in Berlin-Dahlem, as recorded by Martin Warnke, then a museum volunteer.[5] The sequences are played, first with a time lag and then synchronized, against a background of organ tones: a "tristrophic" arrangement that reproduces, in its final sounds, the hypnotic internalization of all those expectations that could never be fulfilled in the museum.

DIE BLAUEN BÜCHER (The Blue Books, 1997) refers to a 1970 publication in which Martin Warnke

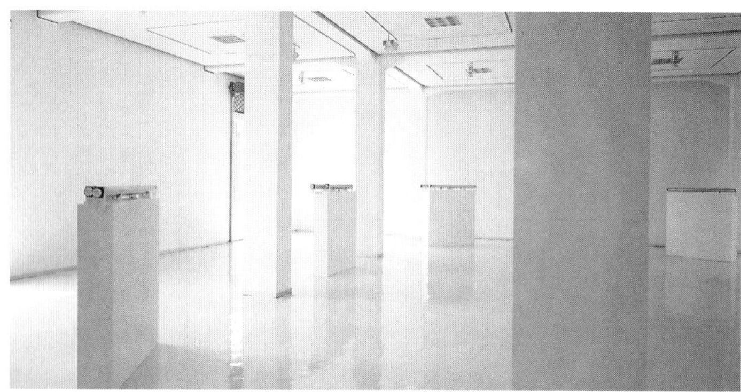

thoroughly shattered the art-historical community by showing that its conceptual forms—patterns of subordination and superordination, of the subjugation of the detail to the whole—had partly, not to say mainly, been established and perpetuated through the apparently innocuous descriptions in popular works written for the general reader.[6] Von Huene projects two slides of a given work simultaneously from two carousels, accompanied by a spoken commentary which is read partly in and partly out of sync, to the accompaniment of drumbeats. The stiffness of the descriptions, the way in which they force thought into the grid of unconsciously internalized concepts of order, is given palpable immediacy by the military sound of the drum.

The ensemble WHAT'S WRONG WITH CULTURE? culminates in the installation WHAT'S WRONG WITH ART? (1997). As in LEXICHAOS, there are three wooden towers, but this time they are colored red, yellow, and blue to match the rectangular, monochrome panels that hang on the wall. Here, in place of the scrambled letters of LEXICHAOS, pure color provokes a string of mutually contradictory statements, articulated through the ponderous organ pipes: "Art is always wrong," "Art is always right," "Art is always Art," or even "Too much blue." Here, of course, von Huene is alluding to Barnett Newman's painting WHO'S AFRAID OF RED, YELLOW, AND BLUE?, which challenged the visual habits of the connoisseurs with the radicalism of pure color.

Also audible in this piece are the slogans of recent postmodernist jargon: the slogans that pervade the art magazines with the intolerable self-sufficiency of "discourses" that possess neither the stringency of Descartes' *Discours de la méthode* nor the hardness of Foucault's analyses of power, but merely displace works in favor of words. At the same time, portraits of well-known commentators on art are flashed up, though the unsynchronized rhythm ensures that no one is incriminated by a direct association.

At the Neues Museum Weserburg, the visitor to WHAT'S WRONG WITH ART? descended into the interior of the complex, to be confronted by a camera and a projection on a drumhead—not a projection of the work of art, as in DIE BLAUEN BÜCHER, but of the visitor's own looming face. The approach ramp led down past a room on the left, in which the utterances of a varied selection of art-world personalities were superimposed and broken down into the elements of linguistic codes. An unexpected whack on the drum skin with the face on it was intended to shock the visitor out of one frame of ideas and into another, as a Buddhist master startles his pupil through a sudden blow with a stick: a principle readily understood on the plane of ordinary observation.

The whole ensemble forces on us an analogy with Niklas Luhmann's systems theory. This is the most topical reference in von Huene's piece. For Luhmann, the theory of form propounded by the mathematician George Spencer Brown supplies a conceptual basis for differentiation and distinction within all systems, and within the system of art in particular.[7] For von Huene, too, Brown's book, *Laws of Form*, constitutes a point of departure.[8] According to Brown, "to draw a distinction" is the archetypal rule of any emergence from unstructured chaos, and the motor of all physical, social, conceptual, and artistic form. Such is the principle that has led von Huene to counter the inflationary use of the term "interaction"—which has defined the relationship between human being and machine ever since the early days of computers—by stressing the reciprocity between "action" and "reaction," effect and subsequent response. His aim is to cut through the holistic obfuscation of the idea that there could ever be an equality of status or rights between human being and machine.

Despite their shared partiality for Brown's theory of the creation of form through distinction, von Huene and Luhmann arrive at diametrically opposite conclusions. Luhmann's principal idea is this: distinctions lead to systems that respond to their own separation from the surrounding world by adopting a dichotomous structure; this splits in its turn and articulates itself into further distinctions. With this, von Huene might agree; he would also assent to Luhmann's definition of modernism as "differentiation and repetition of the differentiations in already differentiated systems"[9]—if only for the reason that in WHAT'S WRONG WITH CULTURE? he himself succeeds in presenting social systems that relate more strongly to each other than to the thing in terms of which they define themselves.

But von Huene then goes on to achieve something that Luhmann wants his own systems theory to do in relation to art but cannot himself deliver. According to Luhmann, in order to grasp the nature of a society—his general theme—we uncover not what is moved but how the movement takes place. The first-level observer draws distinctions; he sets forms apart from their surroundings; he shapes or describes them; he is close to his material in the capacity of Homo faber (who may also be an artist). The second-level observer is not interested in the substance of a form or of an exchange but in the way they happen: organization, direction, networking, communication. In the field of art, this secondary form of observation embraces the art market, the interplay between private collectors and public museums, the rules of art criticism, and the formulas of art history. A third level of observation seeks to abstract this communicative factor, to adopt a sufficiently detached posture to define the limitations attendant on the creation of any system, and through

this act of naming to make it possible to create a new opening. For Luhmann, theory becomes "the permitter."[10]

Luhmann looks forward to a theory that will one day rethink the postmodern theory of art and identify its overhasty conclusions and its limitations.[11] This involves him in a self-contradiction, however. In his account of the second viewer level, he has already stressed that this cannot function without the first level, because all analysis is void without precise knowledge and understanding of form.[12] Where art is concerned, Luhmann's systems theory fails this test. Nowhere is there a description of the object of the first viewer level, so that the transition to the second level is nowhere effected, and his aspiration remains unfulfilled.

Von Huene's WHAT'S WRONG WITH CULTURE? takes place on the third level, as defined by Luhmann, but without falling into Luhmann's trap of circular reasoning. These installations display the system of art in every nuance of its reaction to the artwork. Their most radical point of departure is the iconoclasm manifested in the section entitled WHAT'S WRONG WITH ART? In itself, this title ironically assumes the existence of a consensus that there is something (or everything) "wrong" with art. For von

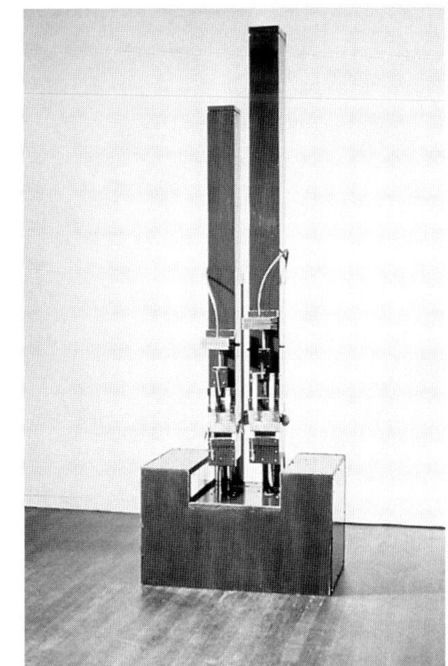

Huene, this is no mere rhetorical cliché—as confirmed by the three colors of his ensemble, which allude to the iconoclastic attacks, years ago, on Newman's WHO'S AFRAID OF RED, YELLOW, AND BLUE? Pure form then seemed so intolerable as to provoke a physical attack on the canvas. By contrast, the iconoclasm that von Huene takes as the theme of WHAT'S WRONG WITH ART? is more unobtrusive, more comfortable, and more persistent. It expresses itself in the linguistic forms used by the experts on art. Seldom has the critique of art criticism based itself at a deeper, more neurolinguistic level. The crucial point here is that von Huene attains the third level of viewing by taking the second level back to its point of departure, art itself; and that he does so in the very medium of the art upon which it reflects. The work of art has a sensory presence that is not, by the nature of things, the province of systems theory.

The bell and the drumbeats that the viewer sets off, in von Huene's works, may confuse and perhaps irritate, by shifting him/her into a sphere beyond his/her expectations; but they have one sole purpose, which is to break through the shell of the second viewer level: intellectual, academic learning, and all those isms and sectarian groupings among artists that are just as much part of this second level as those of the critics and art historians. The stochastic principle, as triggered by visitors themselves, undermines all standards—even the dogma of chance, enshrined in the aesthetic of John Cage.

Nowhere, perhaps, is von Huene closer to his friend Heinz von Foerster than in this ensemble. Perhaps inspired by the radicalism of these works, von Foerster recently launched an unprecedentedly damning critique of those intellectual fashions, such as "postmodernism" or "constructivism,"[13] which have in the past hailed him as an ancestor.[14] In his constant succession of recombinations, von Huene seeks to show that all concepts and systems, all values and definitions, exact a price—which is that they fail to do justice to the stochastic principle of life, the source of all freedom and all connection, all intuition and all precision.

In his engagement with the vagaries of linguistic and system-theoretical explanations of the mind, von Huene—while recognizing the qualities of the theo-ries concerned—seeks to demonstrate their irrelevance in productive terms. To him, these are stimuli and also adversaries, to be outplayed and outdanced; it is no coincidence that the mechanistic-stochastic dancer is a leitmotif in von Huene's work.[15] All processes, says Heinz von Foerster, arise from an autopoietic self-motion which sets up a playful, chance-expanded interchange with the world: "The dance is the goal of the dance." It is an image that might serve as a motto for the auditory and bodily motion of von Huene's sculptures.[16]

(Translation: David Britt)

1) The most comprehensive attempt to date is that made by Linda D. Henderson, *The Fourth Dimension and Non-Euclidean Geometry in Modern Art* (Princeton: Princeton University Press, 1983).
2) *What's Wrong with Culture? Stephan von Huene*, ex. cat., (Bremen: Neues Museum Weserburg, 1998).
3) The "Linguistic Turn" first mooted by Richard M. Rorty, "Metaphilosophical Difficulties of Linguistic Philosophy," in: Rorty, ed., *The Linguistic Turn* (Chicago and London: University of Chicago Press, 1992 [1967]), pp. 1–39, is the subject of a retrospective assessment by Jürgen Habermas, "Rortys pragmatische Wende," in: *Deutsche Zeitschrift für Philosophie*, vol. 44, no. 5 (1996), pp. 715–41.
4) Martin Warnke, "Lexichaos oder der Weg zurück nach vorn," in: *What's Wrong with Culture?* (as note 2), pp. 6–66, here 64.
5) Martin Warnke, "Eingangsfragen—Ausgangsfragen," in: *Kritische Berichte*, vol. 1 (1973), no. 2, pp. 20–25.
6) Martin Warnke, "Wissenschaft als Knechtungsakt" (1970), in: Warnke, *Künstler, Kunsthistoriker, Museen* (Luzern and Frankfurt am Main: C. J. Bucher, 1979), p. 99.
Die Blauen Bücher (The Blue Books) are a popular series of picture guides to the artistic treasures of Germany [tr].
7) Niklas Luhmann, *Die Kunst der Gesellschaft* (Frankfurt am Main: Suhrkamp, 1997), p. 19, 72 f., passim.
8) George Spencer-Brown, *Laws of Form* (London: Allen & Unwin, 1969).
9) Niklas Luhmann, *Die Gesellschaft der Gesellschaft* (Frankfurt am Main: Suhrkamp, 1998), p. 1138.
10) Luhmann, *Die Kunst der Gesellschaft* , op. cit., p. 472.
11) Luhmann, *Die Gesellschaft der Gesellschaft*, op. cit., p. 1149.
12) Luhmann, *Die Kunst der Gesellschaft* , op. cit, p. 111.
13) Heinz von Foerster, "What's Wrong with Stephan von Huene?," in: *What's Wrong with Culture?*, op. cit., pp. 101–02.
14) Heinz von Foerster and Bernhard Pörksen, *Wahrheit ist die Erfindung eines Lügners. Gespräche für Skeptiker* (Heidelberg: Carl-Auer-Systeme Verlag, 1998), p. 42 ff.
15) Horst Bredekamp, "Theater der Unterleiber. Über Stephan von Huenes 'Tischtänzer'," in: Petra Oelschlägel, ed., *Stephan von Huene. Tischtänzer* (Ostfildern-Ruit: Cantz, 1995), pp. 53–57.
16) von Foerster and Pörksen, op. cit., p. 41.

Geboren 1957 in Altdorf, Schweiz, lebt und arbeitet in Düsseldorf und New York /

born 1957 in Altdorf, Switzerland, lives and works in Dusseldorf and New York.

BEAT STREULI

Born 1967 in Tokyo, lives and works in New York and Tokyo /

geboren 1967 in Tokio, lebt und arbeitet in New York und Tokio.

MARIKO MORI

Born 1955 in New York, lives and works in New York /

geboren 1955 in New York, lebt und arbeitet in New York.

RONI HORN

COLLABORATIONS

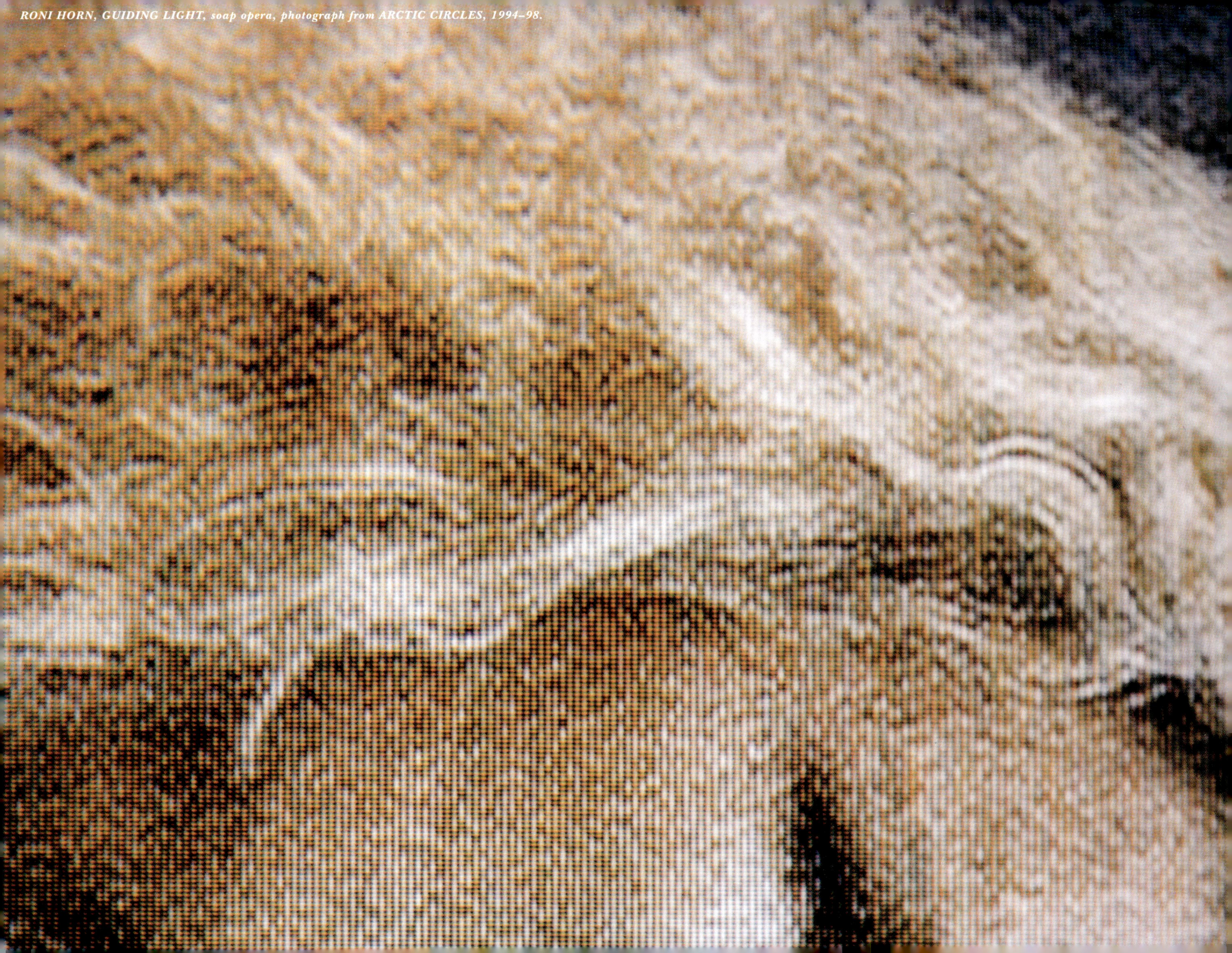
RONI HORN, GUIDING LIGHT, soap opera, photograph from ARCTIC CIRCLES, 1994–98.

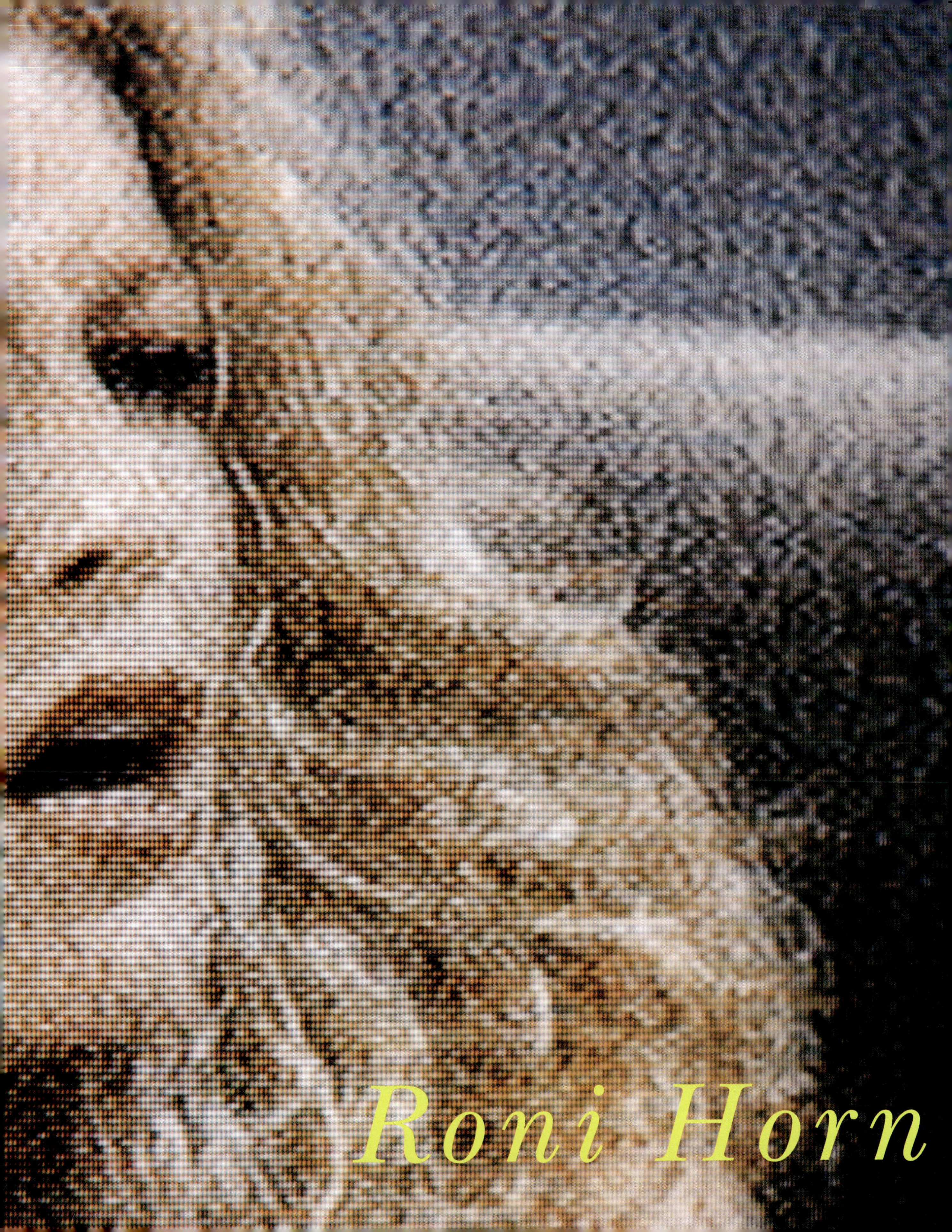

Roni Horn

All photographs in Collier Schorr's article are from Roni Horn's ARCTIC CIRCLES, a book published 1998 by Ginny Williams, Denver Colorado, volume 7 of the encyclopedic project TO PLACE / Alle Abbildungen zu Collier Schorrs Artikel stammen aus Roni Horns Buch ARCTIC CIRCLES, dem 7. Teil des enzyklopädischen Projekts TO PLACE.

COLLIER SCHORR

Still

The elderly couple in *Arctic Circles,* Hildur and Björn Björnsson, live near nobody. They look like brother and sister, but it may just be the weather which has worn them down the same way. They live in a house by the sea where they harvest the down from the nests of Eider ducks. When the Eider is pregnant, she begins to shed her breast feathers, which in turn become part of the nest to protect her eggs. Once the young are old enough to leave, the nest is abandoned. The couple who live on the land collect the nests. The fluffy, brown down is separated from twigs, stones and other natural detritus. It is cleaned and set to dry in a warm room on a wooden table. The slightest draught might cause the balls to shudder and drift across the floor. When the down is completely dry it is packed in a box and brought to the post. At five o'clock every weekday evening the couple sits down to watch *The Guiding Light,* an American soap opera which takes place in a suburb of Springfield, Illinois. Everybody there knows each other. The title refers to a lighthouse that is owned by the Bauer family. Two years ago a cross dressing stalker kidnapped a woman named Lucy Spaulding and tied her up in the lighthouse basement. Eventually, she was freed by her husband, Alan Michael, the heir to the Spaulding empire. Last year, the ghost of a sea captain guided Zachary, a younger sea-faring type ghost, to help reconcile this young couple and repair the beacon.

COLLIER SCHORR is an artist, a writer, and U.S. Editor of *Frieze.* She lives in New York and Schwäbisch Gmünd, Germany.

The sweep of pixillated light emanating from the lighthouse brings a new texture to Horn's work. It is not the first mention of technology but does signal a reliance on the (quite modern) television. For, in the midst of some place nowhere, a couple enjoys a bit of opera, the sparkle of a bright red dress, and the nest of a blonde so typical of the American dream.

Arctic Circles is the most recent chapter of Horn's ongoing encyclopedic project, TO PLACE. A somewhat grandiose proposal, Horn's encyclopedia vacillates between strict assertion and a bittersweet tracing of a place that exudes solitariness. Cartographer-explorer, autobiographer-escapist, and collector-preservationist, Horn concentrates her vision of this remote land. *Bluff Life* (1990), *Folds* (1991), *Lava* (1992), *Pooling Waters* (1994), *Verne's Journey* (1995), *Haraldsdottir* (1996), *Arctic Circles* (1998): Each book employs a separate system of looking, a particular gaze that is in turn nostalgic, unmoved, in love, fatalistic, turned on. It is her attention to the subtle shifts in the weather that plumb the intensity of scientific documentation.[1] And if Science is granted a kind of humanity

RONI HORN, photograph from ARCTIC CIRCLES, 1994–98, detail / Ausschnitt.

in these works, then it follows that the human form would take on a seemingly less emotional stance.

In this latest book, the calm of ocean blues and gray-greens is obtuse, mirrored in the eyes of the Björnssons which meet Horn's camera with measured interest. The balance between Hildur and Björn and the fictional Cassie Lane and Philip Spaulding is deadpan.[2] Respect is tinged with sardonic humor. Horn does not usually watch soap operas, but then again, she certainly never farms. The romance of the sea viewed through a window is tempered by the saccharine soap idols, making her first inclusion of Americana as crass as possible. And yet, the actor and actress are a real and valued part of the Björnssons' daily routine, just as their home industry might appear to us as a romantic fiction. It is the stuffed birds (raptors) which straddle the fence between

artifice and realism. For as much as the birds represent a kind of completeness that Horn locates in the 270 degree rotation of their heads, their almost round eggs, and "the balance between silence, stillness, and animation," the contact between the couples is discreet to the point of invisibility. So what is Horn saying about mating, companionship, and ecological interdependence? The Snowy Owls (actually the same bird that Horn photographs twice) are the visual punchline. They underscore, for those who haven't seen much of Horn's sculptural work, the doubling that is almost always at the heart of her work.[3] Homosocial or sexual in nature, Horn's objects are always identical or in pairs, so that the strange stuffed bird becomes the artist's amused self-portrait, staring into the face of a quiet drama that is not, and yet in some way is, her own.

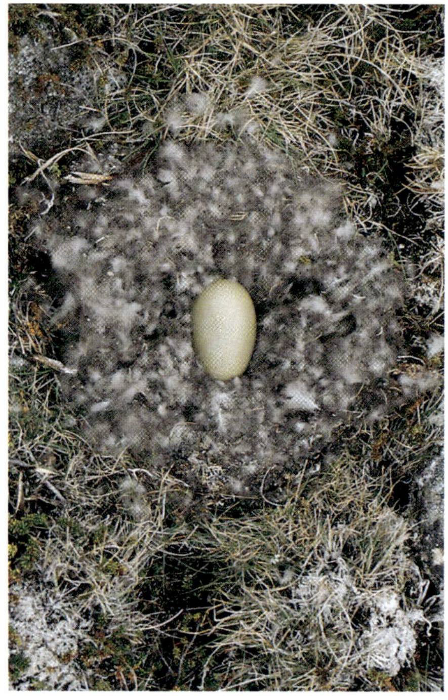 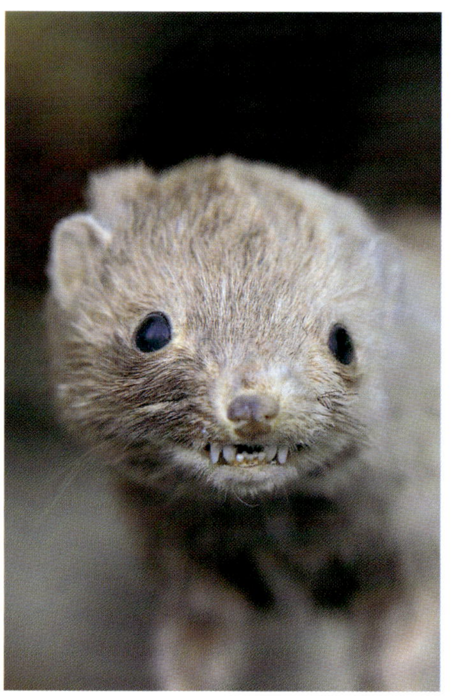

RONI HORN, EIDER NEST, STUFFED MINK, photographs from ARCTIC CIRCLES, 1994–98 /
EIDERENTEN-NEST, AUSGESTOPFTER NERZ.

In *The Pawnbroker*, a novel based on Horn's father and written by her cousin, a similar sense of displacement is described. "For a long time he lay on his bed reading, beside the open window. The fan spun cool drafts on him; little billows of summer scent fell over his face, smells of flowers and cut grass. From the surrounding yards came voices, the clinking of glasses, the hiss of hoses and sprinklers… It was all nothing to Sol Nazerman. He was reading *The Memoirs of Henri Brulard* in French and he made his brain dwell on the intricacies of a distant past." [4] Roni Horn is not from Iceland, in the same way that the fictional, Yiddish-speaking Nazerman is not from Poland, Russia or Germany or from the Bronx or suburban Staten Island. Even though Horn's work is immersed in the Icelandic landscape with its pools and rough courses and a few Icelandic-looking people, she is not from there. The set of books read as a travelogue or a diary that uses land and objects to trace a personal journey; or as a cooler, almost possessive attempt to describe the entirety of a single, little-known locale.

Brian Eno once suggested to Iceland's biggest cultural export, Björk, that "each note [she] sings is unrelated to the note before it, and that this reflected a society that for over one thousand years had been based on some sort of anarchy." [5] In a sense, Iceland, small enough to circle yet still relatively empty, is the perfect place to go find. Its dramatic extremes—twenty-four hours of sunshine, twenty-four hours of black, cold air, and steaming hot springs offer a slew of emotional planes. The anarchy Eno suggests is probably just a reflection of the native Icelanders' ability to defend their own solitude. It's also a country that ideologically can tolerate the idea of a per-

RONI HORN, OCEAN HORIZON, photographs from ARCTIC CIRCLES, 1994–98 / MEERESHORIZONT.

son playing out their own internal memories of the land. When Björk sings "I thought I could organize Freedom/How Scandinavian of Me,"[6] she makes an interesting point. Of course, organization is polar to freedom. But perhaps, an outsider is better able to devise a system and within it find definition that is not stifling but unbound, lying as it does outside the constraints of language.

Iceland, it seems, deals well with loners. The black blanket of basalt, the result of cooled down lava; the wet and the cold; the seemingly ironic, bright green moss that grows in volcanic deserts; the vistas that could sell the land and the vistas that could erase one's desire to ever set foot there. What this ongoing investigation allows Horn is the ability to negotiate a relationship with a foreign entity, and in doing so, she has found her vocabulary—in the language of another.

1) Icelanders have a special relationship to their geology, and there is a strong lay tradition of publishing articles and books about the country. In this sense, Horn is following a very local tradition.

2) It is telling that Horn chose two characters from *The Guiding Light* who have the least relationship to one another, in a show where everyone is related either by bed or blood.

3) The owls are almost antidotal to the anxiety found in PAIR FIELD (1991), in which pairs of identical cast geometric shapes are separated and scattered. The route that Horn traces from loss and alienation to relief in recognizing one's "pair" is a crucial device in her work.

4) Edward Lewis Wallant's novel (New York: MacFadden-Bartell, 1961) recounted the harrowing life of a concentration camp-survivor transplanted to New York. While Horn's father was never in a concentration camp, he was a pawnbroker. GOLD FIELD (1982) in particular, and the precious quiddity of her other sculptures bears out her childhood memories of her father's occupation.

5) "Ice Ice Baby: Brian Eno interviewed by Jen Leonard," *Details Magazine*, October, 1998.

6) Louise Gray, "The Idea of the North," *The Wire*, No. 177, p. 43.

Roni Horn

Gebannte Stille

Das ältere Paar in *Arctic Circles*, Hildur und Björn Björnsson, haben weit und breit keine Nachbarn. Sie sehen aus wie Bruder und Schwester, aber vielleicht ist es nur das Wetter, welches sie auf gleiche Weise geprägt hat. Sie leben in einem Haus am Meer, wo sie Flaumfedern aus den Nestern der Eiderenten sammeln. Wenn die Eiderente trächtig ist, verliert sie die Brustfedern, die dann als Teil des Nestes die Eier schützen helfen. Sobald die Kleinen gross genug sind, verlassen die Vögel ihr Nest. Das Paar sammelt dann die leeren Nester auf seinem Land ein. Die flauschigen braunen Daunenfedern werden nun von den Zweigen, den Steinchen und Ähnlichem getrennt. Sie werden gereinigt und in einem warmen Raum auf einem Holztisch ausgebreitet. Der kleinste Luftzug genügt um die flockigen Bälle aufzuscheuchen und über den Boden gleiten zu lassen. Wenn die Daunen vollständig trocken sind, werden sie in Schachteln verpackt und zur Post gebracht. An Werktagen setzt sich das Paar jeden Nachmittag um fünf Uhr vor den Fernseher und schaut sich *The Guiding Light* an, eine amerikanische Seifenoper, die in einem Vorort von Springfield, Illinois, spielt. Jeder kennt dort jeden. Der Titel nimmt Bezug auf einen Leuchtturm, der einer Familie Bauer gehört. Vor zwei Jahren verfolgte ein Transvestit eine Frau namens Lucy Spaulding, kidnappte sie und fesselte sie im Keller des Leuchtturms. Sie wurde schliesslich von ihrem Ehemann Alan Michael befreit, dem Erben des Spaulding-Imperiums. Letztes Jahr hielt der Geist eines

Schiffskapitäns Zachary, einen jüngeren Seemannsgeist, dazu an, dieses junge Paar wieder zu versöhnen und das Leuchtfeuer zu reparieren.

Der geisterhafte Suchstrahl aus dem Leuchtturm führt einen neuen Aspekt in Horns Schaffen ein. Es ist zwar nicht das erste Mal, dass sie auf die moderne Technologie Bezug nimmt, aber es kommt hier ein Vertrauen ins (relativ moderne) Fernsehen zum Ausdruck. Denn mitten im Nirgendwo erfreut sich dieses Paar an etwas so Abgehobenem wie einer Seifenoper, dem Glitzern eines leuchtend roten Kleides und dem Dutt einer Blondine – typischen Elementen des amerikanischen Traums.

Arctic Circles ist die neueste Arbeit des langfristig angelegten enzyklopädischen Projekts TO PLACE. Als einigermassen kühnes Vorhaben bewegt sich Horns Enzyklopädie zwischen exakter Bestandesaufnahme und bittersüsser Spurensuche an einem Ort, der Einsamkeit atmet. Als Landvermesserin auf Entdeckungsreise, eskapistische Autobiographin und dem Naturschutz verpflichtete Sammlerin destilliert Roni Horn ihre Vision dieses abgeschiedenen Landstriches heraus. *Bluff Life* (1990), *Folds* (1991), *Lava* (1992), *Pooling Waters* (1994), *Verne's Journey* (1995), *Haraldsdottir* (1996), *Arctic Circles* (1998): Jedes Buch hat seine eigene Sichtweise, seinen besonderen Blick, der abwechselnd nostalgisch, ungerührt, verliebt, fatalistisch und hingerissen ist. In ihrer aufmerksamen Beobachtung feinster Wetterveränderungen erreicht sie die Intensität und Akribie einer wissenschaftlichen Dokumentation.[1] Und wenn der Naturwissenschaft in diesen Arbeiten eine gewisse Menschlichkeit zugestanden wird, so scheint dem Menschlichen ein ent-

---

COLLIER SCHORR ist Künstlerin, Autorin und USA-Redaktorin von *Frieze*. Sie lebt in New York und Schwäbisch Gmünd.

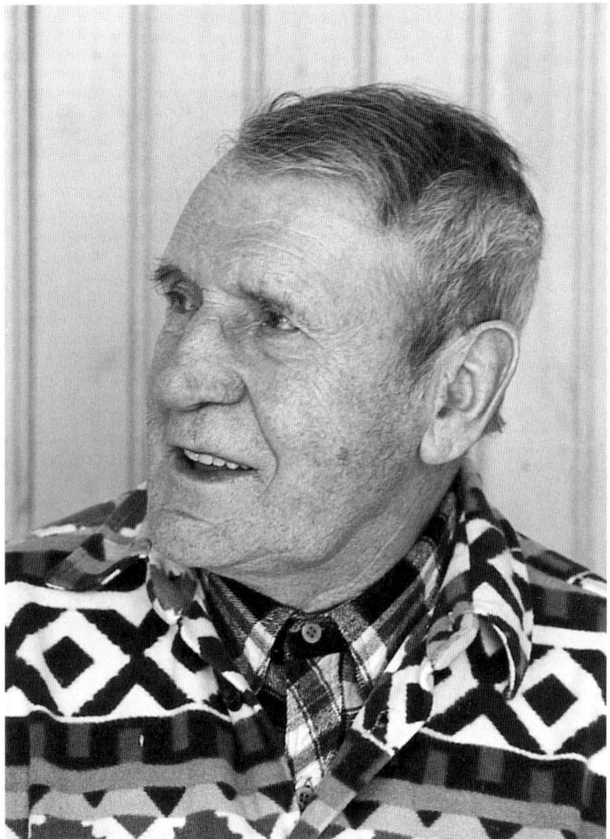

RONI HORN, BJÖRN BJÖRNSSON, *photograph from ARCTIC CIRCLES, 1994–98.*

sprechend geringerer emotionaler Stellenwert zuzukommen.

Im neuesten Beitrag dieser Serie spiegelt sich die Ruhe ozeanischen Blaus und Graugrüns gedämpft in den Augen der Björnssons, die Horns Kamera mit interessierter Zurückhaltung begegnen. Die Gegenüberstellung von Hildur und Björn und den fiktiven Gestalten Cassie Lane und Philip Spaulding ist umwerfend.[2] Zum Respekt gesellt sich ein boshaftes Augenzwinkern. Horn schaut sich gewöhnlich keine Seifenopern an, aber anderseits ist sie auch keine Farmerin. Der romantische Eindruck des Meeres, das durch ein Fenster zu sehen ist, wird durch die süsslichen Seifenopernidole gedämpft, was Horns erstmaligen Verweis auf Amerika besonders krass erscheinen lässt. Und doch, der Schauspieler und die Schauspielerin sind ebenso real und geschätzt im Tagesablauf der Björnssons, wie ihr Kleinbetrieb uns als romantische Fiktion vorkommen mag. Es sind die

ausgestopften Vögel (Raubvögel), welche die Kluft zwischen Künstlichkeit und Realismus überbrücken. Und wie die Vögel eine Form des in sich Vollkommenen darstellen, die Horn in der 270-Grad-Drehung ihrer Köpfe, ihren fast runden Eiern und «dem Gleichgewicht zwischen Schweigen, Stillstand und Bewegung» ausmacht, so ist der Kontakt zwischen den beiden Paaren diskret bis zur Unsichtbarkeit. Was sagt Horn damit über Paare, Zusammengehörigkeit und ökologische, gegenseitige Abhängigkeit? Die Schnee-Eulen (dabei ist es ein und derselbe Vogel, den Horn zweimal photographiert) stellen die Pointe bildlich dar. Sie nehmen die Verdoppelung auf, die in Horns plastischem Schaffen fast immer im Zentrum steht.[3] Horns Objekte, die im Wesentlichen von menschlicher Beziehung oder Sexualität handeln, treten immer identisch oder paarweise auf; so wird der eigentümliche, ausgestopfte Vogel zum amüsierten Selbstporträt der Künstlerin, die sich

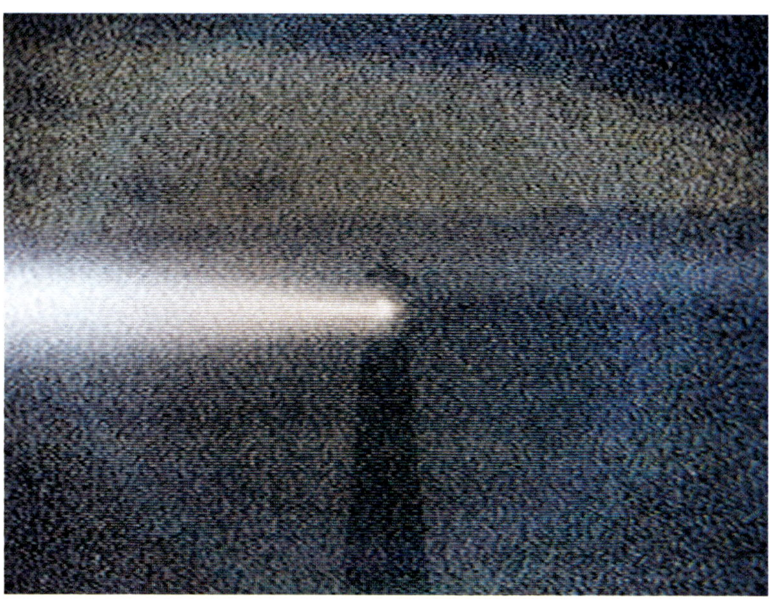

RONI HORN, GUIDING LIGHT, soap opera, photograph from ARCTIC CIRCLES, 1994–98.

einem stillen Drama gegenübersieht, das nicht ihr eigenes ist, aber irgendwie doch.

In *The Pawnbroker*, einem Roman von Horns Cousin, der auf dem Leben ihres Vaters basiert, wird ein ähnliches Gefühl der Entwurzelung beschrieben. «Lange Zeit lag er neben dem geöffneten Fenster auf dem Bett und las. Der Ventilator schob ihm kühle Luft zu; kleine Wellen sommerlichen Duftes senkten sich auf sein Gesicht, Gerüche von Blumen und gemähtem Gras. Aus den umliegenden Vorgärten drangen Stimmen, das Anstossen von Gläsern, das Zischen von Wasserschläuchen und Bewässerungsanlagen ... all dies bedeutete Sol Nazerman nichts. Er las *Das Leben des Henri Brulard* auf Französisch, und er liess sein Gehirn bei den Verwicklungen einer weit zurückliegenden Vergangenheit verweilen.»[4] Roni Horn ist nicht aus Island, so wie der fiktive, jiddisch sprechende Nazerman nicht aus Polen, Russland, Deutschland, der Bronx oder dem vorstädtischen Staten Island ist. Obwohl Horns Arbeit ganz von der isländischen Landschaft mit ihren stehenden Gewässern, holprigen Pfaden und einer Hand voll isländisch aussehender Menschen erfüllt ist, stammt sie nicht von dort. Die Reihe dieser Bücher liest sich wie ein Reisebericht oder ein Tagebuch, welches Land und Objekte dazu benutzt, einem ganz persönlichen Weg zu folgen; oder aber als ein sehr kühler, fast gieriger Versuch, die Gesamtheit eines einzigartigen, wenig bekannten Ortes zu beschreiben.

Brian Eno meinte cinmal zu Björk, Islands grösstem kulturellem Exportgut, dass jeder von ihr gesungene Ton «ohne Beziehung ist zum vorhergehenden, und dass dies eine Gesellschaft widerspiegelt, die seit mehr als 1000 Jahren auf einer Art Anarchie beruht».[5] In gewissem Sinn ist Island, klein genug um durchquert zu werden, aber noch immer spärlich besiedelt, ein idealer Ort für Entdeckungen. Seine dramatischen Extreme – vierundzwanzig Stunden Sonnenschein, vierundzwanzig Stunden schwarze, kalte Luft und dampfende Geysire – sind ein ungeheures emotionales Angebot. Die von Eno angesprochene Anarchie widerspiegelt wahrscheinlich nur die Fähigkeit der Einheimischen, ihr eigenes Alleinsein zu verteidigen. Es ist auch ein Land, das die Vorstellung erträgt,

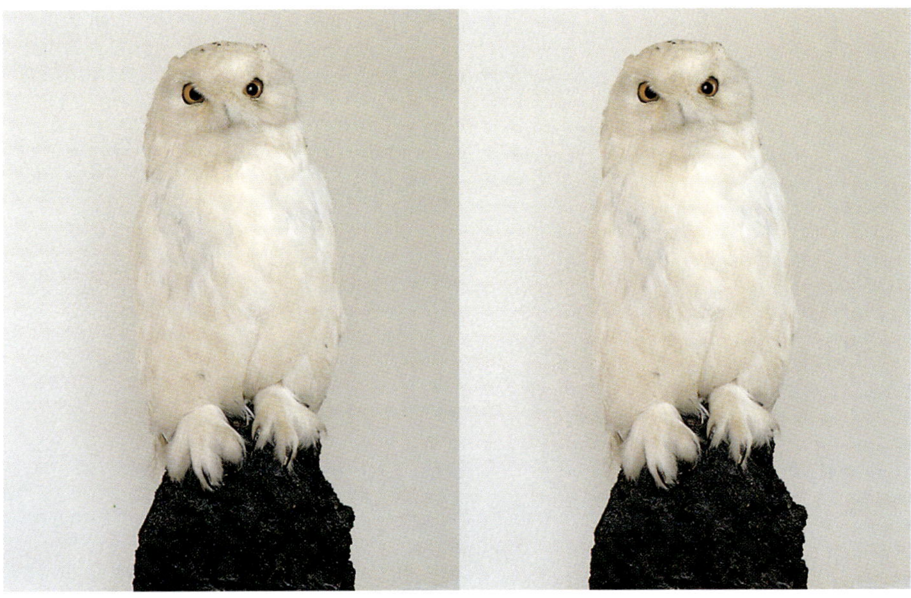

RONI HORN, SNOWY OWL, photograph from ARCTIC CIRCLES, 1994–98 / SCHNEE-EULE.

dass ein anderer Mensch seine eigene innere Wahrnehmung des Landes ins Spiel bringt. Wenn Björk singt: «Ich dachte, ich könnte die Freiheit organisieren/wie skandinavisch von mir»,[6] so ist das ein interessanter Gesichtspunkt. Natürlich ist Organisation das genaue Gegenteil von Freiheit. Aber vielleicht kann ein Aussenseiter ein besseres System entwerfen und darin eine Definition finden, die nicht erstickend, sondern befreiend ist, gerade weil sie jenseits sprachlicher Zwänge liegt.

Es scheint, das Island gut mit Einzelgängern zurecht kommt. Die schwarze Basaltdecke aus erkalteter Lava; die Nässe und die Kälte; das ironisch anmutende, hellgrüne Moos, das im vulkanischen Ödland gedeiht; die weiten, wie für den Tourismus gemachten Ausblicke neben jenen anderen, die jeglichen Wunsch, jemals einen Fuss hierher zu setzen, töten könnten. Dieses Langzeitprojekt ermöglicht es Roni Horn, eine Beziehung zum Fremden herzustellen. Und durch dieses Tun hat sie ihr Vokabular gefunden – in der Sprache eines anderen.

(Übersetzung: Hörmann/Parker)

1) Isländer haben ein besonderes Verhältnis zu ihrer Geologie und es gibt eine starke Tradition unter den nichtprofessionellen Einheimischen, Artikel und Bücher über das Land zu schreiben. So gesehen geht Horn einer sehr verbreiteten Beschäftigung nach.
2) Es ist bezeichnend, dass Horn die beiden Figuren aus *The Guiding Light* ausgewählt hat, die so gut wie keine Beziehung zueinander haben. Alle anderen Charaktere der Serie sind durch Familienbande oder Bettgeschichten miteinander verbunden.
3) Die Eulen sind fast so etwas wie ein Allheilmittel für die Angst, die sich in PAIR FIELD (1991) einstellt, wo Paare identischer geometrischer Formen getrennt und verstreut werden. Der Weg, den Horn von Verlust und Entfremdung bis hin zur Befreiung verfolgt, indem sie jedes Individuum seine Ergänzung zum Paar finden lässt, ist ein wesentliches Merkmal ihrer Arbeit.
4) Edward Lewis Wallants Roman (New York 1961) erzählt vom Leben eines KZ-Überlebenden, der in New York eine neue Heimat gefunden hat. Obwohl Horns Vater nie in einem Konzentrationslager war, war auch er Pfandleiher. Besonders GOLD FIELD (1982) und die erlesene Raffinesse ihrer anderen Skulpturen sind Zeugnisse ihrer Kindheitserinnerungen an den Beruf ihres Vaters.
5) «Ice Ice Baby: Brian Eno interviewed by Jen Leonard», *Details Magazine*, Oktober 1998.
6) Louise Gray, «The Idea of the North», *The Wire*, No. 177, S. 43.

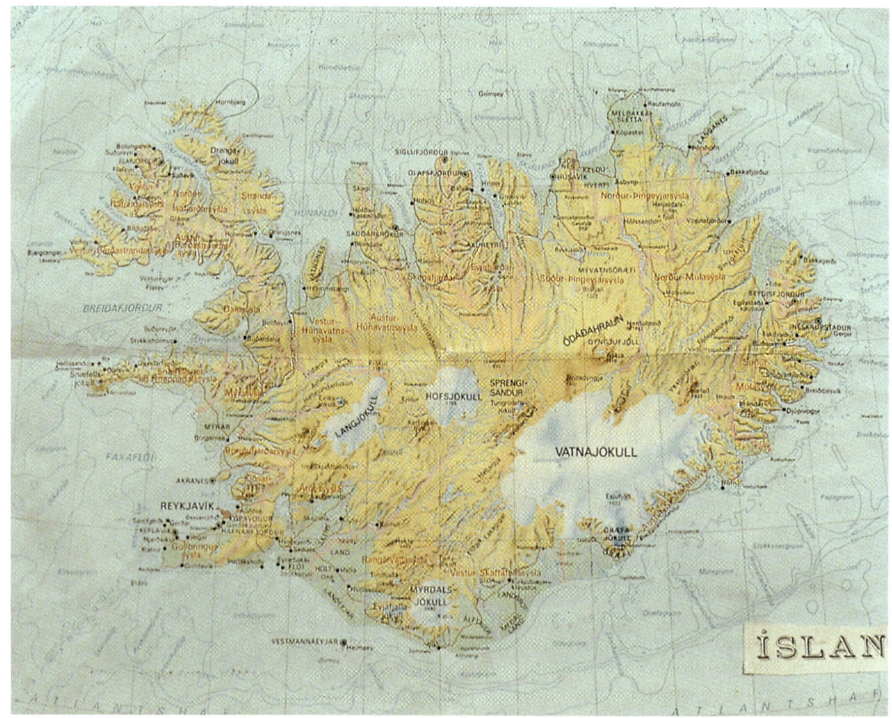

RONI HORN, THE PRODIGY OF OUR REALITY, 1986, map with drawing on the back, 9¾ x 12" /
DAS WUNDER UNSERER WIRKLICHKEIT, Karte mit Zeichnung auf der Rückseite, 24,8 x 30,5 cm.

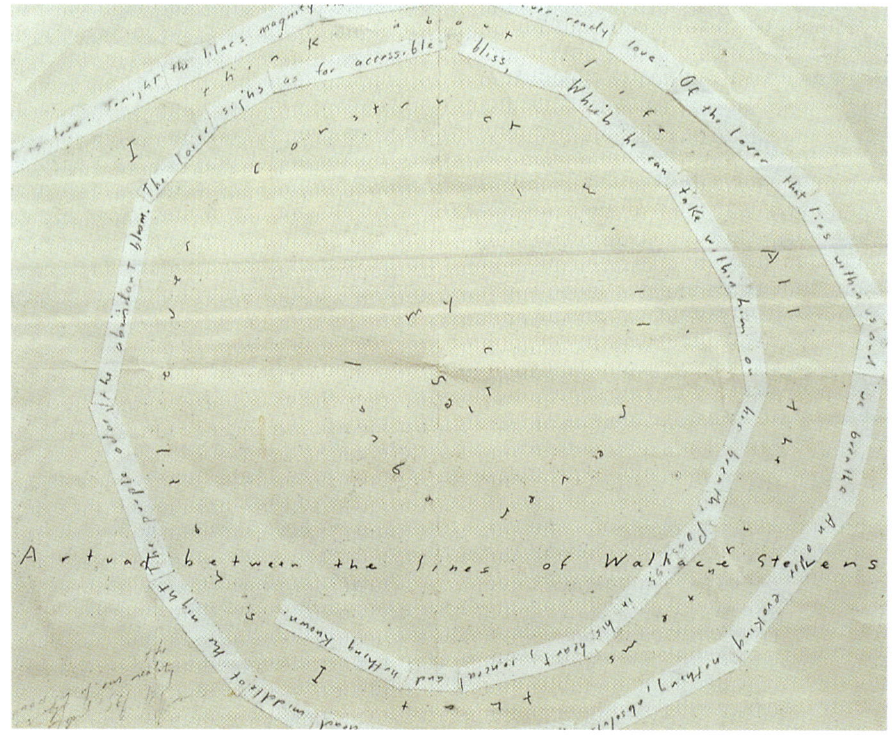

STYRMIR GUNNARSSON

EINE EINMALIGE VISION VON ISLAND

«Ich wusste nie genau, warum ich nach Island ging, bis ich anfing, Emily Dickinson zu lesen. Das Land bewegte mich tief. Es gab keine Menschen und fast keine Strassen. Ich war unzählige Male dort, ein- oder zweimal im Jahr, und ich wusste nicht, warum ich eigentlich hinfuhr, ein inneres Bedürfnis trieb mich dazu.» Diese Bemerkungen von Roni Horn – in einem Gespräch mit der Zeitung *Morgunbladid* im Mai 1997 anlässlich der Eröffnung ihrer Ausstellung in Reykjavík – liessen mich nachträglich verstehen, warum ich derart von einem Artikel fasziniert gewesen war, der im letzten August auf meinem Schreibtisch gelandet war und in der Folge eine Begegnung mit der Künstlerin erforderlich machte.

Islands unbewohntes Inneres ist möglicherweise die grösste noch erhaltene unberührte Wildnis Europas. Es ist ein Land, das dauernd im Umbruch begriffen ist. Immer wieder verändern Vulkanausbrüche die Landschaft. Schwarzer Sand, weisse Gletscher, klare und schöne Wasserläufe, donnernde Gletscherströme und zerklüftete Berge und grüne Landstriche: alles vereint in einem grossartigen Naturschauspiel, das ebenso faszinierend wie bedrohlich ist.

Was treibt Roni Horn immer wieder dazu, dieses ferne Eiland zu besuchen? In einem am 6. September im *Morgunbladid* erschienenen Artikel meint sie: «Im Laufe der Jahre meiner Reisen hier sind die weiten, unverstellten Ausblicke dieser Insel für mich sehr wichtig geworden... Das Wetter spielt eine grosse Rolle beim Erleben dieses Landes, und es gibt hier keine Aussicht, in der es nicht von Bedeutung wäre. Das ermöglicht uns einen Blick in die bewegte Vergangenheit zu werfen, aber manchmal auch auf das, was kommt. Das Panorama zeigt Fernes und Nahes gleich klar. Es breitet die Gestalt unseres Planeten in einer Weite und Transparenz vor uns aus wie nur an wenigen anderen Orten. Es fixiert uns in einer Einsamkeit, die uns grösser macht. Der Ausblick stellt eine Beziehung zur Welt her, die in Island zum grössten Teil aus Naturelementen besteht, Felsen, Vegetation und Wasser: komplexe, mannigfaltige Dinge, die auch bemerkenswert jung sind.»

Islands Bevölkerung ist nicht zahlreich, sie besteht aus etwa 260 000 Menschen. Wir lebten 1100 Jahre lang isoliert im äussersten Norden des Atlantiks, pflegten unsere Sprache und unser grosses literarisches Erbe und haben unser Land und seine Natur immer sehr geschätzt. Einige jüngere Historiker glauben sogar, dass Islands nationale Identität heute mehr mit der Natur als mit der Kultur zusammenhängt.

STYRMIR GUNNARSSON ist Chefredaktor von *Morgunbladid*, Islands grösster Tageszeitung.

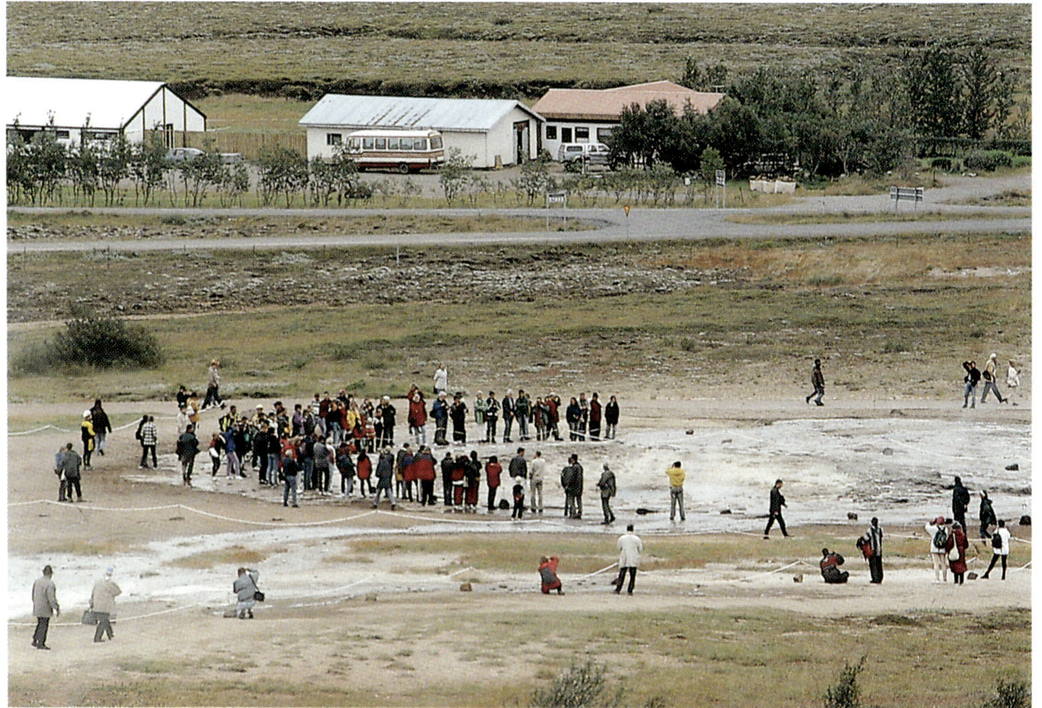

RONI HORN, UNTITLED NO. 1 (TWO FACE), 1998, photographs, 7½ x 11", two images printed back to back.

Umso grösser ist die Überraschung zu entdecken, dass Menschen aus anderen Ländern diese Natur genauso wie wir erfahren. Roni Horns Artikel im *Morgunbladid* bringt meine eigenen Gefühle für dieses Land und seine Menschen zum Ausdruck. Wie konnte jemand anderer, eine Ausländerin, so gut – soviel besser als ich – in Worte fassen, was ich für das Land empfinde, in dem ich geboren wurde, lebe und arbeite?

Roni Horns Beitrag war und ist sowohl eine Ode an Island und seine Natur als auch eine Warnung an die isländische Nation, nicht einen Reichtum zu verschleudern, der auf der ganzen Welt einmalig ist. Es war eine Warnung, ausgesprochen zu Beginn einer grossen nationalen Debatte über die Zukunft der Wildnis im Landesinneren, über die Nutzbarmachung natürlicher Energievorkommen und den möglichen Aufbau neuer Industrien.

«Island hat die Wahl», sagt sie. «Die Zerstörung der Hochlandgebiete für eure kulturelle und ökonomische Entwicklung muss nicht sein. Deren Ressourcen sind für euren Wohlstand nicht notwendig. Ein Eingriff in diese fragilen ökologischen Systeme, selbst in einem Masse, das man irrtümlich für gering erachten mag, bedeutet deren Zerstörung. Er mag nicht unbedingt eine sofort sichtbare Veränderung mit sich bringen, aber diese wird radikal und unwiderruflich sein. Es wird euer Selbstverständnis als Volk schwächen, wenn zukünftigen Generationen jungfräuliches, unbewohntes Land weggenommen wird, das heute in einem Ausmass vorhanden ist, welches die Kraft und die Existenz nichtmenschlicher Dinge ausdrückt und lebendig hält.»

Die Zukunft der unberührten Natur Islands ist nicht die Privatangelegenheit der Menschen, die in diesem Land leben. Die Debatte ist Teil eines weltweit wachsenden Bewusstseins bezüglich der Bedeutung von Natur- und Umweltschutz und der Frage, ob und wie wir den Schaden beheben können, den wir im Namen von Fortschritt und Wohlstand in diesem und

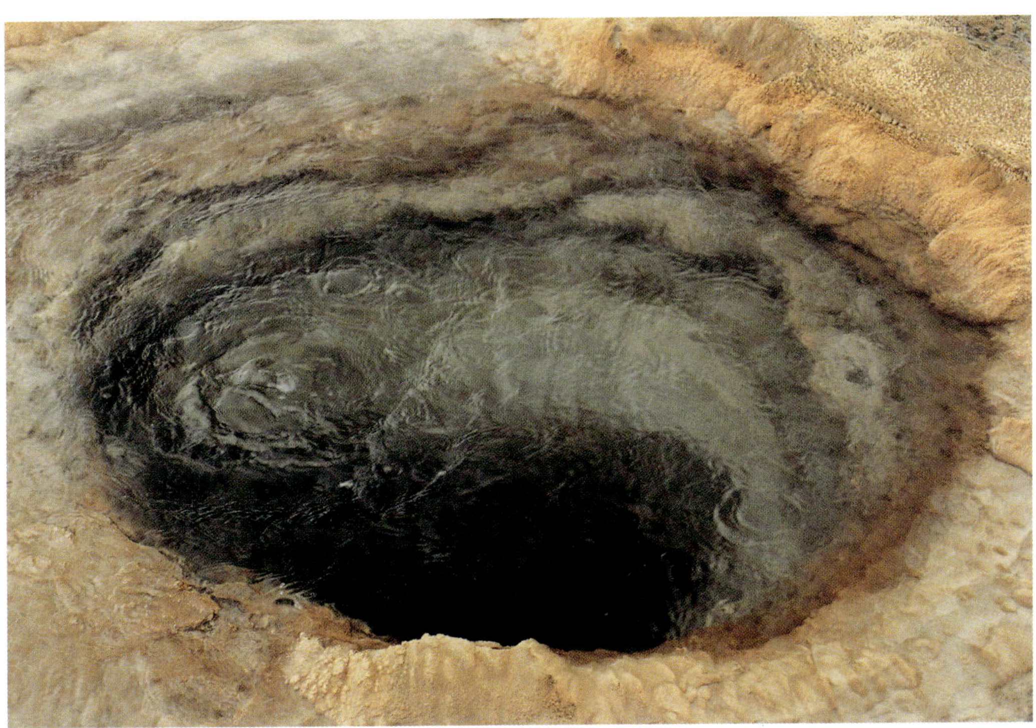

im letzten Jahrhundert angerichtet haben. Die zentrale Frage dieser Debatte ist, wie wir kommenden Generationen den Reichtum weitergeben können, der uns geschenkt wurde.

«Die Wahrnehmung des Besuchers ist klar und deutlich», sagt ein isländisches Sprichwort. Es ist nicht ungewöhnlich, dass die von fern Angereisten Dinge klarer erkennen als die Einheimischen. Deshalb bedeutet uns Roni Horns einmalige Vision von Island und seiner Kultur so viel. Nach und nach haben wir angefangen zu verstehen, wie diese ausgezeichnete Künstlerin sich unseres Landes angenommen hat. Sicher, die isländische Natur hat schon Künstler vor ihr inspiriert, das ist nicht neu, aber meistens sind dies Künstler, die aus Island stammen. Das Werk von Jóhannes S. Kjarval, einem der Pioniere der isländischen Malerei, hatte grossen Einfluss auf das Bild, das sich die Isländer von ihrem Land machen.

Führende Namen der literarischen Welt wie Jorge Luis Borges, W. H. Auden und der kürzlich verstorbene englische Dichter Ted Hughes haben im altisländischen Kulturgut Inspiration gesucht. Aber ich glaube, Roni Horn ist die erste international bekannte bildende Künstlerin, die derart stark von diesem Land beeinflusst wurde. Im Südosten von Island erstreckt sich eine Fläche aus von Wind und Wetter bearbeitetem Säulenbasalt. Früher dachten die Leute, es sei der Boden eines ehemaligen Klosters. Deshalb heisst er auch *The Church Floor* (Der Kirchenboden). Roni Horn transportiert dieses Naturdenkmal in die Schweiz, indem sie es abformt, in Gummi reproduziert und als Bodenbelag in einer Bahnhofpassage verwendet.

Reykjavík wird im Jahr 2000 Europäische Kulturhauptstadt. Bei dieser Gelegenheit wird Horn der Stadt eine weitere Version dieser künstlerischen Intervention widmen, diesmal als Bodenbelag im Pausenraum einer Schule. So wird *The Church Floor* Island zurückerstattet und erhält eine erstaunliche neue Dimension, die Vergangenheit und Gegenwart, Natur und Kultur verknüpft, Elemente, die für die Isländer von fundamentaler Bedeutung sind.

RONI HORN, UNTITLED NO. 2 (TWO FACE), 1998, photographs, 8¼ x 11", two images printed back to back.

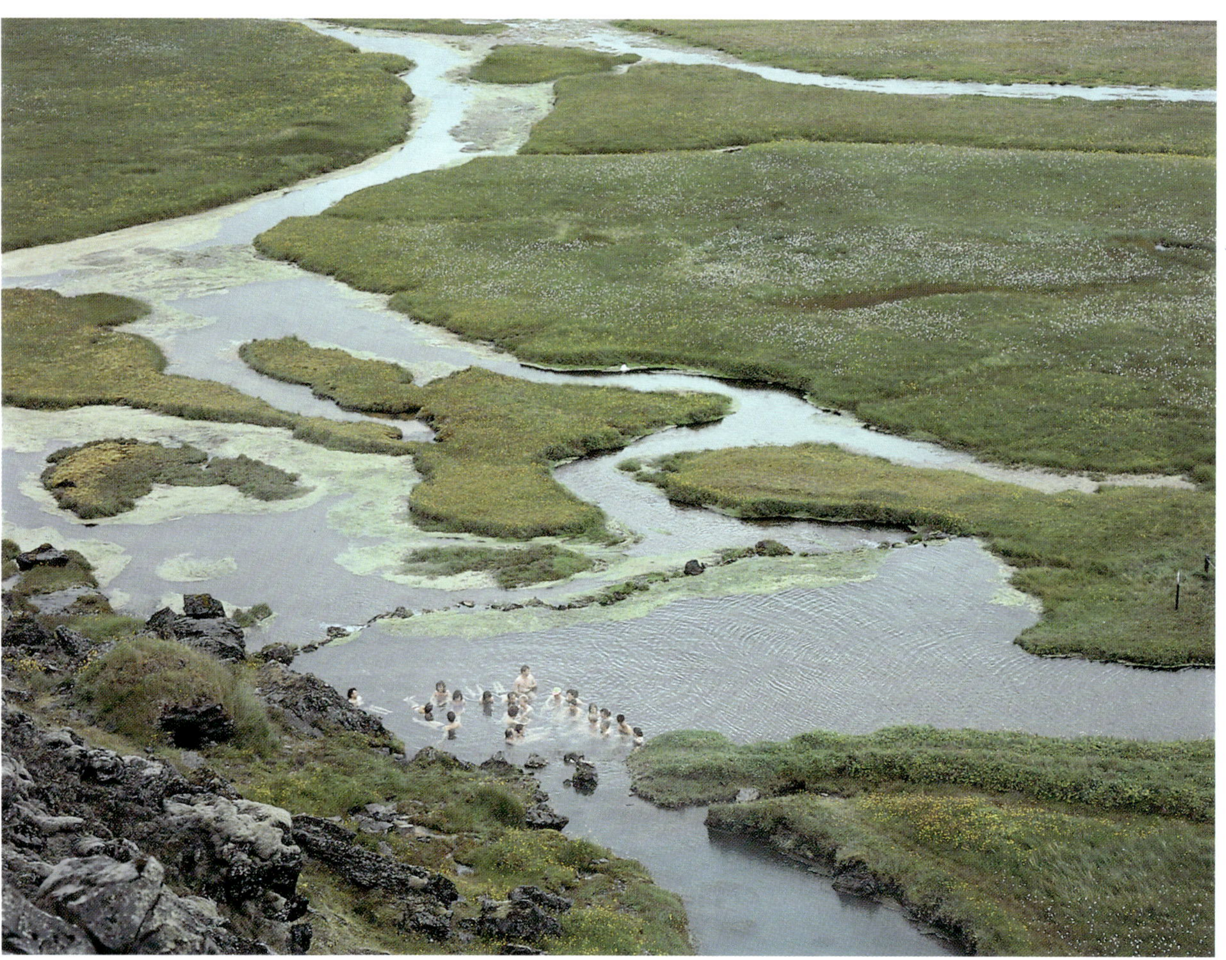

RONI HORN, OHNE TITEL NR. 2 (DOPPELSEITIG), zwei Photographien, 21 x 28 cm.

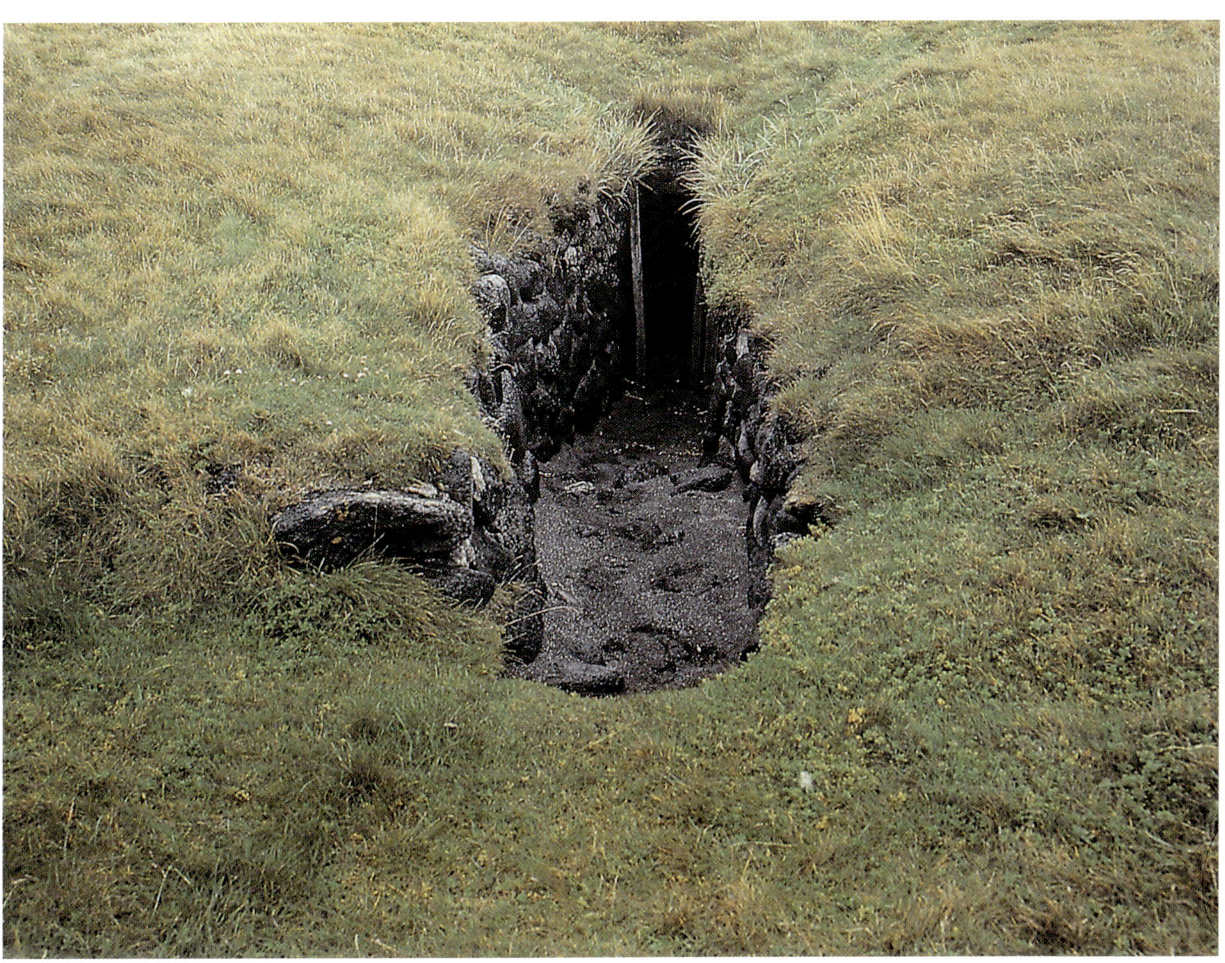

RONI HORN, YOUS IN YOU (I.E.: KIRKJUGOLF, ISLAND) 1996–2000, architectural commission for Basel Bahnhof Ost (Zwimpfer and Partners). A 600-foot long walkway of 2" thick rubber tiles. The tiles are cast from a geologic formation in Iceland called Kirkjugólf. One third of the tiles will be hard rubber; two thirds will be a very soft rubber. The hard and soft rubber will be layed in intervals of varying length with no visual indication of the change in hardness. / Architekturauftrag für den Basler Bahnhof Ost (Zwimpfer und Partner). Eine rund 180 Meter lange Fussgängerpassage aus 5 Zentimeter dicken Gummiplatten. Die Platten sind ein Abguss einer geologischen Formation namens Kirkjugólf in Island. Ein Drittel der Platten wird aus Hartgummi sein, zwei Drittel dagegen aus sehr weichem Gummi. Harte und weiche Zonen von unterschiedlicher Länge werden sich abwechseln, ohne dass der Härteunterschied für das Auge sichtbar sein wird. (See pages / Seiten 42, 43, 44.)

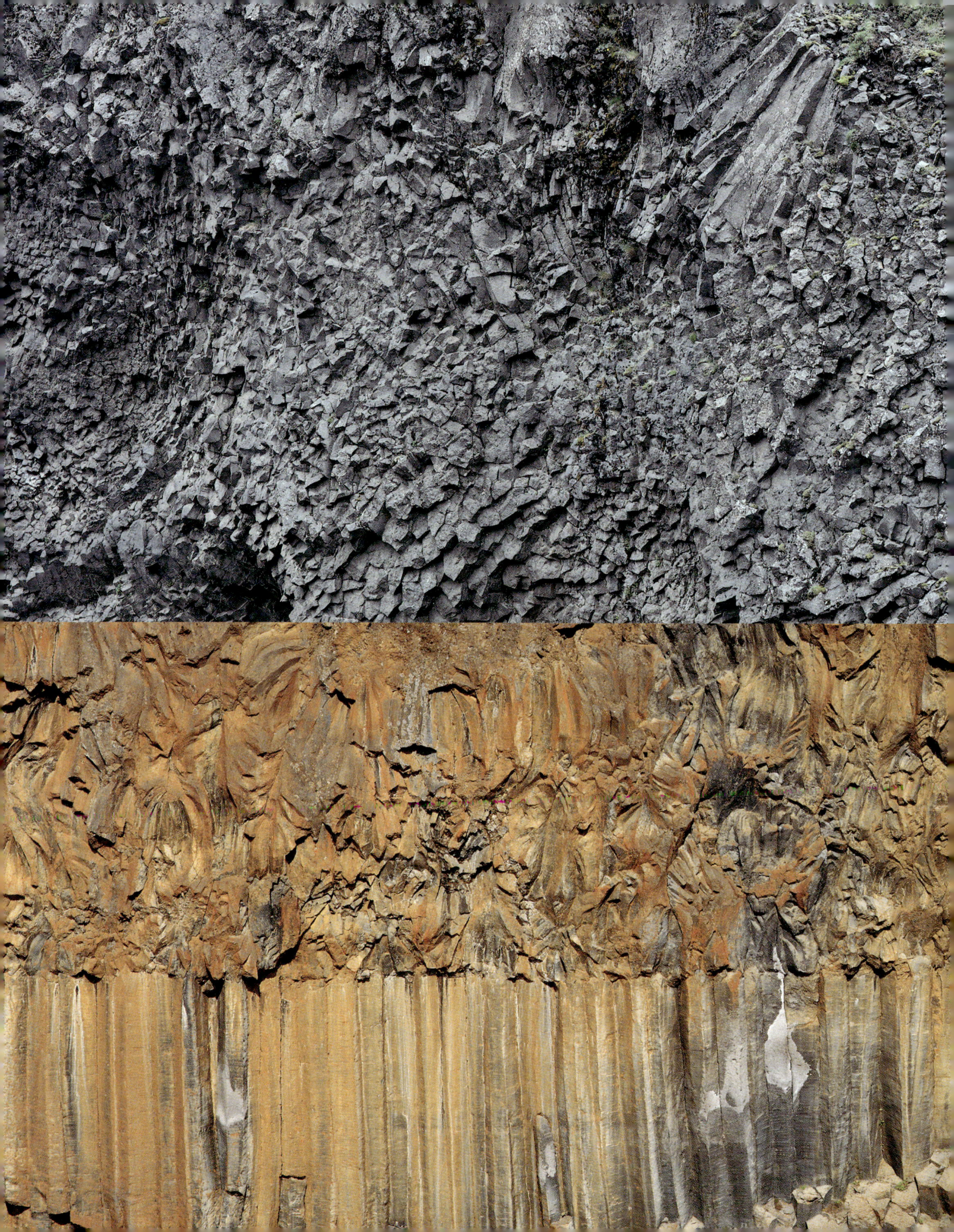

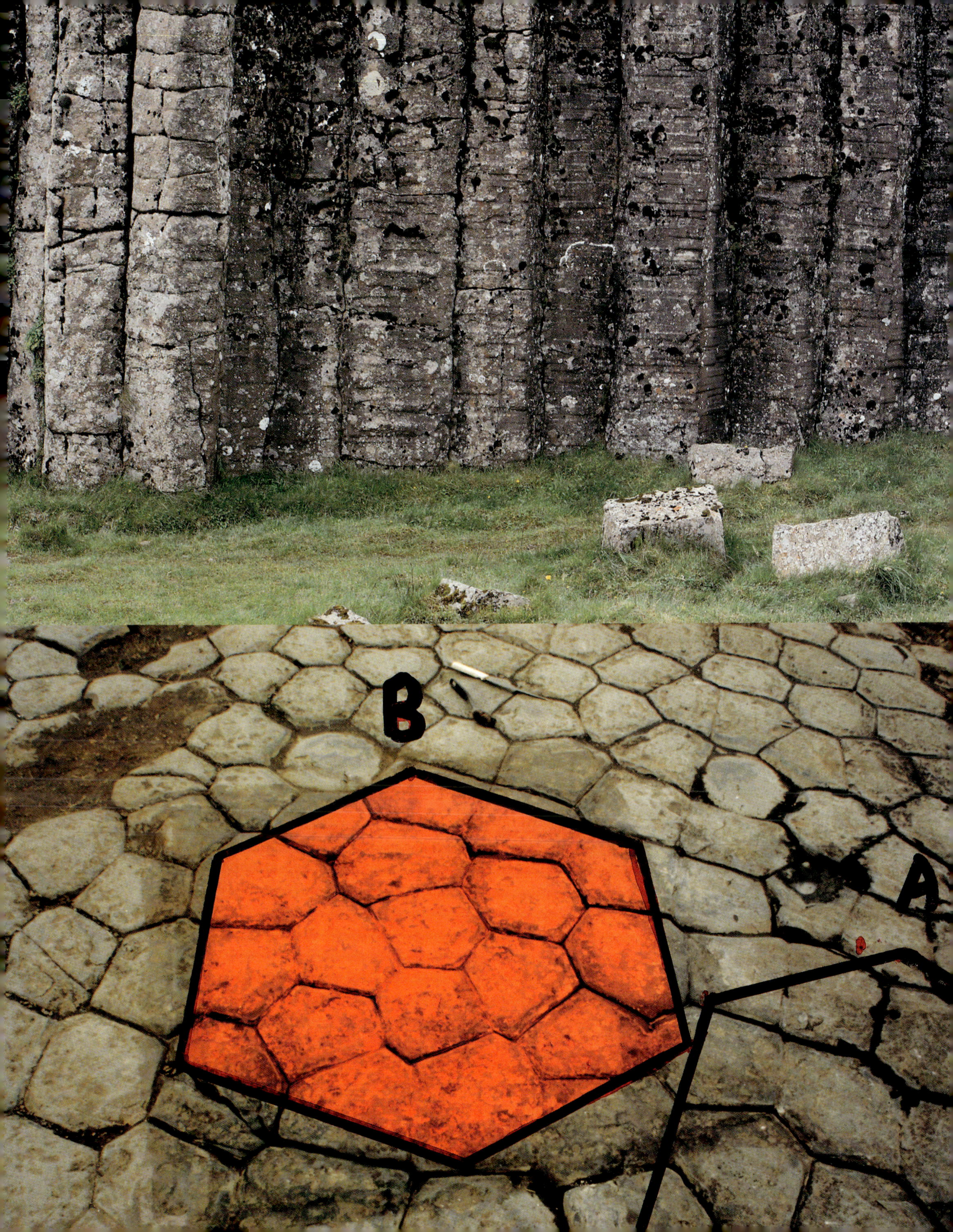

B
A

A Unique Vision

"I never really knew why I went to Iceland until I began to read Emily Dickinson. I was deeply touched by the country. There were no people and almost no roads. I have returned there many times; once or twice a year, without knowing why, compelled by an inner need." These comments by Roni Horn in an interview with *Morgunbladid* in May 1997 to mark the opening of her exhibition in Reykjavík led me to understand why I became so fascinated by an article which landed on my desk one day last August and subsequently requested a meeting with the artist.

Iceland's uninhabited interior may be the greatest untouched wilderness remaining in Europe. It is a country which is constantly in the making. Volcanic eruptions regularly change the landscape. Black sands, white glaciers, clear and beautiful streams, thundering glacial rivers and rugged mountains, green belts; all unite in a magnificent nature which both captivates and threatens.

What is it which compels Roni Horn to return to this remote island? In her article which was published in *Morgunbladid* on September 6th, she says: "Over the years of travel here, the open, unobstructed views of the island have also become very important to me… The weather is a big part of this sense of place and a view here is never without it. It allows a glance at the rolling past and sometimes what's to come. The view contains the distant and the near often with equal clarity. It lays out the shape of the planet with an expansiveness and transparence that exists in few other places. It holds you in a solitude that enlarges you. The view relates you to the world which in Iceland is mostly a world of natural things, rocks and vegetation and water: complex, multifarious things that are also remarkably young."

The Icelandic population is small, numbering around two hundred and sixty thousand people. We have lived in isolation far north in the Atlantic Ocean for eleven hundred years, cultivating our language and important literary heritage, treasuring our land and its nature. Some younger historians even believe that the Icelandic national identity is today more related to Iceland's nature than its culture.

That is why it is such a surprise to discover that people of other nationalities can experience this nature in the same way we do. Roni Horn's article in *Morgunbladid* expresses my own feelings towards this country and its people. How could someone else, a foreigner, put into words so well—so much better than I could—my own emotions about the land I was born in and in which I have spent all my working life?

Roni Horn's contribution was and is both an ode to Iceland and its nature and a warning to the Icelandic nation not to squander a wealth which is becoming unique among nations. This was a warning given at the beginning of a great national debate about the future of the

STYRMIR GUNNARSSON is chief editor of Morgunbladid, Iceland's leading newspaper.

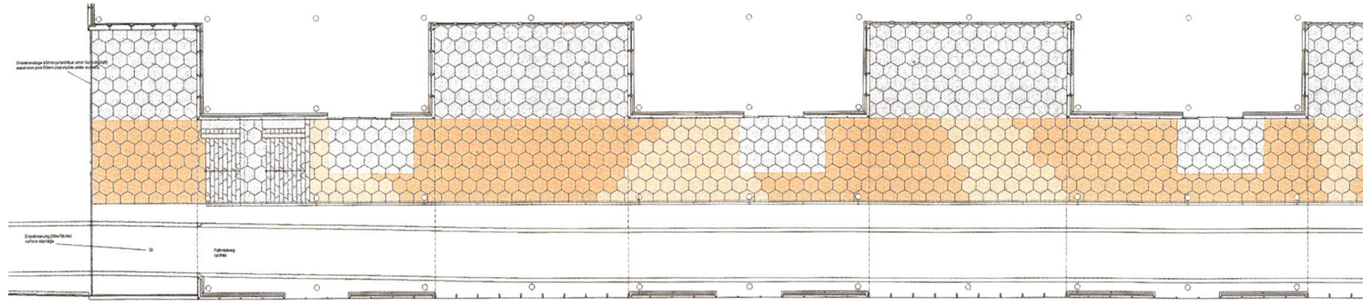

OF ICELAND

wilderness in the interior, the harnessing of natural power resources, and the possible advent of new industries.

"Iceland has a choice," she says. "The destruction of the Highlands is not necessary to your cultural and economic development. You do not need its resources to live comfortably. Encroaching upon its fragile ecologies even to what is erroneously perceived as a small degree will destroy it. It won't necessarily be an obvious change, but it will be radical and it will be irreversible. It will weaken your identity as a people by taking away from future generations unaltered and unoccupied land that exists today in a scale that expresses and sustains the power and presence of non-human things."

The future of the Icelandic wilderness is not the private matter of the people who live in this country. The debate is part of a growing awareness around the globe about the importance of environmental conservation, the preservation of an unspoiled nature, and of how and if we can repair the damage we have done in the name of progress and comfort in this century and the last. The central question in this debate is how to pass on to future generations the wealth that was passed on to us.

"The visitor's perception is clear-sighted," goes an Icelandic saying. It is not uncommon that those who visit from afar see things more clearly than the native people. That is why Roni Horn's unique vision of Iceland and its culture is so important to us. We have slowly begun to realize how this distinguished artist has embraced our country. Icelandic nature has certainly inspired artists before—we are not unfamiliar with that—but it is more common for those artists to be Icelandic themselves. The work of Jóhannes S. Kjarval, one of the pioneers of painting in Iceland, has greatly influenced the vision of the Icelandic people of their country.

Leading names in the literary world such as Jorge Luis Borges, W. H. Auden, and recently deceased British poet laureate Ted Hughes, have sought inspiration in ancient Icelandic cultural heritage. But I believe Roni Horn is the first internationally-known visual artist to have been so greatly influenced by this country. In the southeast of Iceland there is an expanse of columnar basalt, shaped by wind and waves. At one time people thought it had been a floor in a cloister. It is called The Church Floor. Roni Horn is transporting this protected natural monument to Switzerland by casting the phenomenon, producing the cast in rubber, and installing it as flooring in a railway station thoroughfare.

Reykjavík is one of the European Cultural Capitals in the year 2000. On this occasion, Horn will be giving the city another version of this artistic intervention, this time installed as the flooring of a recreation room in a school. Thus The Church Floor will be restored to Iceland in a memorable new dimension which fuses the past with the present and nature with culture, issues which are of fundamental importance to Icelanders.

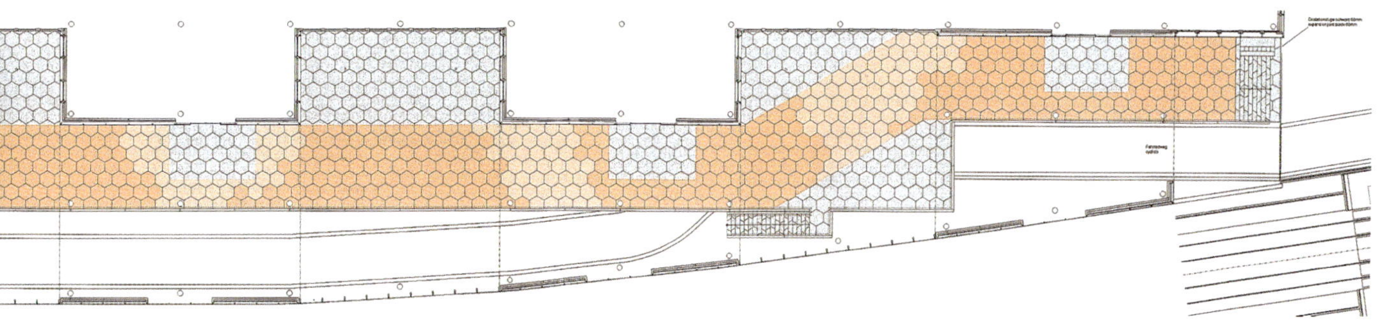

RONI HORN, UNTITLED NO. 6, 1998, photograph, 19½ x 19½" /
OHNE TITEL NR. 6, Photographie, 49,5 x 49,5 cm.

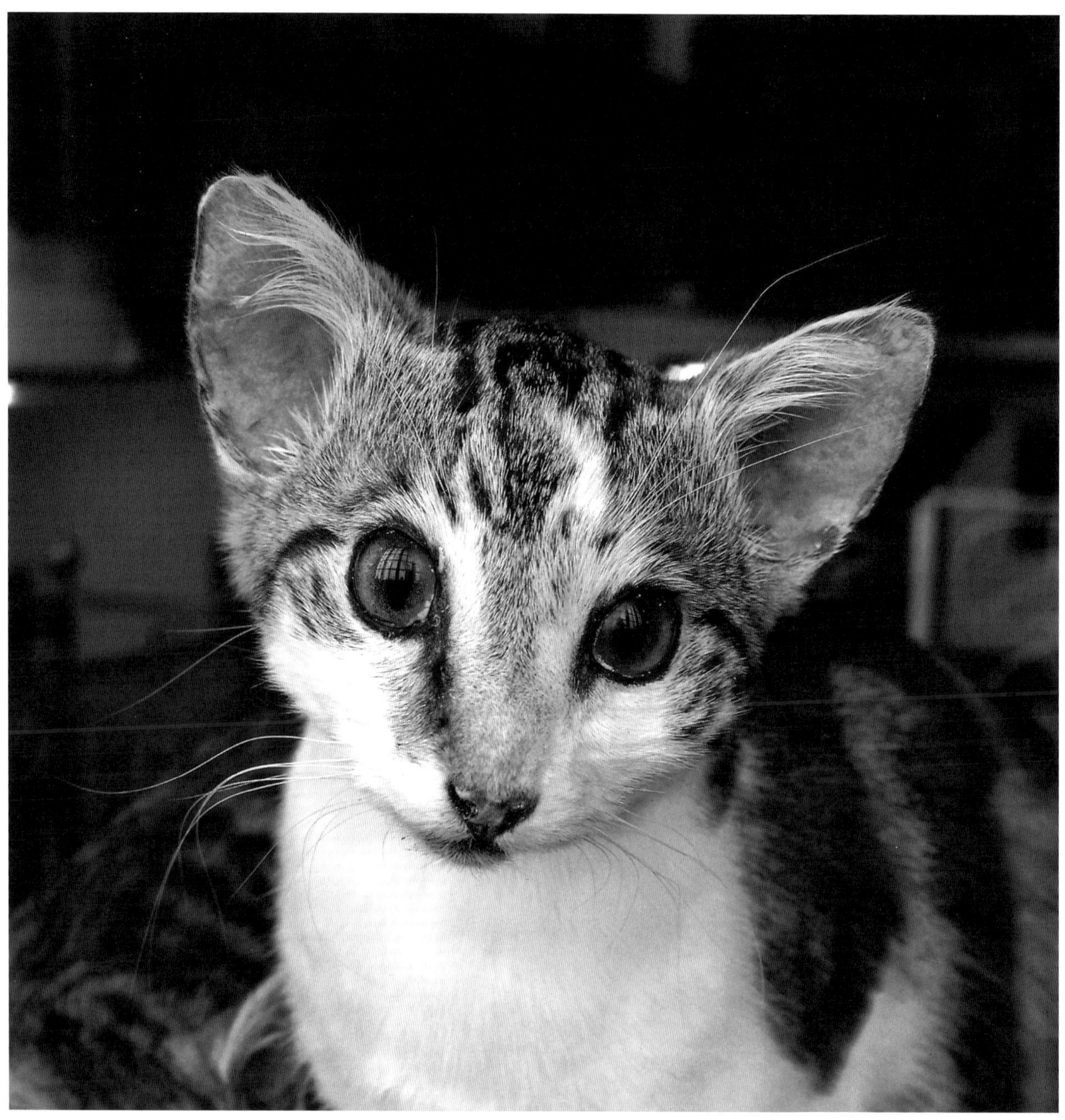

Standing on the circumference of Roni Horn's *"Asphere"*

JERRY GOROVOY

1. I was walking down Eighth Avenue one day and came across a group of young girls, not more than twelve years of age, blocking the sidewalk. School must have been out. I found myself directly behind two black girls and overheard one say to the other, "I told him, what do I look like, like I have a pussy on my head?"

2. The relationship of self to other is asymmetrical. Therein lies the basis of differentiation. The pronouncement of difference gives eroticism its tension. Like the desiring body, ASPHERE swells toward the other. The subtly formed mass on the perfect surface both infers an excess of energy and suggests that the idea of perfect symmetry is purely a mental construct. The same can be said of sexuality or any other social or political formulation. These are abstractions that are challenged by the assertion of the individual self.

3. Horn says, "When I am alone with my hand and eye, I have a place in the world."

JERRY GOROVOY lives and works in New York.

4. Roni Horn's ASPHERE is a self-portrait, an abstract embodiment of how she insinuates her presence in the world. The ASPHERE is an industrially produced, solid copper or steel sphere that has been slightly distorted. This distortion results in a form that looks like a sphere but does not behave like one. Initially ASPHERE appears to center, but the actual experience of it does not. A form so apparently familiar becomes less familiar the more time you spend with it. Dissatisfaction sets in as ASPHERE refuses to perform according to your expectations. In other words, it "disappoints."

5. In the *Timaeus*, Plato wrote that the sphere is the most perfect and uniform figure, for all points of its surface are equidistant from its center. Through the ages the sphere had religious significance. Alain de Lille, a French theologian of the twelfth century, discovered a text attributed to Hermes Trismegistus from the *Asclepius* which stated, "God is an intelligible sphere whose center is everywhere and whose circumference is nowhere." Blaise Pascal wrote, "Nature is an infinite sphere whose center is everywhere and whose circumference is nowhere." Knocked down by

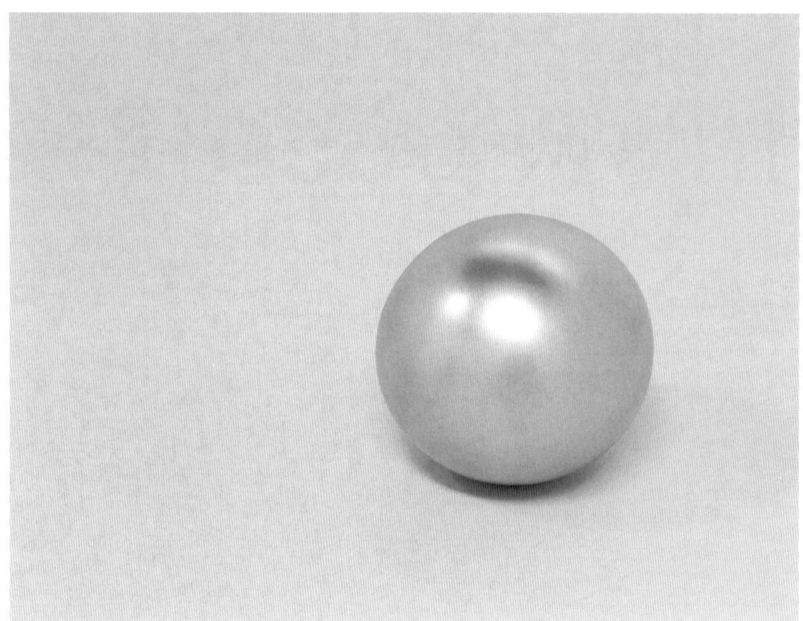

a carriage, a near-death experience, Pascal the mathematician became interested in God. Jorge Luis Borges tells us in *Labyrinths* that in Pascal's manuscript he started to write the word *effroyable:* a fearful sphere, whose center is everywhere and whose circumference is nowhere. Absolute space signifies Pascal's disillusionment with the world and God, his physical ailments, vertigo, fright and solitude.

6. Horn does not want gender to preccde her identity—it limits her reach. Gender is what society makes of the difference. As a young girl, androgyny gave to Horn the illusion of leveling the field. For her, androgyny is the integration, as opposed to segregation, of difference as a source of identity.

7. One of the special properties of the sphere is its unchanging aspect with regard to point of view. But unlike the sphere, identity is a social construct where difference is reformulated by pressure at the margins. No matter where you stand in relation to identity, the perspective is never the same. Like the relationship of center to circumference, we have to know where we are in order to know who we are. To inscribe oneself on the world is the basis of differentiation, for in the encounter of the other it is difference that has affectivity.

8. Horn's sculptural forms offer no point of entry. They are solid, highly finished, terse, inviolable. The interior is suggested, but it is not attainable.

9. Jean Genet had an epiphany on the train when his gaze "butted up" against the gaze of an anonymous, loathsome-looking fellow traveler. "His gaze was not someone else's: it was my own that I was meeting in the mirror, *inadvertently and in a state of solitude and self-oblivion.*" Genet, bewildered and repulsed by his revelation continues, "I knew that I was identical with that man… Was it because every man is identical with another? I move from the knowledge that every man is like every other man to the idea that every man is all the others… Only one man exists and has ever existed in the world. He is, in his entirety, in each of us. Therefore, he is ourselves. Each is the other and the others."

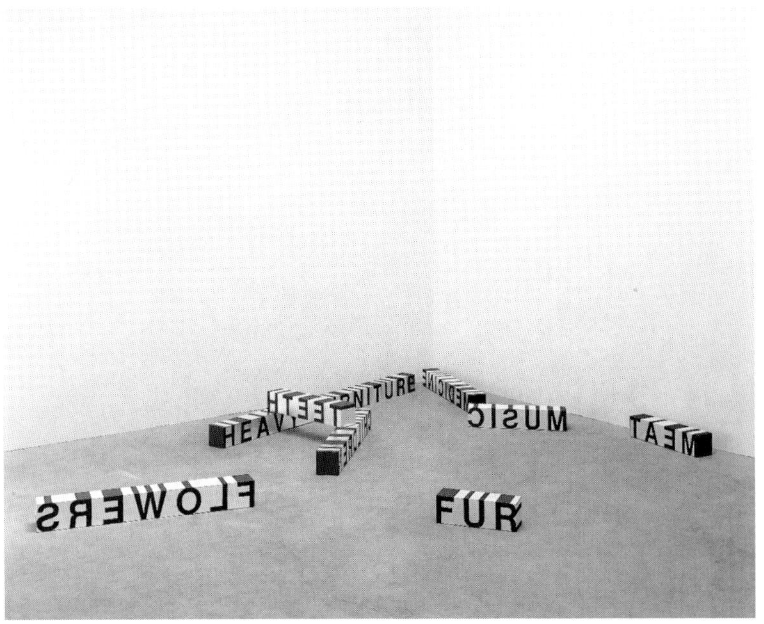

RONI HORN,
KAFKA'S COMPLAINTS,
COMPLETE,
1991, solid aluminum and plastic,
8 units, 5" x 5" x variable length
(6–83") / KAFKAS KLAGEN,
VOLLUMFÄNGLICH, 1991,
massives Aluminium und Plastik,
8 Einheiten, 12,7 x 12,7 cm x
variable Länge (15,2–211 cm).
(PHOTO: BILL JACOBSON)

10. The subtlety of Horn's intervention follows a "feminine" model. Therefore her engagement with the world cannot mimic the "masculine" model of domination, aggression, and violence. The declaration of difference, which is an act of subversion, must be assimilated discreetly or face immediate rejection. It is not necessarily a question of seeing but of experiencing.

11. In *A Fundamental Experiment*, René Daumal sought to document a state approaching death. He describes crossing the threshold of consciousness by sniffing tetrachloride. "Imagine an immense circle whose circumference reaches the infinite and which is perfect and unbroken except for one point; subsequently this point extends into a circle that grows indefinitely, extends its circumference to infinity and merges with the original circle, perfect, pure, and unbroken except for one point, which expands into a circle... and so on unceasingly, and in fact, instantaneously, for at each instant the circumference, enlarged to infinity, reappears simultaneously as a point; not a central point, that would be too perfect; but an eccentric point that represents at the same time the nothingness of my existence, by its particularity, introduces into the immense circle of the All—the All which perpetually obliterates me, reasserting its undiminished integrity. For it is I alone who is diminished."

12. Neurosis is the source of invention. Horn is fascinated by Hitchcock's attraction to women and the cinematic consequences of his lack of satisfaction; by Kafka's hatred of fur, teeth, children, flowers, meat, and heavy furniture as a reflection of his introverted sensuality; by Dickinson's reclusiveness and the passion that seemed to be reserved exclusively for the mundane world that surrounded her; by Pasolini's and Polanski's raw sensuality. Horn knows that sexuality crystallizes on the circumference of one's being and that it is symptomatic of the center of human existence. Thus Horn asserts her place in the world by introducing her pathology into the pure geometry of the ideal world.

An der Peripherie von Roni Horns «*Asphere*»

JERRY GOROVOY

1. Als ich eines Tages die Eighth Avenue hinunterging, begegnete ich einer Schar junger Mädchen, nicht älter als zwölf, die den Gehsteig blockierten. Die Schule musste eben aus gewesen sein. Ich befand mich unmittelbar hinter zwei schwarzen Mädchen und hörte, wie das eine zum anderen sagte: «Ich sagte zu ihm, wie seh ich aus, etwa so, als hätt ich eine Möse auf dem Kopf?»

2. Die Beziehung des Selbst zum Anderen ist asymmetrisch. Das ist die Grundlage aller Differenzierung. Der Ausdruck der Differenz macht die erotische Spannung aus. Wie der begehrende Körper schwillt ASPHERE (Asphäre) dem Anderen entgegen. Die leichte Vorwölbung auf der makellosen Oberfläche deutet einen Energieüberschuss an, lässt aber auch ahnen, dass die Idee der perfekten Symmetrie ein rein gedankliches Konstrukt ist.

3. Horn sagt: «Wenn ich mit meiner Hand und meinem Auge allein bin, habe ich einen Platz in der Welt.»

4. Roni Horns ASPHERE ist ein Selbstporträt, eine abstrakte Verkörperung der Art und Weise, wie sie ihr In-der-Welt-Sein ausdrückt. ASPHERE ist eine industriell hergestellte, massive Kugel aus Kupfer oder Stahl, die jeweils kaum merklich von der Idealform

abweicht. Diese Verzerrung ergibt eine Form, die zwar wie eine Kugel aussieht, sich aber nicht so verhält. Die Form, die so vertraut scheint, wird einem immer fremder, je länger man sich mit ihr befasst. Unzufriedenheit macht sich breit, wenn ASPHERE sich nicht den Erwartungen entsprechend verhält. Mit anderen Worten, es ist «eine Enttäuschung».

5. In *Timaios* sagt Platon, die Kugel sei die vollkommenste und regelmässigste geometrische Figur, da alle Punkte auf der Oberfläche gleich weit von der Mitte entfernt seien. Jahrhundertelang hatte die Kugelgestalt religiöse Bedeutung. Alain de Lille, ein französischer Theologe des zwölften Jahrhunderts, entdeckte im lateinischen *Asklepius* einen Hermes Trismegistos zugeschriebenen Text, der sagt, Gott sei eine intelligible Sphäre, deren Zentrum überall und deren Peripherie nirgends sei. Blaise Pascal schrieb, die Natur sei eine unendliche Sphäre, deren Mittelpunkt überall und deren Peripherie nirgendwo sei. Nachdem er von einer Kutsche beinah zu Tode gefahren worden war, begann Pascal sich für Gott zu interessieren. In einem seiner Essays erzählt Jorge Luis Borges, dass Pascal in seinen Manuskripten zuerst *effroyable* geschrieben habe: «eine erschreckliche Sphäre, deren Mittelpunkt überall ist und deren Umfang nirgendwo». Der absolute Raum steht für die nüchterne Illusionslosigkeit, mit der Pascal Gott, der Welt und seinen physischen Leiden, Schwindel, Angstzuständen und Einsamkeit, begegnet.

JERRY GOROVOY lebt und arbeitet in New York.

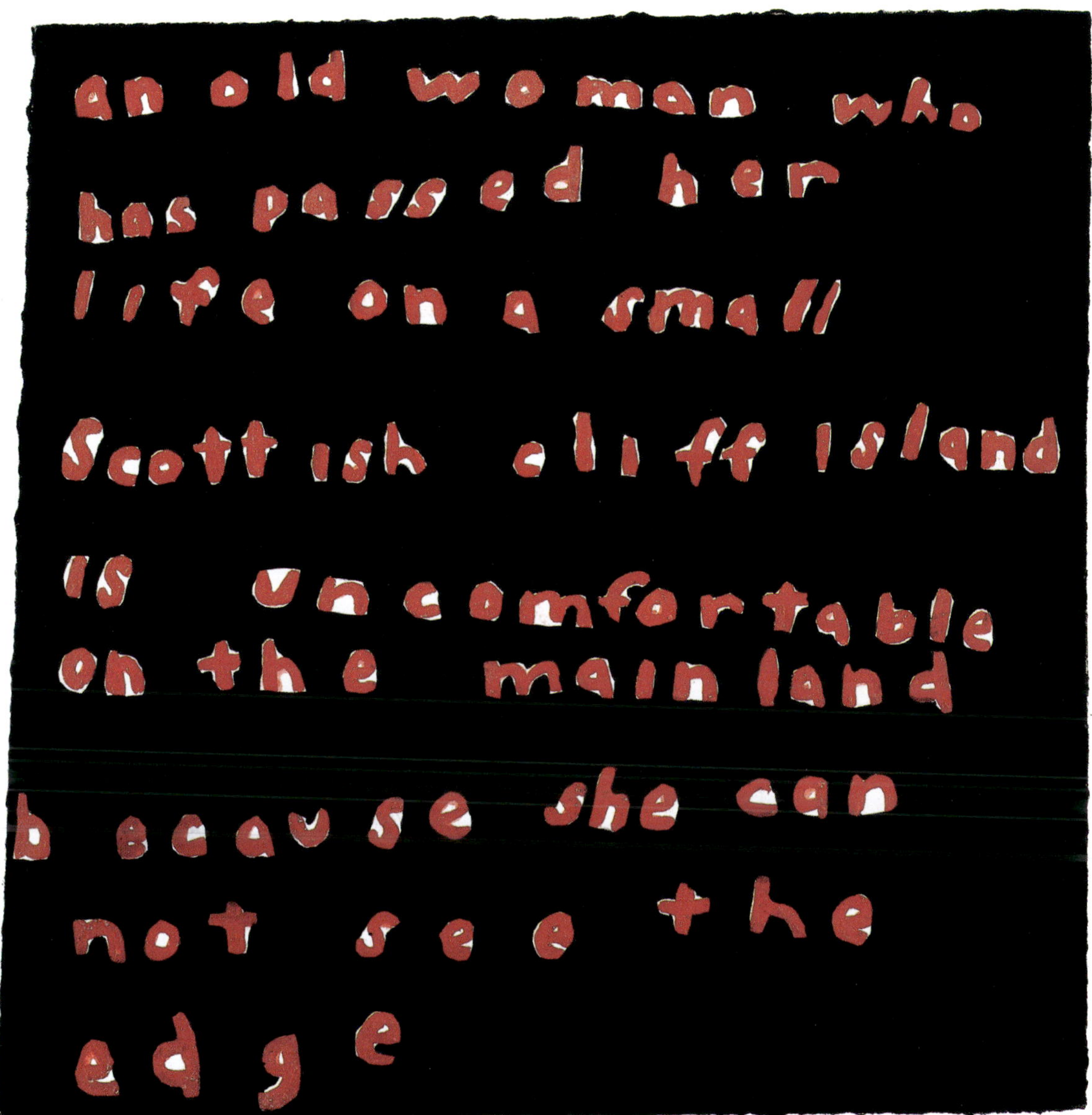

RONI HORN, AN OLD WOMAN WHO…, 1984, gouache drawing, 13¾ x 14¼" /
EINE ALTE FRAU, DIE…, Gouache-Zeichnung, 35 x 36,2 cm. (PHOTO: BILL JACOBSON)

6. Horn will nicht, dass das Geschlecht ihrer Identität voransteht und ihre Reichweite einschränkt. Geschlecht ist, was die Gesellschaft aus der Differenz macht. Als junges Mädchen glaubte Horn mit Hilfe der Androgynität diese Differenz ausgleichen zu können. In ihren Augen ist Androgynie Integration im Gegensatz zur Trennung, die mit der Differenz als Quelle der Identität einhergeht.

7. Eine besondere Eigenschaft der Kugel ist ihr vom Standpunkt unabhängiges, immer gleiches Aussehen. Aber anders als der geometrische Kugelkörper ist Identität ein gesellschaftliches Konstrukt, bei dem die Differenz durch Druck vom Rand her beeinflusst wird. Egal wo man in Bezug auf die Identität steht, die Perspektive ist nie dieselbe. Wie im Verhältnis von Zentrum und Peripherie müssen wir wissen, wo wir stehen, um zu wissen, wer wir sind. Sich der Welt einzuschreiben ist die Voraussetzung zur Differenzierung, denn in der Begegnung mit dem Anderen ist es die Differenz, die Affekte auslöst.

8. Die Formen von Horns Skulpturen bieten keinen Angriffspunkt. Sie sind massiv, auf Hochglanz poliert, dicht, unverletzlich. Ihr Inneres lässt sich erahnen, ist aber nicht zugänglich.

9. Jean Genet hatte eine Erleuchtung, als sein Blick im Zug am Blick eines anonymen, unsympathisch wirkenden Mitreisenden abprallte. «Sein Blick war nicht der eines anderen: es war mein eigener, den ich wie im Spiegel, *in einem Zustand der Einsamkeit und Selbstvergessenheit überraschte.*» Genet, von seiner Entdeckung verwirrt und abgestossen, fährt fort: «Ich wusste, dass ich mit diesem Mann identisch war... War es, weil jeder mit einem anderen identisch ist? Vom Wissen, dass jeder wie jeder andere ist, gehe ich weiter zum Gedanken, dass jeder alle anderen ist... Nur ein Mensch in der Welt existiert und hat je existiert. Er in seiner Ganzheit ist in jedem von uns. Also ist er wir selbst. Jeder ist der andere und die anderen.»

10. Die Subtilität von Horns Interventionen folgt einem «weiblichen» Muster. Deshalb kann ihre Interaktion mit der Welt nicht das «männliche» Muster von Herrschaft, Aggression und Gewalt wiedergeben. Die Erklärung der Differenz als ein subversiver Akt muss sorgsam verschleiert werden oder stösst unmittelbar auf Ablehnung. Dies ist nicht unbedingt eine Frage des Sehens, sondern eine der Erfahrung.

11. In seinem Buch *A Fundamental Experiment* versuchte René Daumal einen todesnahen Zustand zu dokumentieren. Er beschreibt das Überschreiten der Bewusstseinsschwelle durch Einatmen von Tetrachlorid. «Stellen Sie sich einen ungeheuren Kreis vor, dessen Umfang ans Unendliche grenzt und der vollkommen und ununterbrochen ist, bis auf einen Punkt; nun dehnt sich dieser Punkt zu einem Kreis aus, der immer weiter wächst, seinen Umfang ins Unendliche erweitert und schliesslich mit dem ursprünglichen Kreis verschmilzt, vollkommen, rein und ununterbrochen, bis auf einen Punkt, der sich zu einem Kreis dehnt... und so weiter, ohne Ende und in einem einzigen Augenblick, denn in jedem Moment erscheint der ins Unendliche gewachsene Umfang wieder als Punkt; nicht als zentraler Punkt, das wäre allzu perfekt, sondern als exzentrischer Punkt, der zugleich die Nichtigkeit meiner Existenz darstellt und in seiner Partikularität in den ungeheuren Kreis des Ganzen übergeht – eines Ganzen, das mich unablässig auslöscht, indem es seine unverminderte Ganzheit manifestiert. Denn nur das Ich wird kleiner.»

12. Die Neurose ist die Quelle aller Erfindung. Horn ist fasziniert von Hitchcocks Schwäche für die Frauen und den filmischen Konsequenzen seiner mangelnden Befriedigung; von Kafkas Abscheu vor Pelz, Zähnen, Kindern, Blumen, Fleisch und schweren Möbeln als Reflex seiner introvertierten Sinnlichkeit; von Dickinsons Verschlossenheit und ihrer Leidenschaft, die sich ganz auf ihre unmittelbare weltliche Umgebung beschränkte; von Pasolinis und Polanskis kruder Sinnlichkeit. Horn weiss, dass Sexualität eine Kristallisation an der Peripherie unseres Wesens ist, die symptomatisch ist für das Zentrum der menschlichen Existenz. Roni Horn behauptet so ihren Platz in der Welt, indem sie ihre Unvollkommenheit in die reine Geometrie der idealen Welt hineinträgt.

(Übersetzung: Susanne Schmidt)

Roni Horn's work involves, pronounces Solidity. What I find so powerful about my reaction to reading her statements and writings now is that it proves to me that she is a Classical sculptor. Classical is a word, an idea, that might be seen as problematic. I define sculpture in terms of its differences from architecture; sculpture as solid, architecture as field; sculpture conceived as body, architecture conceived as cuts through space in plan and section.

The dialectic that Horn proposes resides not only within the framework of duality, of each singular project possessing two elements; her work embodies a visceral sense of the dialectic between architectural space and sculptural force. As such, I am responding to the statements of a sculptor who desires or knows how to "charge" architecture, to "charge" space. This quality is not always as apparent from the visual reproduction of her work as from her writing. A first principle she states is the act of locating the dual pieces in regard to circumstance. She is using words that come out of a framework of interest that we share, which is the difference between the ideal and the circumstantial as a programmatic condition. She is framing the existential position, how the author can locate the work physically in order to create an address beyond the physical—the signification of place in time, history, literature, ideas.

The civic realm of Greek and Roman culture—I hear it in Horn's language. I learned these lessons from twentieth century artists like Robert Smithson before I studied in Rome. But in Rome the opposition between the language of fields of structure in which an architectural space is settled or sited and the impenetrable elements of a sometimes scaleless nature are obvious. This opposition is also present in Horn's concepts, in her recognition of the potential empowerment of elements in the city; against the architecture and circumstance. She goes at the problem over and over again as she searches for an architectural space for dialogue.

Horn is advocating an activation of the civic conscience as a "rub" or frottage between individual and collective space. It might be seen philosophically as random against ordered, specific as opposed to general, the solid in the field, the ideal in the circumstantial, and so on—by which the characteristics of

DIANE LEWIS

NOTES
FROM AN
ARCHITECT

both are amplified by their differences. This is essential to architectural knowledge, beyond the merely visual and into the tectonic, visceral phenomenon: a search for a literary understanding and signification of form. In reading Horn's texts, I read the subject matter of these disparities. There is a strong sense of what exists, what is ephemeral, what is eternal. There is a strategic positioning of extremely reductive elements, compactions of time and thought, which by their character change their environs.

Horn talks about the duality of two pieces not being Minimalist or Platonic. Mies van der Rohe once said that it's only when you have two elements in relation that you have the beginning of architecture. Horn understands this, that in architecture you can draw a great plan that can have certain readings, but the reading is qualified by taking the cut through, which is a section, either plan or elevation. The two primary relations or essential elements in architecture are the perpendicular cut between the plan and

DIANE LEWIS builds in the civic and domestic realms and is Permanent Professor at the Cooper Union School of Architecture. She is currently working in Berlin and Guest Chair at the Technische Universität Berlin.

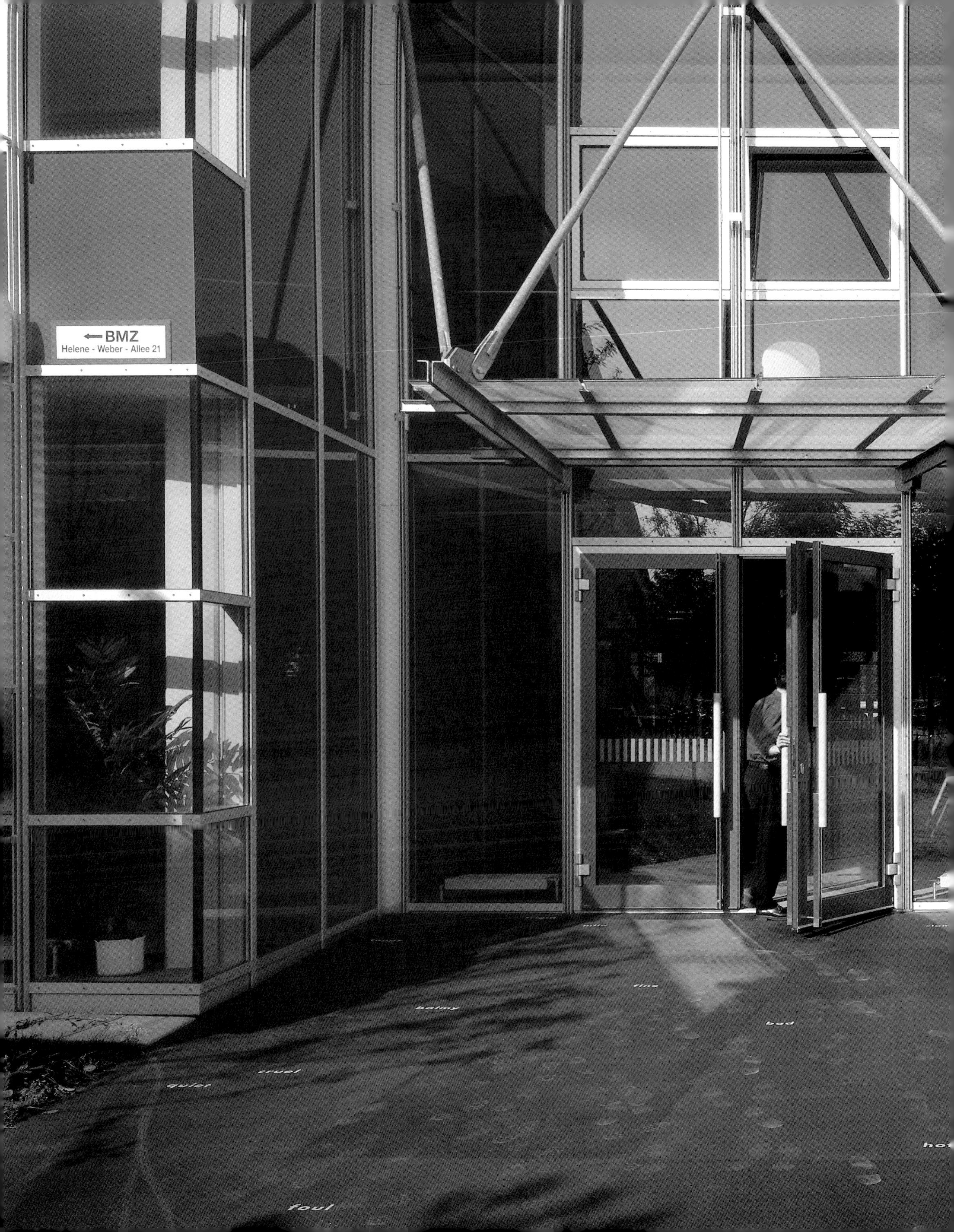

← BMZ
Helene - Weber - Allee 21

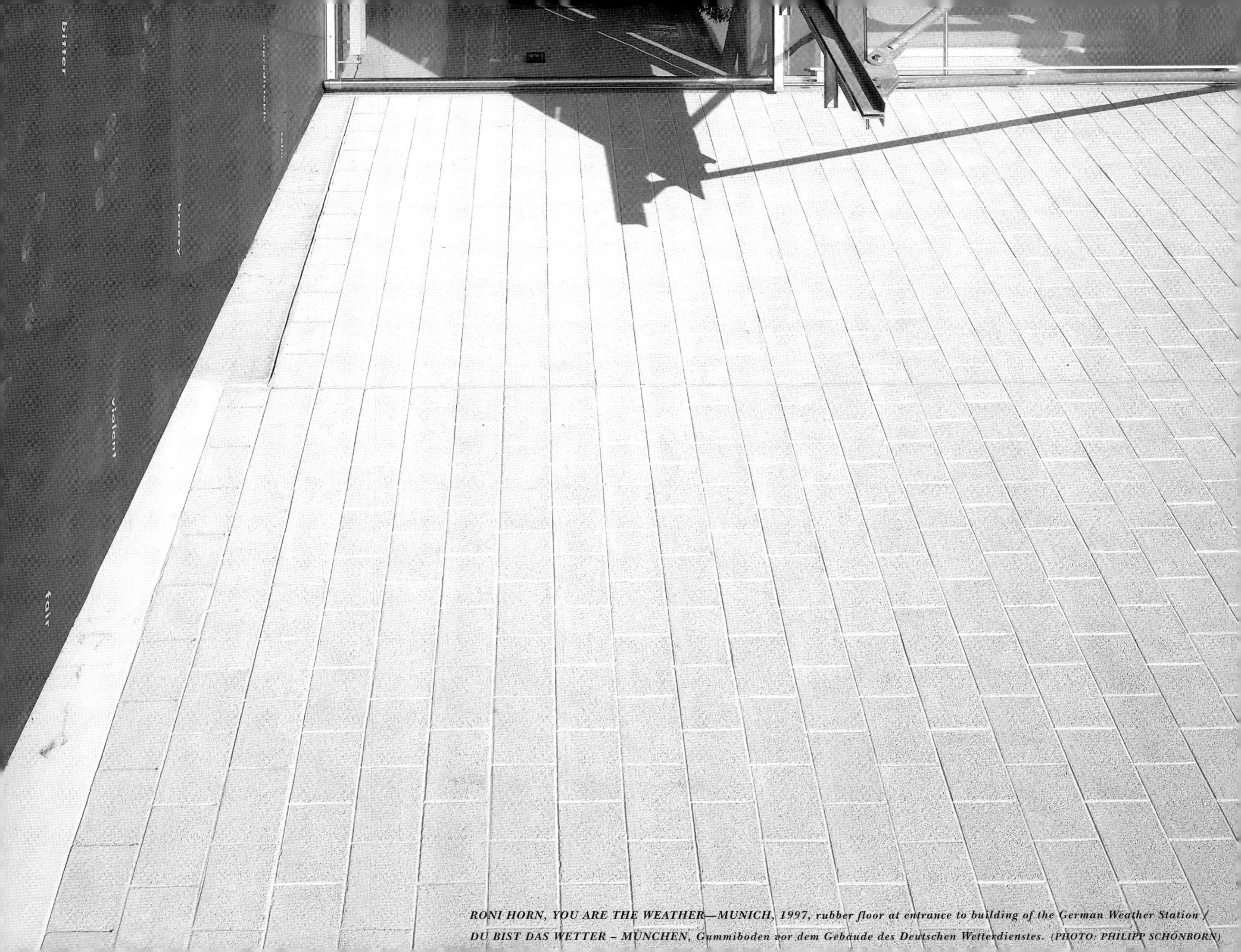

RONI HORN, YOU ARE THE WEATHER—MUNICH, 1997, rubber floor at entrance to building of the German Weather Station / DU BIST DAS WETTER – MÜNCHEN, Gummiboden vor dem Gebäude des Deutschen Wetterdienstes. (PHOTO: PHILIPP SCHÖNBORN)

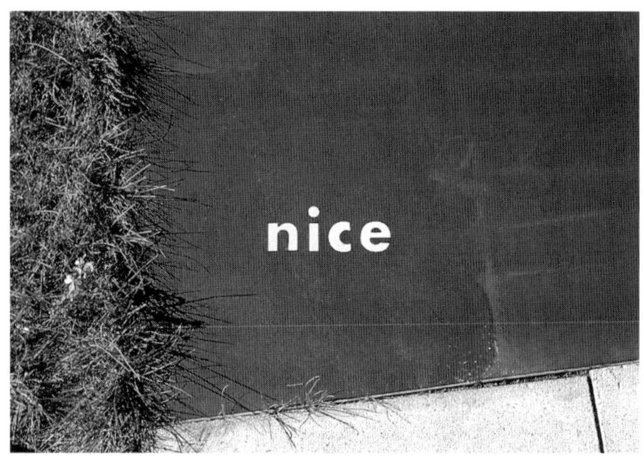

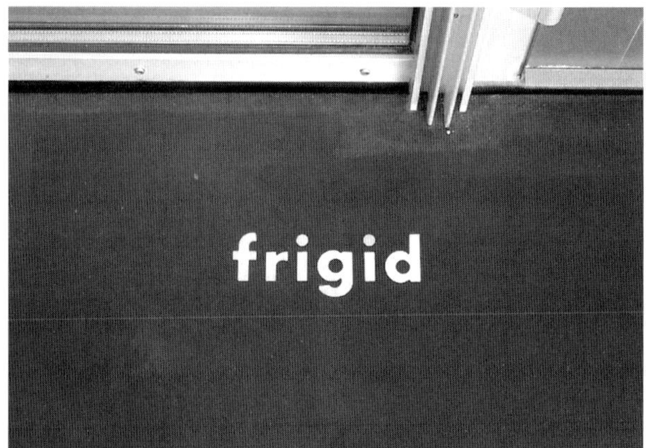

the elevation, and its registration or dialogue which qualifies the intent and the content of the project. So for a sculptor this idea of the two, this idea of doubling or reflection, can set up such a condition in a different way, but perhaps not ultimately towards a different subject matter—what I call here "the literary dimension."

Horn's devotion to repetition, repetitive knowing is something I learned from Louis Kahn. I remember seeing Kahn speak back in 1968. Someone had warned me that he always told the same anecdote about a brick. So he picked up an imaginary brick and said, "I picked up the brick, I looked at the brick, and I asked the brick 'What would you like to be?'"—which was his philosophical statement on the nature of materials in response to Frank Lloyd Wright. More importantly, this existential understanding of materials—that materials demonstrate their limits and speak through observation—is a Cartesian laboratory of possibilities for form. This idea of thought is the thing that refines the acts of matter; the discipline of Mind to Matter. This was the other side, the shock that someone would have the courage to repeat in pursuit of knowledge, that this man was saying what someone predicted he would say. Which means that it wasn't new; that he would repeat himself. Much of Kahn's work is about the cube... he knew the cube for fifty years, for seventy years. I

sense this same persistence in Roni Horn, the honing, the milling, the condensation of the power of thought. The elements are thought about, and it's the thought that changes the form; it's not a superficial transformation of form.

In reading Horn's writings, I was struck by her citation of Emily Dickinson's No. 1695.

There is a solitude of space
a solitude of sea
a solitude of death, but these
society shall be
compared with that profounder site
that polar privacy
a soul admitted to itself—
finite infinity.

Here, site has to do with its signification through a consciousness: the soul. The site doesn't even have to be changed physically; with the act of location and selection, civilization begins—the roots of urbanism. Horn attempts to address correspondences of inner revelation or honesties with that idea of the site, or of nature. The issue of subjectivity is present here, but it is about Horn's humility toward the subjective. In this case the dialogue is about revealing the subjective as an offering, that is, the best one can do within a discipline. Through the limits of one individual's

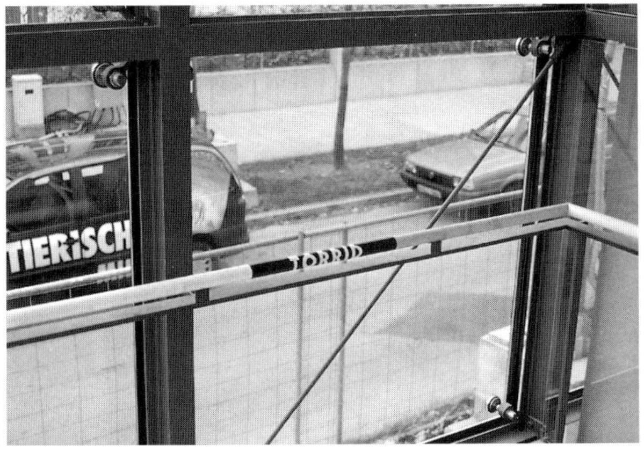

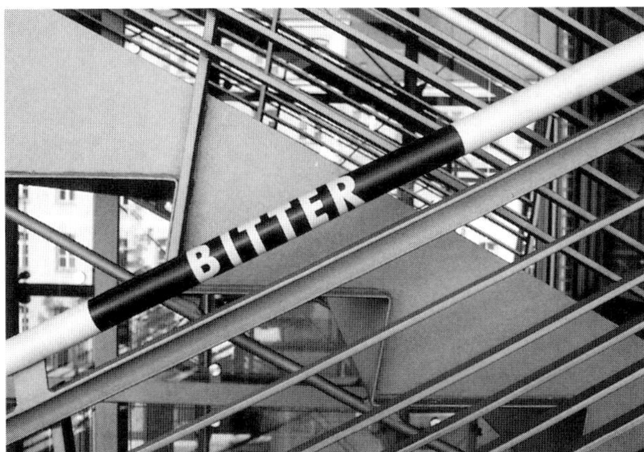

act, an aspiration for the objective, eternal, or principled is clarified.

Horn has stated that the condition of the charged architectural space is something that she seeks but finds very rarely. She is right. But her tremendous interest in the landscape is something that I would have to ponder. I am not so sure that the energy she seeks is as powerful in a dialectic with the landscape as it is with the mind of another human being: art within architecture.

The possibility for Horn's projects to be informed by architectural thinking, to gain significance in the urban realm in a civic sense—programmatically, spatially, historically, and so on—is something she probably hasn't enjoyed enough yet. The post-minimalist condition that she defines, questions, dislikes, and reads politically, I agree is very design-oriented, physical, not architectural in content. By this, I mean design as opposed to form invested with a poetic program. But if her work reverts to only looking at the vernacular and the landscape, it may not deliver the charge, her desire to engage civic conscience. The Munich weather station may be a new beginning for a dialogue between art and architecture. Yet there is a paradox: Despite its integral weight in the overall spatial scheme, YOU ARE THE WEATHER may present a greater challenge to convention than the structure that supports it.

The frontier that architects, artists, and literateurs face is innovation at the structural origins of a project, to derive form at all scales: structure, site, land form—the whole ensemble. The recent history of artistic-architectural collaborations has been an interdisciplinary blind date. The city must be a laboratory in which this dialogue begins at the inception of the architecture—landscape, structure, civic position, signification, individual, program: the transformation of how somebody works in the weather station. These ideas must be restored to civic architecture not only as, say, the acquisition of the work of an important artist for a public place: The frontier is the reinvention of the entire program and space of the city by artists and architects through a philosophical, not a design, dialogue.

Horn is proposing to return to reading landscape in a primordial way. The first acts of architecture were men reading sites. I would even argue that the beginning of civilization is how tribes decided to live in certain spaces, the God-given sites of the earth. Architecture was simply the conception of elements to signify the recognition of those places. Give Roni Horn those other spaces, elements of architecture, great democratic programs, and the spaces by which *civitas* occurs. Horn's work is asking the big question about the social program of architecture.

DIANE LEWIS

AUFZEICHNUNGEN
EINER ARCHITEKTIN

Horns Arbeit vermittelt und verkündet Kompaktheit. Was mich bei der Lektüre ihrer Aussagen und Schriften am meisten beeindruckte, ist, dass sie mir gezeigt haben, dass sie eine klassische Bildhauerin ist. Der Ausdruck «klassisch» mag vielleicht problematisch erscheinen. Ich definiere Skulptur im Unterschied zu Architektur: Skulptur ist massiv, die Architektur eine Frage von Räumen; Skulptur kann als Körper begriffen werden, Architektur als Raum-Schnitt in Form von Grund- und Aufriss.

Die Dialektik in Horns Werk beruht nicht nur auf dem Prinzip der Dualität, darauf dass jede Werkeinheit aus zwei Elementen besteht; ihre Arbeit verrät einen lebhaften Sinn für die Dialektik zwischen architektonischem Raum und plastischer Kraft. Ich reagiere somit auf die Aussagen einer Bildhauerin, welche die Architektur, den Raum «aufzuladen» sucht und auch weiss, wie sie das tun kann. Diese Qualität wird in ihren Arbeiten nicht immer auf Anhieb sichtbar, sondern ist eher ihren schriftlich geäusserten Gedanken zu entnehmen. Eines ihrer obersten Prinzipien ist es, die zweiteiligen Arbeiten unter Berücksichtigung der jeweiligen Umstände zu platzieren. Dabei verwendet sie Worte aus einem Bereich, der uns beide interessiert: die Differenz zwischen dem Ideal und den jeweiligen Gegebenheiten als programmatische Voraussetzung. Sie spielt die existentielle Frage durch, wie der Urheber sein Werk in der physischen Welt so platzieren kann, dass es etwas über

das Physische Hinausgehende ausdrückt – die Bedeutung des Räumlichen in der Zeit, der Geschichte, der Literatur, der Vorstellung.

Es ist der Stadtgedanke der Griechischen und Römischen Kultur, den ich aus Horns Worten heraushöre. Ich habe diese Lektion von Künstlern des zwanzigsten Jahrhunderts wie Robert Smithson gelernt, bevor ich in Rom studierte. Aber in Rom ist der Gegensatz zwischen der Sprache bebauter Flächen, in denen ein architektonischer Raum liegt oder angelegt wird, und den unerforschlichen Elementen einer manchmal masslosen Natur offensichtlich. Diesen Gegensatz finden wir auch in Horns Denken, etwa in ihrem Erkennen des Kräftepotentials von Naturelementen in der Stadt, die im Widerspruch zur Architektur und den gegebenen Umständen stehen. Immer und immer wieder geht sie dieses Problem auf ihrer Suche nach einem architektonischen Raum für den Dialog an.

Horn möchte das Stadtbewusstsein fördern durch Reibung oder «Frottage» zwischen dem individuellen und kollektiven Raum. Philosophisch könnte man dies auch in Oppositionen fassen, als Zufälliges gegenüber Geordnetem, Besonderes gegenüber dem Allgemeinen, das Kompakte in der Weite des Raums, das Ideal im Gegebenen usw., wobei das Charakteristische der Gegensatzpaare jeweils durch ihre Differenz verstärkt wird. Dies gehört wesentlich zu einer Architektur, die über das bloss Sichtbare hinausgeht und ins tektonische, lebendige Phänomen vordringt: der Versuch eines literarischen Verständnisses der Form und ihrer Bedeutung. Bei Horns Texten handelt es sich um Grundlagenstoff zu diesen Unvereinbarkeiten. Da wird klar unterschieden, was existiert, was ephemer ist und was ewig. Es ist ein strategisches

DIANE LEWIS arbeitet als Architektin im öffentlichen und privaten Bereich und lehrt Architektur an der Cooper Union School of Architecture, New York. Gegenwärtig arbeitet sie in Berlin und ist Gastdozentin an der Technischen Universität Berlin.

RONI HORN, KEY AND CUE, NO. 889, 1994,
solid aluminum and plastic, 2 x 2 x 31" / SCHLÜSSEL UND INDIZ NR. 889,
massives Aluminium und Kunststoff, 5 x 5 x 78,7 cm. (PHOTO: BILL JACOBSON)

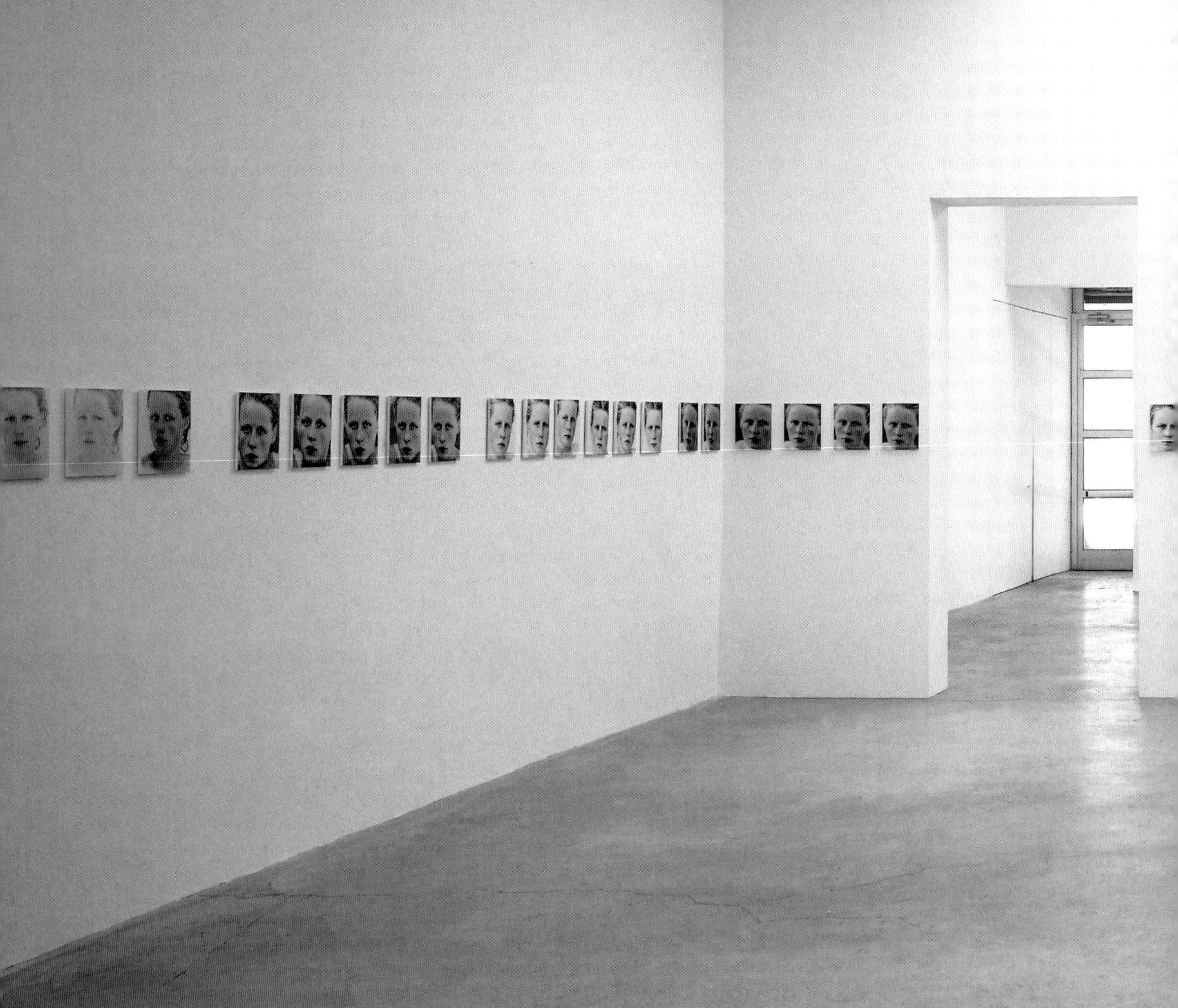

Spiel mit stark reduzierten Elementen, Verdichtungen von Zeit und Gedanken, die durch ihre Qualität das Umfeld verändern.

Horn betont, dass die Zweiteiligkeit ihrer Werke nichts mit Minimalismus oder platonischer Philosophie zu tun habe. Mies van der Rohe hat einmal gesagt, die Beziehung von zwei Elementen sei der Anfang aller Architektur. Horn versteht das so, dass man in der Architektur einen grossartigen Plan zeichnen kann, der verschieden interpretierbar ist, dass die Lesart aber durch den gewählten Schnitt und Ausschnitt, den Auf- oder Grundriss näher bestimmt wird. Also sind die beiden Grundrelationen oder wesentlichen Elemente der Architektur der senkrechte Schnitt durch den Grundriss und seine Höhendimension sowie dessen Aufzeichnung und Diskussion, die Ziel und Inhalt des Projektes ausmachen. Für einen Bildhauer können sich aus dieser Idee der Zweiheit, der Verdoppelung oder Reflexion ähnliche Bedingungen ergeben, auf andere Weise zwar, und in einer

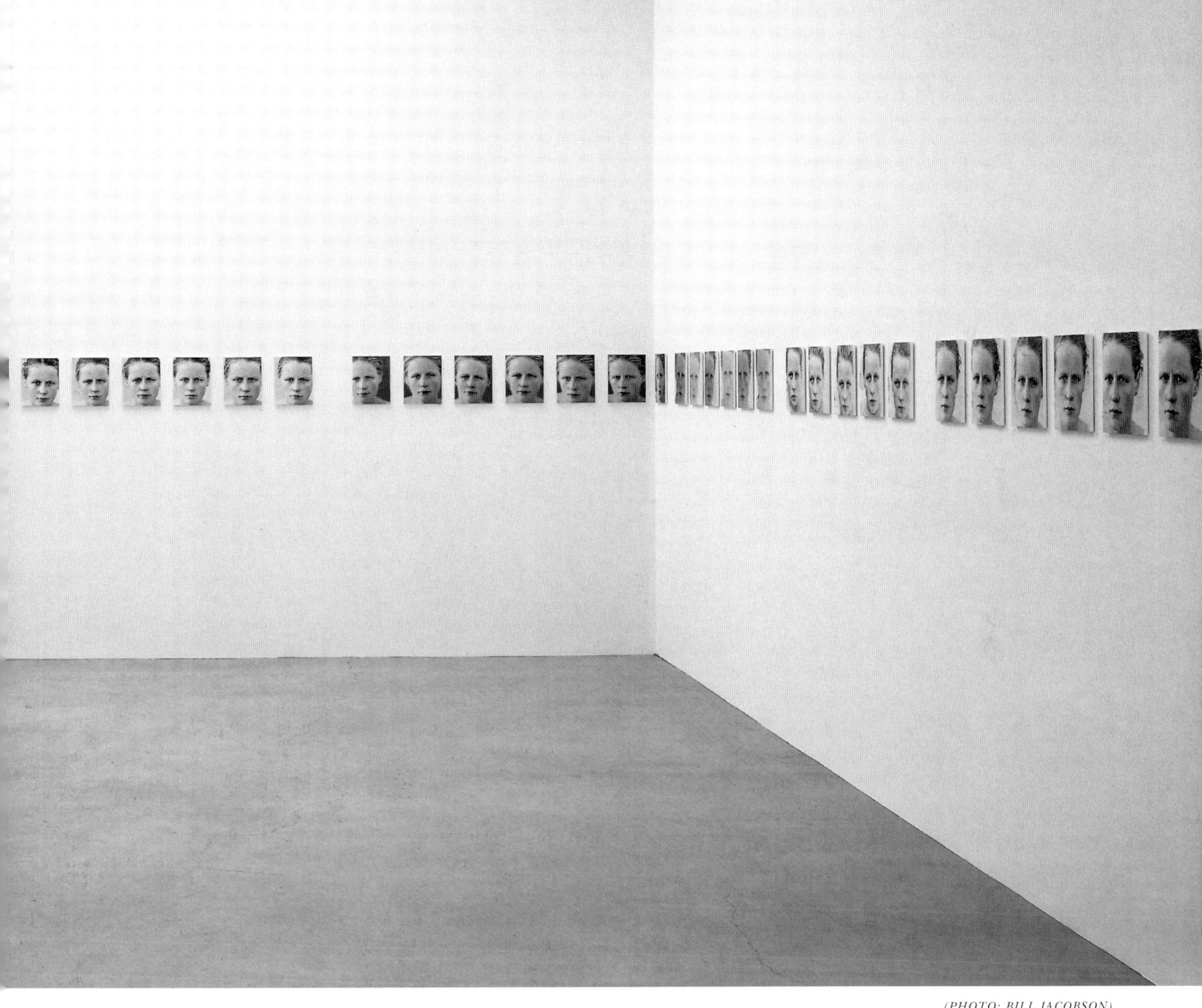

anderen Richtung, die sich aber letztlich vielleicht doch nicht so sehr unterscheidet – in einer, wie ich das hier nenne, «literarischen Dimension».

Horns Vorliebe für die Wiederholung, das repetitive Wissen und Lernen ist etwas, was ich erstmals bei Louis Kahn kennenlernte. Ich erinnere mich, wie ich Kahn 1968 sprechen sah. Jemand hatte mich vorgewarnt, er erzähle immer dieselbe Anekdote über einen Backstein. Und tatsächlich hob er einen imaginären Backstein auf und sagte: «Ich habe den Backstein aufgehoben, habe den Backstein betrachtet und ich habe den Backstein gefragt, ‹was möchtest du gerne sein?›.» Das war seine philosophische Aussage über die Natur des Materials und seine Reaktion auf Frank Lloyd Wright. Wichtiger ist jedoch, dass diese existentielle Auffassung der Materialfrage – dass Materialien ihre eigenen Grenzen aufzeigen und sprechen, wenn man sie beobachtet – ein cartesianisches Laboratorium zur Auffindung möglicher Formen darstellt.

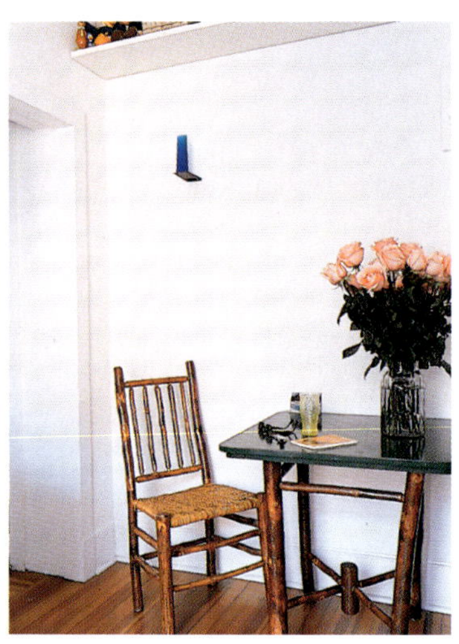

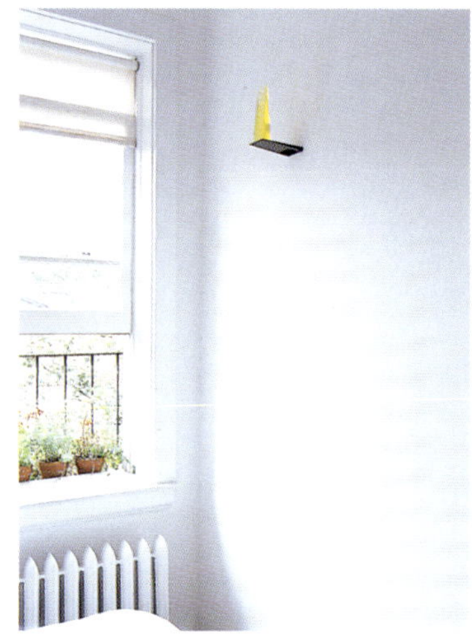

Diese Vorstellung, dass es das Denken ist, welches das Verhalten der Materie verfeinert; die Beherrschung der Materie durch den Geist. Und dann die andere Seite, der Schock, dass jemand um der Erkenntnis willen den Mut zur Wiederholung aufbrachte, dass dieser Mensch genau das sagte, was man mir vorausgesagt hatte. Das heisst, es war nicht neu, dass er sich wiederholte. Ein grosser Teil von Kahns Werk handelt vom Kubus... Er kannte den Kubus seit fünfzig, seit siebzig Jahren. Dieselbe Beharrlichkeit spüre ich bei Roni Horn, dieses Zuspitzen, Verfeinern, Verdichten der Kraft des Gedankens; dass über die Elemente nachgedacht wird und dass es der Gedanke ist, der die Form verändert; es ist keine oberflächliche Formveränderung.

Bei der Lektüre von Horns Texten, stiess ich auf ein Gedicht von Emily Dickinson:

There is a solitude of space   *(Es gibt die Einsamkeit des Raums*
A solitude of sea   *Die Meereseinsamkeit*
A solitude of death, but these   *Die Einsamkeit im Tod, doch sie*
Society shall be   *Sind gesellig im Vergleich*
Compared with that profounder site   *Zu jenem abgrundtiefen Ort*
That polar privacy   *Privater als der Pol*
A soul admitted to itself –   *Einer Seele in Klausur mit sich –*
Finite infinity.   *Umgrenztes Grenzenlos.)*[1]

Der hier genannte Ort (site) ist ein durch das Bewusstsein vermittelter: die Seele. Die Ortsveränderung muss also nicht einmal eine physische sein; mit dem Sich-Niederlassen an einem dafür gewählten Ort nimmt die Zivilisation ihren Anfang – hier liegt der Ursprung aller Urbanität. Horn versucht die Entsprechungen zwischen inneren Einsichten und Eingeständnissen und dieser Vorstellung des Ortes oder der Natur aufzuzeigen. Es ist die Rede von der Subjektivität, aber ganz im Sinn von Horns Demut gegenüber dem Subjektiven. Es geht ihr darum, das Subjektive als Chance zu erkennen, das heisst als das Beste, was man in einer Disziplin leisten kann. Die Grenzen der individuellen Handlung machen den Anspruch auf das Objektive, Ewige, Grundsätzliche erst richtig deutlich.

Horn stellt fest, dass sie den aufgeladenen architektonischen Raum zwar sucht, aber sehr selten findet. Und sie hat Recht. Aber ihr enormes Interesse für die Landschaft ist etwas, was man hinterfragen könnte. Ich bin nicht sicher, dass die Energie in der Auseinandersetzung mit der Landschaft so stark ist, wie sie es in der Auseinandersetzung mit einem anderen menschlichen Geist wäre: wie Kunst vor dem Hintergrund der Architektur.

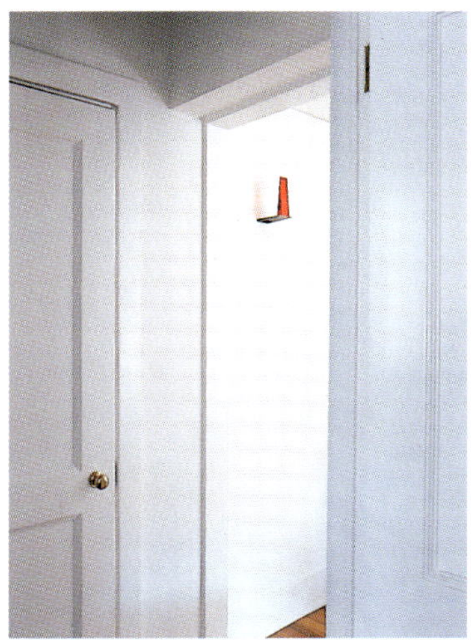

RONI HORN, UNTITLED, 1974–75,
six colored glass wedges with steel shelves;
installation for up to six rooms, 7 x 2 x 1¼" /
sechs farbige Glaskeile mit Stahlhalterungen,
Installation für bis zu sechs Räume,
17,8 x 5 x 3,2 cm.

Dass ihre Projekte im Rahmen der Architektur gewinnen und im urbanen Bereich im Sinn des ursprünglichen Stadtgedankens Bedeutung erlangen könnten – programmatisch, räumlich, geschichtlich usw. –, ist eine Möglichkeit, die Horn noch nicht genügend ausgeschöpft hat. Das Post-Minimalistische, das sie in Frage stellt, ablehnt, politisch interpretiert, ist zugegebenermassen sehr am Design orientiert; seinem Inhalt nach ist es physisch, nicht architektonisch. Dabei verstehe ich Design im Gegensatz zur Form, die einem poetischen Programm folgt. Wenn das Werk zum blossen Beschauen der vertrauten Sprache und Landschaft zurückkehrt, wird es nicht das Gewünschte vermitteln, nämlich

den Impuls ein Stadtbewusstsein zu entwickeln. Die Münchner Wetterstation mag ein neuer Ansatz zum Dialog mit der Architektur sein. Dennoch ist da ein Widerspruch: Trotz seiner Eigenständigkeit innerhalb des räumlichen Gesamtkonzepts dürfte YOU ARE IN THE WEATHER das Konventionelle in weit stärkerem Mass herausfordern als der Rahmen, in dem es auftritt.

Die Grenze, an die Architekten, Künstler und Literaten hier stossen, besteht darin, dass die Grundstrukturen dieses Projekts unsere Innovation herausfordern, auf allen Ebenen formbildend zu wirken, egal ob es um Bauten, Orte, Landschaftsformen, das Ganze geht. Die jüngste Geschichte der Zusammenarbeit von Kunst und Architektur war ein interdisziplinäres Blind-Date. Die Stadt muss zu einem Laboratorium werden, in dem genau diese Auseinandersetzung aller Architektur zugrunde liegt – Landschaft, Gebäude, städtische Situation, Bedeutung, Individuelles, Programm: die Verwandlung der Arbeitssituation in der Wetterstation. Solche Gedanken müssen wieder in städtische Programme einfliessen, und zwar nicht nur in Form des Erwerbs eines wichtigen künstlerischen Werks im städtischen Raum. Die Grenze überschreiten hiesse die Stadtplanung in einem philosophischen, nicht bloss designorientierten Dialog mit Künstlern und Architekten neu zu erfinden.

Horn schlägt vor, Landschaft wieder in einem übergeordneten Sinn zu verstehen. Die ersten architektonischen Handlungen bestanden in der Interpretation örtlicher Gegebenheiten. Ich würde sogar so weit gehen und behaupten, dass der Zivilisationsprozess damit begann, dass Stämme beschlossen in bestimmten Gebieten zu leben, gottgegebenen Orten auf der Erde. Architektur schuf lediglich die Mittel, um diese Orte zu kennzeichnen. Gebt Roni Horn diese anderen Räume, die Grundlagen der Architektur, die grossen demokratischen Programme und die Räume, in denen *civitas* sich ereignen kann! Horns Kunst stellt die grosse Frage nach der Architektur als einem gesellschaftlichen Programm.

(Übersetzung: Wilma Parker)

1) Gedicht Nr. 1695 der amerikanischen Standardausgabe von Th. H. Johnson. Deutsche Übersetzung Werner von Koppenfels, aus: Emily Dickinson, *Dichtungen*, Dieterich'sche Verlagsbuchhandlung, Mainz 1995.

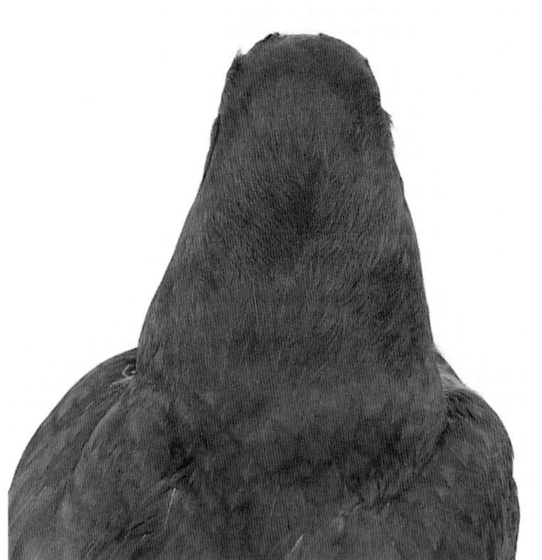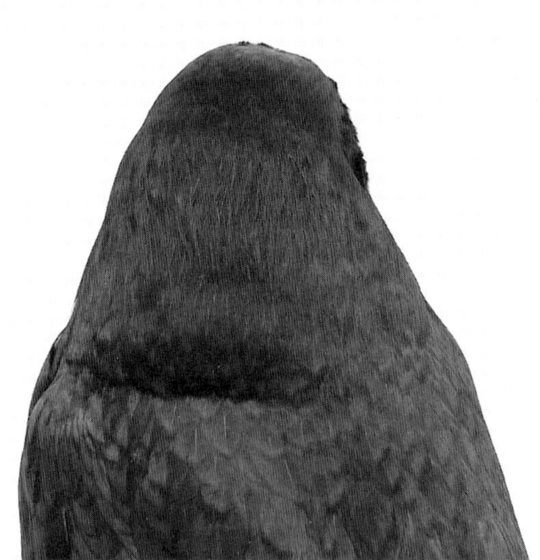

RONI HORN, UNTITLED, NO. 1, 1998, photographs, 22 x 22" / 55,8 x 55,8 cm.

UNTITLED (FLANNERY): A Condensation of Acts

Blue is in itself. Roni Horn

NANCY SPECTOR

Two blocks of solid blue glass—identical but different, same but other—sit directly on the floor in relative proximity to one another. Transparent wells of light, these blocks are at once pure depth and reflective surface. In their blueness, they are whole. As in Roni Horn's solid metal sculptures, a perfect convergence between interior and exterior transpires.[1] Only here, the oscillation between two dimensions is visible, even palpable. The reciprocal movement between inside and outside is echoed in the viewer's own experiential encounter with the two-part installation. The twin components reveal themselves simultaneously and sequentially. Through its essential repetition of form—its own quotation of itself— UNTITLED (FLANNERY) embodies a here and a there, a this and a that. It is a site marked by traversal and progression, requiring the viewer to move from one element to the other and back again in a dialectical experience of part to whole. Ideally installed with one block illuminated by direct sunlight and the other, nearby, in shadow, UNTITLED (FLANNERY) (1997), imagines the passage of a day from dawn until dusk. Its narrative, therefore, also encompasses a now and a then.

In its subtle temporality and mirrored geometry, the sculpture opens itself to the circumstantial. Its dual forms function as parentheses around a void into which the world will rush once someone is present to share in the experience, to perceive the nuanced moments of sight itself. Such a view, according to the artist, "only exists in reciprocity with the viewer."[2] The sculpture is, thus, always in the process of becoming. For Horn, it is this confluence of embodied vision and the thing seen that constitutes the idea of place—a concept that is central to her art.[3] As in her profound interaction with Iceland— an ongoing, epic relationship that has come to

NANCY SPECTOR is Curator of Contemporary Art at the Solomon R. Guggenheim Museum, New York.

define the very fibers of her work—the experience of place emerges through its own cumulative history in combination with the viewer's awareness of it at any given point in time. With characteristic clarity, Horn has said "(A) Place: Condensation of acts."[4]

In the metaphorical universe of Horn's art, UN-TITLED (FLANNERY) is a place and it, too, was formed through a "condensation of acts," lived moments, ideas, and images. The sculpture is, in fact, a three-dimensional synthesis of the distinct dialectics that constitute Horn's aesthetic and conceptual language. Structurally, it is a PAIR OBJECT, which, like the artist's other twinned motifs—such as THINGS THAT HAPPEN AGAIN (1986–91), PAIR FIELD (1990–91), GOLD MATS, PAIRED FOR ROSS AND FELIX (1994–95), and DEAD OWL (1997)—exploits the principle of duplication in order to explore the concept of unity. There is a libidinal dimension to the artist's phenomenological investigations, however. Through poetic allusion, each set of identical entities mutates into a romantic couple—one that is decidedly homo-erotic. UNTITLED (FLANNERY) is also one of numer-ous works in Horn's oeuvre that pays homage to and expands upon literature; references abound to the writings of Emily Dickinson, Franz Kafka, and Wal-lace Stevens, to name only the most prevalent. This sculpture is, among other things, a dedication to Flannery O'Connor, whose conciseness of vision and sardonic wit has had a profound impact on the artist. And, finally, as a "place," UNTITLED (FLANNERY) must have its own geography. While it is emphati-cally "site-dependent"[5]—necessarily reflecting and responding to the shifting ambient light in its envi-ronment—the work shares the geographic coordi-nates of Iceland. The sculpture is a metonymic sliver of this island nation, a richly barren, windswept desert of a place, whose natural pools of water have come to form its identity.[6] By metaphoric extension then, the luminous Chartres-blue of UNTITLED (FLANNERY) transmogrifies into the reflective blue of crystal lakes and glacial ice.[7]

But beyond its formal and conceptual connec-tions to other elements in Horn's deeply interrelated work, UNTITLED (FLANNERY) is above all an ode to blueness in and of itself. Profoundly allusive, the notion of blue connotes at any one time a musical genre, a state of melancholy, an aristocratic pedi-gree, a risqué gesture or thought, and so on. Blue is visible everywhere in nature as well as being psycho-logically present. It is the color of the very ether that surrounds us; it is the air that we breathe. Blue is a tangible reality, but one that remains infinitely out of reach. According to the artist, the sculpture is "a verb, a well, and window"[8] that opens onto a state of blueness the depths of which mine metaphysical, psy-chological and corporeal territories.

1) This aspect of Horn's work is pointed out by Judith Hoos Fox, "Matrices/Intersections," in: *Earth Grows Thick* (Columbus, Ohio: Wexner Center for the Arts, 1996), p. 74.
2) From an unpublished document by the artist, January 1993.
3) Horn has explained: "Any idea of place is an ongoing summa-tion of the dialectic relation the viewer maintains to the view." Ibid.
4) Roni Horn, "From Dyrhólaey," in: *Museumjournaal* 3, 1983, p. 174.
5) Horn's term, from a discussion with the artist, November 5, 1998.
6) The fourth volume of TO PLACE—Horn's ongoing "encyclo-pedia" exploring her reciprocal relationship with Iceland—is titled *Pooling Waters* (1994). Published in two parts, *Pooling Waters* is comprised of texts written during a sojourn in Iceland when the artist traveled to and "mapped" each pool—both natu-ral (thermal springs) and manmade—and made photographs of the sites.
7) UNTITLED (FLANNERY) is a technical tour-de-force. To cast such a volume of glass with the opacity and clarity achieved here approaches the outer limits of feasibility. One can usually find such lucid hues only in the small shards of colored glass used for stained-glass windows. Specially designed ceramic lined molds were created in order to produce the two solid blocks of optical-ly clear blue glass (33 x 33 x 11 inches deep). After molten glass was poured into these molds and left to cool, the molds were broken away, leaving the rough mat on the sides and bottom of each block. The upper surface took on the polished finish from the heat of the molten glass. As a solid, but clear form, each block essentially contains itself. It is a window onto itself and onto the color blue.
8) From a letter from the artist, 12 May 1998.

RONI HORN, UNTITLED (FLANNERY), 1997,

solid glass, two parts, 11 x 33 x 33" each /

massives Glas, zweiteilig, je 28 x 83,8 x 83,8 cm.

UNTITLED (FLANNERY): Ein Kondensat von Akten

Blau ist an sich.   Roni Horn

NANCY SPECTOR

Zwei massive blaue Glasblöcke – identisch und doch verschieden, gleich und doch anders – stehen auf dem Boden mehr oder weniger dicht nebeneinander. Als transparenter Lichtfang sind die beiden Blöcke schiere Tiefe und reflektierende Oberfläche zugleich. In ihrem Blausein sind sie ganz. Wie bei Roni Horns massiven Metallskulpturen herrscht auch hier vollkommene Übereinstimmung zwischen Innen und Aussen.[1] Nur dass hier das Oszillieren zwischen zwei Dimensionen sichtbar, ja greifbar wird. Die Wechselwirkung zwischen Innen und Aussen findet ihren Widerhall in der Begegnung des Betrachters mit der zweiteiligen Installation. Die beiden identischen Teile sind ebenso als gleichzeitige wie als aufeinander folgende wahrnehmbar. Durch die substantielle Wiederholung der Form – ein Selbstzitat sozusagen – verkörpert UNTITLED (FLANNERY) ein Hier und ein Dort, ein Dies und ein Das. Es ist ein Ort, der ausgemessen und weitergeführt werden will, der den Besucher auffordert, von einem Element zum andern und wieder zurück zu wandern und dabei das dialektische Verhältnis zwischen Teil und

Ganzem nachzuvollziehen. Im Idealfall steht UNTITLED (FLANNERY) so, dass ein Block im direkten Sonnenlicht steht und der andere im Schatten. So wird es zu einem Bild des Tagesablaufs von Sonnenaufgang bis Sonnenuntergang, umfasst also auch eine zeitliche Dimension.

In ihrer subtilen Zeitbezogenheit und spiegelbildlichen Geometrie öffnet sich die Skulptur den Zufälligkeiten ihrer Umgebung. Dabei umschliesst die zweiteilige Form als Parenthese eine Leere, in die die Welt sich ergiesst, sobald ein Mensch anwesend ist, um diese Erfahrung zu teilen und die Vielschichtigkeit des Sehens selbst wahrzunehmen. Solches Sehen, sagt die Künstlerin, «gibt es nur im Austausch mit dem Betrachter».[2] Insofern ist die Skulptur ständig im Werden begriffen. Für Horn ist es dieser Zusammenfluss von Körper gewordenem Sehen und gesehenem Gegenstand, in dem sich die Idee des Ortes konstituiert – ein Begriff, der in ihrer Kunst eine zentrale Rolle spielt.[3] Wie in ihrer tiefgreifenden Auseinandersetzung mit Island – einer anhaltenden und umfassenden Beziehung, die ihr Werk durch und durch prägt – scheint die Erfahrung des Ortes auch hier in dessen eigener geballter Geschichtlichkeit und deren Wahrnehmung durch den

NANCY SPECTOR ist Kuratorin für zeitgenössische Kunst am Solomon R. Guggenheim Museum in New York.

Betrachter auf, ganz gleich zu welchem Zeitpunkt. Mit charakteristischer Klarheit sagt Horn dazu: «(Ein) Ort: Kondensat von Akten.»[4]

Im metaphorischen Universum von Horns Kunst ist UNTITLED (FLANNERY) ein Ort, der ebenfalls aus einem «Kondensat von Akten» hervorgeht: aus einer Verdichtung von Gedanken, Bildern und gelebten Augenblicken. Tatsächlich ist die Skulptur eine dreidimensionale Synthese aus jenen klaren dialektischen Beziehungen, die Horns ästhetische und konzeptuelle Sprache prägen. In struktureller Hinsicht handelt es sich um ein Paar-Objekt, das sich wie die anderen Paar-Motive der Künstlerin – zum Beispiel THINGS THAT HAPPEN AGAIN (Dinge, die sich wieder ereignen, 1986–91) oder PAIR FIELD (Paarzone, 1990–91), GOLD MATS, PAIRED FOR ROSS AND FELIX (Goldmattenpaar für Ross und Felix, 1994–95) und DEAD OWL (Tote Eule, 1997) – des Verdoppelungs-Prinzips bedient um den Begriff der Einheit zu erkunden. Doch die phänomenologischen Untersuchungen der Künstlerin verfügen auch über eine libidinöse Dimension. In poetischer Allusion verwandelt sich jedes Ensemble aus zwei identischen Elementen in ein romantisches Paar, und zwar ein eindeutig homoerotisches. UNTITLED (FLANNERY) gehört zudem zur umfangreichen Gruppe jener Werke in Horns Œuvre, die ausdrücklich auf Literatur Bezug nehmen. So finden wir zahlreiche Hinweise auf die Schriften von Emily Dickinson, Franz Kafka und Wallace Stevens, um nur die häufigsten zu nennen. Unter anderem ist dieses Stück auch eine bildhauerische Hommage an Flannery O'Connor, dessen präziser Blick und hämischer Witz bei der Künstlerin einen starken Eindruck hinterliessen. Und schliesslich bedarf UNTITLED (FLANNERY) als «Ort» einer eigenen Geographie. So ist das Stück einerseits ganz und gar «ortsbezogen»,[5] das heisst, es reflektiert die wechselnden Lichtverhältnisse seiner jeweiligen Umgebung, obwohl es durch die Koordinaten Islands bestimmt ist. Die Skulptur ist ein metonymischer Splitter dieser Inselnation, einer reichlich unfruchtbaren, windgepeitschten Einöde, deren natürliche Wasserspiele identitätsstiftend waren.[6] Durch metaphorische Erweiterung wird so aus dem leuchtenden Chartres-Blau von UNTITLED (FLANNERY) das reflektierende Blau von kristallenen Seen und Gletschereis.[7]

Doch jenseits aller formalen und konzeptuellen Verknüpfungen mit anderen Elementen in Horns dicht verflochtenem Werk ist UNTITLED (FLANNERY) vor allem eine Ode an das Blau an und für sich. Die Farbe Blau (blue) steckt voller Anspielungen, sei es auf ein musikalisches Genre, einen melancholischen Zustand, eine aristokratische Abstammung, eine heikle Geste oder eine romantische Idee und so weiter. Überall in der Natur ist Blau zu finden und auch in psychologischer Hinsicht ist es allgegenwärtig. Es ist die Farbe des Äthers, der uns umgibt, es ist die Luft, die wir atmen. Blau ist greifbare Realität, die doch unendlich unfassbar bleibt. Gemäss den Worten der Künstlerin ist die Skulptur «ein Verbum, ein Quell und ein Fenster»,[8] das den Blick auf ein Blausein freigibt, in dessen Tiefen sich metaphysische, psychologische und körperliche Bereiche erschliessen.

(Übersetzung: Nansen)

1) Auf diesen Aspekt in Horns Werk verweist Judith Hoos Fox in «Matrices/Intersections», in: *Earth Grows Thick*, Ausstellungskatalog, Wexner Center for the Arts, Columbus, Ohio 1996, S. 74.
2) Dieses Zitat stammt aus einem unveröffentlichten Dokument von Roni Horn, Januar 1993.
3) Sie sagt dazu: «Jede Vorstellung von einem Ort ist das Ergebnis der dialektischen Beziehung, die der Betrachter zum Sehen unterhält.» Ebenda.
4) Roni Horn, «From Dyrhólaey», in: *Museumjournaal*, Nr. 3, 1983, S. 174.
5) Die Formulierung stammt von Horn. Aus einer Diskussion mit der Künstlerin, 5. November 1998.
6) Der vierte Band des enzyklopädischen Projekts TO PLACE, in dem Horn ihre Wechselbeziehung zu Island erforscht, trägt den Titel *Pooling Waters* (1994). Er ist zweiteilig und besteht aus Texten, die während eines Aufenthalts in Island entstanden, als die Künstlerin alle Wasserstellen und Tümpel – natürliche (Thermalquellen) und von Menschenhand geschaffene – aufsuchte, verzeichnete und photographierte.
7) UNTITLED (FLANNERY) ist ein technischer Kraftakt. Der Guss einer so grossen Glasmasse von derartiger Opazität und Klarheit bewegt sich an der äussersten Grenze des Machbaren. Normalerweise findet man so leuchtende Farbtöne nur in den kleinen farbigen Glassplittern, die für Glasfenster Verwendung finden. Für den Guss der beiden durchscheinenden blauen Glasblöcke (je 84 x 84 x 28 cm) wurden spezielle Keramikgussformen angefertigt. Nach dem Einfüllen des geschmolzenen Glases liess man dieses abkühlen, dann wurden die Formen weggebrochen. Die an der Gussform anliegenden Flächen (seitlich und unten) blieben matt und rauh. Die freie Oberfläche behielt das glatte glänzende Aussehen des geschmolzenen Glases. Als feste, aber durchsichtige Form enthält jeder Block sich selbst. Er ist sozusagen ein Fenster zu sich selbst und zur Farbe Blau.
8) Zitat aus einem Brief der Künstlerin vom 12. Mai 1998.

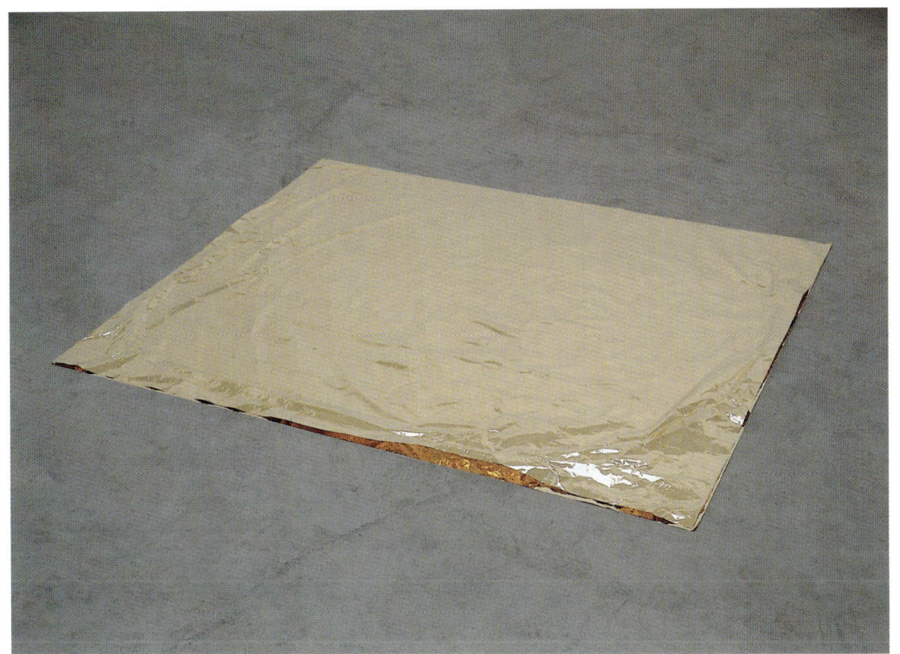

RONI HORN, MATS, PAIRED (FOR ROSS AND FELIX), 1995, two gold mats, 4 x 5' each /
GOLDMATTEN-PAAR (FÜR ROSS UND FELIX), zwei Folien aus reinem Gold, je 122 x 152,4 cm. (PHOTO: BILL JACOBSON)

Edition for Parkett   **Roni Horn**   From: You Are the Weather, 1998

Two-color silkscreen on Arches in wooden frame, 21⅛ x 25⅛", printed by Lorenz Boegli, Zurich
Edition of 60, signed and numbered

Aus: You Are the Weather, 1998

Zweifarbiger Siebdruck auf Arches in Holzrahmen, 53,7 x 63,8 cm, gedruckt bei Lorenz Boegli, Zürich
Auflage: 60, signiert und nummeriert

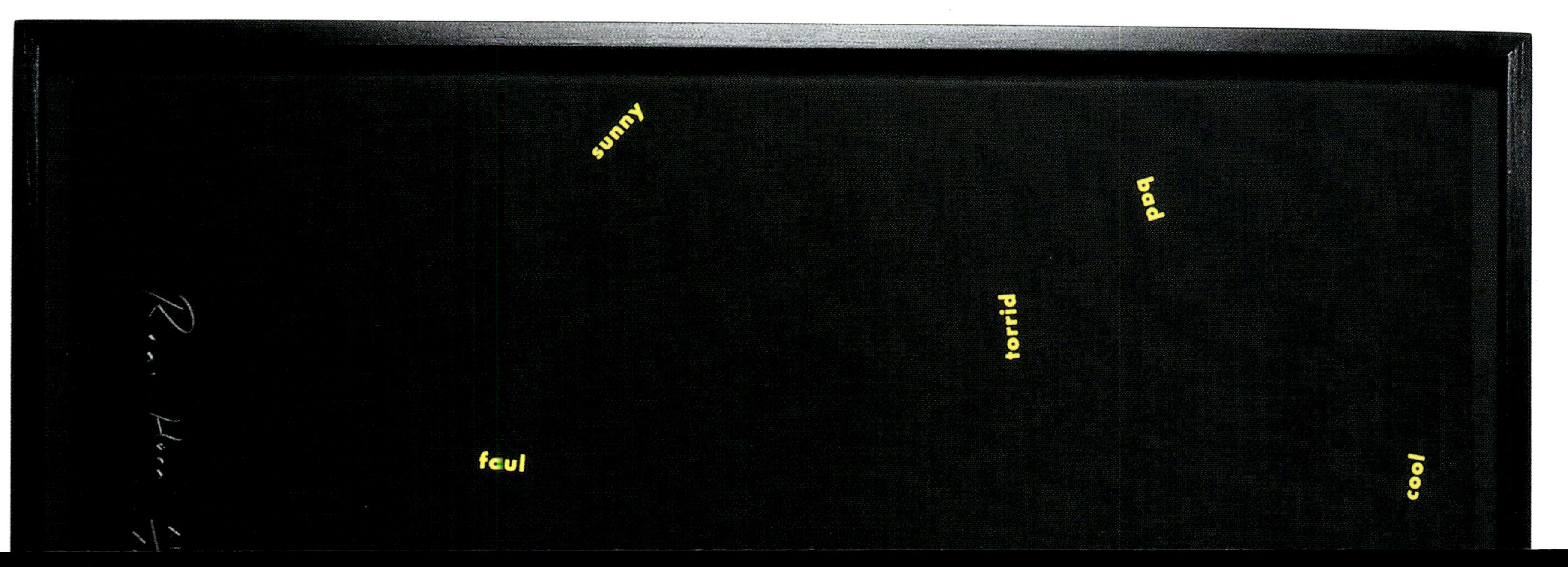

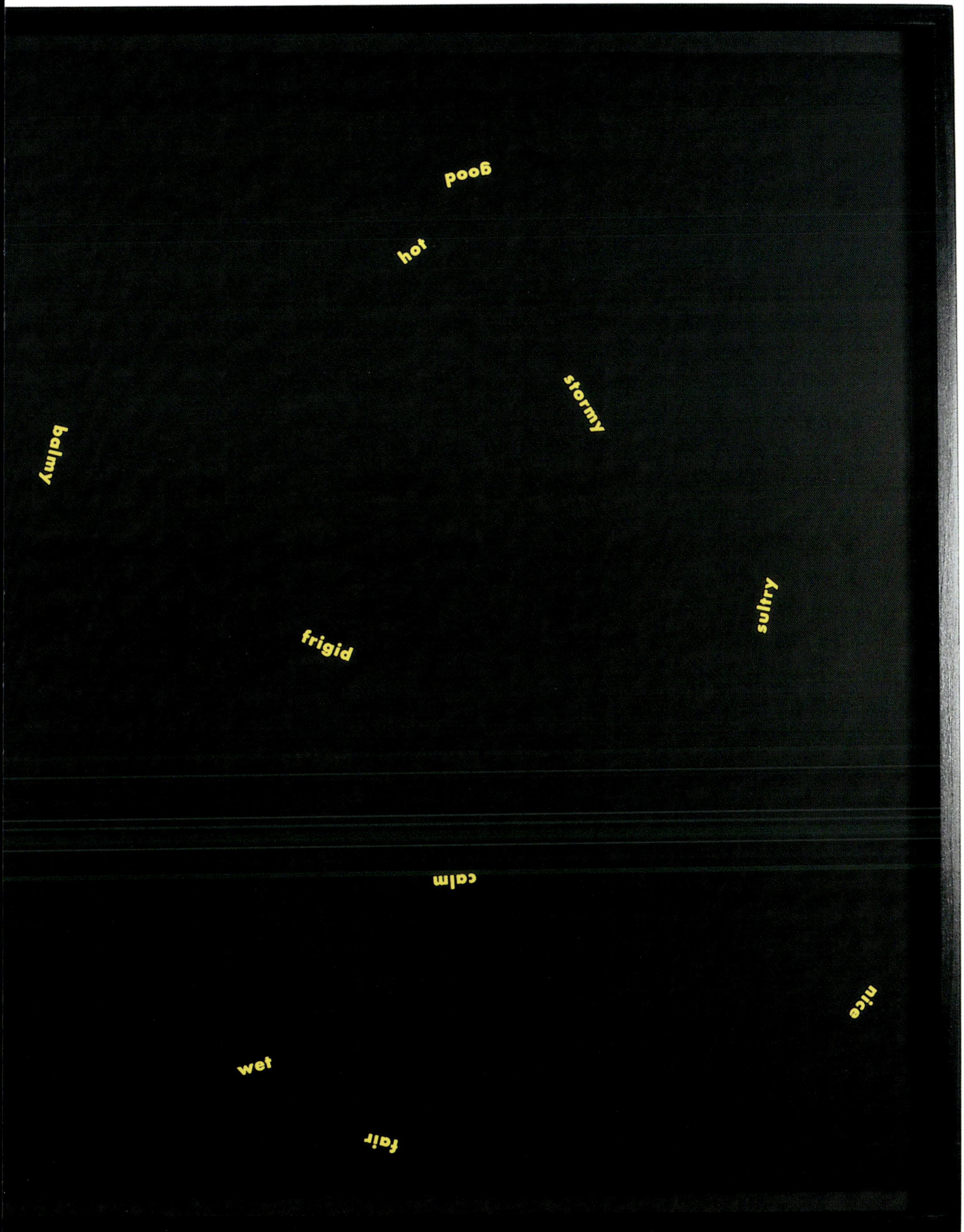

good
hot
stormy
balmy
sultry
frigid
calm
nice
wet
fair

タイムアタック大会
桃血寺一族
¥6779
サムライスピリッツ
¥5279
ヤキソバン
¥3979
Playdia
¥19799
SAMURAI
SPIRITS

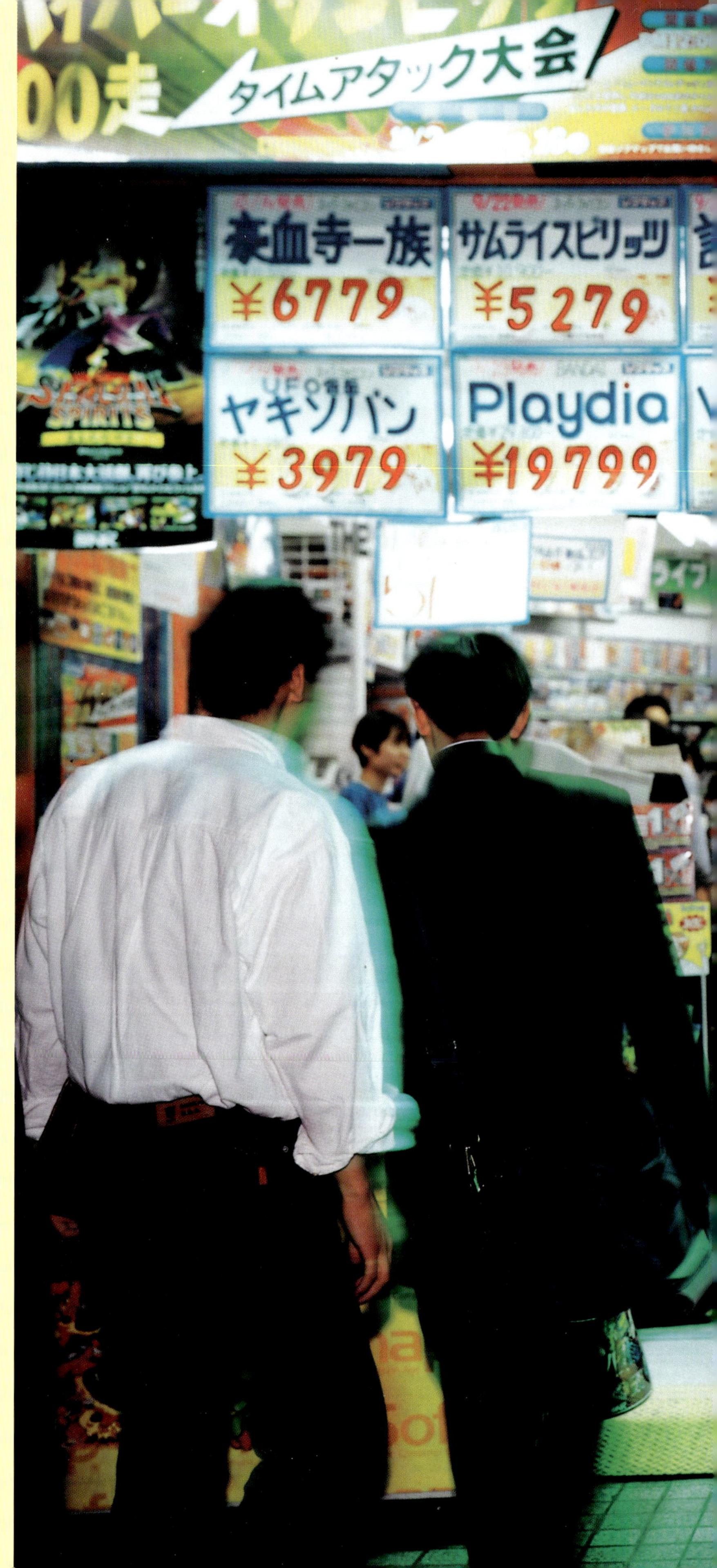

Mariko Mori

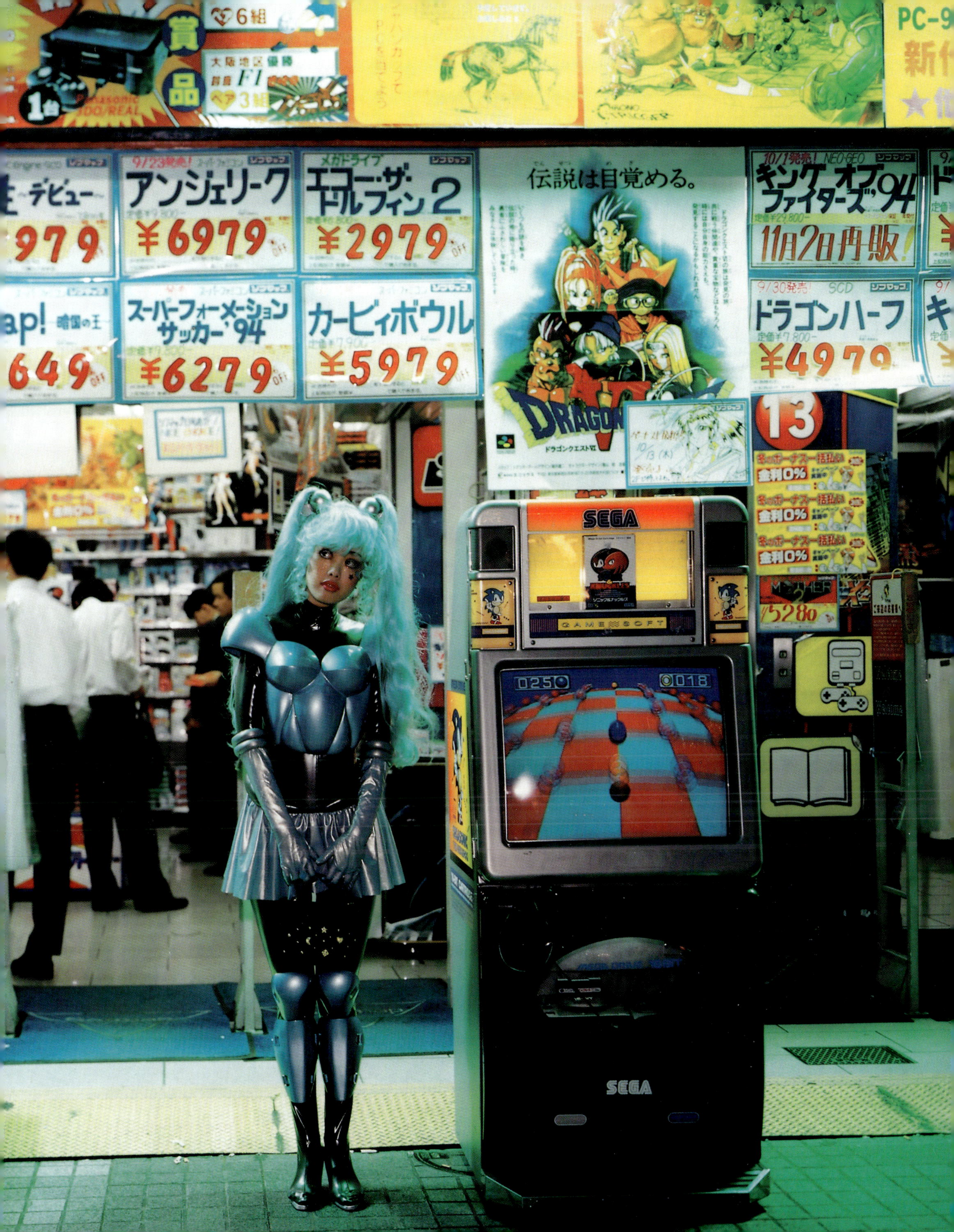

賞品
6組
1台
Panasonic
3DO/REAL
大阪地区優勝
群馬 F1
ペア3組
PC-9
新

〜デビュー〜
979
アンジェリーク
¥6979
メガドライブ
エコー・ザ・ドルフィン2
¥2979
伝説は目覚める。
キング オブ
ファイターズ'94
11月2日再販!

ap! 暗黒の王
649
スーパーフォーメーション
サッカー'94
¥6279
カービィボウル
¥5979
DRAGON
ドラゴンクエストVI
9/30発売! SCD
ドラゴンハーフ
¥4979

13

10/13(木)

SEGA
GAME SOFT
0250
018

金利0%
冬のボーナス一括払い
金利0%
冬のボーナス一括払い
金利0%
5280

SEGA

NORMAN BRYSON

Cute Futures

Mariko Mori's Techno-Enlightenment

When it comes to thinking through the relations between high and popular culture, historians of art have for a long time had recourse to a certain fable, which might be called the power-comes-from-below thesis. Historical examples are abundant. In ancient régime France, painting had been quietly stagnating for thirty years when, suddenly, Watteau introduced a quite new kind of image. How? The power-from-below explanation is that Watteau's work re-connected the etiolated art of painting to the most vital and robust energies of the popular culture of his day— the vulgar and street-wise *commedia dell'arte*, the boom in luxury goods (THE SIGN-BOARD OF GERSAINT), the vogue for masquerade (which lies behind all Watteau's *fêtes champêtres*). How did Courbet manage to dismantle the academy's formulae for composing a history painting? By keying the image to the crudest and least composed kind of popular print, thereby tapping into the political culture of the urban masses. The high arts, so the thesis runs, are prone to a particular deterioration or fatigue that comes from their tendency to over-discipline the image, to force it to renounce anything resembling instant gratification. The most radical shifts in style occur when the enfeebled, mandarin drills of high art are unexpectedly injected with the energy that

flows through visual culture at large. It is then that we see the emergence of a Caravaggio, a David, a Warhol.

All I would note about this thesis is that it is much easier to endorse when the case in question is historically remote. But what would a project look and feel like that sought to embrace power-from-below in the late 1990s? What kind of image would result if the aim were not simply to let the "influence" of popular visual culture creep in at the edges, or in the guise of irony or allusion? What if the image were deliberately built in order to withstand the competition from the most intense kinds of imagery circulating in the popular sphere? Clearly a few quotations from advertising or from Hollywood folklore would no longer be enough. Popular visual culture has come a long way since Warhol, or since Cindy Sherman's UNTITLED FILM STILLS.

Just consider what the competition is now like. An image-system that genuinely sought to release power-from-below would have to match in intensity MTV, as well as the fashion industry at all its levels, from costume design to still photography to the catwalk extravaganza. It would have to equal or outstrip the new computer games (*Riven*), the old computer games (*Myst*), as well as the velocities and saturations of IMAX, and the web. It would have to be born knowing that if you place a person next to a TV monitor on

<hr>

NORMAN BRYSON teaches Art History at Harvard University.

S./P. 74/75: MARIKO MORI, PLAY WITH ME, 1994, super gloss Duraflex print, wood, pewter frame, 10' x 12' x 3" / SPIEL MIT MIR, Hochglanz-Duraflex-Print, Holz, Zinnrahmen, 305 x 366 x 7,6 cm.

which that person appears, the eye spends more time with the video image. In terms of scale it would need to move beyond the homemade, let's-pretend games of Sherman or Morimura, and frankly aim for Cecil B. De Mille, with a considerable supporting cast of couturiers, prop-makers, make-up artists, photoshop editors, lighting technicians, and on-location cameras. In short, the project would soon come to resemble Mariko Mori's luscious and meticulously assembled tableaux.

That Mori's intention is to rival or surpass the forces mobilized by the contemporary image-stream is confirmed, I think, by the distinct sense of queasiness that her work is able to provoke—as if the concessions she makes to the image-stream had gone altogether too far. One is constantly on the lookout for signs of criticality, as though discovering these would save one from the awful fate of being truly plunged into the image-stream without protection, stuck on some nightmarish theme-park ride where galaxies and planets whizz past as you start to feel increasingly nauseous. Indeed signs of criticality exist, especially in Mori's work from the early 1990s, which typically depict a creature from the image-stream suddenly manifesting in the real world: on a subway car, in an amusement arcade, in an office building. These works sound the note of high criticality loud and clear: you see precisely where and how the psychic investments in the image-stream fit into the larger social-economic picture. The icons of the futuristic figure in SUBWAY, the Sailor Moon cutie in PLAY WITH ME, and the pixified office lady in TEA CEREMONY III grow directly out of their respective social milieux, as components of a corporate, urban, salary-man centered imaginary that is as much a part of the real social fabric as Japan's transport system, its corporate architecture, or its workplace hierarchy. It is probably true that by Western standards Mori was not doing enough to place a distance between herself and her various roles: Shouldn't she have done more to disown these icons, through parody or irony? But the opposite argument could also be made: that by making so wide the gap between the fantasy-image and the real-world milieu that engendered it, Mori ensured that we would understand the work in a critical sense. We would take it in the spirit

of a cultural-materialist analysis of how the social imaginary actually operates: on one side, the social actuality of the male-dominated corporation, or the programmed leisure of the *pachinko* parlor, or the blanked-out anomie of the subway car; on the other side, the fantasies which, arising from these specific milieux, work to keep the dominant forms of subjectivity lubricated and turning in their designated social slots.

With Mori's EMPTY DREAM (1995) one could still keep a "criticality" case going—though with some difficulty. The scene is Ocean Dome in Miyazaki prefecture, the largest aquatic theme-park in the world, complete with artificial sky, clouds, beach, and waves. Mori's appearance as a synthetic mermaid grows out of this high-consumerist setting as organically and surely as the futuristic protagonist of SUBWAY grows out of the *manga* imaginary of the Tokyo subway. But the strategy has clearly shifted: Mori is not so much commenting analytically on the brittle plastic delights of modern Japan, as incarnating the social field in her own, versatile body. To draw a rather crude distinction: SUBWAY, PLAY WITH ME, and TEA CEREMONY III were in a social-realist mode, which used the disjunction between the fantasy figure and the social-technological milieu that had engendered the figure as the basis for viewing and understanding the work. From EMPTY DREAM onward, Mori has pursued a rather different goal that might be called symptomatic personification: Mori conjures up a body and a scenography for that body that are no longer tied (as in her social-realist mode) to any determinate social milieu. NIRVANA, BURNING DESIRE, and KUMANO are works concerned with the structures and pressures of the imaginary as a force field in itself. The gain is that Mori no longer appears as the knowing sociologist, neatly mapping the articulations between the social and imaginary fields. The risk is that her recent work will be read as having been completely swamped by the imagery and the aims of contemporary mass media, as capitulating to capitalist narcissism on a truly cosmic scale, in a Madonna-style self-deification.

In Mori's work since 1996 the contours and shaping pressures of the contemporary image-stream are explored less by way of the classical-modernist strate-

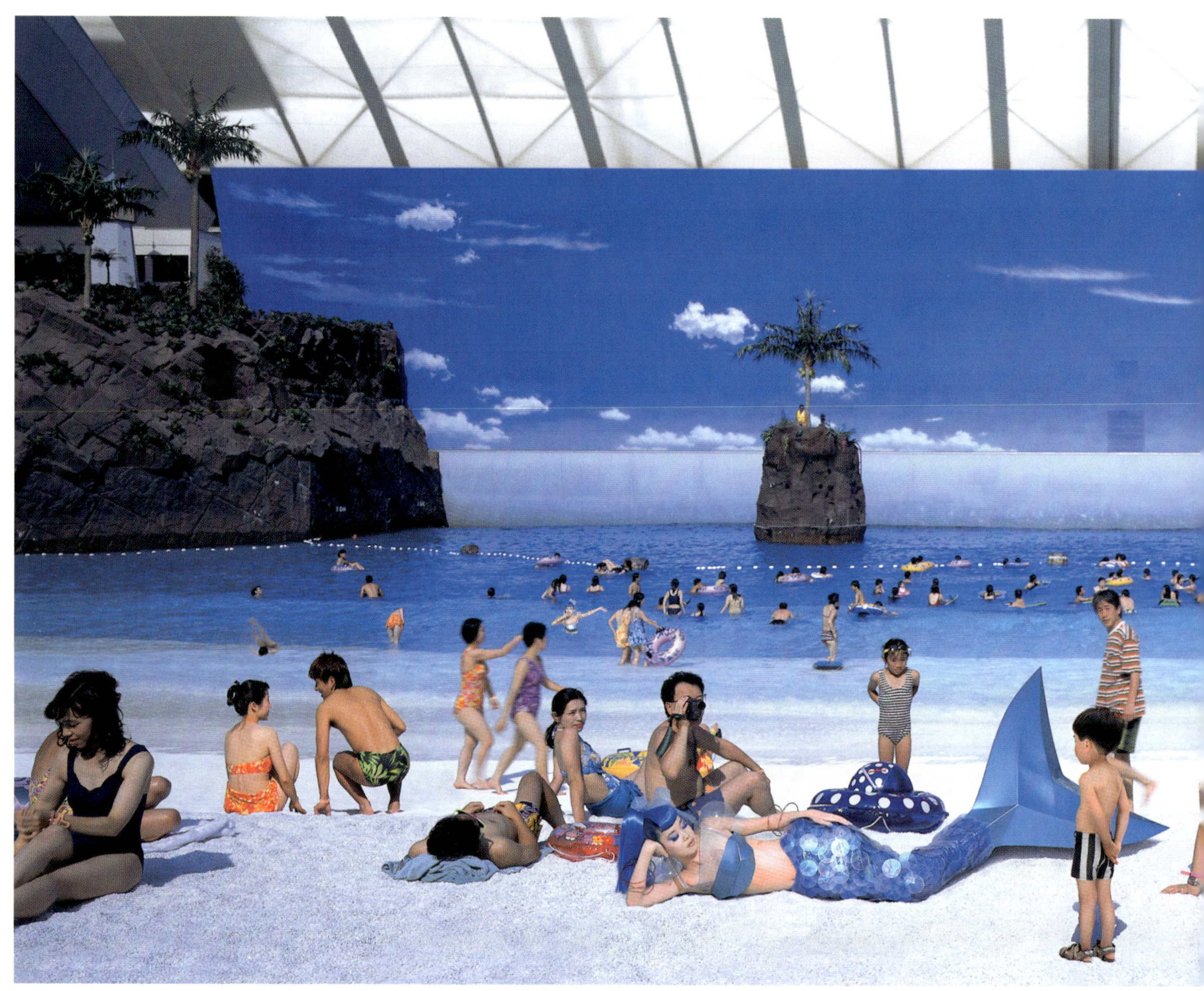

gy of distanciation and analysis than by impersonation: She uses her body as a lens that captures the light of the contemporary image-stream, and through certain enhancements and exaggerations makes it clear what the image-stream really wants of us. In the first place, it appears keen to eliminate any residual sense of the historical: Allusions to Mayan, Indian, Egyptian, Greek and Chinese art are laid out on the same flat plane, floating weightlessly in the molten electronic mix. In the second place, the image-stream intends to be rid of whatever residual humanism might interfere with the smooth interlocking of the human being and the machine. In the Western twentieth century there has been a long tradition of thinking about the human/machine interface in gothic terms: in Berlin Dada or in Fritz Lang's *Metropolis* the image of machine parts replacing body parts has conveyed a sense of dread at the imminent loss of the human; and that tradition is still alive and well in Hollywood, where horror at the human-turned-machine suffuses a whole gallery of cyborg monstrosities, from *Star Wars* to the *Terminator* series

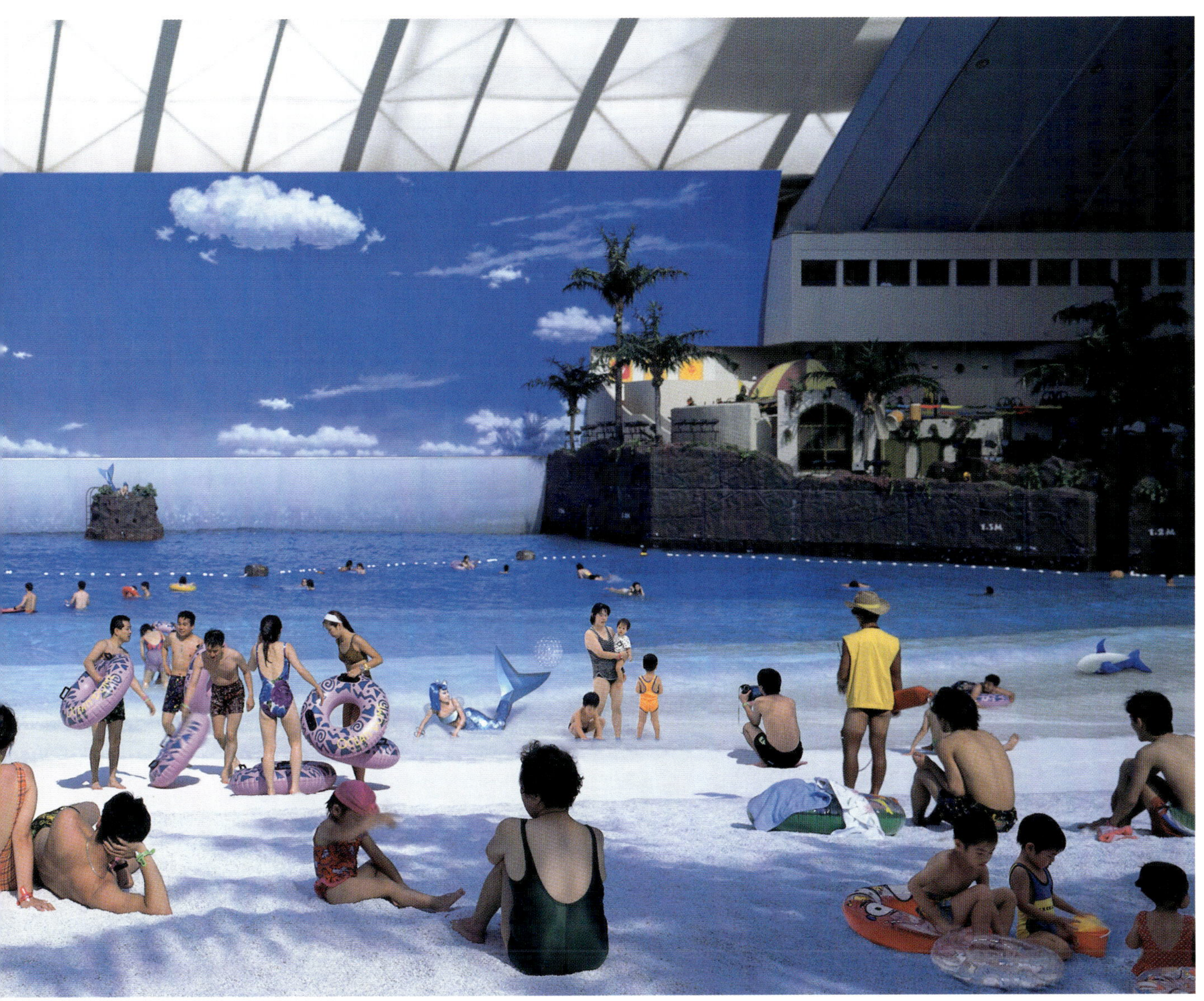

to *Star Trek's* spine-chilling enemy, the Borg. But Mori builds on a different, pacific conception of the harmony between man and machine, whose first fully developed expressions were perhaps the *Astro Boy* and *Phoenix* cartoon books of Osamu Tezuka. From the point of view of *Astro Boy*, to imagine some fearful antagonism between the energy-being that is man and the energy-being that is the machine, seems merely a parochial Western prejudice, a product of some antiquated, Cartesian pre-history of the modern. In Mori all the cyborgs are as sweet and harmless as *Hello Kitty*. The implication is that we already live in a world where the machines are on the whole more colorful, lively and interesting than the people.

What we should do, then, is forget our differences from machines and focus on the resemblances, become more like them.

To expedite this process, the image-stream may have to work overtime to subdue whatever dissident, wayward and generally anti-social impulses that the techno-subject may still be harboring in its Luddite breast. It is vital that no intimations of disharmony, or social or psychic unrest, upset the serene glidings of the techno-imaginary machinery. Neutralization of sexuality becomes a high priority. Not the repression of sexuality: There is nothing austere or puritanical about the libidinal economy that Mori presents in her work. On the contrary, it is important that sexual energy be allowed to circulate freely within the visual system. But it must do so under the sign of a general blandness: a sexuality without raunch or risk, and with no grand, Tristan-and-Isolde climaxes; a sexuality that constantly moves toward the infantile—where the infantile is also the cute. Mori's imagery interestingly locates a potential for disharmony in the Western opposition between the supposedly pre-sexual category of childhood, and the category of adolescence or adulthood where sexuality stands for whatever in the subject remains mutinous or wild. Mori's imagery undoes that opposition: On the one hand it sexualizes the child, while on the other it infantilizes the adult. Mori's avatars of feminine sexuality insist on a nursery world of pastel colors and round, huggable shapes: Barbarella and Bardot are vanquished by *My Little Pony.*

In the general reconfiguration of the body that Mori's work performs, what has to be altogether abandoned is the idea of the body as creatural, as flesh and blood. In its place, Mori visualizes the body as a set of radiant energies that sublimate the thing-of-flesh into a spirit made of (celluloid) light. The official cultural reference is to esoteric Buddhism, with its anatomy of chakras and energy-centers, and its conception of the 'rainbow body' of Enlightenment (BURNING DESIRE, NIRVANA, KUMANO). Yet there may be a more down-to-earth referent at work as well. From the historical advent of Taylorism onward, bodily behavior in the twentieth century has been subject to analysis in terms of movement and energy flows. In a sense the whole global economy has been built as a system of flows with different velocities prevailing in each of its tiers or sectors—the slow-moving transport of raw materials and finished products, the middle-speed flows of urban populations (cars, subways, trains, the great Tokyo intersections such as Shibuya Crossing), and the high-speed velocities of electronic communication, media, and the stock market. Subjects under advanced capitalism may still wake up and discover in the mirror a creature of skin and bone; yet the moment they step out into the metropolitan field, they at once become a vector of flows and energies, of bodies, information and goods, as a commuter, as a worker, as a consumer. Mori's tantric vision of the body as

composed of flaming energies and radiances may correspond to real conditions of the social economy, while at the same time presenting those conditions in a utopian light, as a transfiguration or *Aufhebung* of flesh and blood into subtle lights and energies. The image-stream may want more than to influence us with images of glamor; it wants us to know that, from its own perspective, we are streams of energetic movement already, that in the next era of industrial capitalism we are to feel ourselves as agile and spiritualized as angels, or bodhisattvas.

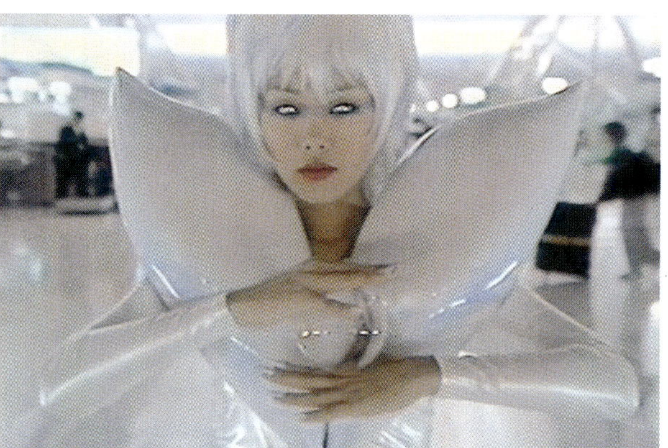

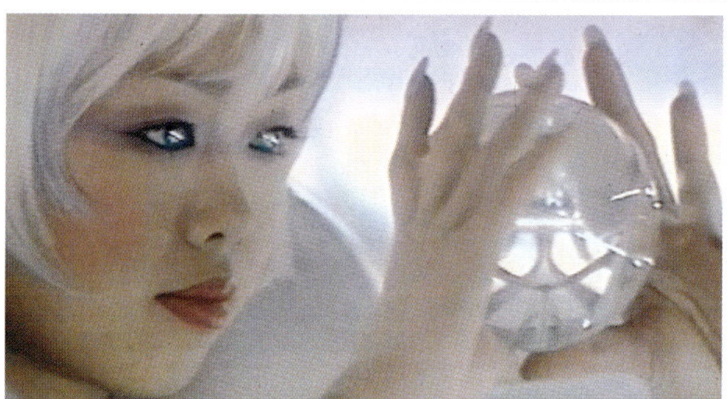

MARIKO MORI, MIKO NO INORI, 1996, video stills.

I surmise that there may be a good deal of resistance to Mori's tableaux, often taking the form of an unspoken accusation that this is the work of a Sailor Moon princess utterly spoiled by the luxuries of her techno-toys. But there may be a rather different way to understand her strategy, which is to mime the process of capitalist production-consumption; to personify the energies of the current stage of the social formation; and by wholly yielding to popular culture's power-from-below, to give it intelligible outline and form, portraying the present psycho-social moment by occupying, not the place of the critical analysis, but the place of the critical symptom.

Unwiderstehliche Zukunft

NORMAN BRYSON

Mariko Moris Techno-Aufklärung

Wenn es um das Verhältnis zwischen Hoch- und Populärkultur ging, griffen die Kunsthistoriker lange Zeit gern auf eine Legende zurück, die man als «Kraft-kommt-von-unten-These» bezeichnen könnte. Dafür gibt es in der Geschichte Beispiele zuhauf. Im Frankreich des Ancien Régime hatte die Malerei während dreissig Jahren reglos stagniert, als plötzlich Watteau eine ganz neue Art Bild einführte. Wie? Die «Kraft-von-unten»-Erklärung lautet, dass Watteaus Kunst die kraftlos gewordene Kunst der Malerei mit den vitalen und robusten Kräften der Populärkultur seiner Zeit in Verbindung brachte, das heisst mit der vulgären und bauernschlauen Commedia dell'arte, mit dem Aufkommen von Luxusgütern (DAS LADEN-SCHILD DES KUNSTHÄNDLERS GERSAINT, 1720), mit der Mode der Maskeraden (die allen ländlichen Fest-szenen von Watteau zugrunde liegt). Wie gelang es Courbet die akademischen Regeln der Komposition eines Historiengemäldes zu sprengen? Indem er eine Verbindung zu den krudesten, einfach komponierten populären Drucken herstellte und damit ins Zent-

rum der politischen Kultur der Stadtmenschen traf. Die Hochkultur, so lautet die These, ist einer spezifi-schen Erosion oder Ermüdung ausgesetzt, was von ihrer Tendenz herrührt, das Bild übermässig zu dis-ziplinieren und den Verzicht auf alles, was unmittel-bare Befriedigung oder Genuss verspricht, zu erzwin-gen. Der radikalste Stilwandel findet immer dann statt, wenn die blutleeren, ausgefeilten Regeln der Elitekunst unerwartet mit den Energien gespeist wer-den, die in der visuellen Alltagskultur fliessen. Das sind die Momente, wo ein Caravaggio auftaucht, ein David oder Warhol.

Alles, was ich zu dieser These bemerken möchte, ist, dass sie sehr viel leichter zu stützen ist, wenn der konkrete Fall zeitlich zurückliegt. Aber wie sähe ein Projekt aus, das in den späten 90er Jahren mit der «Kraft von unten» arbeiten wollte? Welche Art Bild entstünde, wenn es nicht bloss darum ginge, den Ein-fluss der visuellen Populärkultur am Rand aufschei-nen zu lassen oder in Form von Ironie und An-spielungen? Was, wenn das Bild bewusst geschaffen würde um im Wettbewerb der stärksten Bilder der Populärkultur, die derzeit im Umlauf sind, zu beste-hen? Sicher würden da ein paar Werbe- oder Hol-

NORMAN BRYSON ist Professor für Kunstgeschichte in Harvard.

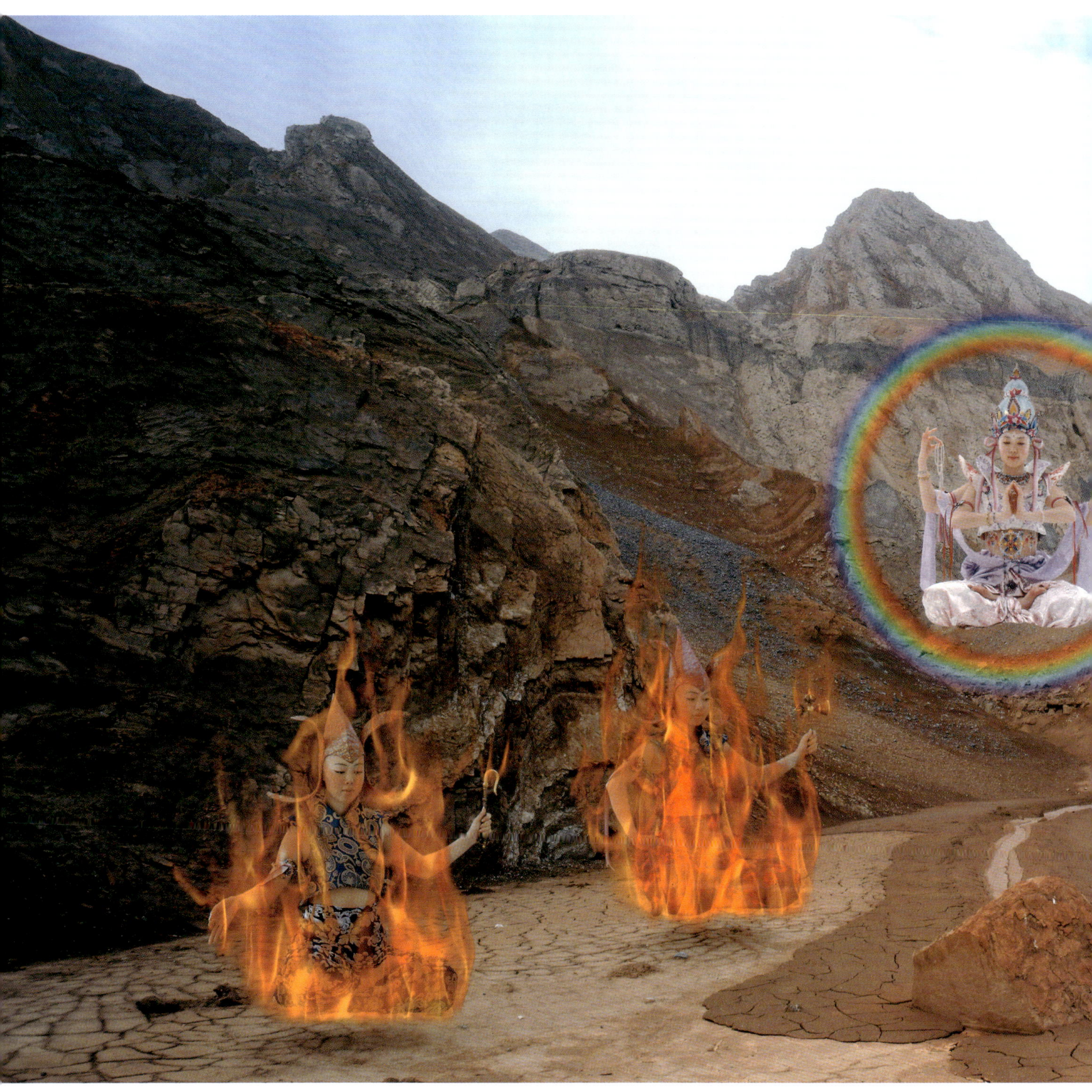

MARIKO MORI, BURNING DESIRE, 1996–98, color photograph on glass, 10' x 20' x 13/16", 5 panels, each 4' wide /

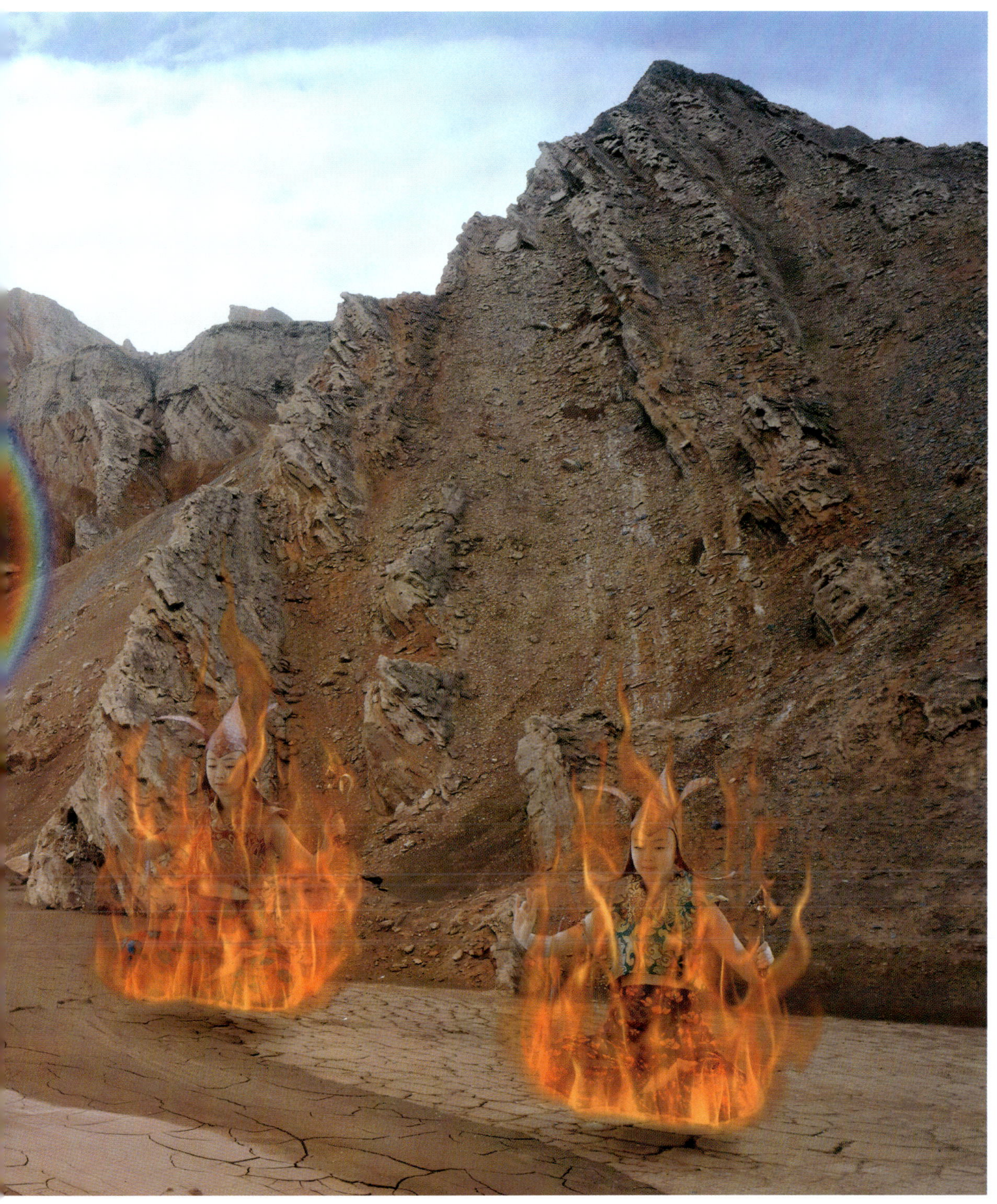

BRENNENDE SEHNSUCHT, Farbphotographie auf Glas, 305 x 610 x 2,2 cm, 5 Tafeln, je 122 cm breit.

lywood-Zitate nicht mehr genügen. Die populäre Bildkultur hat sich enorm verändert seit Warhol oder seit Cindy Shermans UNTITLED FILM STILLS.

Man vergegenwärtige sich nur die aktuelle Konkurrenzsituation. Ein Bildsystem, das allen Ernstes danach trachtete «Kraft von unten» freizusetzen, müsste es an Intensität mit MTV ebenso aufnehmen können wie mit der Modeindustrie, und zwar auf allen Ebenen, vom Design über die photographische Präsentation bis zu den Extravaganzen des Laufstegs. Es müsste ebenso gut oder besser sein als die neuen und alten Computerspiele *(Riven; Myst)* und müsste es punkto Schnelligkeit und Ausgeklügeltheit mit IMAX und dem Internet aufnehmen. Es müsste im Wissen darum entstehen, dass, wenn eine Person neben einem Bildschirm platziert wird, auf dem ebendiese Person zu sehen ist, unser Auge länger auf dem Videobild verweilt als auf der realen Person. Was die Grösse angeht, müsste es über die simpel gefertigten «Stellen-wir-uns-vor»-Spiele von Sherman oder Morimura hinausgehen und sich gleich an Cecil B. De Mille orientieren, mit einer beachtlichen Unterstützungsbrigade von Modeschöpfern, Kulissenbauern, Maskenbildnern, Photoshopspezialisten, Beleuchtungstechnikern und Kameraleuten vor Ort. Kurz, das Projekt dürfte bald einmal Mariko Moris ebenso üppig wie minuziös arrangierten Bildtafeln ähnlich sehen.

Dass es Moris Absicht ist, mit den durch die gegenwärtige Bilderflut in Gang gesetzten Kräften zu wetteifern oder diese zu übertreffen, wird wie ich glaube durch ein gewisses Unbehagen bestätigt, das ihre Bilder beim Betrachter auszulösen imstande sind – als hätte sie die Zugeständnisse an die Bilderflut allzu weit getrieben. Man hält laufend Ausschau nach *Zeichen kritischen Bewusstseins*, als würden sie uns vor dem schrecklichen Schicksal bewahren können, tatsächlich schutzlos in die Bilderflut getaucht zu werden, wie auf der grauenhaften Fahrt durch einen Vergnügungspark, wo es kein Entrinnen gibt, während Galaxien und Planeten vorbeirasen und einem zunehmend übel wird. Tatsächlich findet man solche Zeichen kritischen Bewusstseins, besonders in Moris Arbeiten der frühen 90er Jahre, die in der Regel eine der Bilderflut entsprungene Kreatur zeigen, die plötzlich in der realen Welt auftaucht: in einem U-Bahn-Waggon, einem Spielsalon, einem Bürogebäude. Diese Arbeiten tun ihre kritische Botschaft laut und deutlich kund: Man sieht genau, wo und wie sich das psychische Verhängtsein in der Bilderflut ins grössere sozioökonomische Bild fügt. Die Figuren der futuristischen Gestalt in SUBWAY (U-Bahn), des unwiderstehlichen Sailor Moon-Girls[1] in PLAY WITH ME (Spiel mit mir) und der feenhaften Bürodame in TEA CEREMONY III (Teezeremonie III) sind direkt aus ihrem jeweiligen gesellschaftlichen

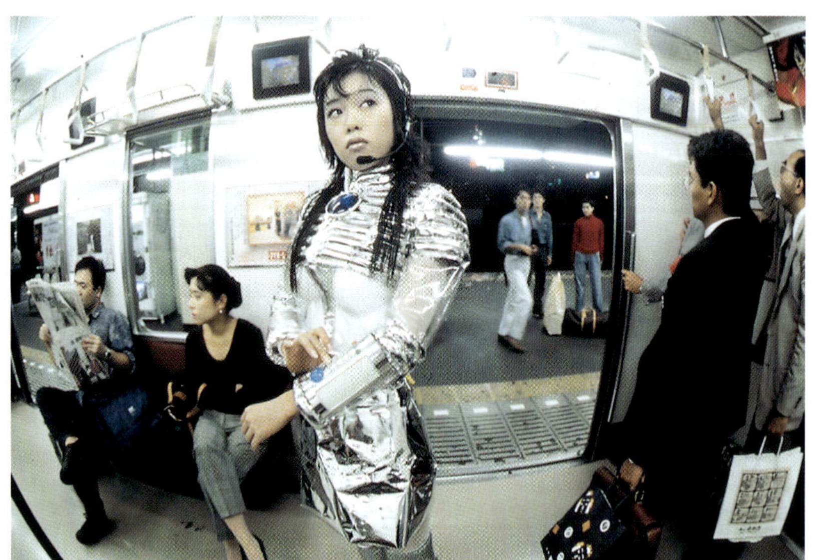

MARIKO MORI, SUBWAY, 1994,
super gloss Duraflex print, wood,
pewter frame, 27 x 40 x 2" /
U-BAHN, Hochglanz-Duraflex-Print,
Holz, Zinnrahmen,
68,6 x 101,6 x 5,1 cm.

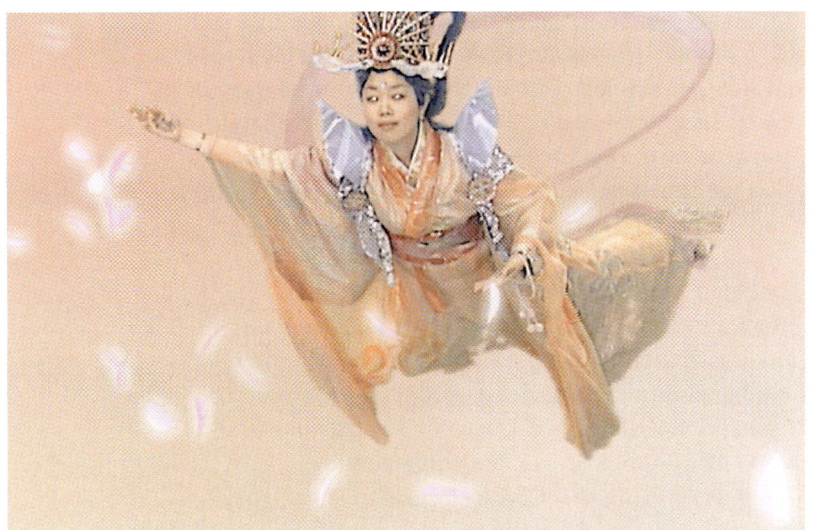

Umfeld heraus entstanden, gleichsam Elemente einer einheitlichen, urbanen Vorstellungswelt, die im Angestelltenmilieu verwurzelt ist und ebenso zur sozialen Wirklichkeit Japans gehört wie sein Verkehrswesen, seine Einheitsarchitektur oder die hierarchische Ordnung seiner Arbeitswelt. Nach westlichen Massstäben mag es zutreffen, dass Mori sich nicht genügend um Distanz zwischen sich und ihren verschiedenen Rollen bemüht hat: Hätte sie nicht mehr tun müssen, um sich ironisch oder parodistisch von diesen Symbolfiguren abzugrenzen? Aber man könnte auch dagegenhalten, dass Mori, gerade indem sie die Lücke zwischen dem Phantasiebild und der sozialen Wirklichkeit, die es hervorgebracht hat, derart aufklaffen lässt, sicherstellt, dass wir ihre Arbeit kritisch verstehen. Wir könnten sie im Sinn einer materialistisch-kulturkritischen Analyse davon auffassen, wie die gesellschaftliche Vorstellungswelt tatsächlich funktioniert: auf der einen Seite die gesellschaftliche Realität der männerdominierten Firmenwelt, die verplante Freizeit in der *Pachinko*-Spielhalle oder die blanke Entfremdung im U-Bahn-Waggon, auf der anderen Seite die Phantasien, die genau in diesen Umgebungen entstehen und dafür sorgen, dass die herrschenden Formen von Subjektivität reibungslos funktionieren und den von der Gesellschaft vorgesehenen Zweck erfüllen.

Auch mit Moris EMPTY DREAM (Leerer Traum, 1995) liesse sich die These des «kritischen Bewusstseins» stützen, allerdings nicht ohne einige Schwierigkeiten. Schauplatz ist der Ocean Dome im Distrikt Miyazaki, der grösste Badevergnügungspark der Welt, komplett mit künstlichem Himmel, Wolken, Strand und Wellen. Moris Auftritt als synthetische Meerjungfrau wächst ebenso organisch und zwingend aus diesem Schauplatz des totalen Konsums wie die Protagonistin in SUBWAY aus der *Manga*-Vorstellungswelt der Tokioter U-Bahn. Aber das Vorgehen ist ein ganz anderes: Mori liefert keinen analytischen Kommentar der spröden Plastikfreuden des modernen Japan, sondern inkarniert diese gesellschaftliche Realität in ihrem eigenen verwandlungsfähigen Körper. Um eine vielleicht etwas grobe Unterscheidung zu treffen: SUBWAY, PLAY WITH ME und TEA CEREMONY III waren insofern sozialrealistisch, als sie die Kluft zwischen der Phantasiegestalt und der sie erzeugenden gesellschaftlichen und technologischen Umwelt als Ausgangspunkt der Betrachtung und des Verstehens einsetzten. Von EMPTY DREAM an verfolgte Mori ein ganz anderes Ziel, das man symptomatische Personifikation nennen könnte. Mori schafft einen Körper und eine szenische Umgebung für diesen Körper, die nicht mehr wie früher (in ihren sozialrealistischen Arbeiten) an ein bestimmtes gesell-

schaftliches Milieu gebunden sind. NIRVANA, BURN-
ING DESIRE (Brennende Begierde) und KUMANO
sind Arbeiten, die sich mit den Strukturen und Zwän-
gen des Imaginären als einem eigenen Kraftfeld aus-
einandersetzen. Der Vorteil ist, dass Mori nicht mehr
als schlaue Soziologin auftritt, welche die Ausdrucks-
formen fein säuberlich dem gesellschaftlichen beziehungsweise dem imaginären Bereich zuzuordnen vermag. Die Gefahr ist, dass ihre neueren Arbeiten als
völlig im Imaginären und der Zielrichtung der heutigen Massenmedien aufgehend verstanden werden
könnten, als eine Kapitulation geradezu kosmischen
Ausmasses vor dem Narzissmus des Kapitals und als
eine Selbstvergötterung im Stil von Madonna.

Seit 1996 erforscht Mori in ihrer Kunst die Formen und Zwänge der heutigen Bilderflut weniger
mit der klassisch-modernen Methode von Distanz und
Analyse als durch Inkarnation: Sie verwendet ihren
Körper wie eine Linse, um das Licht der zeitgenössischen Bilderflut einzufangen, und sie macht durch
gewisse Verstärkungen und Übertreibungen deutlich,
was diese Flut wirklich von uns will. Zunächst einmal
scheint sie darauf aus zu sein, jegliches verbliebene
historische Bewusstsein zu tilgen: Anspielungen auf
die Kunst der Maya, Indianer, Ägypter, Griechen und
Chinesen werden auf derselben Ebene platt ausgebreitet und schweben schwerelos im allgemeinen
elektronischen Brei. Ferner strebt die Bilderflut danach, sich möglichst jeder noch vorhandenen Menschlichkeit zu entledigen, die sich dem glatten Kurz-
schluss von Mensch und Maschine in den Weg stellen
könnte. In der westlichen Kultur des zwanzigsten
Jahrhunderts führte das Nachdenken über die Verbindung von Mensch und Maschine traditionell zu
einer Horrorvision: In der Berliner Dada-Bewegung
oder in Fritz Langs *Metropolis* war das Bild von Kör-
perteile ersetzenden Maschinenteilen immer mit
einem Gefühl des Schreckens gegenüber dem dro-
henden Verlust der Menschlichkeit verbunden; und
diese Tradition ist nach wie vor lebendig und floriert
in Hollywood, wo das Schreckbild des Maschine
gewordenen Menschen eine ganze Kollektion von
Cyborg-Monstern ins Leben gerufen hat, von *Krieg
der Sterne* über die *Terminator*-Filme bis zu den haar-
sträubenden Feindgestalten von *Raumschiff Enterprise/
Star Trek*, den Borgs. Doch Mori geht von einer ande-

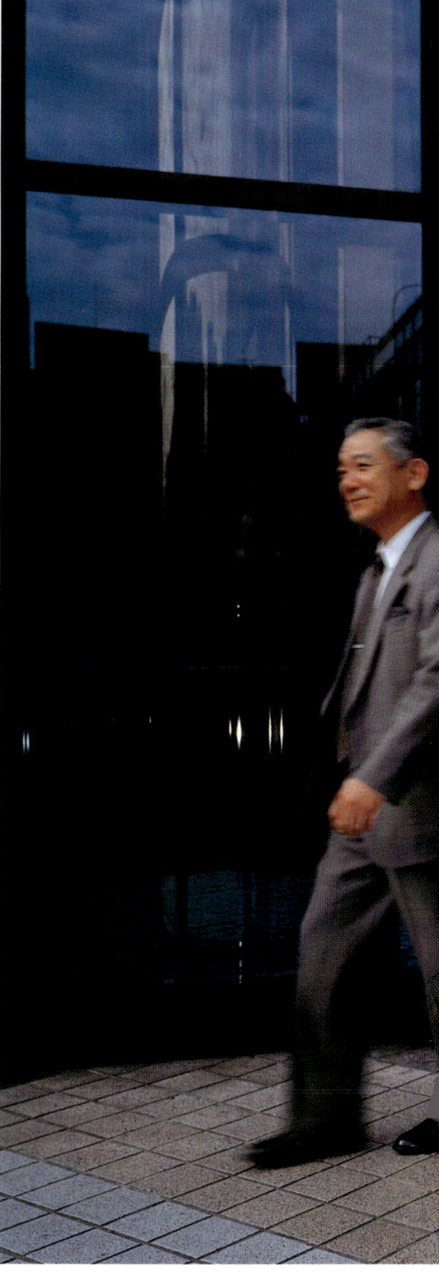

ren, friedlichen Vorstellung der Harmonie zwischen
Mensch und Maschine aus, die vielleicht in den Car-
toons *Astro Boy* und *Phoenix* von Osamu Tezuka erstmals voll zum Ausdruck kam. Aus der Sicht von *Astro
Boy* ist die Vorstellung eines furchteinflössenden An-
tagonismus zwischen dem Energiewesen Mensch und
dem Ernergiewesen Maschine lediglich ein westli-

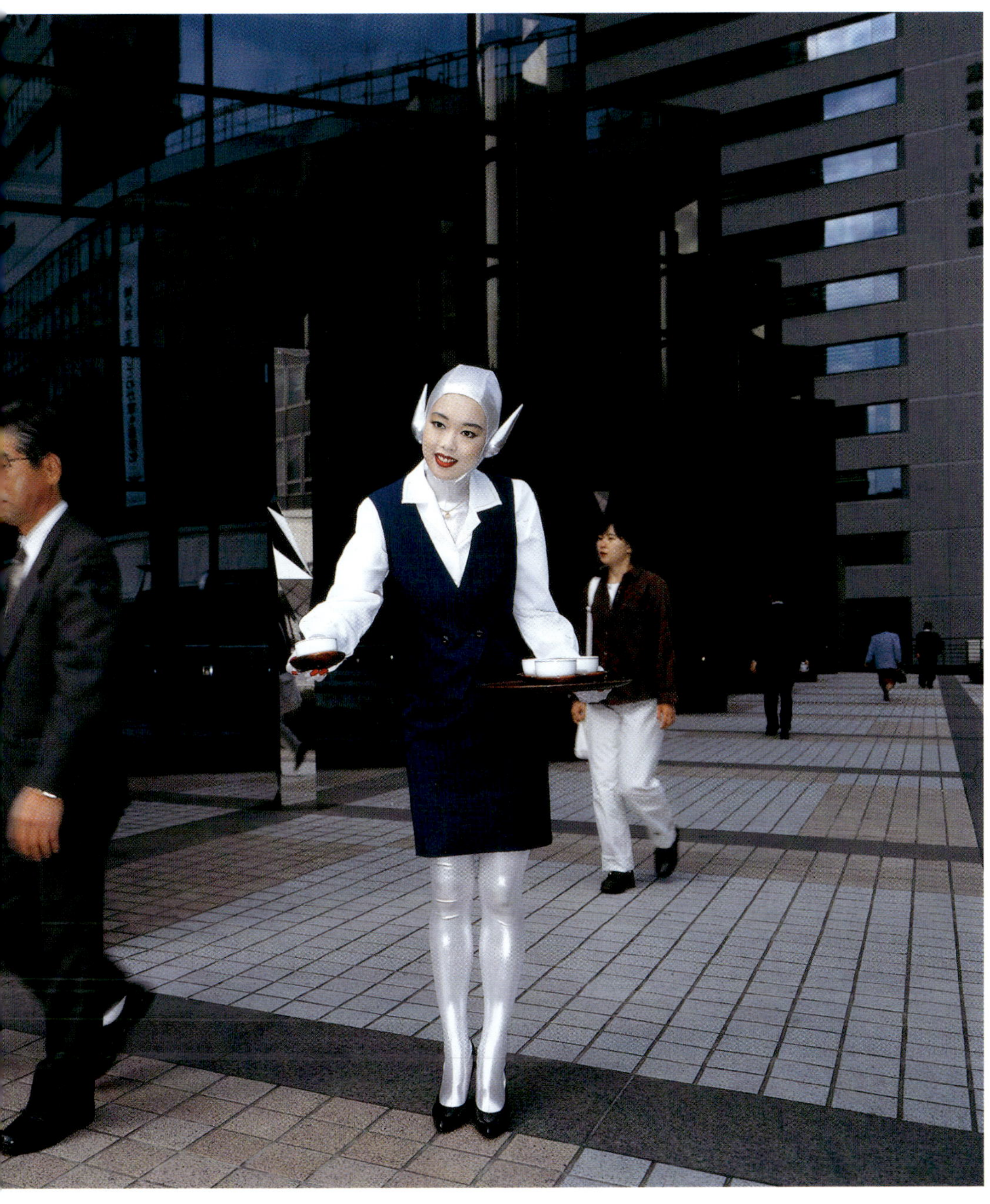

ches Vorurteil aus grauer cartesianischer Vorzeit. Bei Mori sind alle Cyborgs so süss und harmlos wie *Hello Kitty*.[2] Das heisst aber auch, dass wir bereits in einer Welt leben, in der die Maschinen im allgemeinen bunter, lebendiger und interessanter sind als die Menschen. Wir sollten deshalb allmählich von dem, was die Maschinen von uns unterscheidet, absehen und uns mehr auf die Ähnlichkeiten konzentrieren, mehr werden wie sie.

Damit dies ein bisschen schneller geht, muss die Bilderflut möglicherweise Überstunden leisten, um alle abweichenden, gegenläufigen und allgemein antisozialen Impulse zu unterdrücken, die das Techno-Subjekt allenfalls in seiner Maschinenstürmer-Brust

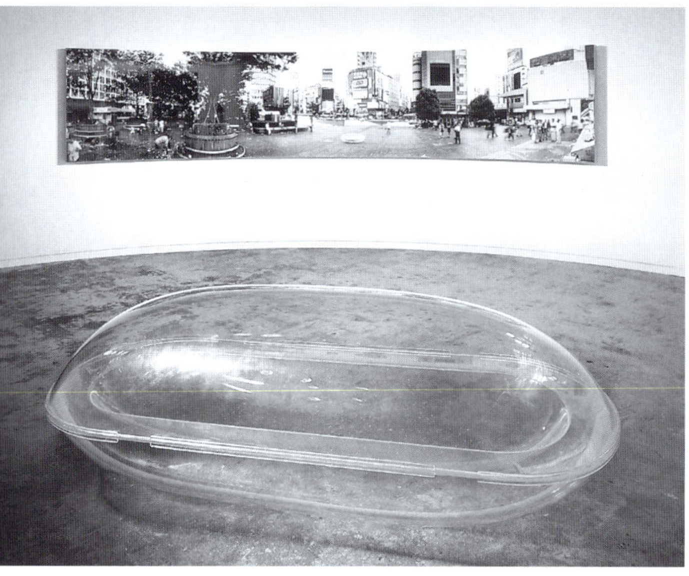

hegt: Es ist von entscheidender Bedeutung, dass nicht der geringste Hauch eines Misstons, einer gesellschaftlichen oder seelischen Unruhe die erhabenen Gleitbewegungen der techno-imaginären Maschinerie stört. Die Neutralisation der Sexualität ist dabei von höchster Wichtigkeit. Wohlgemerkt, nicht die Unterdrückung der Sexualität: Da ist nichts Strenges oder Puritanisches an der Triebökonomie, die Mori in ihren Werken vorführt. Im Gegenteil, es ist wichtig, dass die sexuelle Energie innerhalb des visuellen Systems frei zirkulieren kann. Aber sie muss leidenschaftslos bleiben: eine Sexualität ohne vulgären Ausdruck oder Risiko und ohne grosse Tristan-und-Isolde-Momente; eine Sexualität, die unaufhaltsam auf das Kindliche zudriftet, in der kindlich gleichbedeutend ist mit unwiderstehlich. Es ist interessant, dass Moris Bildsprache gerade in der westlichen Unterscheidung von prä-sexueller Kindheit und Adoleszenz oder Erwachsenenalter, wo die Sexualität für das im Subjekt verbliebene Rebellische und Wilde steht, ein Störungspotential ausmacht. Moris Bildsprache löst diesen Gegensatz auf: Sie sexualisiert das Kind, während sie den Erwachsenen infantilisiert. Moris Verkörperungen weiblicher Sexualität halten hartnäckig an einer Kinderzimmerwelt der Pastellfarben und runden Schmuseformen fest: Barbarella und Bardot müssen *My Little Pony* weichen.[3]

In der neuen Zusammensetzung des Körpers, die Moris Kunst vorführt, ist die Vorstellung, dass der Körper etwas Kreatürliches aus Fleisch und Blut sei, ganz und gar hinfällig. Stattdessen betrachtet Mori den Körper als Bündel von Energiestrahlen, die das fleischliche zu einem geistigen Geschöpf aus (Zelluloid-)Licht erhöhen. Die offensichtliche kulturelle Referenz ist der esoterische Buddhismus mit seiner anatomischen Lehre der Chakren und Energiezentren sowie seiner Idee des Regenbogenkörpers der Erleuchtung (BURNING DESIRE, NIRVANA, KUMANO). Aber daneben gibt es wohl auch noch einen etwas bodenständigeren Zusammenhang. Seit dem Aufkommen des Taylorismus wurde das Körperverhalten im zwanzigsten Jahrhundert unablässig auf Bewegungen und Energieflüsse hin untersucht. In gewissem Sinn baut die ganze Weltwirtschaft auf ein System von Flüssen mit verschiedenen Geschwindigkeiten, je nach Ebene und Sektor – der langsame Transport von Rohstoffen und Fertigprodukten, der mittelschnelle Fluss städtischer Bevölkerungen (Autos, Untergrund-

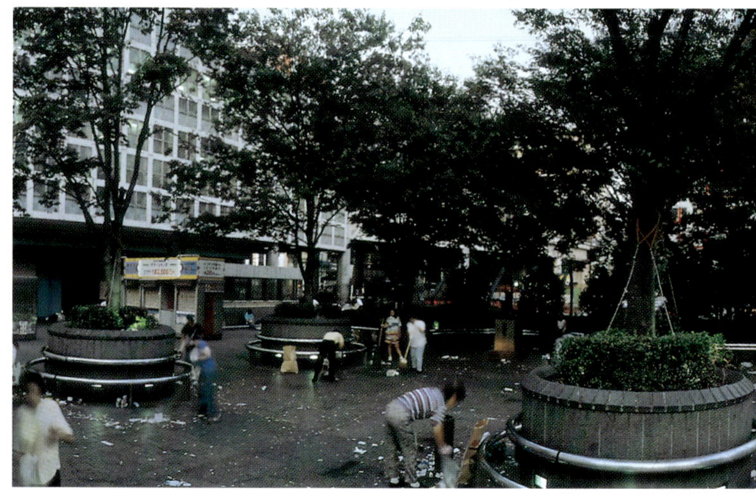

bahn, Züge, die grossen Kreuzungen in Tokio wie die Shibuya-Kreuzung) und die Höchstgeschwindigkeiten der elektronischen Kommunikation, der Medien und der Börse. Subjekte im fortgeschrittenen Kapitalismus mögen nach wie vor aufwachen und im Spiegel eine Kreatur aus Haut und Knochen vorfinden, aber in dem Moment, wo sie das grossstädtische Territorium betreten, werden sie zum Vehikel von Flüssen und Energien, von Körpern, Informationen und Waren, als Pendler, als Arbeitende, als Konsumenten. Moris tantrische Vision eines Körpers aus lodernden Energien und Strahlungen entspricht vielleicht den realen Bedingungen der Sozialökonomie, auch wenn sie diese Bedingungen zugleich in einem utopischen Licht zeigt, als eine Verwandlung oder Aufhebung von Fleisch und Blut in feinste Lichter und Energien. Die Bilderflut will vielleicht mehr als uns mit glamourösen Bildern beeinflussen; sie will uns sagen, dass wir aus ihrer Sicht bereits Energieströme sind und dass wir uns in der bevorstehenden Phase des industriellen Kapitalismus so beweglich und vergeistigt fühlen werden wie Engel oder Bodhisattvas (werdende Buddhas).

Ich nehme an, dass Moris Bildtafeln einiger Widerstand erwächst, womöglich in Form des unausgesprochenen Vorwurfs, dass dies die Kunst eines mit luxuriösem Techno-Spielzeug allzu verwöhnten Töchterchens sei, das zu viele Sailor-Moon-Geschichten konsumiert habe. Den Zugang wird man wohl auf einem anderen Weg suchen müssen, will man ihre Strategie verstehen, die darin besteht, den Prozess des kapitalistischen Produzierens-Konsumierens zu mimen; die Energien des aktuellen Zustands der Gesellschaft zu personifizieren; und durch das Aufgeben jedes Widerstandes gegen die Populärkultur und die «Kraft von unten» dieser erkennbar Form und Ausdruck zu verleihen und den gegenwärtigen psychosozialen Moment nicht aus der Position der kritischen Analyse darzustellen, sondern aus jener des kritischen Symptoms.

(Übersetzung: Susanne Schmidt)

1) *Sailor Moon*: Beliebte japanische Manga- und Anime-Heldin von Naoko Takeuchi, in den USA auch TV-Serie mit Kultcharakter.
2) *Hello Kitty*: Mundloses, grossäugiges cartoonartiges Kätzchen, Werbefigur, Produktreihe und Ladenkette der japanischen Sanrio Company, auch in den USA. Es gibt einen eigentlichen Hello-Kitty-Kult von naiv-begeistert bis ironisch-distanziert samt Fanclub, T-Shirts, Websites usw.
3) *My Little Pony*: Spielzeugponys aus Plastik und Accessoires zum Sammeln. Inzwischen eine ganze Produktereihe samt Büchern, Trickfilmreihe, Song der Woche, Fanclubs, Websites usw.

MARIKO MORI, BEGINNING OF THE END,
SHIBUYA, TOKYO, 1995, crystal print, wood, pewter frame,
39" x 16' 5" x 3" /
ANFANG VOM ENDE, SHIBUYA, TOKIO,
Crystal-Print, Holz, Zinnrahmen, 100 x 500 x 7,6 cm.

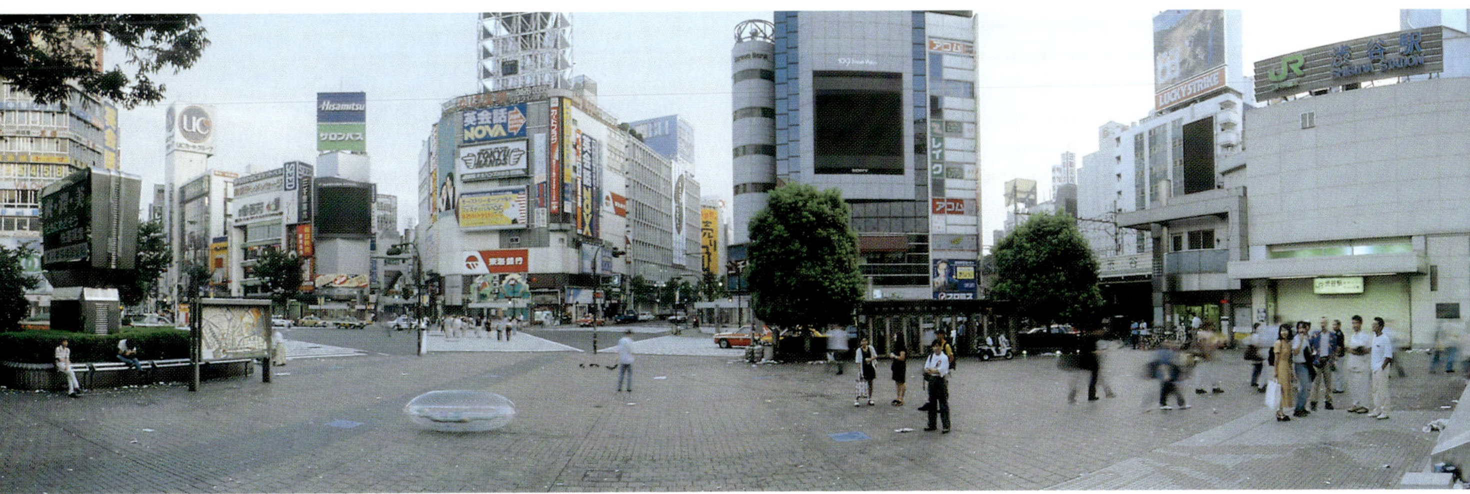

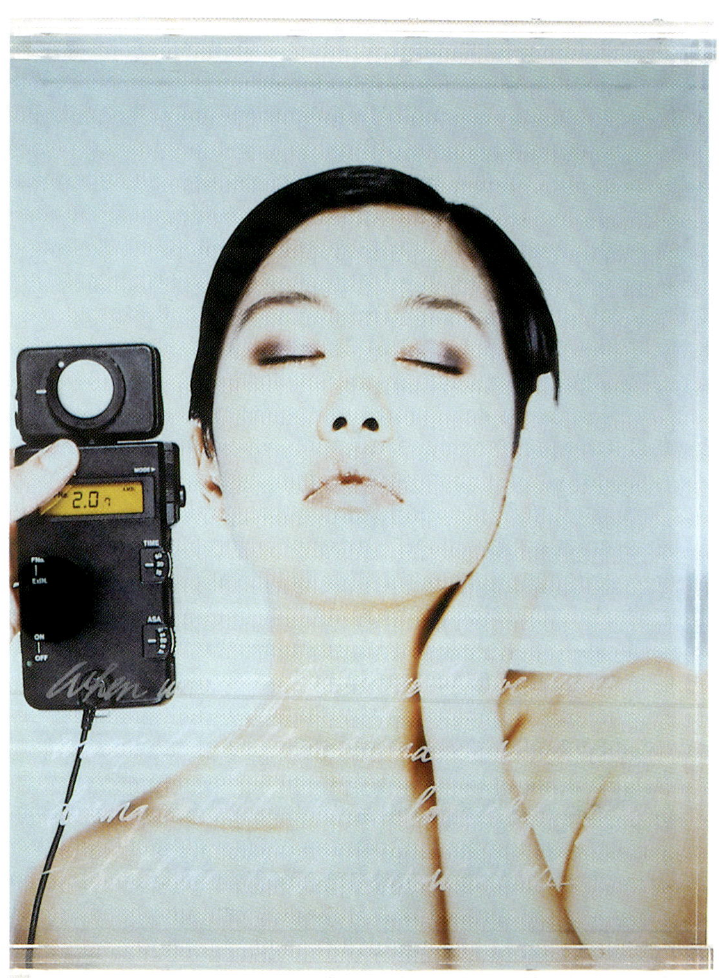

MARIKO MORI, PRELUDE TO A KISS, 1993,
Plexiglas, mirror, transparency with text, 26 x 19 x 2" /
VORSPIEL ZU EINEM KUSS,
Plexiglas, Spiegel, Diapositiv und Text, 66 x 48,3 x 5 cm.

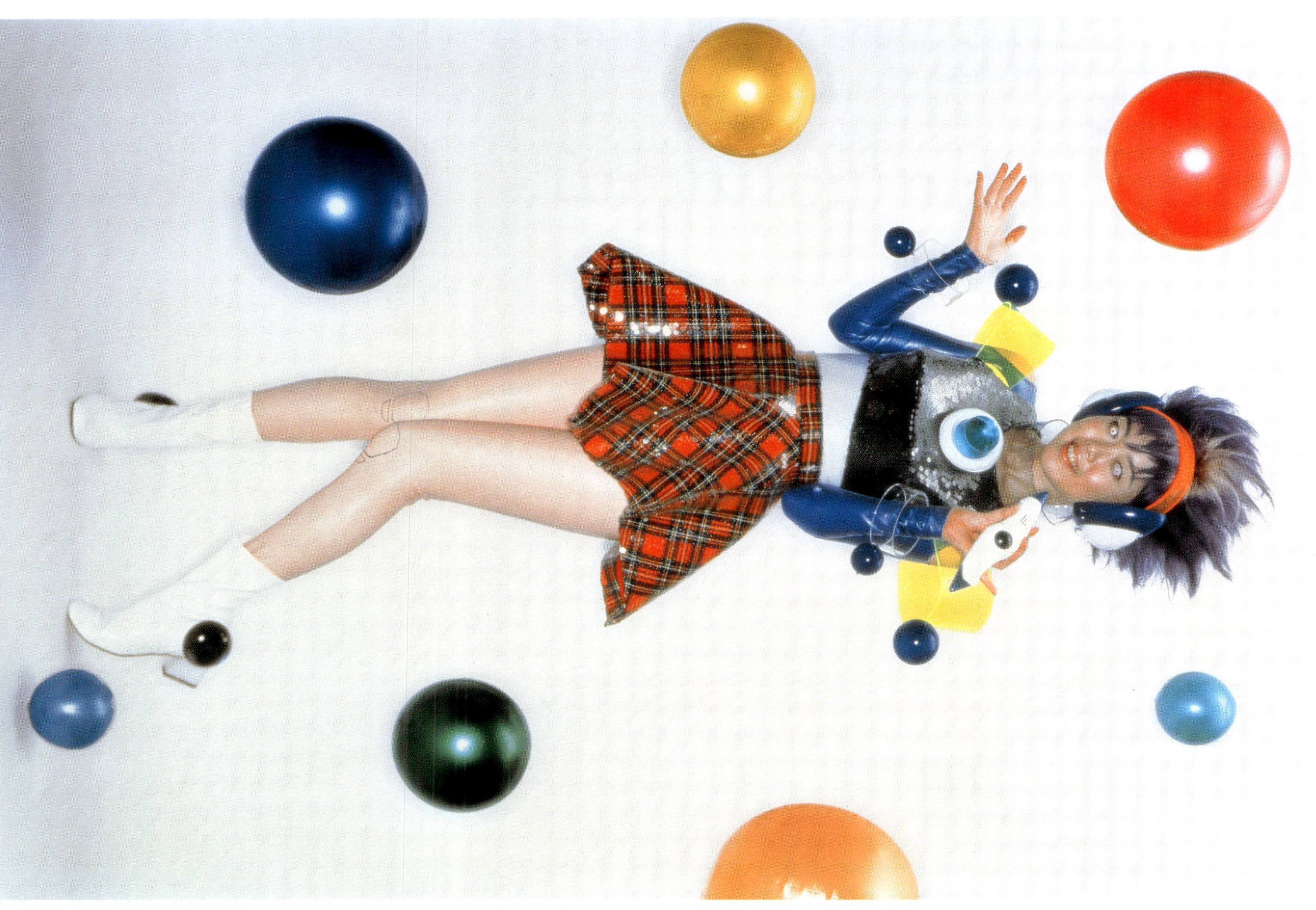

MARIKO MORI, BIRTH OF A STAR, 1995, Duratrans print, acrylic, light box, and audio CD, 72" x 48" /
GEBURT EINES STARS, Duratrans-Print, Acryl, Leuchtkasten und Audio-CD, 183 x 122 cm.

SHIN'ICHI NAKAZAWA

No Angels Here, Yet She Lives

MARIKO MORI, PRATIBIMBA I, 1998,
color photograph on glass with mirror finish, 4' diameter /
Farbphotographie auf Glas mit Spiegelbeschichtung,
122 cm Durchmesser.

There are no angels here, yet she lives. And she is very alive. But is it really possible? Ask Paul Klee. He would answer that no artist can live without angels. No angels here, yet she continues to bear her children of visuality in this angel-less place. This is the enigma of Mariko Mori, an enigma worthy of special attention, for it reveals the essence of today's Japan.

It is not surprising that you immediately voice your objections: There are no angels here? Then what are we looking at? Isn't it obvious that Mori's visual progeny refer to angels or the angelic in some way? Haven't you seen the white wings sprouting from her back? When she dances on sacred ground deep in the forest disguised as a *miko,* or maiden acolyte of the Shinto shrine, isn't she playing with the representation of the angelic in Japanese culture? The angel is one of the most important subjects in Mori's art yet, even so, you still insist that there are no angels here, and flirt with the paradox for its own sake.

But no matter how many wings beat the air, no matter how fast roller skates run, no matter how convincingly these floating celestial maidens defy gravity, I would still say that there are no

SHIN'ICHI NAKAZAWA is a professor of religious studies at Chuo University and lives in Tokyo, Japan. His books include *Mozart in Tibet* (Serika Shobo, 1983), *Running of the Hare* (Shicho-Sha, 1986), *Primordial Lenin* (Iwanami Shoten, 1994), *Godzilla vs. Gogila* (Shicho-Sha, 1998).

angels here. And why? Because the angels of Western culture—whose contemporary signifi-cance has been elucidated by Paul Klee and Walter Benjamin—were summoned from early Christian tradition into the present as guardians of the creative sphere. They were recalled to avert, with all their might, the destruction, erosion, or diminution of the *mundus imaginaris* which forms in between inner human space and the outer world.

Still, there are no such angels here. For Mariko Mori's art is not created to protect the integ-rity of this intermediate sphere, where all productive processes take place. Her art is no doubt an act of production, but even as this production occurs, the product itself is sublimated through spontaneous visualization, instead of traversing that intermediate zone guarded by angels. Everything that she produces appears in the guise of angels yet, rather than guarding this intermediate sphere, these strange creatures instantly mature (or crystallize?) on contact with the air of this world, bypassing the successive stages of growth.

In one sense, this art might be considered a sort of *tongo*—like the concept of sudden enlight-enment in Zen practice. In the spiritual culture of the East, the imaginary bird *Garuda* symbol-izes the non-dialectical tradition of the fully fledged newborn. This mythical bird breaks through its shell to emerge fully mature into the world, ready to fly directly up into the heavens. It does not need the protection of angels.

The first stirrings of this inner drive are instantly sublimated in the form of its spontaneous visualization: The extraordinary immaturity inherent in the "Mariko Mori phenomenon" derives paradoxically from the other side of this non-dialectic mechanism of consciousness that governs all productions. The flip side would be *Noh* theater, for example. In *Noh*, it is not the stage where the performance is presented that is of primary importance, but the long passageway from the curtain which marks the edge of the abyss to the stage, along which the gods solemnly pro-ceed. This procession, representing the gods' appearance into the world of presence from the void, signifies the intermediate sphere known as *kizen*, or the moment immediately prior to appearance. Here again, the intermediate sphere where production and creation occur is not mediated and concealed but exposed to sight by being sublimated as beauty. Thus, from the out-set, the productions taking place in the world are aesthetically sublimated by means of instant visualization. A baby comes into the world as mature as an old man. This expressive mechanism has profoundly permeated Japanese culture, creating an amazing empire of images with no depth.

This non-dialectical mechanism which has engendered the "Mariko Mori phenomenon" is based on a peculiar system of capitalism developed in Japan, where the whole world is convert-ed into consumer goods, as in *tongo*. In the West, capitalism is unable to totally suffuse every aspect of life and existence, blocked by the persisting presence of the angels' intermediate sphere, while in Japan it has succeeded in penetrating even the most peripheral nervous system. Marx adopted Hegelian dialectics to analyze the formation of the society of consumer goods. In Japan, we know that non-dialectical sublimation into surface can also form a bizarre consumer society.

Now Mariko Mori poses questions: Do angels still exist? Or do you merely believe that the angels who have guarded the production of art thus far still protect you, when in reality they are gone, nowhere to be found? But we will not grieve if we learn that angels are no more, for we live in such a world anyway, speaking Japanese. It will be lonely without the angels, but we will con-tinue to live and produce things...There are no angels in Mariko Mori's world: her depthless angels prove this to us better than anything else.

(Translated from the Japanese by Noriko Umemiya and Reiko Tomii)

SHIN'ICHI NAKAZAWA

Weit und breit kein Engel, doch sie lebt

Hier gibt es keine Engel, doch sie lebt. Sie ist sogar sehr lebendig. Aber ist das wirklich möglich? Fragen Sie Paul Klee. Seine Antwort wäre, dass kein Künstler ohne Engel leben kann. Da sind keine Engel und doch fährt sie fort ihre visuellen Kinder in diese engellose Welt zu setzen. Hier liegt das Geheimnis Mariko Moris, ein Geheimnis, das besondere Aufmerksamkeit verdient, da es das Wesen des heutigen Japan offenbart.

Es ist nicht verwunderlich, dass Sie sofort Einwände erheben: Hier soll es keine Engel geben? Wo schauen Sie denn bloss hin? Spielen Moris visuelle Geschöpfe nicht ganz offensichtlich auf Engel oder das Engelhafte an? Haben Sie etwa die weissen Flügel nicht gesehen, die aus ihrem Rücken wachsen? Spielt sie nicht mit der Darstellung des Engelhaften in der japanischen Kultur, wenn sie als *miko* oder jungfräuliche Ministrantin eines Schinto-Schreins verkleidet, tief im Wald auf heiligem Boden tanzt? Der Engel ist eines der wichtigsten Sujets in Moris Schaffen, aber Sie werden wohl trotzdem darauf beharren, dass da keine Engel sind, und mit dem Paradox um seiner selbst willen liebäugeln.

Aber egal, wie viele Flügel durch die Luft flattern, egal, wie schnell die Rollschuhe laufen, egal, wie überzeugend diese schwebenden himmlischen Jungfrauen der Schwerkraft trotzen, ich würde dennoch behaupten, dass es hier keine Engel gibt. Und warum? Weil die Engel der westlichen Kultur – deren zeitgenössische Bedeutung Paul Klee und Walter Benjamin erläutert haben – aus der frühen christlichen Tradition in die Gegenwart gerufen wurden um als Hüter der schöpferischen Welt zu wirken. Man rief sie wieder an um mit Hilfe ihrer Macht der Zerstörung, dem Zerfall oder der Beeinträchtigung des zwischen der Innen- und Aussenwelt angesiedelten *mundus imaginaris* Einhalt zu gebieten.

SHIN'ICHI NAKAZAWA ist Professor für Religionswissenschaft an der Chuo Universität, Tokio. Er ist der Autor von *Mozart in Tibet* (Serika Shobo, 1983), *Running of the Hare* (Shicho-Sha, 1986), *Primordial Lenin* (Iwanami Shoten, 1994) und *Godzilla vs. Gogila* (Shicho-Sha, 1998).

Dennoch: Hier gibt es keine solchen Engel. Denn Mariko Moris Kunst wurde nicht geschaffen um die Unversehrtheit dieser Zwischenwelt zu bewahren, in der alle produktiven Prozesse stattfinden. Ihre Kunst ist unzweifelhaft ein schöpferischer Akt, doch sobald die Schöpfung erfolgt ist, wird das Produkt durch unmittelbare Visualisierung sublimiert, ohne die von Engeln behütete Zwischenzone zu passieren. All ihre Schöpfungen treten in Gestalt von Engeln auf, doch sie sind keineswegs Hüter einer Zwischensphäre, sondern merkwürdige Kreaturen, die im Kontakt mit der Luft der Welt augenblicklich reifen (oder kristallisieren?), ohne verschiedene aufeinander folgende Wachstumsphasen zu durchlaufen.

In gewisser Hinsicht könnte man dies als eine Art *tongo* – die plötzliche Erleuchtung im Zen-Buddhismus – im Bereich der Kunst betrachten. In der spirituellen Kultur des Ostens symbolisiert der sagenhafte Vogel *Garuda* die nichtdialektische Tradition des bereits ausgewachsenen Neugeborenen. Dieser mythische Vogel ist schon flügge, wenn er seine Schale durchbricht, bereit sogleich in den Himmel aufzusteigen. Er braucht keine Schutzengel.

Die ersten Regungen dieser inneren Tatkraft werden augenblicklich in der Form ihrer unmittelbaren Visualisierung sublimiert: Die dem «Mariko Mori-Phänomen» eigene aussergewöhnliche Unreife rührt paradoxerweise von der anderen Seite dieses nichtdialektischen Bewusstseinsmechanismus her, der alle schöpferischen Prozesse steuert. Diese andere Seite wäre beispielsweise das No-Theater. Im No-Spiel ist nicht die Bühne, auf der die Aufführung stattfindet, von primärer Bedeutung, sondern der lange Weg vom Vorhang, der den Rand des Abgrunds markiert, bis zur Bühne, welchen die Götter gemessenen Schrittes abschreiten. Diese Prozession, die darstellt, wie die Götter aus der Leere in die sichtbare Welt eintreten, verweist auf die als *kizen* bekannte Zwischenwelt oder den Moment unmittelbar vor dem Eintritt. Auch hier wird die Zwischenzone, in der sich Produktion und Kreation abspielen, nicht vermittelt und verborgen, sondern als Schönheit sublimiert dem Blick preisgegeben. So werden die in der Welt stattfindenden Schöpfungsakte von Anfang an durch sofortige Visualisierung ästhetisch

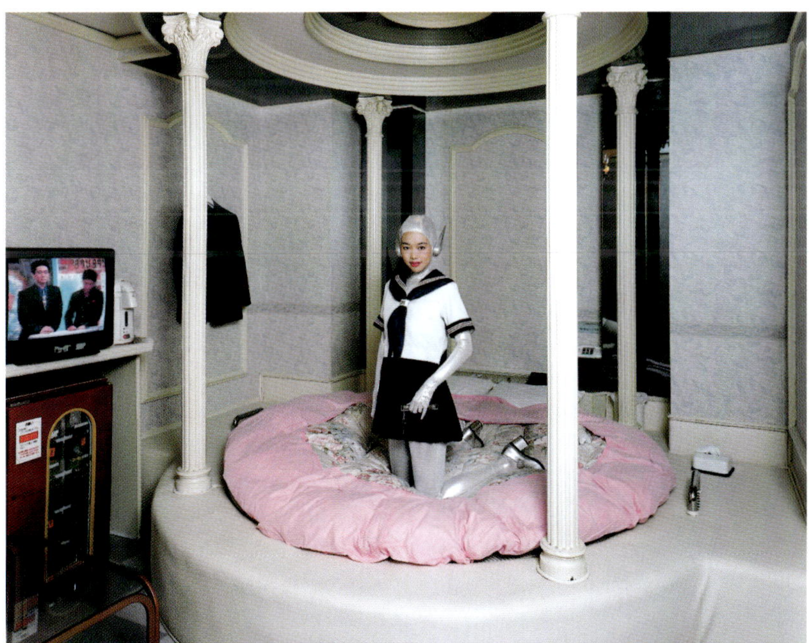

MARIKO MORI, LOVE HOTEL, 1994,
c-print, 48 x 59⅞ x 2" /
HOTEL DER LIEBE, C-Print,
122 x 152 x 5 cm.

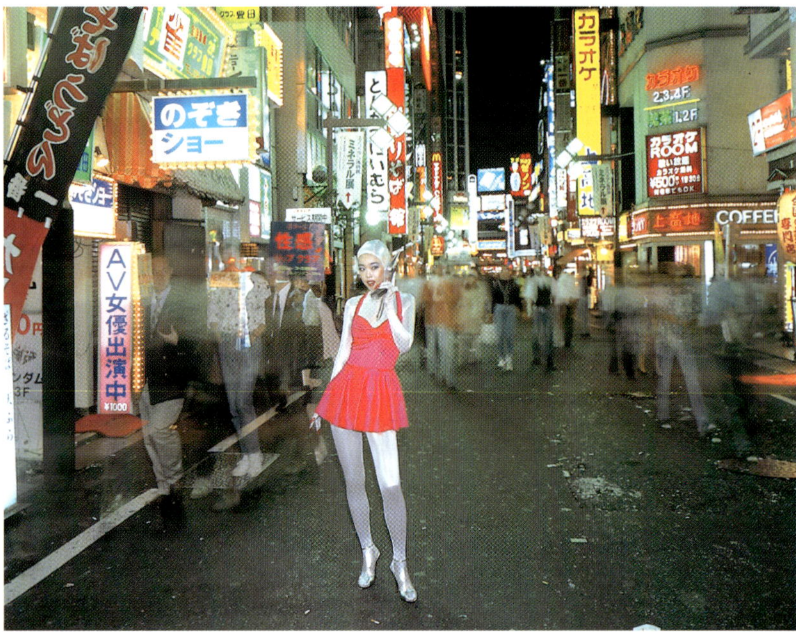

MARIKO MORI, RED LIGHT, 1994,
Duraflex print, wood, pewter frame, 12' x 10' x 3" /
ROTLICHT,
Duraflex-Print, Holz, Zinnrahmen, 365,8 x 304,8 x 7,6 cm.

sublimiert. Ein Baby hat bei seiner Geburt schon die Reife eines alten Mannes. Dieser Ausdrucksmechanismus hat die japanische Kultur schon tief durchdrungen und eine erstaunliche Fülle von Bildern ohne Tiefendimension geschaffen.

Dieser nichtdialektische Mechanismus, der auch das «Mariko Mori-Phänomen» hervorgebracht hat, beruht auf einem merkwürdigen, spezifisch japanischen kapitalistischen System, in dem die ganze Welt zu einer Welt der Waren und Konsumgüter gerinnt, wie beim *tongo*. Im Westen vermag der Kapitalismus – dank der hartnäckigen Präsenz der Zwischenwelt der Engel – nicht jeden Bereich des Lebens und der Existenz zu durchdringen, während es ihm in Japan mühelos gelingt, selbst das peripherste Nervensystem zu infiltrieren. Marx bediente sich der hegelschen Dialektik um die Entstehung der Konsumgesellschaft zu analysieren. In Japan wissen wir, dass die nichtdialektische Sublimierung zum Oberflächenphänomen auch eine bizarre Konsumgesellschaft hervorbringen kann.

Nun wirft Mariko Mori Fragen auf: Gibt es noch Engel? Oder glauben wir lediglich, dass die Engel, die bisher über das künstlerische Schaffen gewacht haben, uns immer noch beschützen, obschon sie in Wirklichkeit entschwunden und unauffindbar geworden sind? Aber wir werden uns nicht grämen, wenn wir erfahren, dass es keine Engel mehr gibt, denn da wir Japanisch sprechen, leben wir ohnehin in einer solchen Welt. Es wird einsam sein ohne Engel, aber wir werden weiterleben und weiterhin produktiv sein... Es gibt keine Engel in Mariko Moris Welt: Ihre Engel ohne Tiefe sind der beste Beweis dafür.

(Übersetzung aus dem Englischen: Irene Aeberli)

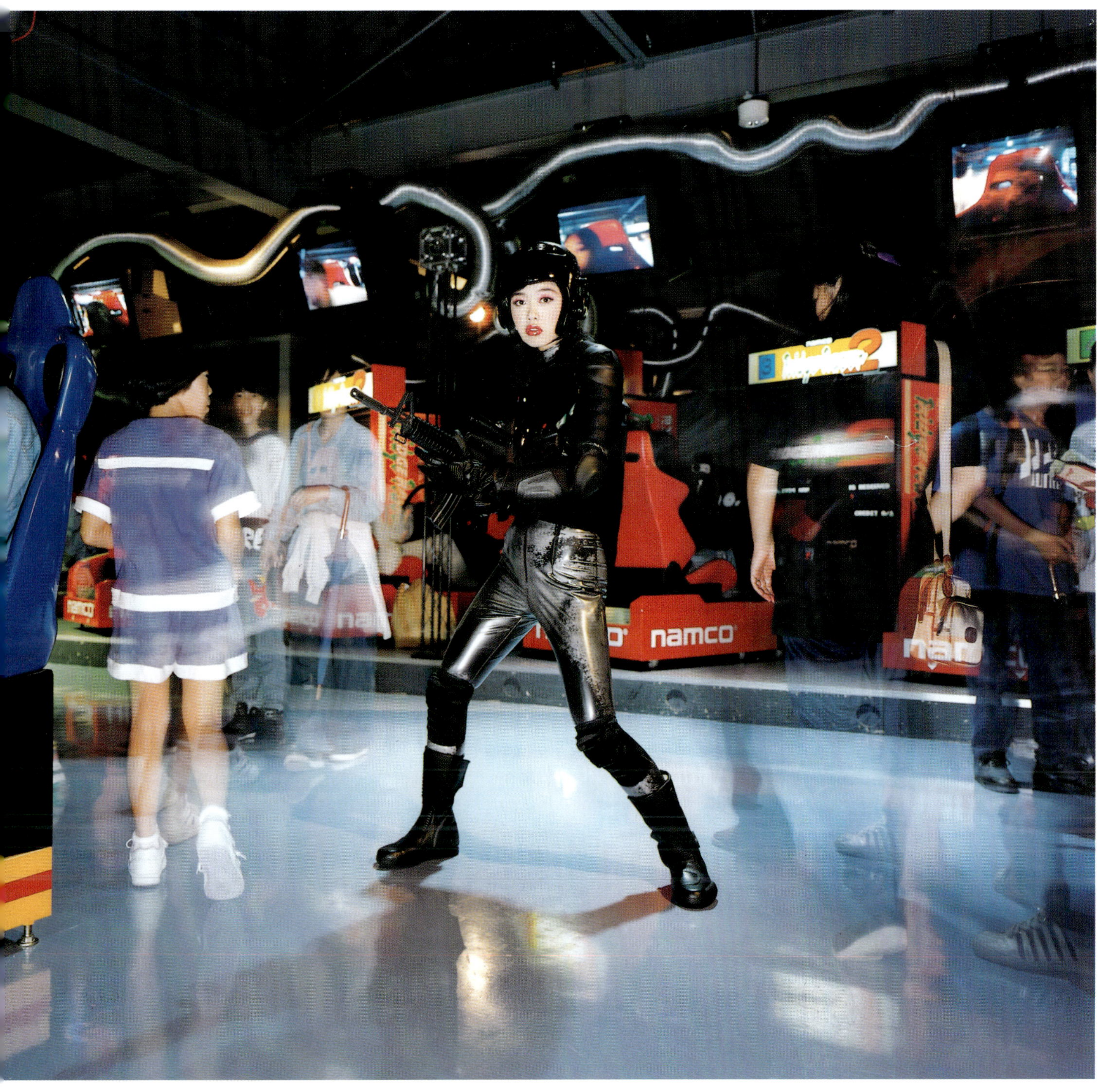

MARIKO MORI, WARRIOR, 1994,
Duraflex print, wood, pewter frame, 12' x 10' x 3" /
KRIEGER,
Duraflex-Print, Holz, Zinnrahmen, 365,8 x 304,8 x 7,6 cm.

Mariko Mori's Cyborg Surrealism

THYRZA NICHOLS GOODEVE

I demand that he who still refuses...
to see a horse galloping on a tomato
should be looked upon as a cretin.
André Breton

Two peculiar forms of exploration narrative concerned with determining what makes us human came into being in the beginning of the twentieth century. Both claimed territory that was terrestrial but not earthy; embodied but not visible to the naked eye. In 1900, Sigmund Freud published *The Interpretation of Dreams*, a book he described as containing "the most valuable of all the discoveries it is my good fortune to make."[1] *The Interpretation of Dreams* was not only key to Freud's entire oeuvre but to the identity of the twentieth century itself, revolutionizing and determining how human beings would approach the production of meaning, symbolization, and psychic life from that point on. In other words the wild symbolizations of humans—not just hysterics (Freud's object of study in the 1890s)—were now interpretable through science, not just myth and poetry (although the "science" of psychoanalysis has been called into question in the latter half of the century returning Freud's contribution to the realm of art).[2] This newly charted area was a privileged zone, one that only humans were capable of possessing, not birds, boxes, or plants. "I'm only human" infers error, ambivalence, the unpredictability of the

unconscious erupting at any given time. This is precisely what signified HAL's dip over the edge from predictable computerdom in Stanley Kubrick's *2001: A Space Odyssey*. He started to err; to engage in irrational conduct, even to act out an Oedipal relation to his mentor. In other words HAL was a computer that had developed an unconscious (and hence had to be terminated).

In 1900, another key system for delimiting the contingent ingredients of the human came into being, one that would rise along with psychoanalysis (and in opposition to it) to become the primary science for understanding the individual and "life itself."[3] Genetics, like Freud's "discovery" of the unconscious, was actually a rediscovery of the nineteenth century gardener-monk Johann Gregor Mendel's laws of inheritance formulated from observing wrinkled versus smooth skin passed from generation to generation of the pea plant. In 1900 Mendel's laws were rediscovered, setting in motion modern genetics. (The word "gene" was used for the first time in 1909.)[4] Since that time genetics has passed through its own history, spanning the eugenics-based studies of racial purity and inheritance of the early twentieth century to the hybridized model of seeds and animals of mid-century to the polyorganic transgenic fusions between plant and animal of the late twentieth century.[5]

THYRZA NICHOLS GOODEVE is a writer who lives in New York. She is Senior Instructor at the Whitney Museum Independent Study Program.

It is in this recent stage—from the mid-seventies to the present—where a suggestive reanimation of one of psychoanalysis's most loyal movements seems to be occurring. Transgenics, more commonly known as genetic engineering, involves the cross-fertilization of genes from once distinct and unrelated organisms resulting in hybrid beings on the molecular level that were impossible to imagine as "real" before twentieth century genetics. Surrealism meets hard science in descriptions such as the following: "I find myself especially drawn by such engaging new beings as the tomato with a gene from a cold-sea-bottom-living flounder," says Donna Haraway in her book *Modest_Witness*, "which codes for a protein that slows freezing, and the potato with a gene from the giant silk moth, which increases disease resistance. DNA Plant Technology in Oakland, California, started testing the tomato-fish antifreeze combination in 1991." [6] Such images of new beings made up of fish/tomato/anti-freeze combinations sound more like the free associations of the surrealists. *Soluble Fish* was, after all, the name Breton gave to his novella published the same year as the *First Surrealist Manifesto* of 1924. Indeed Haraway uses the phrase cyborg surrealism to describe both the method and the "peculiar" territory of advanced capitalist technoscience she explores in *Modest_Witness*. In this sense, the "beauty" (that is, the convulsion of reality) of Lautréamont's famous hero, Maldoror, "as handsome as the fortuitous encounter on a dissecting table of a sewing machine and an umbrella," pales next to the wonder (and ambivalence) induced by transgenic constructions such as the mouse who glows in the dark or which is bred genetically to develop breast cancer—now readily available and, even in the case of the OncoMouse, obsolete within biotechnical laboratories. [7] Blue-tipped mermaids such as those populating Mariko Mori's EMPTY DREAMS are no longer mythological creatures so much as signifiers of this new transgenic body, the fusions between animal and human that have become the living dreams of cyborg surrealism.

Although Mori has been quoted as saying the women in her work "appear to be happy because they are cyborgs, not real women," [8] anyone who has seriously considered Haraway's often cited *Manifesto for Cyborg* (written almost exactly sixty years after Breton's manifesto) knows the distinction between real women and cyborgs is itself an outmoded fiction, a hangover of unrepentant humanism. Cyborgs are never essentially happy nor sad but like all of us products of history and complexity, woven of unconscious and conscious drives, desires, and elaborate emotional territories. Haraway's formulation, presented in the form of an ironic manifesto, uses the science-fictional figuration of the cyborg as a way to account for the very real transformations that have occurred within the technosocial, technoscientific landscape of the late twentieth century. In other words, Mariko Mori's women are r e a l cyborgs.

And yet the question remains, as genetics breeds beings made up of increasingly complex and "impure" molecular origin, beings who blur the boundaries between nature and culture, human and non-human, is there a different kind of unconscious emerging from this increased intimacy between machines, humans, animals, and non-physical territories? Is there an unconscious produced in the wake of the seeming wild juxtaposition of Freud's contemporaneous publication of *The Interpretation of Dreams* in 1900 and the foundation of modern genetics? I would argue there is and it is exactly what Haraway means by cyborg surrealism. In other words we live in a world where the once fantastic image of the sewing machine and umbrella coming together on a dissecting table seems, on the molecular level, to have come to life. And now we can wonder what kind of unconscious imaginings such beings themselves might harbor.

In his essay, "Across the Morphic Fields: The Art of Mariko Mori," Paul D. Miller invokes surrealism to account for Mori's high-velocity condensations of *santo* (Japanese term meaning large metropolis) with Japan's hybrid history of cultural transmutation—the manner in which Japan is woven of Chinese culture, Buddhism, Shinto religion, Christianity, and Western high-tech capitalism. In other words, Mori's surrealism has little to do with the unconscious but everything to do with the new global culture with which Japan has become synonymous; it is cross-cultural (or intra-cultural), a product of "the two-way conditioning between the imagination and its environment," just as Mori herself is "at home at any place in the global village, yet still rooted in the traditions of Japan."[9]

But what of the unconscious in this context, particularly since it is the unconscious and not the imagination through which surrealism re-engineers reality? At the end of *Modest_Witness* Haraway calls for the theorizing of an "unfamiliar unconscious, a different primal scene where everything does not stem from the dramas of identity and reproduction."[10] Asked to elaborate, she emphasizes that "the word is to be taken literally. An 'unfamiliar' one is not of the family. Etymologically speaking, the whole notion of the familiar means the family, and the kinds of things that blindside us today aren't necessarily familiar in the sense of familial. In other words, all these new kinds of relationality we presently experience between the organic and inorganic, physical and non-physical, animal and human—relationalities that shape who we are and that we in turn shape—need to be rethought in terms of an unfamiliar unconscious. I don't know how else to put it."[11]

It is this production, or at least the allusion to this site of the unfamiliar unconscious, that Mori's art ultimately presents us with. Tropes of surrealist art surface from the unfamiliar spiritual, cross-cultural, environmental, and psychic "mutalities" (Miller's word) she produces. "Cyborg surrealism" is, then, a more precise description of what Mori is up to. It is as well an apt description of the seeming unconsciously inflected potency and lunacy of much nineties art, from the emoting techno-angst mannequins of Tony Oursler to the mutant hero narrative and reproduction myth of Matthew Barney's CREMASTER cycle, or the "euphoric enthusiasm" of Jeff Koons's celebration of materials. The power of this art is the evocation of what feels like the unconscious (hence the term surreal is often loosely attached to such work) but it hardly derives from the same universe or gene pool of a René Magritte, Max Ernst, Salvador Dalí, or Dorothea Tanning. The fin de siècle works of an Oursler or Barney do not so much evoke a realm of the human unconscious but rather produce one from its merger with many of the things that are, frankly, "unfamiliar" to it. Such is the near archetypal cyborg surrealism of Mariko Mori. Neither dream nor

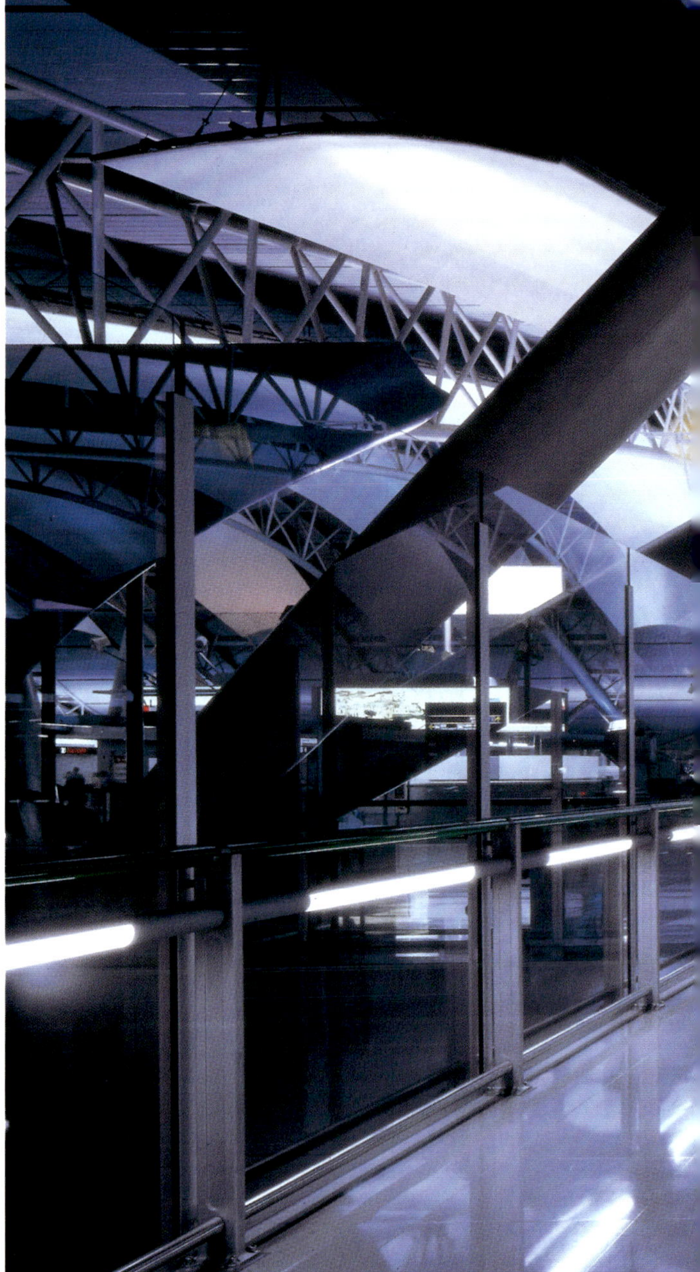

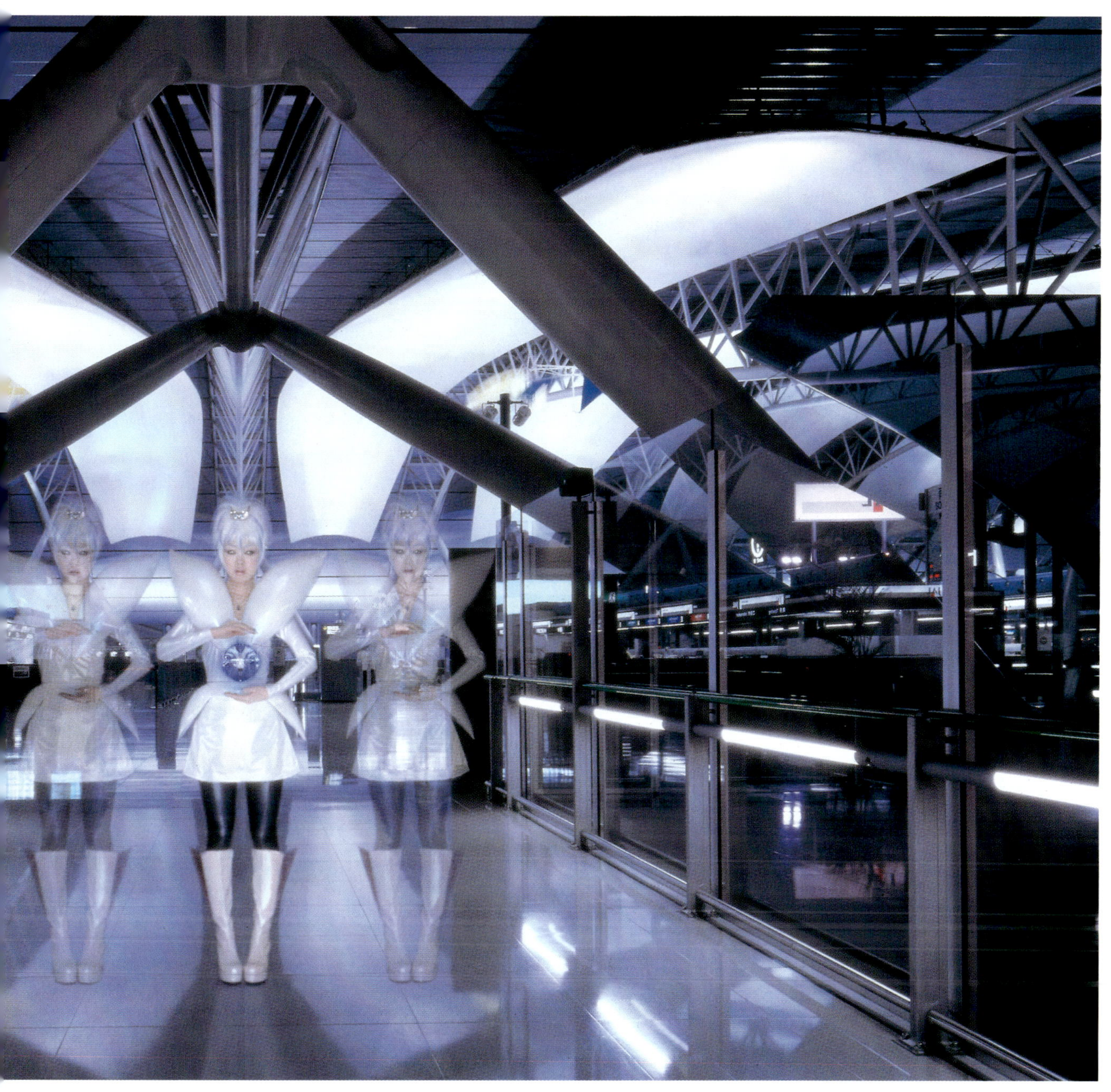

MARIKO MORI, LAST DEPARTURE, 1996,
c-print, aluminum, wood, smoked chrome
aluminum frame, 7' x 12' x 3" /
LETZTE ABFAHRT,
C-Print, Aluminium, Holz, rauchschwarz
verchromter Aluminiumrahmen,
213,4 x 365,8 x 7,6 cm.

stream of consciousness, free association nor automatic writing, the images and worlds she creates—and inhabits—carry the sense of an uncanny psychic projection fashioned not merely from her own individual subjectivity but one created from her fusion with technology, science fiction myths, and the euphoria of late capitalist culture (what Frederic Jameson terms the hysterical sublime). In such works as EMPTY DREAM (1995), LAST DEPARTURE (1996) or ENTROPY OF LOVE (1996) she presents herself as an offspring of this universe, indeed as an emerging icon in it. After all, her family romance is of the Tokyo-bred cyberqueen thrust from the brow of a high-tech inventor father. One of his inventions, the *Himawari* (sunflower), is "a rooftop honeycomb device… that uses chromatic aberration to separate ultraviolet and infrared radiation from sunlight and then transmits this purified light indoors via a fiber-optic cable."[12] In other words the *Himawari* is a high-tech illumination device bred of organic structure (the honeycomb): a machine that purifies "natural light" (sunlight) to be used inside an artificial, man-made indoor environment. It too is a cyborg, perhaps best understood not as an invention of Mori's father's but her paternal figure.[13] Inventions both, the daughter and the illumination device circulate as offsprings of a world where genetics hails psychoanalysis and surrealism the unfamiliar unconscious of the cyborg. Neither is only human, except of course where conscience might make them so.

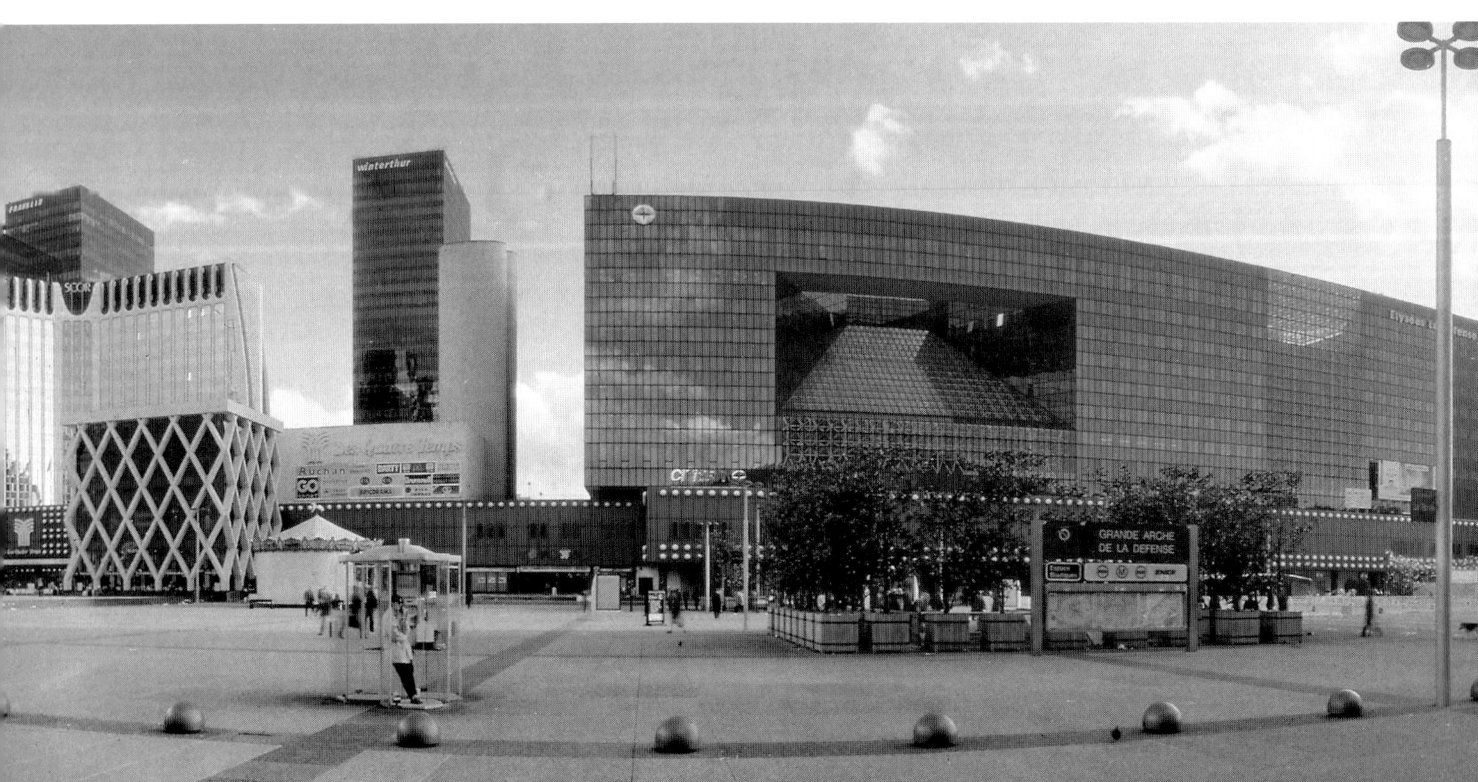

1) Also of note is Laplanche and Pontalis's statement that, "If Freud's discovery had to be summed up in a single word, that word would without doubt have to be 'unconscious'." J. Laplanche and J.B. Pontalis, *The Language of Psychoanalysis* (New York: W.W. Norton & Company, 1973©1967), p. 474.
2) See Alan A. Stone, M.D. "Freud's Vision: Psychoanalysis failed as science, Will it survive as art?" *Harvard Magazine*, Vol. 99, p. 3.
3) Donna J. Haraway, *Modest_Witness@Second_Millennium.FemaleMan©_Meets_OncoMouse□* (New York: Routledge, 1997), pp. 131–171 for a discussion of "life itself"; p. 247 for genetics and its relation to definitions of the human.
4) Horace Freeland Johnson, "A History of Science and Technology Behind Gene Mapping and Sequencing," in: *The Code of Codes: Scientific and Social Issues in the Human Genome Project*, ed. Daniel J. Kevles and Leroy Hood (Cambridge, Massachusetts: Harvard University Press, 1992), p. 38.
5) Haraway, op. cit., p. 227.
6) ibid., p. 88.
7) ibid., p. 98. Discusses various kinds of custom-made transgenic mice.
8) Mariko Mori in: Dike Blair, "We've Got Twenty-Five Years," *Purple Prose*, July 1998, pp. 96–101.
9) Paul D. Miller, "Across the Morphic Fields: The Art of Mariko Mori," in: *New Histories* (Boston: Institute of Contemporary Art, 1996), pp. 138–145.
10) Haraway, op. cit., p. 265.
11) *How Like a Leaf. Donna J. Haraway interviewed by Thyrza Nichols Goodeve.* (New York: Routledge, 1998)
12) Lisa Corrin, "Mariko Mori's Quantum Nirvana," in: *Mariko Mori*, ex. cat., Museum of Contemporary Art, Chicago, 1998, p. 21.
13) A tear-drop shaped opalescent bulb glows as a result of this device for a few hours each day in Mori's New York studio.

MARIKO MORI, BEGINNING OF THE END,
LA DÉFENSE, PARIS, 1996,
crystal print, wood, pewter frame, 39 x 197 x 3" /
ANFANG VOM ENDE, LA DÉFENSE, PARIS,
Crystal-Print, Holz, Zinnrahmen, 99 x 500,4 x 7,6 cm.

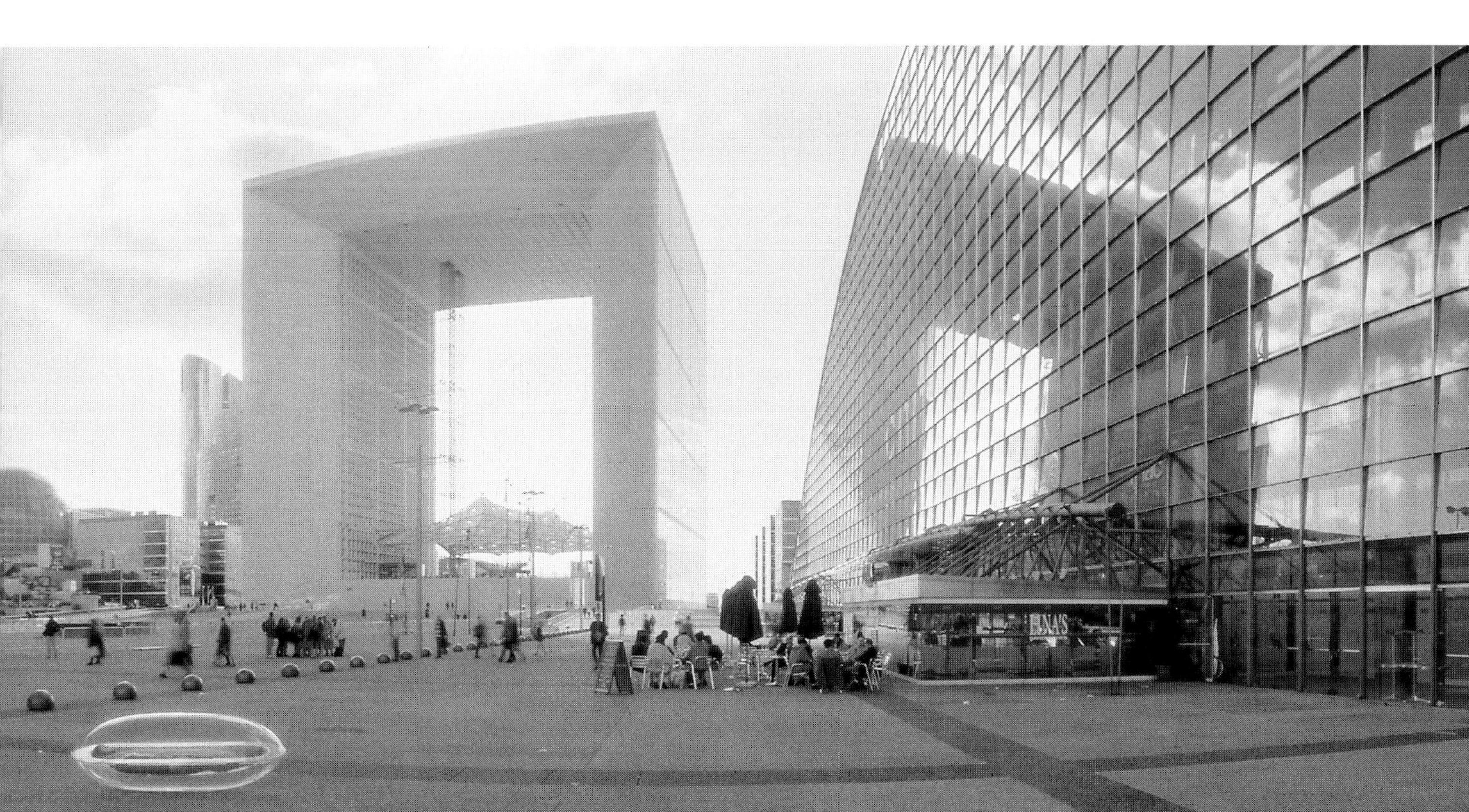

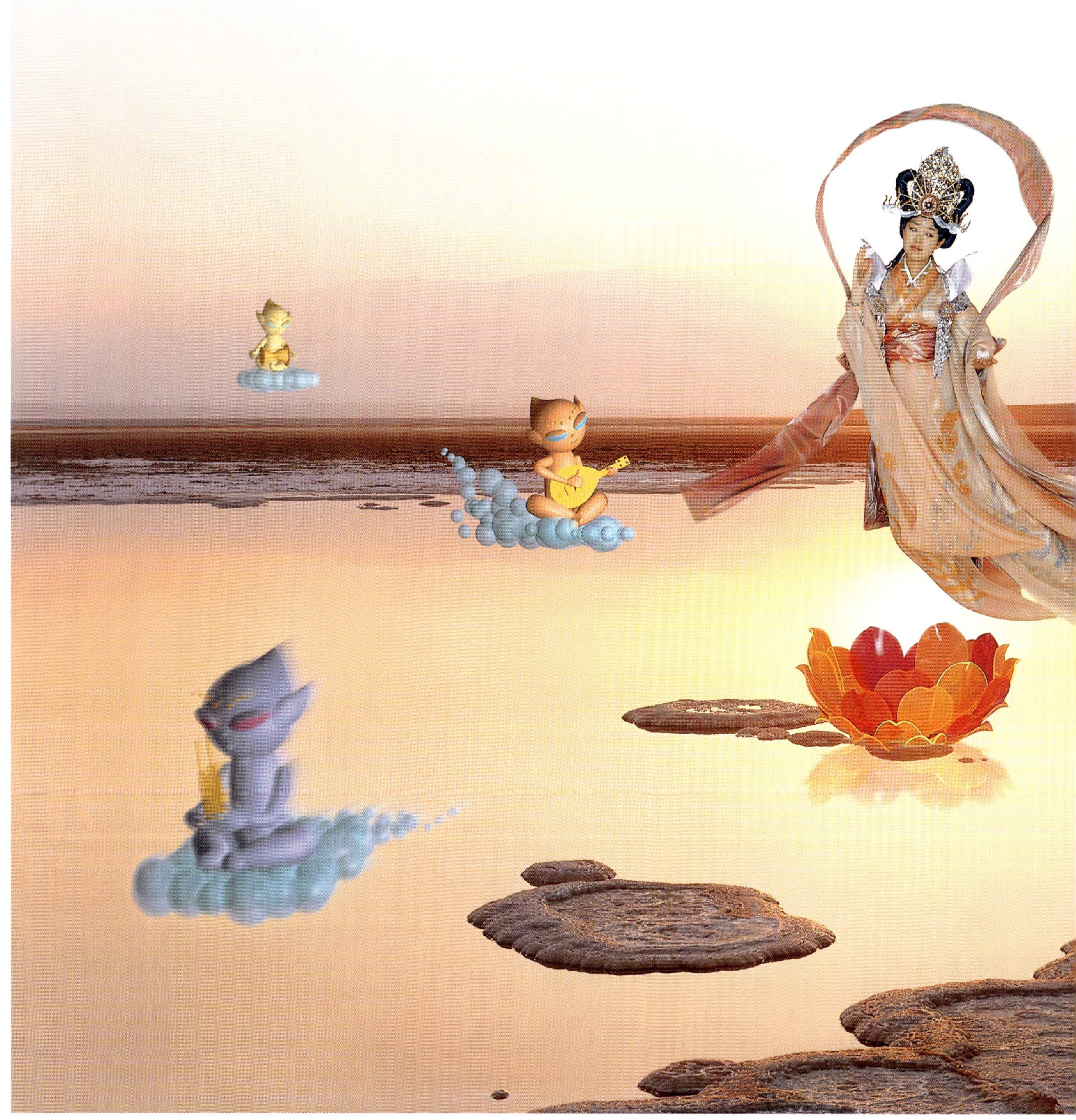

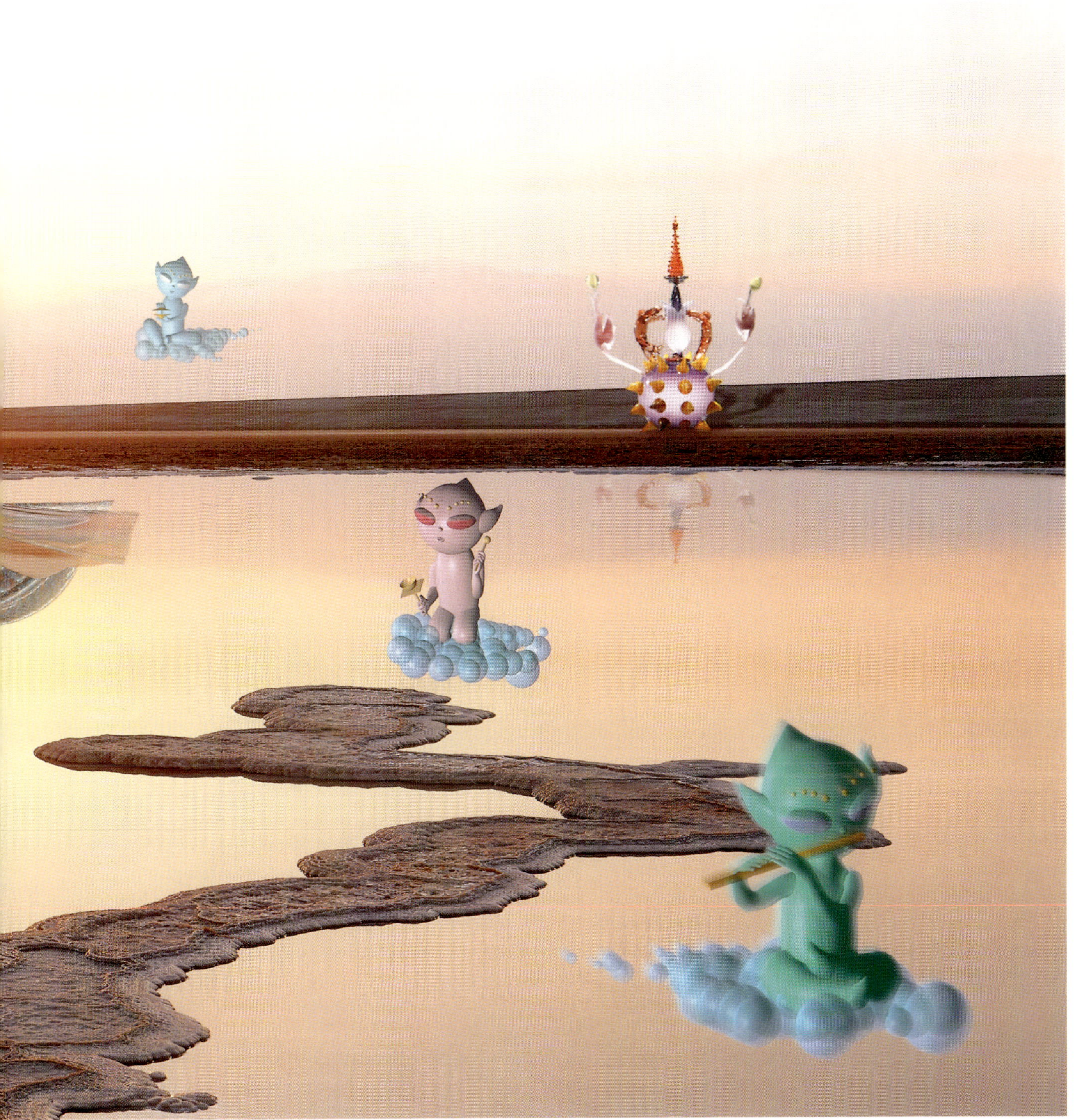

MARIKO MORI, PURE LAND, 1996–98,
color photograph on glass, 10' x 20' x 13/16", 5 panels, each 4' wide /
REINES LAND,
Farbphotographie auf Glas, 305 x 610 x 2,2 cm, 5 Tafeln, je 122 cm breit.

Mariko Moris Cyborg-Surrealismus

THYRZA NICHOLS GOODEVE

*Ich verlange, dass einer, der sich immer noch weigert,
(...) ein Pferd auf einer Tomate reiten zu sehen,
als Dummkopf gelten soll.*
André Breton

Zu Beginn des zwanzigsten Jahrhunderts traten zwei eigentümliche narrative Forschungsansätze in Erscheinung, die beide danach fragten, was unsere Menschlichkeit eigentlich ausmacht. Beide drangen damit in ein Gebiet vor, das wohl irdisch, aber nicht mit Händen zu greifen beziehungsweise physisch real, aber von blossem Auge nicht sichtbar war. Im Jahre 1900 veröffentlichte Sigmund Freud seine *Traumdeutung*, ein Buch, von dem er sagte, es beinhalte die wertvollste aller Entdeckungen, die zu machen ihm beschieden gewesen sei.[1] *Die Traumdeutung* ist nicht nur der Schlüssel zu Freuds gesamtem Werk, sondern auch zur Identität des zwanzigsten Jahrhunderts, insofern als sie den Zugang der Menschen zum Erkennen und Herstellen von Bedeutung, zu Symbolen und zum Leben der Psyche vollständig veränderte und nachhaltig prägte. Man könnte auch sagen, dass ungeregelte Symbolisierungen – nicht nur von Hysterikern (Freuds Studienobjekte in den 90er Jahren des

letzten Jahrhunderts) – jetzt mit wissenschaftlichen Mitteln interpretiert werden konnten, statt wie bisher mit Hilfe von Mythen und Dichtung (obwohl die Wissenschaftlichkeit der Psychoanalyse in der zweiten Hälfte des Jahrhunderts erneut in Frage gestellt und Freuds Leistung ins Gebiet der Kunst verwiesen wurde).[2] Der neu erschlossene Bereich war eine privilegierte Zone, die weder Vögeln, Schachteln noch Pflanzen zugänglich war, sondern allein dem Menschen. «Ich bin auch nur ein Mensch» heisst so viel wie anfällig sein für Fehler, Ambivalenzen und Unwägbarkeiten des Unbewussten, die jederzeit auftreten können. Ein schönes Beispiel dafür ist HALs Überschreitung seiner berechenbaren Computerexistenz in Stanley Kubriks *2001 – Odyssee im Weltraum*. Er begann sich zu irren und sich irrational zu verhalten, ja entwickelte eine ödipale Beziehung zu seinem Mentor. Mit anderen Worten, HAL hatte sich ein Unterbewusstsein zugelegt (und musste deshalb liquidiert werden).

Im Jahre 1900 entstand eine weitere Schlüsseltheorie, welche die möglichen Bestandteile des Menschlichen einzugrenzen suchte und zusammen mit der

THYRZA NICHOLS GOODEVE ist Kunst- und Kulturjournalistin sowie Dozentin am Whitney Museum, New York, im Rahmen des Independent Study Program.

Psychoanalyse (und als Gegensatz zu ihr) zur wichtigsten Wissenschaft zum Verständnis des Individuums und des «Lebens selbst» wurde.[3)] Wie Freuds «Entdeckung» des Unbewussten, ist die Genetik eigentlich eine Wiederentdeckung; sie beruht auf den Vererbungsgesetzen, die der Gärtnermönch Johann Gregor Mendel bereits im neunzehnten Jahrhundert formuliert hatte, und zwar aufgrund von Beobachtungen der faltigen beziehungsweise glatten Haut bei verschiedenen Generationen der Bohnenpflanze. Mendels Gesetze wurden 1900 neu entdeckt, was die Entwicklung der modernen Genetik auslöste (das Wort Gen wurde 1909 zum ersten Mal verwendet).[4)] Seither hat die Genetik ihre eigene Geschichte durchlaufen, von den auf Eugenik beruhenden Studien zur Reinheit und Vererbung von Rassenmerkmalen zu Beginn des Jahrhunderts über die Optimierung von Samen und Tieren durch Kreuzung in den 50er Jahren bis zu den polyorganisch transgenen Verbindungen zwischen Pflanze und Tier in den letzten Jahrzehnten.[5)]

Im Lauf dieser letzten Phase – also Mitte der 70er Jahre bis heute – scheint sich eine viel versprechende Wiederbelebung eines der loyalsten Zweige der Psychoanalyse abzuzeichnen. Die Transgenetik, besser bekannt als Gentechnologie, beinhaltet die Kreuzbefruchtung von Genen ehemals verschiedener, nicht miteinander verwandter Organismen, wobei auf der Molekularebene Zwitterwesen entstehen, die vor der Genforschung des zwanzigsten Jahrhunderts real unvorstellbar waren. In Äusserungen wie der folgenden reicht der Surrealismus der Naturwissenschaft die Hand: «Ich bin besonders von so interessanten neuen Wesen fasziniert wie etwa der Tomate, die ein Gen von einer am Meeresboden lebenden Kaltwasserflunder hat, das ein Protein beisteuert, welches das Erfrieren der Tomate verzögert», so Donna Haraway in ihrem Buch *Modest_Witness*, «aber auch von der Kartoffel mit einem Gen der grossen Seidenmotte, das die Krankheitsresistenz erhöht. Bei *DNA Plant Technology* im kalifornischen Oakland begann man 1991 mit Testversuchen der erfrierungsverzögernden Verbindung von Tomate und Fisch.»[6)] Die Vorstellung solch neuer Wesen aus erfrierungsverzögernden Kombinationen von Tomate und Fisch erinnert doch sehr an die freien Assoziationen der Surrealis-

ten. *Löslicher Fisch* hiess der kleine Roman, den Breton 1924, gleichzeitig mit dem ersten *Manifest des Surrealismus*, veröffentlichte. Haraway benutzt denn auch den Terminus Cyborg-Surrealismus sowohl zur Beschreibung der Methode als auch des «eigenartigen» Forschungsgebiets der spätkapitalistischen Technowissenschaft, die sie in *Modest_Witness* untersucht. So gesehen verblasst die «Schönheit» (surrealistisch ausgedrückt: ein Krampf der Realität) von Lautréamonts Maldoror, dem surrealistischen Helden schlechthin –, «so hübsch wie die zufällige Begegnung von Nähmaschine und Schirm auf dem Seziertisch» – gegenüber den Wunderwerken (und Widersprüchlichkeiten), die aus den diversen transgenen Kombinationen hervorgehen – etwa der Maus, die im Dunkeln leuchtet oder genetisch so bestückt ist, dass sie an Brustkrebs erkrankt – und die heute bereits problemlos zu haben sind, ja im Falle der Krebsmaus in biotechnischen Laboratorien bereits obsolet sind.[7)] Meerjungfrauen mit blauen Schwanzflossen wie in Mariko Moris EMPTY DREAMS sind heute weniger mythologische Gestalten als vielmehr Repräsentanten des neuen transgenen Körpers, jener Verschmelzungen von Mensch und Tier, die in die zum Leben erwachten Träume des Cyborg-Surrealismus eingegangen sind.

Obwohl Mori in einem Gespräch meinte, dass die Frauen in ihren Arbeiten glücklich zu sein scheinen, weil sie Cyborgs seien und keine richtigen Frauen,[8)] weiss jeder, der sich mit Haraways häufig zitiertem, fast genau sechzig Jahre nach Bretons Manifest erschienenem *Manifesto for Cyborg* beschäftigt hat, dass die Unterscheidung von wirklichen Frauen und Cyborgs selbst schon eine überholte Fiktion und lediglich das Überbleibsel eines zähen Humanismus ist. Cyborgs sind grundsätzlich weder glücklich noch traurig, sondern wie wir alle Produkte von Geschichte und Verflechtungen, die sich aus unbewussten und bewussten Antrieben, Wünschen und komplexen emotionalen Schichten zusammensetzen. Haraways als ironisches Manifest präsentierte Aussage verwendet das halb wissenschaftliche, halb fiktionale Gebilde des Cyborg, um die sehr realen Veränderungen zu erläutern, die die Gesellschaft und Wissenschaft des ausgehenden zwanzigsten Jahrhunderts prägen. Mit anderen Worten: Mariko Moris Frauen sind e c h t e Cyborgs.

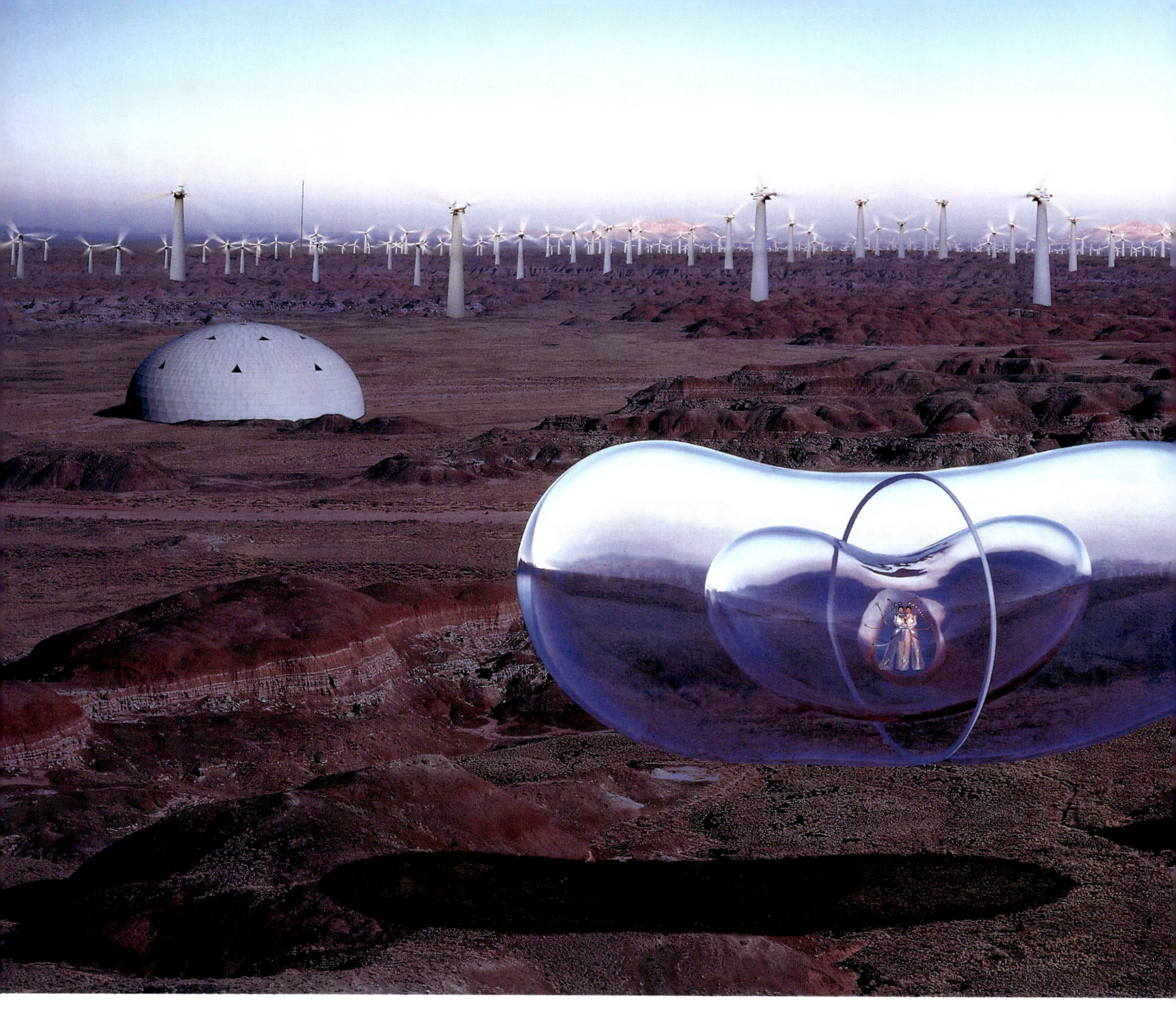

MARIKO MORI, ENTROPY OF LOVE, 1996,
color photograph on glass, 10' x 20' x 13/16", 5 panels, each 4' wide /
ENTROPIE DER LIEBE,
Farbphotographie auf Glas, 305 x 610 x 2,2 cm, 5 Tafeln, je 122 cm breit.

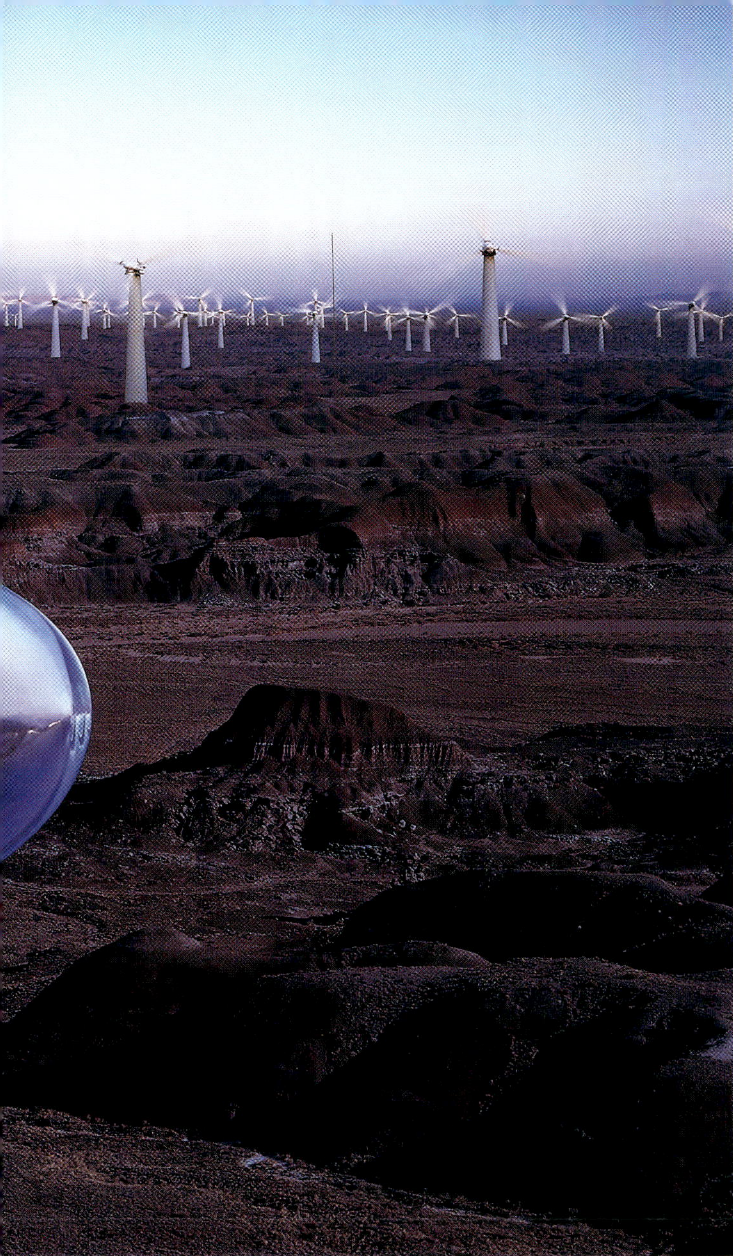

Während die Genetik Wesen hervorbringt, deren Ursprung zunehmend komplex und molekular «unsauber» ist, Wesen, welche die Grenzen zwischen Natur und Kultur, Menschlichem und Nichtmenschlichem verschwimmen lassen, bleibt nach wie vor offen, ob diese Intimität zwischen Maschinen, Menschen, Tieren und immateriellen Bereichen nicht eine neue Form des Unbewussten erzeugt. Hat sich im Gefolge des scheinbar zufälligen zeitlichen Zusammentreffens von Freuds Publikation der *Traumdeutung* im Jahre 1900 und der Begründung der modernen Genetik ein eigenes Unbewusstes entwickelt? Ich möchte behaupten, dass dies zutrifft, und das ist es genau, was Haraway mit dem Begriff des Cyborg-Surrealismus meint. Wir leben also in einer Welt, in der das einst phantastische Bild der Vereinigung von Nähmaschine und Regenschirm auf dem Seziertisch im molekularen Bereich Wirklichkeit geworden zu sein scheint. Und jetzt mögen wir uns fragen, welche unbewussten Vorstellungen solche Wesen wohl in sich tragen.

In seinem Essay «Across the Morphic Fields: The Art of Mariko Mori»[9] nimmt Paul D. Miller Bezug auf den Surrealismus, um Moris Hochgeschwindigkeits-Verdichtungen von moderner Grossstadt (japanisch: *santo*) und Japans wechselhafter Geschichte zu erklären – einem Geflecht aus chinesischer Kultur, Buddhismus, Schinto-Religion, Christentum und westlichem Hightech-Kapitalismus. Anders formuliert, Moris Surrealismus hat wenig mit dem Unbewussten zu tun, aber sehr viel mit der neuen globalen Kultur, für die Japan zum Synonym geworden ist: Es ist eine Kreuzung der Kulturen, ein Produkt «der Wechselwirkung zwischen der Vorstellungswelt und ihrem Umfeld», ganz so wie auch Mori selbst «zwar überall im globalen Dorf zuhause ist, aber dennoch in der japanischen Tradition verwurzelt bleibt».

Wo aber bleibt in diesem Kontext das Unbewusste, wo es doch das Unbewusste und nicht die bewusste Vorstellungskraft ist, in dem die surrealistische Demontage und Rekonstruktion der Realität stattfindet? Am Ende von *Modest_Witness* fordert Haraway eine Theorie eines «ungewohnten Unbewussten, dessen Urszene eine ganz andere wäre, wo alles eben nicht von den Dramen der Identität und des Geschlechts herrührt».[10] Zur Erläuterung sagt sie ausdrücklich: «Das Wort soll im eigentlichen Sinn verstanden werden. Wenn etwas nicht vertraut (engl.: *unfamiliar*) ist, gehört es nicht zur Familie. Etymologisch betrachtet meint der Ausdruck *familiar* eben die Familie, aber jene Dinge, die uns heute blind erwischen, sind uns nicht mehr unbedingt vertraut in dem Sinn, dass sie in der Familie liegen. Man könnte auch sagen, dass all die neuen Beziehungsformen, die wir zur Zeit zwischen dem Organischen und dem Anorganischen, dem Physischen und dem Immateriellen, dem Tierischen und dem Menschli-

chen erleben – Beziehungen, die uns selbst ebenso formen wie das, was wir unsererseits formen –, in den Begriffen eines uns nicht vertrauten Unbewussten neu gedacht werden müssen.»[11]

Es ist die Entstehung oder doch die Ankündigung eines solchen Orts des unvertrauten Unbewussten, mit dem uns Mariko Moris Arbeit letztlich konfrontiert. In den unvertrauten spirituellen, kulturübergreifenden, umweltbezogenen und psychisch schillernden Zwittergestalten (*mutalities*, sagt Miller), die sie in die Welt setzt, scheinen Elemente der sur-

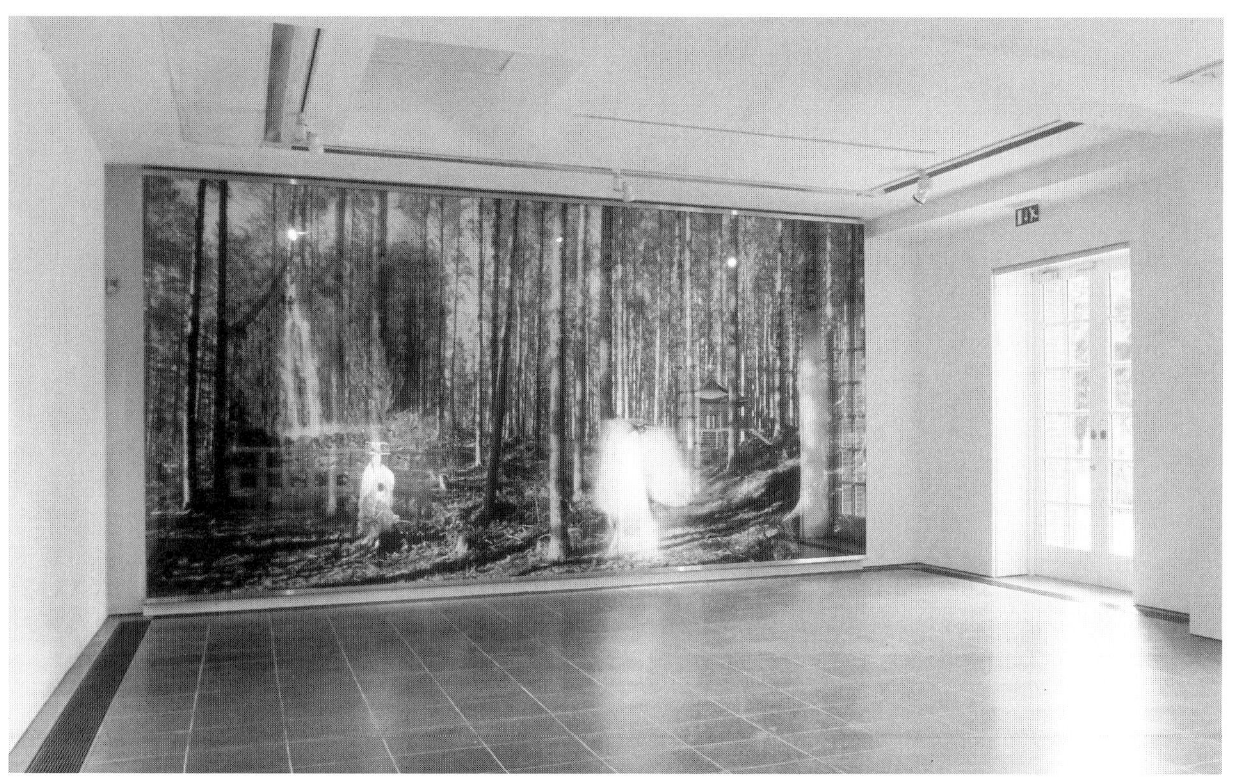

MARIKO MORI, KUMANO, 1997–98,
color photograph on glass, 10' x 20' x 13/16", 5 panels, each 4' wide /
Farbphotographie auf Glas,
305 x 610 x 2,2 cm, 5 Tafeln, je 122 cm breit.

realistischen Kunst auf. «Cyborg-Surrealismus» könnte man kurz und präzise nennen, was Mori betreibt. Und das wäre zugleich auch eine treffende Beschreibung der anscheinend unbewusst verwandelten Kraft und Verrücktheit eines grossen Teils der Kunst der 90er Jahre, von Tony Ourslers anrührenden, angstgequälten Techno-Puppen über die Verwandlungsgeschichten und den Fortpflanzungsmythos in Matthew Barneys CREMASTER-Zyklus bis zum «euphorischen Enthusiasmus» von Jeff Koons' Materialzelebrationen. Die Kraft solcher Kunst liegt in der Beschwörung von etwas, was dem Unbewussten sehr nahe kommt (deshalb wird der Begriff «surreal» oft leichthin auf diese Arbeiten angewendet), stammt aber kaum aus demselben Universum oder Gen-Pool wie jene eines René Magritte, Max Ernst, Salvador Dalí oder einer Dorothea Tanning. Am Ende unseres Jahrhunderts beschwören die Arbeiten von Oursler oder Barney nicht so sehr einen Bereich des menschlichen Unbewussten, als einen, der aus der Verschmelzung von Dingen hervorging, die dem Unbewussten offensichtlich fremd sind. Von dieser Art ist auch der nahezu archetypische Cyborg-Surrealismus von Mariko Mori. Weder Traum noch Bewusstseinsstrom, weder freie Assoziation noch automatisches Schreiben, vermitteln die von ihr geschaffenen (und bewohnten) Bilder und Welten das Gefühl einer unheimlichen psychischen Projektion, die sich nicht allein aus ihrer eigenen individuellen Subjektivität speist, sondern auch das Werk ihrer Fusion mit Technologie, Sciencefiction und der Euphorie der spätkapitalistischen Kultur (die Frederic Jameson als das «hysterisch Sublime» bezeichnete) ist. In Arbeiten wie EMPTY DREAM (Leerer Traum, 1995), LAST DEPARTURE (Letzte Abfahrt, 1996) oder ENTROPY OF LOVE (Entropie der Liebe, 1996) stellt sich Mariko Mori selbst als Erzeugnis dieses Universums dar, ja als eine darin erscheinende Ikone. Laut ihrer legendären Familiengeschichte ist sie schliesslich die in Tokio aufgewachsene Cyberqueen, Kopfgeburt ihres Vaters und Hightech-Erfinders. Eine seiner Erfindungen heisst *Himawari*, Sonnenblume. *Himawari* ist «ein auf dem Dach befindlicher Honigwabenmechanismus..., der chromatische Abweichungen dazu benutzt, ultraviolette und infrarote Strahlung von Sonnenlicht zu trennen und dieses gereinigte Licht mittels Glasfaserkabel in

Innenräume zu übertragen.»[12] *Himawari* ist demnach ein Hightech-Beleuchtungsmechanismus, der aus einer organischen Struktur (der Honigwabe) entwickelt wurde, ein Gerät, das «natürliches Licht» (Sonnenlicht) reinigt, um dann in einer künstlichen, von Menschen geschaffenen Umgebung in Innenräumen eingesetzt zu werden. Auch das ist ein Cyborg, der wohl am besten nicht als Erfindung ihres Vaters, sondern als Mariko Moris eigentliche Vaterfigur verstanden werden sollte.[13] Beide Erfindungen, Tochter und Beleuchtungsanlage, sind Produkte einer Welt, in der sich die Genetik mit der Psychoanalyse vermählt und der Surrealismus mit dem unvertrauten Unbewussten des Cyborg. Keine von beiden ist rein menschlich, es sei denn, das Bewusstsein mache sie dazu.

(Übersetzung: Hörmann/Parker)

1) Freud laut Klappentext von: *The Interpretation of Dreams*, Avon Books, New York 1965.
2) Vgl. dazu: Alan A. Stone, «Freud's Vision: Psychoanalysis failed as science, will it survive as art?» (Die Psychoanalyse hat als Wissenschaft versagt, wird sie als Kunst überleben?), *Harvard Magazine*, Bd. 99, p. 3.
3) Donna J. Haraway, *Modest_Witness@Second_Millennium.FemaleMan©_Meets_OncoMouse*□ Routledge, New York 1997, S. 131–171, zum Begriff des «life itself»; S. 247 betreffend Genetik und Definition des Menschen.
4) Horace Freeland Johnson, «A History of Science and Technology Behind Gene Mapping and Sequencing», in: *The Code of Codes: Scientific and Social Issues in the Human Genome Project*, ed. Daniel J. Kevles and Leroy Hood, Harvard University Press, Cambridge, Mass. 1992, S. 38.
5) Vgl. Haraway, a.a.O., S. 227.
6) Ebenda, S. 88.
7) Ebenda, S. 98 über verschiedene Arten «massgeschneiderter» transgener Mäuse.
8) Mariko Mori in: Dike Blair, «We've Got Twenty-Five Years», *Purple Prose*, Juli 1998, S. 96–101.
9) Paul D. Miller, «Across the Morphic Fields: The Art of Mariko Mori», in: *New Histories*, Institute of Contemporary Art, Boston 1996, S. 138–145.
10) Haraway, a.a.O, S. 265.
11) *How Like a Leaf. Donna J. Haraway interviewed by Thyrza Nichols Goodeve*, Routledge, New York 1998.
12) Lisa Corrin, «Mariko Mori's Quantum Nirvana», in: *Mariko Mori*, Ausstellungskatalog, Museum of Modern Art Chicago, 1998, S. 21.
13) Laut Lisa Corrin brennt in Moris New Yorker Studio als Resultat dieses technischen Wunders täglich einige Stunden lang ein tränenförmiger Leuchtkörper.

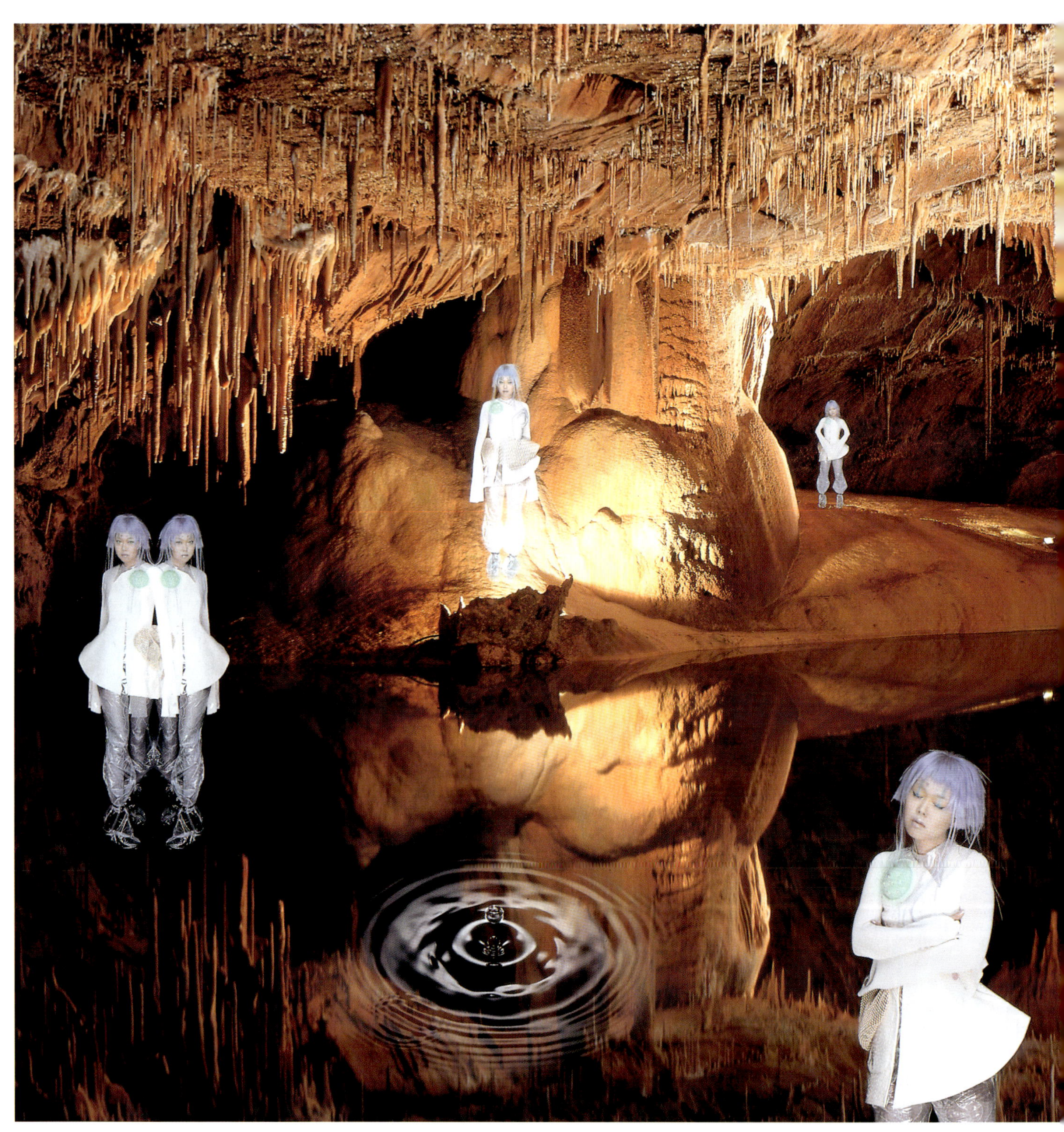

MARIKO MORI, MIRROR OF WATER, 1996–98, color photograph on glass, 10' x 20' x 13/16", 5 panels, each 4' wide /

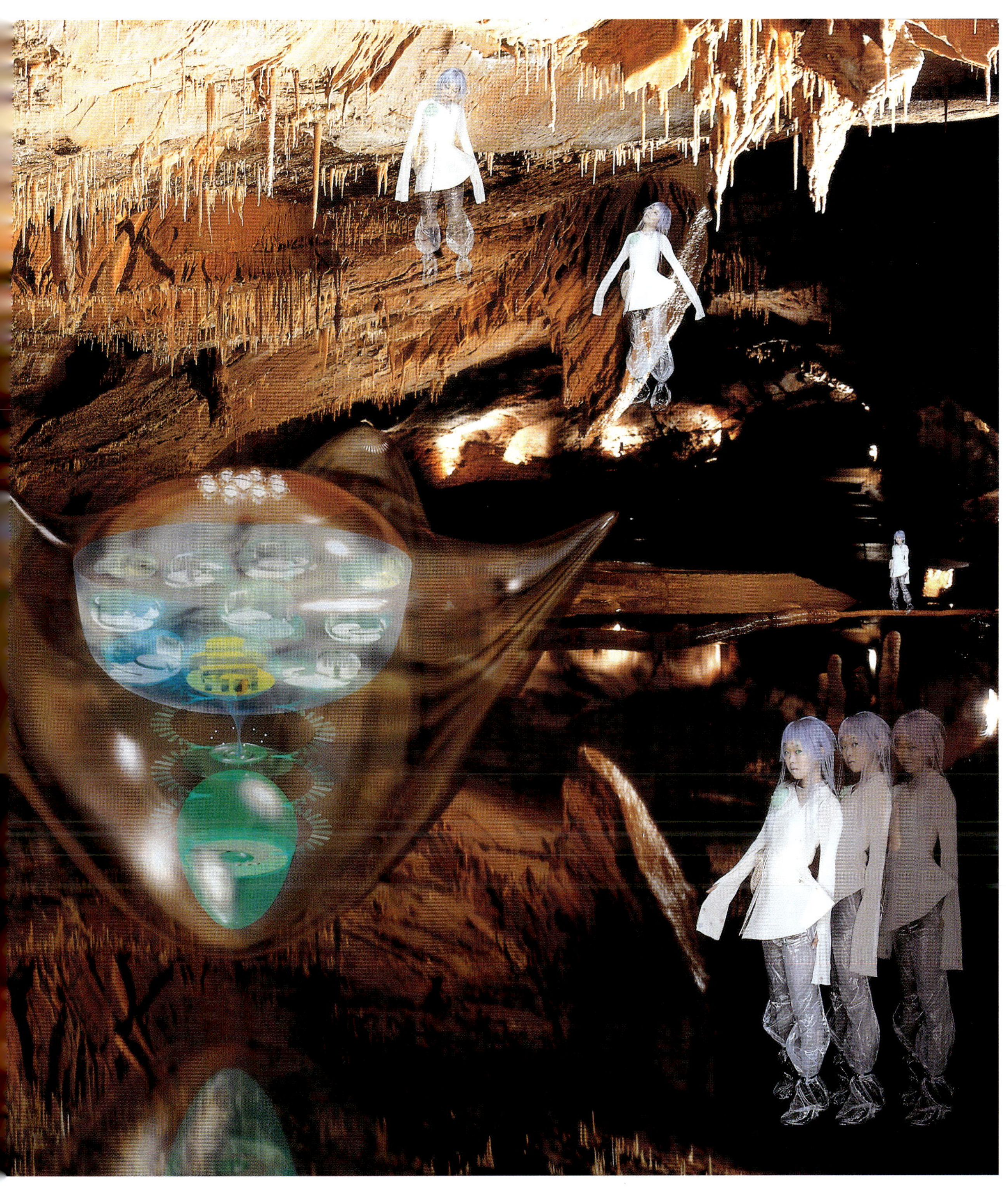

WASSERSPIEGEL, Farbphotographie auf Glas, 305 x 610 x 2,2 cm, 5 Tafeln, je 122 cm breit.

Edition for Parkett   **Mariko Mori**   Star Doll, 1998

Doll with microphone, earphones, white boots, white stockings, red plaid skirt, top in blue, black and white, transparent bracelets, yellow shoulder pads, brooch and blue hair.
Height: 10¼"
Edition of 99, signed and numbered certificate

Puppe mit Mikrophon, Kopfhörer, weissen Stiefelchen und Strümpfen, Jupe mit rotem Schottenmuster, blau-schwarz-weissem Oberteil, transparenten Armreifen, gelben Schulterpatten, Brosche und blauem Haar.
Höhe: 26 cm
Auflage: 99, signiertes und nummeriertes Zertifikat

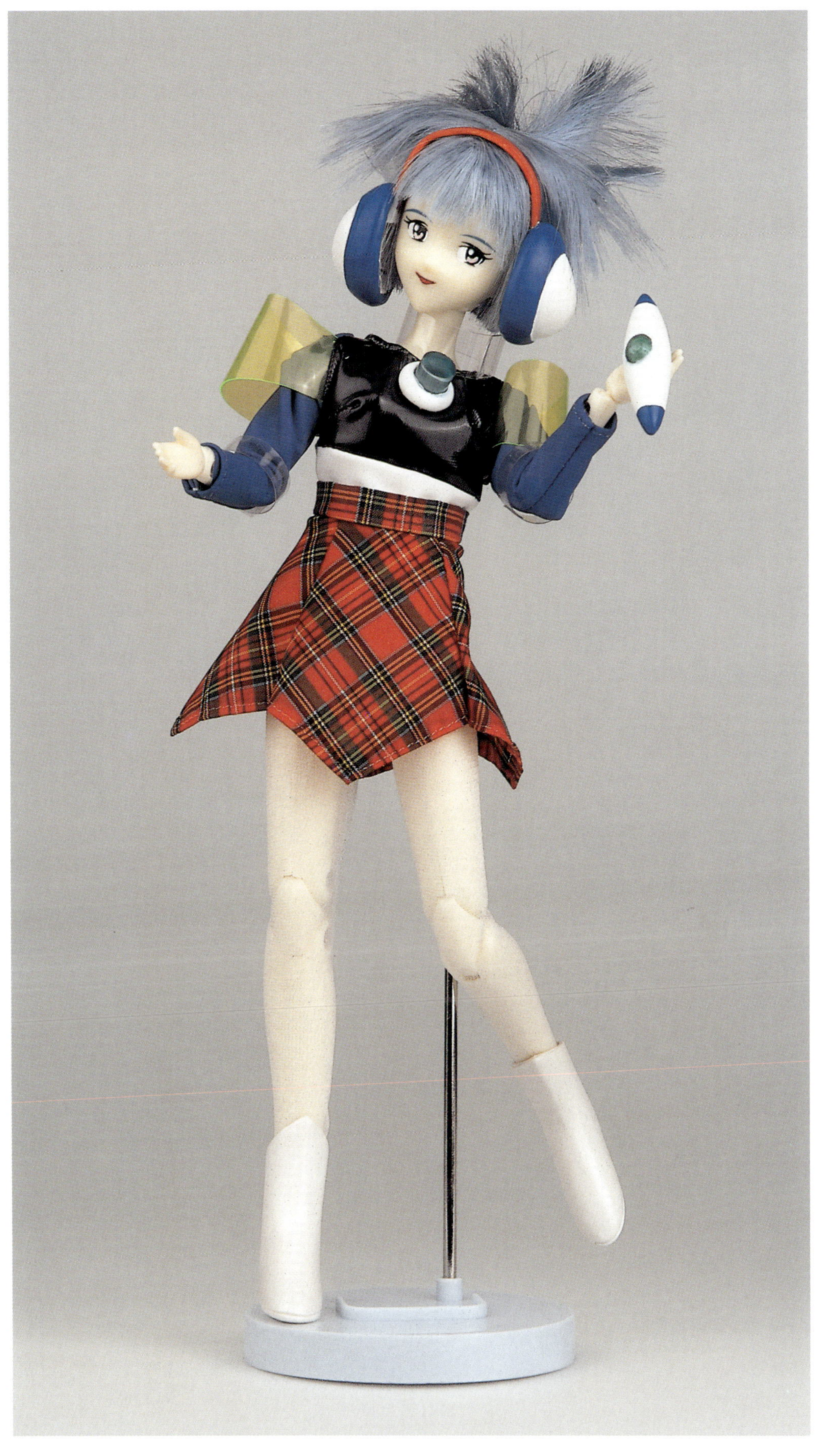

Beat Streuli

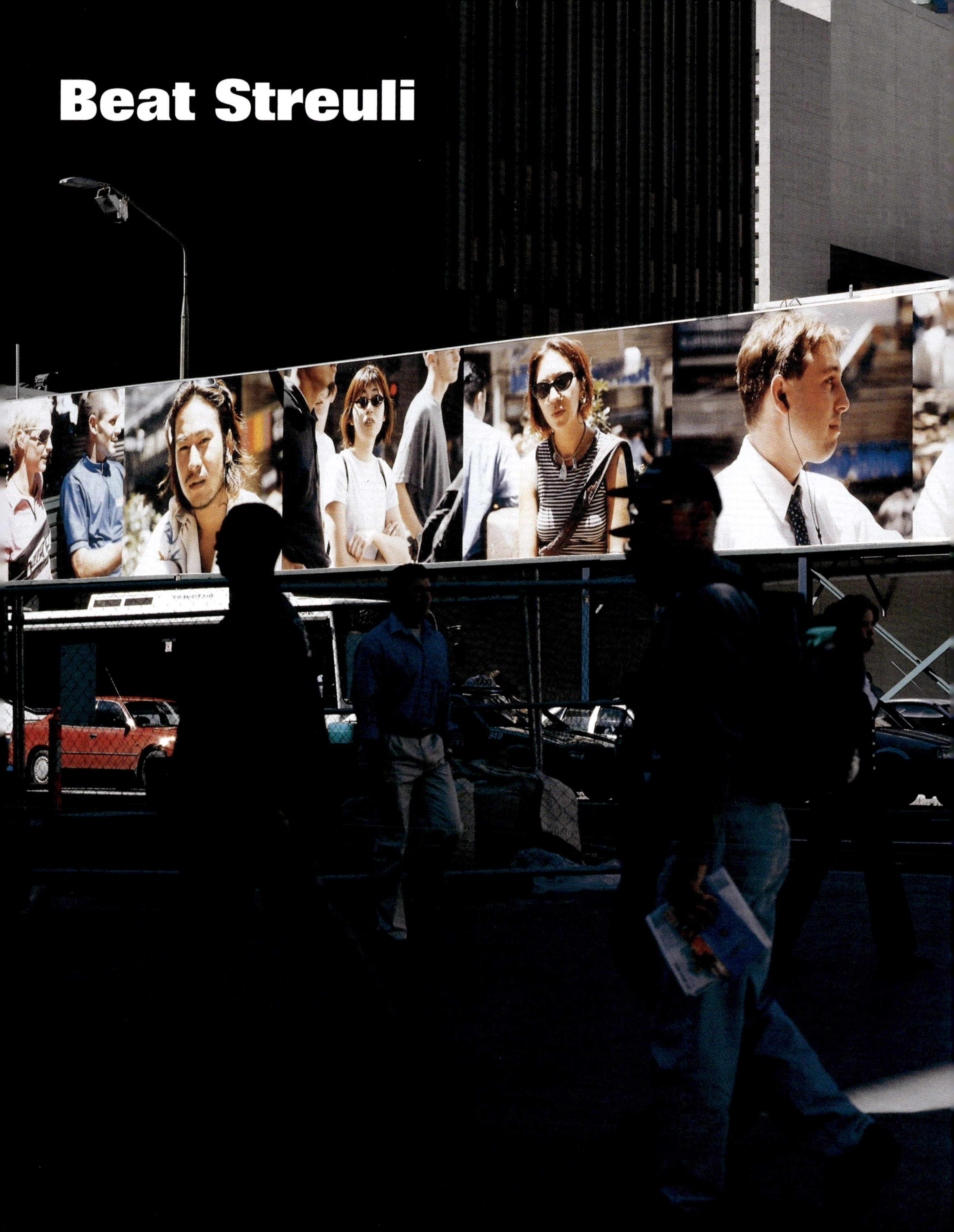

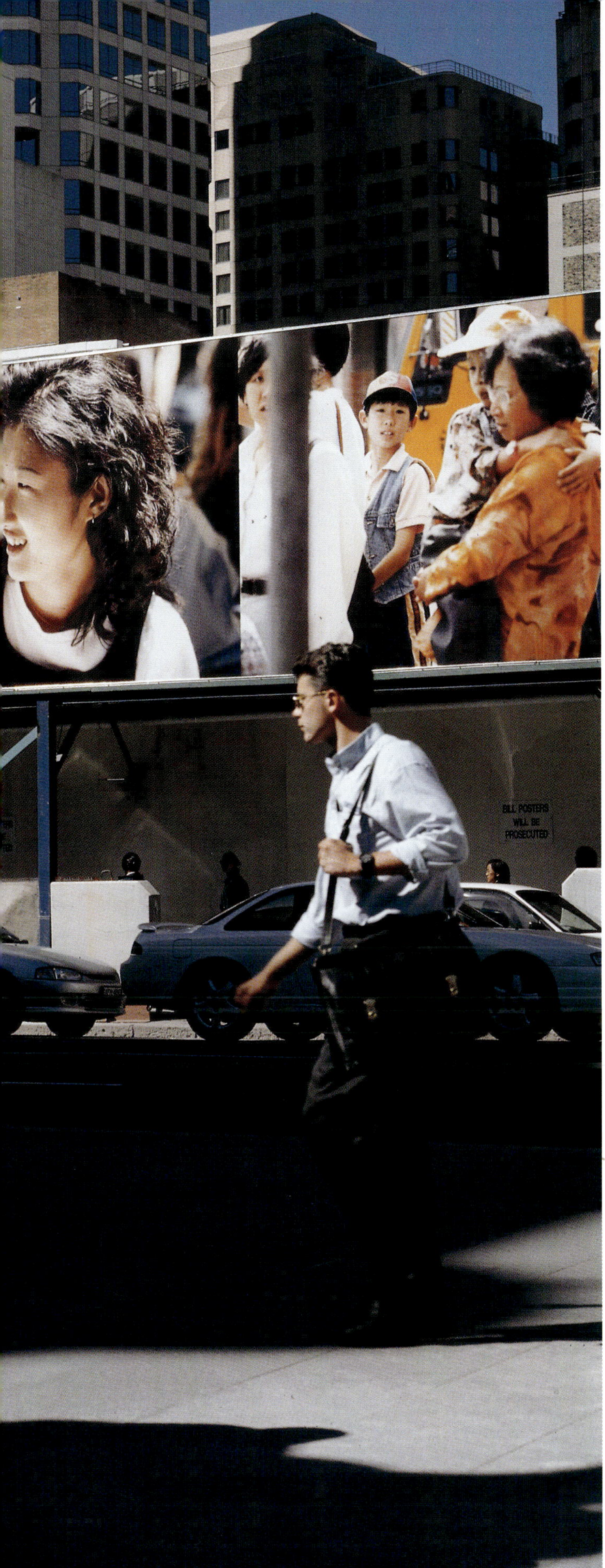

Kartographie

des

Anonymen

JOSÉ LEBRERO STALS

Politik, Mode, Werbung und Journalismus setzen das photographische Bild ein um gewisse Verhaltensweisen zu etablieren und kulturelle Richtlinien vorzugeben, die wiederum bestimmte Weltanschauungen stützen und propagieren. Was die Rolle der Photographie innerhalb dieser Entwicklung angeht, ist es eindeutig so, dass die dokumentarische Photographie in der Gesellschaft über mehr Gewicht und Einfluss verfügt als die auch formal interessanten Bilder, welche die spezifische Geschichte der Photographie ausmachen und vor allem aufgrund ihrer ästhetischen Qualität geschätzt werden. Vielleicht schafft der «Mann ohne Eigenschaften» unserer Tage, dessen Autorität angesichts der überwältigenden Kommunikationsmittel arg beschnitten ist, gerade deshalb die kritische Rückkehr zum Alltäglichen mit der Kamera als künstlerischem Medium. Der photographische Blick auf die gewohnte Alltagswelt stellt die künstliche Sprache der Wissenschaft – das unumgängliche Produkt ihrer Welterklärungsversuche – in Frage. So führt die Verbreitung dieser autonomen Bilder im urbanen Kontext zu einer fruchtbaren Reflexion der im öffentlichen Raum der heutigen Grossstadt herrschenden Regeln.

JOSÉ LEBRERO STALS ist Kurator des Museu d'Art Contemporani in Barcelona (MACBA).

BEAT STREULI, BILLBOARD SYDNEY, 1998, George Street-Seite, Acrylfarbdruck auf Vinyl, Biennale Sydney, 1998, 3,6 x 35 m (p. 116) / George Street side, acrylic color print on vinyl, ca. 4 yd. x 38 yd. 10" (S. 116).

In den Projekten, die Beat Streuli während einigen Jahren in so unterschiedlichen Städten wie Johannesburg, Barcelona, London oder Sydney verwirklicht hat, steht die Erfahrungsdimension der Stadt im Vordergrund. Der Blick richtet sich auf zufällige Passanten. Lokalitäten und konkrete Dinge, die die Städter sehen und bewohnen, lieben und hassen, bleiben unsichtbar. Streuli geht selektiv vor bei seiner Annäherung an dieses anonyme, unbekannte Wesen, das nichts mit den grossen kollektiven Entscheidungen zu tun hat und dennoch das einzige Wesen ist, welches das authentische Leben der Grossstadt aufrechterhalten kann. Man könnte sogar behaupten, dass das Alltägliche, das Strassenreich der kleinen Leute, sich heute unbewusst und mit aller Kraft einer Entwicklung widersetzt, die wir Experten verdanken, welche dem Wettbewerb erste Priorität einräumen, was die zunehmende Musealisierung und schliesslich das Aussterben der Innenstädte zur Folge hat.

Im Verkehrsgedränge oder in Momenten der Ruhe überrascht, erscheinen die zufälligen Darsteller in Streulis Werk weder sehr alt noch wirklich jung. Sie bilden ein buntes Mosaik unbekannter Persönlichkeiten, die uns vertraut werden, sobald wir in ihren Bewegungen den eigenen Alltag erkennen. Was Streulis Bilder auszeichnet, ist die Alltäglichkeit der unendlich vielen Begegnungen, die sich unbemerkt im Stadtzentrum abspielen. Studenten? Junge Berufsleute? Büroangestellte? Meist ohne ihr Wissen stehen sie Modell für einen peinlich genauen und geduldigen Beobachter, der fähig ist aus der alltäglichsten Gestalt auf der Strasse die menschliche Besonderheit herauszuschälen, die immer dann aufscheint, wenn jemand im Alltagsgetöse kurz innehält. Was die individualpsychologische Komplexität seiner Sujets angeht, ist Streuli bewusst zurückhaltend. Er zieht einen Blick vor, der Details und Zufälligkeiten unterstreicht ohne ins Banale abzugleiten. In einem einzigen Bild finden wir unterschiedlichste Bedeutungsebenen vereint. In seinem zweiteiligen

Beitrag zur Biennale in Sydney 1998 verweisen die grossformatigen Sequenzen von Menschen, die im Geschäftsviertel der Stadt oder am Strand photographiert wurden, auch auf photographische Stereotype, die der Künstler schliesslich subtil in ihr Gegenteil verkehrt: die Photographie jugendlicher Mode, den kulturellen Photojournalismus, das «cinéma vérité» oder die klassische Photographie.

In seiner Analyse des Lokalen macht Michel de Certeau die treffende Unterscheidung zwischen «Ort» und «Raum», indem er einen theoretischen Rahmen entwickelt um zu untersuchen, wie der Schwache vom Starken Gebrauch macht, wenn er sich eine Sphäre autonomer Handlung und Selbstbestimmung schafft und sich der Kontrolle des Starken entzieht. Aufgrund dieser zweifachen Raumdefinition schlage ich vor, dass man im Werk von Streuli die Grossstadt nicht ausschliesslich als «Ort» auffasst, wo Ordnung als Anordnung und Nebeneinander von Elementen verstanden wird. Denn auf seiner Reise durch das Reich der «Schwachen» versucht Streuli nicht, das Unveränderliche, Stabile der Strasse zu zeigen oder Momentaufnahmen der gesellschaftlichen Machtverhältnisse einzufangen.

Ganz im Gegenteil, die Art, wie Streuli langsam und diskret in die tägliche Dynamik des jeweiligen Ortes eindringt ohne diesen zu verändern, mit wenig spektakulären technischen Mitteln, oft auch um Erlaubnis bittend für seine Porträts, zeigt, dass es ergiebiger ist, die Stadt als «Raum» zu verstehen. Seine dokumentarische Wiedergabe einer bestimmten Zeit und Örtlichkeit beruht vor allem auf der Berücksichtigung von Richtung, Geschwindigkeit und zeitlichen Variablen. Das Zeitlupenartige, das seine Arbeiten charakterisiert, und die ansprechende Wirkung der eingefrorenen Bewegungen führen uns deutlich vor Augen, wie die symbolische Abweichung des Einzelnen in der auf der Strasse wirksamen Dynamik der Menge untergeht.

Der Raum in Streulis Arbeiten ist das Resultat individueller Handlungen, die seine zufälligen Akteure

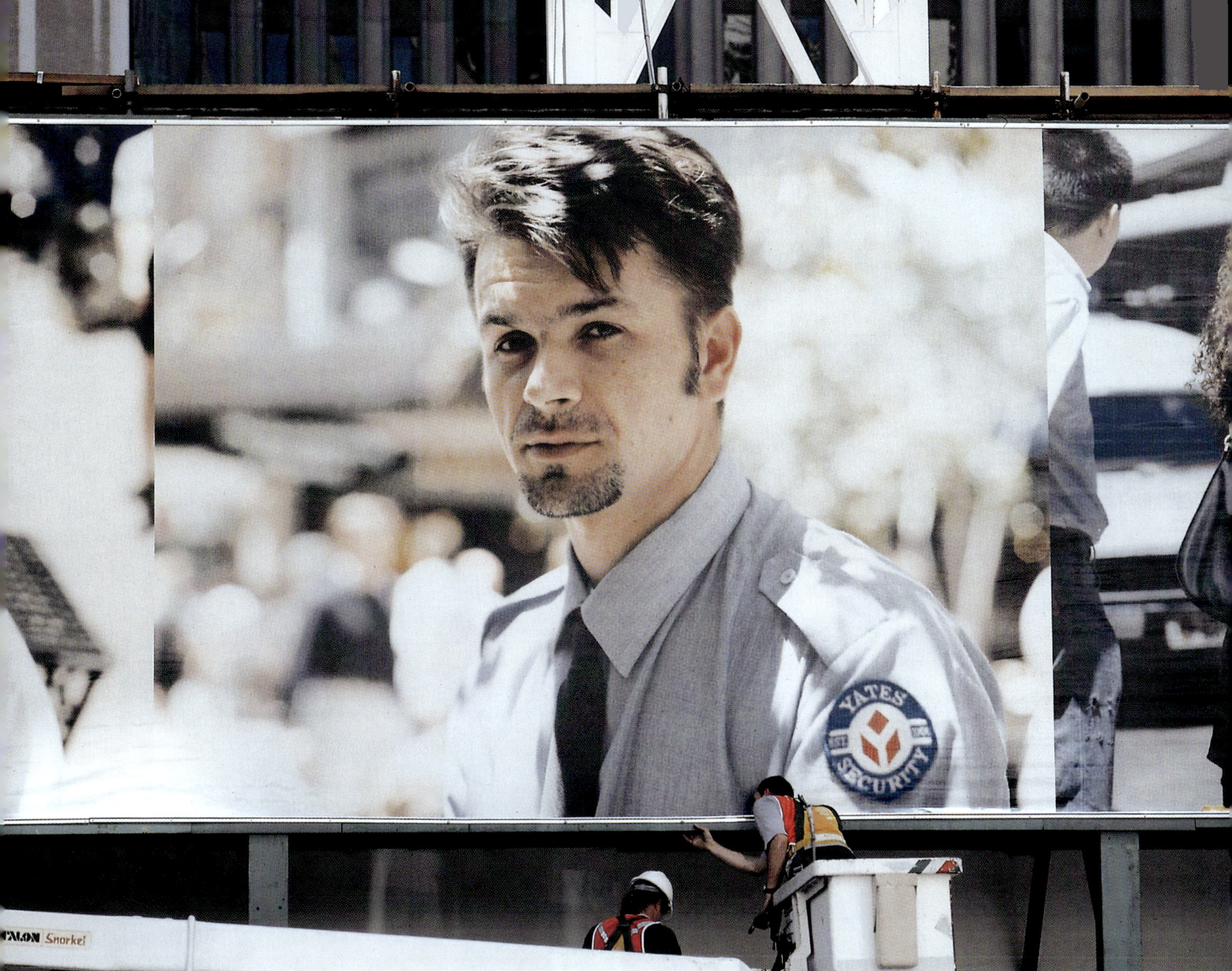

BEAT STREULI, BILLBOARD SYDNEY, 1998, Ausschnitt, Acrylfarbdruck auf Vinyl, Biennale Sydney, 1998, Höhe 3,6 m / detail, acrylic color print on vinyl, ca. 4 yd. high.

ausführen. Deren eingefangene Gesten ordnen und situieren den Raum und geben ihm eine Zeitlichkeit ohne ihn zum touristischen Schauplatz zu machen. Vergleicht man die von Streuli in sehr unterschiedlichen Städten geschaffenen Arbeiten, stösst man auf sich wiederholende Elemente, die die Einwohner der verschiedenen Orte verbinden und ihnen erlauben sich miteinander zu identifizieren. In diesem Sinn vermag seine Darstellung das potentielle persönliche Drama der Photographierten zu transzendieren. Er vertritt damit eine optimistische These: Der lokale anthropologische Raum leistet dem beängstigenden Ansturm des dominanten geometrischen Raums weiterhin erfolgreich Widerstand. Der Stadtbewohner widerspiegelt die Geschichte, unabhängig von den ihm aufgezwungenen Gemeinplätzen und gesellschaftlichen Funktionen. Die Beziehung zwischen Künstler und Publikum, ihre Begegnung als soziale Wesen, erfolgt hier auf noch ungesichertem Boden, wobei gerade diese Beziehung das Kunstwerk ausmacht.

(Übersetzung aus dem Spanischen: UGZ & Parker, Zürich)

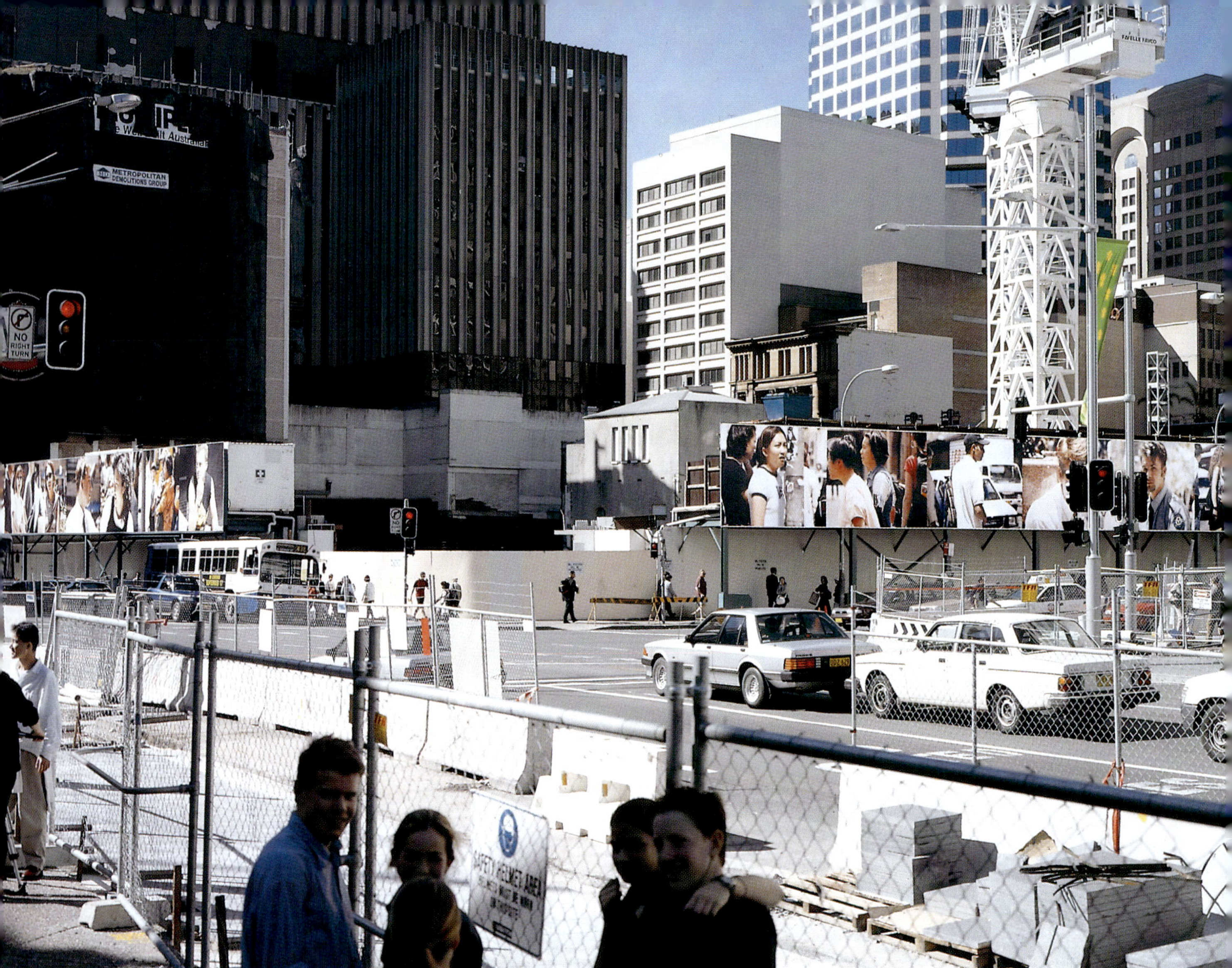

BEAT STREULI, BILLBOARD SYDNEY, 1998,
Acrylfarbdruck auf Vinyl, Biennale Sydney, 1998, 2 Teile, je 3,6 x 35 m /
acrylic color print on vinyl, 2 parts, ca. 4 yd. x 38 yd. 10" each.

S. 121, oben / p. 121, top:
BEAT STREULI, TRAVELERS, 1997, Acrylfarbdruck auf Vinyl,
4,3 x 50 m, «Framed Area», Schiphol Airport Amsterdam, 1997 /
acrylic color print on vinyl, ca. 4 yd. 25" x 53 yd. 7¼".
unten / bottom: VISITORS, 1996, Plakate, 9 Motive in wechselnder Zusammensetzung,
«museum in progress», Wien 1996–97 / posters, 9 motifs in varying combinations.

Mapping the Anonymous

JOSÉ LEBRERO STALS

One cannot deny that politics, fashion, advertising, and journalism make use of photographic reproduction to establish and impose legitimated modes of behavior and to fix cultural canons that protect and promote specific visions of the world. The social impact that the "art" of photography has had on this visual evolution unmistakably demonstrates that documentary photography carries more weight and has greater social repercussions than constructed images, past and present, evaluated primarily for their esthetic content. Perhaps this explains why today's "man without qualities," his authority undermined by the omnipresence of so many powerful communicators, occasionally succeeds in wielding the camera as an art form to effect a critical return to the ordinary. The application of the photographic eye to the ordinary world calls into question the artificial language that science inevitably produces in an effort to understand and order the workings of everyday life. Thus the circulation within the urban fabric of these autonomous images impels us to reflect on the rules that govern the public spaces of the contemporary metropolis.

The photography projects that Beat Streuli has carried out over the past few years in cities as different as Johannesburg, Barcelona, London, or Sydney place special emphasis on the experiential dimension of the city. His gaze is directed at the random circumstances of the city's pedestrians. The places and things that they see and inhabit, love and hate

JOSÉ LEBRERO STALS is curator of MACBA (Museu d'Art Contemporani) in Barcelona.

are absent. Streuli uses a selective method to approach that anonymous, unknown being who does not share in the making of the great collective decisions that constitute metropolitan life, but is nonetheless the only one capable of lending authenticity to its phenomenon. It might be said that the quotidian, the street realm of "nobody," maintains a powerful pulse in the face of the growing tendency toward "museumification" and the existential death of urban centers promoted by experts for whom competition is authority.

Surprised in heavily trafficked spaces or in moments of rest, the impromptu actors he chooses for his photos seem neither very old nor very young. They compose a mosaic of unknown characters who become recognizable when we identify the everyday

BEAT STREULI, PEOPLE I MET, 1997,
Elektrostatdrucke auf Papier, an die Wand geklebt, 4 x 12m, Johannesburg Biennale, 1997 /
electrostatic prints on paper, glued on the wall, ca. 4 yd. 9½" x 12 yd. 28⅛".

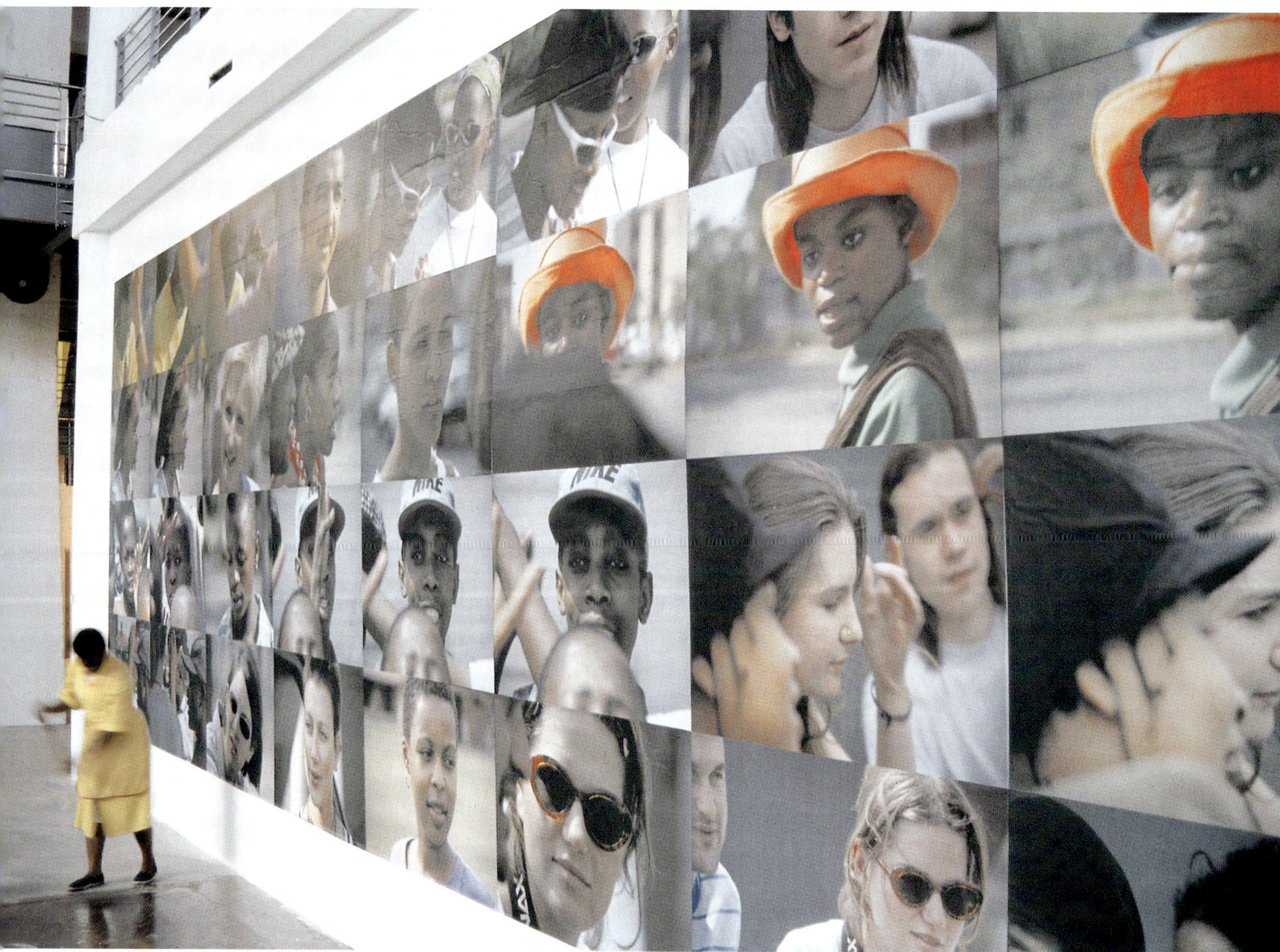

in their gestures. Streuli lends dignity to the infinite encounters that secretly take place day after day in the center of the city: Students? Young professionals? White-collar workers? Unwittingly they pose for a meticulous and patient observer who is capable of distilling the quintessential human element that manifests itself when someone pauses in the clamor of daily routine. In his resultant taxonomy Streuli is reticent about the individual psychological complexity of his subjects, choosing instead to focus on gestures which enhance detail and suggest anecdote without lapsing into banality. In a single image, he succeeds in synthesizing different semantic fields and levels. For example, in his two-part contribution to the 1998 Sydney Biennial, the monumental sequences of people photographed in the downtown area of the city or on the oceanside beaches render the stereotyped matrices of photography—the photographs of youth fashion, cultural photojournalism, cinéma vérité, or classical photography—and yet pervert them in the final result.

In his study of the concept of the "local," Michel de Certeau makes a well-informed distinction between "place" and "space" and develops a theoretical framework to analyze how "the weak make use of the strong" by creating an autonomous sphere of action and self-determination outside the control of the strong. In view of this two-fold definition of space, I would suggest that the metropolis in Streuli's work is not merely a "place," a location where a sense of order prevails in accord with the coexistence of the different elements of which it is constituted. In his journey through the territories of the "weak," Streuli does not seek to show the stable aspect of the street or to capture instantaneous configurations of social class and power. To the contrary, the manner in which he slowly and discreetly penetrates the everyday dynamics of a specific location without influencing or modifying it—with only modest technical equipment, and even occasionally asking permission to shoot a picture—attests to his interest in understanding the city as "space." Streuli's work bears witness to a specific location, above all to the direction, the velocity, and the temporal variables to which it is subject. The slow-motion cinematic quality that characterizes this kind of project, the agreeable

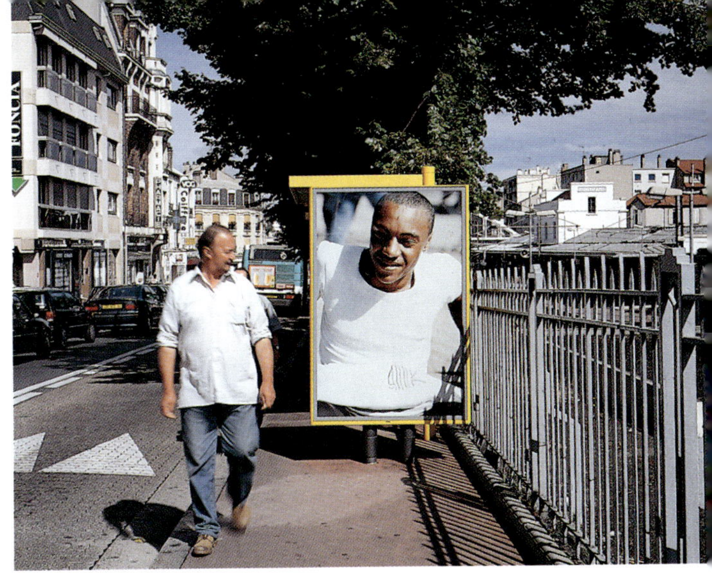

BEAT STREULI, ENGHIEN-LES-BAINS 98, 1998,

Tag-&-Nacht-Plakat, Eaux de Là, Biennale d'Art Contemporain,

Enghien-les-Bains, 1998, je ca. 170 x 120 cm /

day & night poster, 67 x 47¼". (PHOTO: QUENTIN BERTOUX)

freeze-frame effect he confers on his photographs, paradoxically reinforces the insight that street life is dominated by a social dynamic that coercively undermines any form of symbolic deviation through personal initiative.

The space in Streuli's work reveals itself through the individual acts carried out by his incidental actors. The gestures he captures define and locate this space, giving it a sense of temporality whilst avoiding the touristic feel. A comparison of his works, carried out in such diverse cities, reveals recurring patterns or links that unite the inhabitants of these sites in a manner of positive identification. In this sense, Streuli's system of representation transcends the potential personal drama of his subjects. His treatment of territory actually invites us to entertain an optimistic proposition: that the anthropological space of the "local" still resists the alarming onslaught of dominant geometric space. City dwellers thus reflect history without yielding to the pressures of social convention. The relationship between the artist and the public, the social confrontation, takes place in a vague terrain, in which the relationship itself is the essence of the artwork.

(Translated from the Spanish by MacAdam/Schelbert)

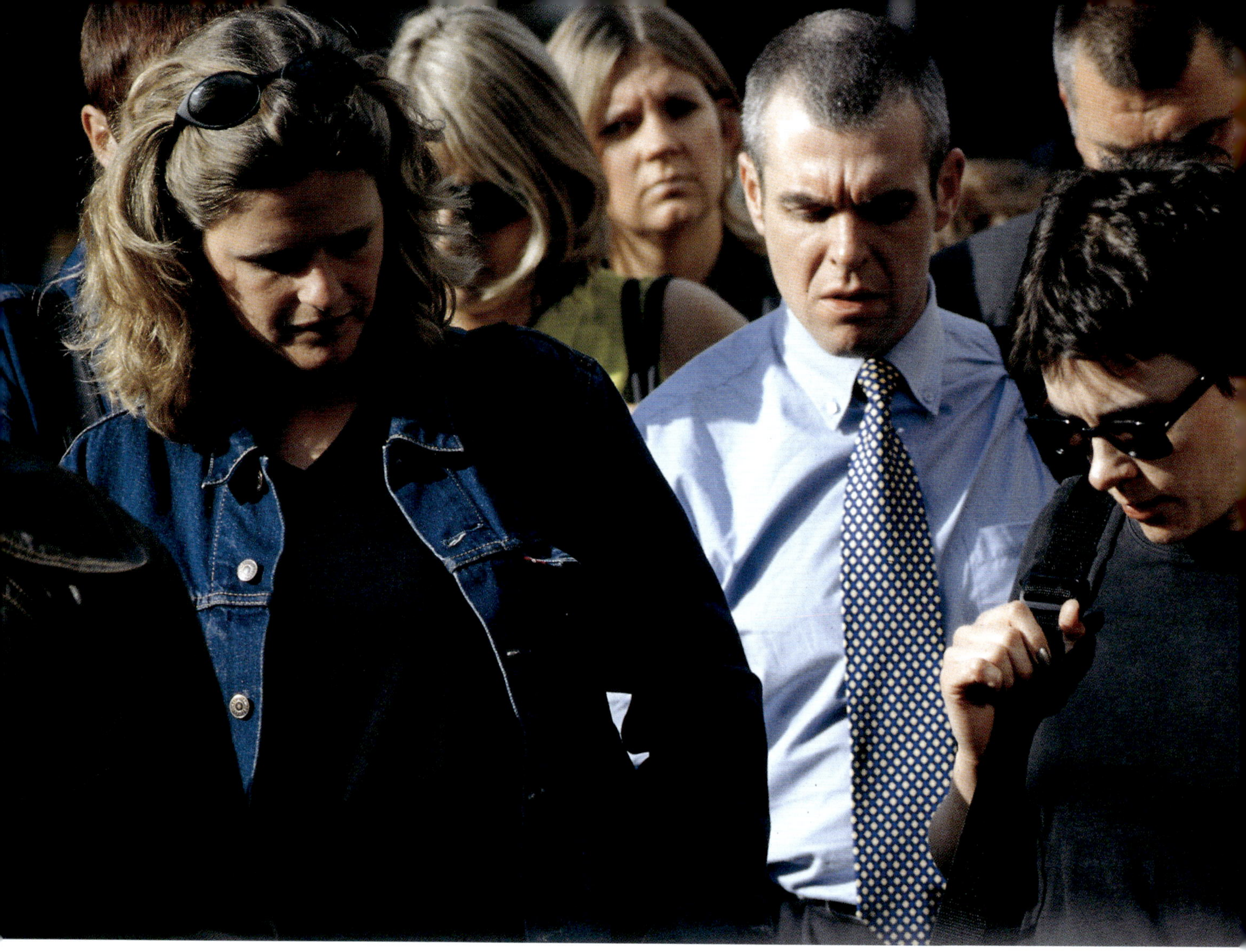

*BEAT STREULI, OXFORD STREET, 1997, Stillaufnahme aus Überblende-Diainstallation, Grösse variabel /
still from fading slide installation, dimensions variable.*

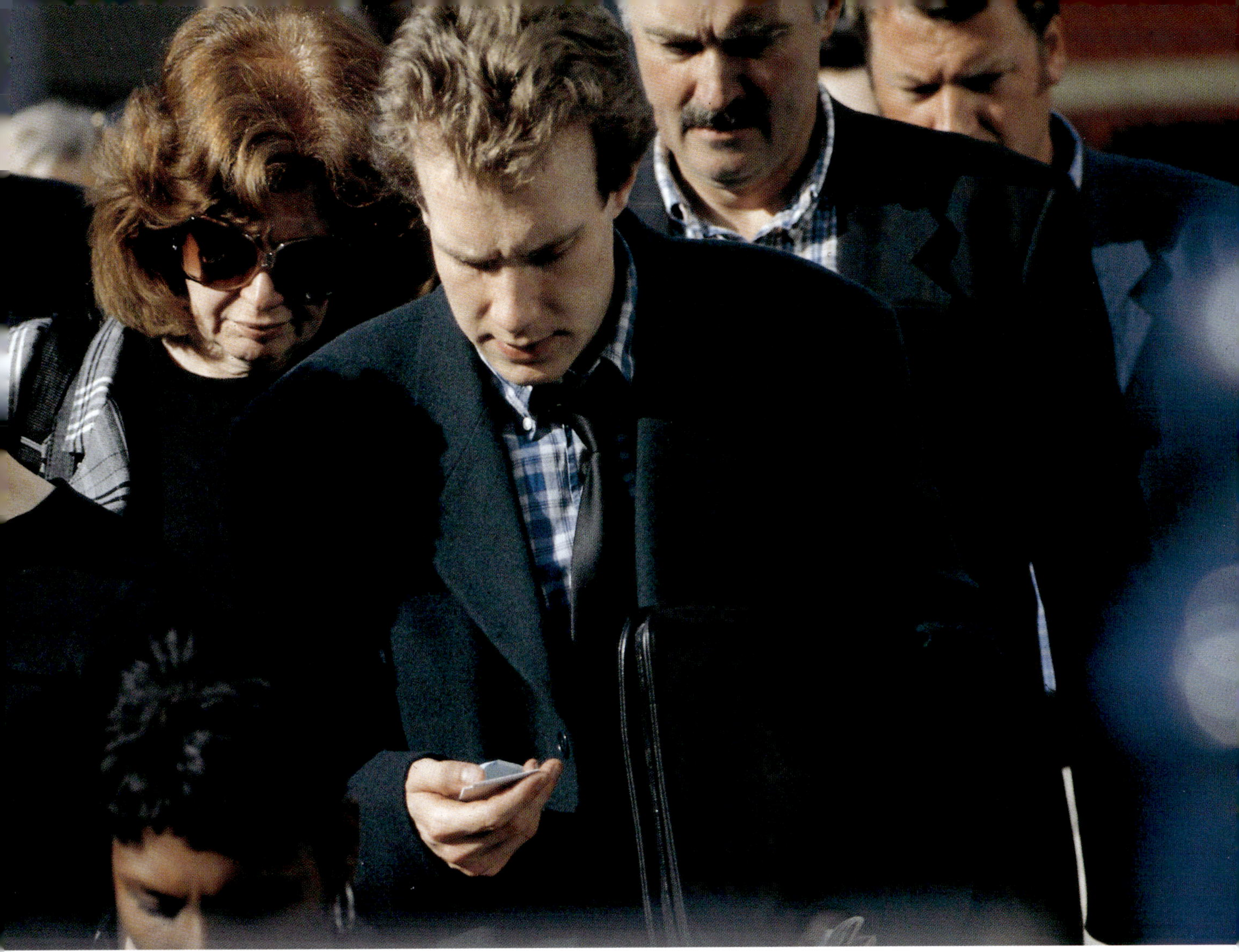

ARTHUR C. DANTO

Beat Streuli's

Beat Streuli's OXFORD STREET is a para-cinematic, non-narrative depiction of a crowd, coursing rather than surging along the London thoroughfare famous for its stores. It is para-cinematic because motion is an inference the viewer makes from the sequence of somewhat discontinuous frames. The artist uses various masking devices to enhance the feeling of motion—fading one individual into another, for example—which cinema would have no need of, since it shows motion directly. There is no sound track.

The individuals who compose the crowd are shown frontally, and from above, at perhaps a 33 degree angle. The angle defines the position of the camera, and hence the photographer, outside and above the crowd. Through the angle the artist is at every moment present to us, though he is outside the river of humanity he registers, as from a bridge. Perhaps people in the crowd could, if they looked up, see themselves being photographed. They do not, however, look anywhere but within.

The individuals in the crowd seem uniformly preoccupied, and as oblivious to one another as to the artist. Everyone in the crowd is moving in the same direction as everyone else—toward, and then beneath us who share the photographer's perspective. But they do not appear to have a common destination. It is very much what Sartre designated a *groupe-en-série*, as distinguished from a *groupe-en-fusion*. Sartre's example of a *groupe-en-série* is a number of persons forming a queue at a bus stop, each there for his or her own reasons. A crowd moving toward the Bastille,

with the spontaneous common goal of tearing down the hated edifice, is his illustration of a *groupe-en-fusion*. A fused group is a rarity in social reality, but we are so used to being part of serial groups, especially if we live in great cities, that we would feel uncanny walking alone in Oxford Street, or on Fifth Avenue, with no one else in sight. We need the constant presence of others whom we have no wish to acknowledge as individuals. We are only interested in their being-there, to use another expression of Sartre's. We are n o t there in Oxford Street. We are as little part of the crowd as the photographer is, on his metaphoric bridge.

There is no "where" with which we can answer "Where are they going?". The crowd forms spontaneously and is in a steady state of replenishment. We see nothing as definite as a bus stop to ascribe a common, if unshared purpose to its members. It is unlikely they are heading toward the same department store or restaurant. They have a heaviness, an expression of constant apprehension, a look so internal that they seem like sleepwalkers. There is little animation. Everyone looks as if the workday is ended rather than about to begin, and they walk only as fast as the fact that they are in a crowd allows, toward the conveyances which will bear them home. If only the overuse of "alienation" had not alienated us from using it any longer, the crowd would be a walking definition of its meaning.

The images, larger than life, are projected onto a wall, in a somewhat darkened gallery. Standing in the space as image replaces image in an uncertain cadence, we are aware of being among others—but the group in the gallery is a moral image of the crowd on Oxford Street, in that few of us are there

---

ARTHUR C. DANTO is a Professor of Philosophy at Columbia University and an Art Critic for *The Nation*.

Gesamtkunstwerk

because someone else is. The two crowds, however, are images of one another—in how we are dressed, for example. The people on Oxford Street are shown from the waist up. We see their hats, their hair, and especially their faces, but also their sweaters, T-shirts, and jackets—the casual urban dress, worn everywhere in the world, like jeans. We are the same kind of serial group as the one we are looking at. The work is about the us: it is a mirror held up to the crowd in the gallery, which sees the kind of group it is in the crowd projected on the wall.

A problem narrative painters used to face concerned how many figures must be drawn in order to achieve the effect of a crowd. Ten? Twelve? Or could five do the trick? One could count the individuals in one of the frames of OXFORD STREET, but there is a sense of numerousness with no specific number, as if everyone was part of a common human substance, illustrating some metaphysical thesis of Asiatic philosophies. Sometimes the crowd thins and opens, but mostly there is an impression of constancy, a kind of steady state. It is possible to imagine background music which defines the cadences of persons moving as one. It would be cruel to use a march. The movement does not, however, need music. It is, itself, the "still sad music of humanity."

What we hear in fact is the clacking, whirring sounds of slide replacing slide in projectors above our heads. These sounds are essential to the experience. They underscore the truth that we are looking at pictures, as well as people. Music would drown out the noises the apparatus makes. So would the sound of shuffling feet. Silence in the image is required if we are to be aware of the reality of its being projected.

With each whir, something happens on the wall. One figure is superimposed upon and, in effect, swallows another. Sometimes neither figure is sufficiently defined that we can make out what it is—male or female, young or old, white or black or asian. We do not feel, however, that the replaced figure is undone by the one that replaces it. We know the fading out is not part of the scene, but part of the work. It reminds us, like the sounds, of what we are experiencing. Sometimes, too, a figure is picked out from the crowd and featured. We might see the same or nearly the same head, repeated three or four times with a single frame, until, slowly, it gives way to another cross-section of the crowd. These singling-outs and iterations also draw us back to the materiality of the medium. The artist is present not simply as a photographer, above the crowd, but as a manipulator of the images, as in montage. The work is at once photography and what I will call "photographism." "Photographism" exploits the material of photography to non-photographic ends.

The interventions—these self-referential deflections back onto the medium—signal an effort by the photographer to find his way into the image he has created. He does not, however, succeed in overcoming the gap between himself and those who are his subjects. I suppose that might serve as a metaphor of the relationship between the artist and the flow of human life he or she addresses from without. We, however, are not at that same distance, even if we are not part of that crowd. That crowd is too powerful, too fascinating an entity to allow us to linger over the material truths of slides, dissolves, projection, angles, surface. The subject of the work is a modality of being human in the cities of the world.

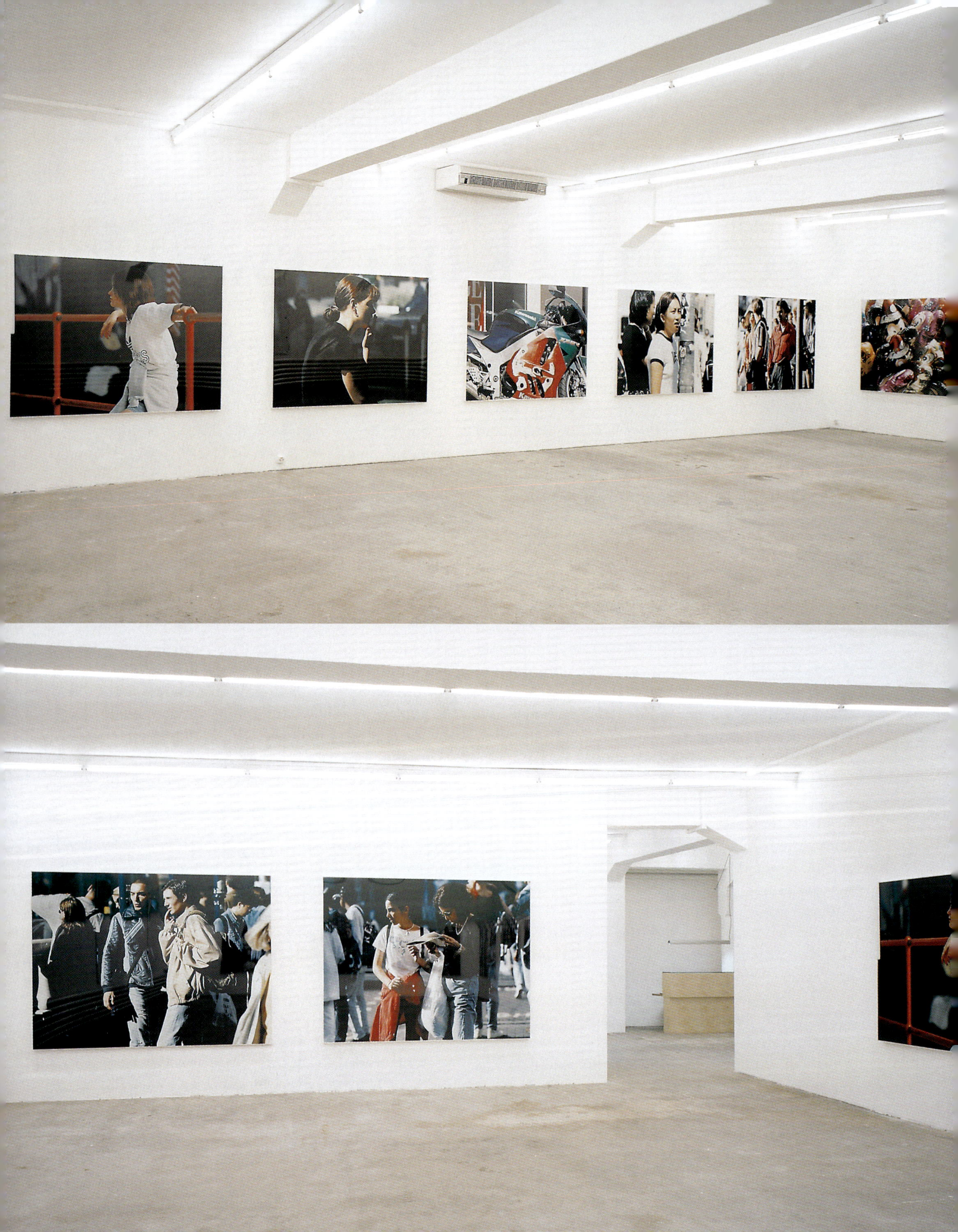

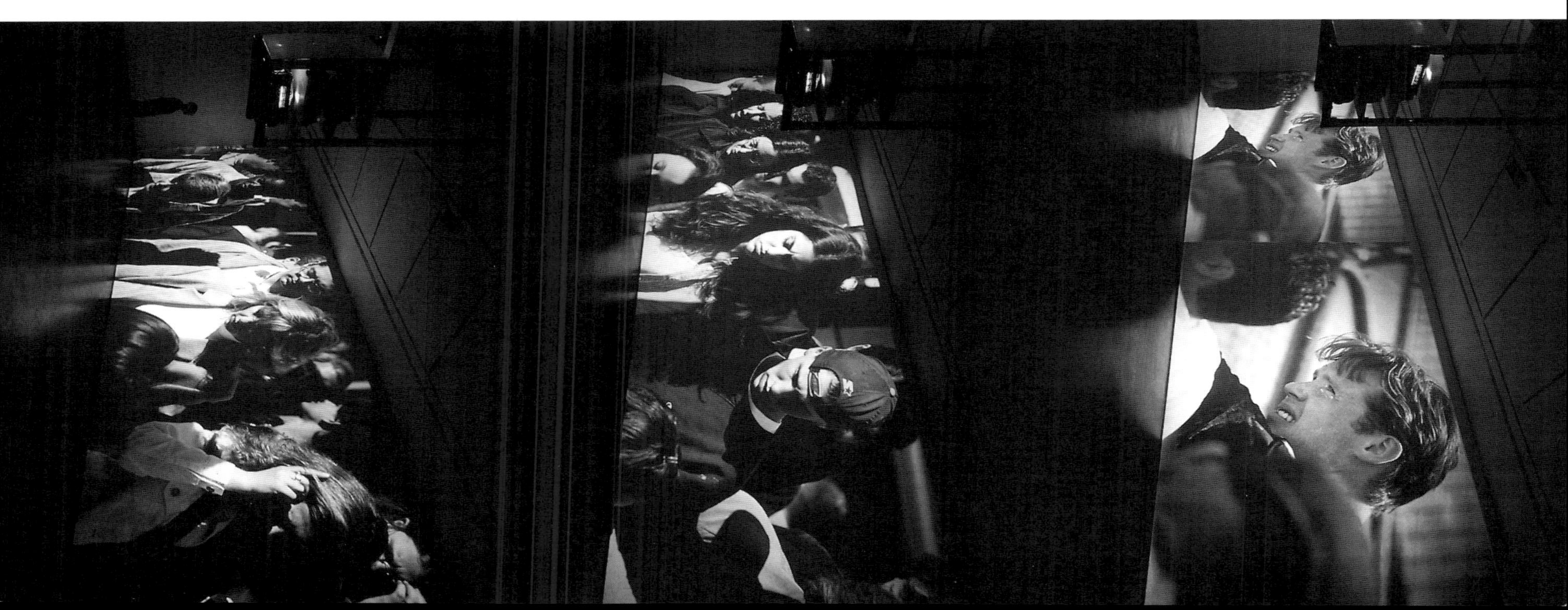

BEAT STREULI, SYDNEY/MELBOURNE 97/98, 1998,
C-Prints in Plexiglasrahmen, Galerie Hauser & Wirth, Zürich,
je 151 x 201 cm / c-prints in Plexiglas frames, 59½ x 79⅛" each.
OXFORD STREET, 1998, C-Prints in Plexiglasrahmen,
Galerie Hauser & Wirth, Zürich, je 181 x 244 cm / c-prints in
Plexiglas frames, 71¼ x 96" each. (PHOTOS: STEFAN ALTENBURGER)

BEAT STREULI, OXFORD STREET, 1997,
Überblende-Diainstallation in der Tate Gallery, London, 1998,
Grösse variabel / fading slide installation, dimensions variable.
(PHOTO: THE TATE GALLERY, LONDON)

ARTHUR C. DANTO

Beat Streulis

Beat Streulis OXFORD STREET (1997) ist eine para-kinematische, nicht-narrative Schilderung der Menschenmenge, die sich – mehr steter Strom als reissende Flut – durch die berühmte Geschäftsstrasse Londons bewegt. Parakinematisch oder filmähnlich deshalb, weil die Bewegung sich dem Betrachter aus einer Serie nicht wirklich kontinuierlich aufeinander folgender Einzelbilder erschliesst. Der Künstler verwendet verschiedene Masken um den Eindruck der Bewegung zu verstärken, indem er zum Beispiel eine Person mit einer anderen überblendet, etwas, was im Film, der die Bewegung direkt wiedergibt, nicht nötig wäre. Eine Tonspur gibt es nicht.

Die Individuen, aus denen die Menge besteht, sieht man von vorn und von oben, aus einem Winkel von vielleicht 33 Grad. Der Winkel verrät uns die Position der Kamera und damit jene des Photographen, der sich ausserhalb und über der Menge befindet. Durch diesen Winkel ist der Künstler für uns immer anwesend, obwohl er sich wie auf einer Brücke ausserhalb des Menschenstroms befindet, den er aufzeichnet. Wenn sie aufschauten, könnten die Personen in der Menge vielleicht sehen, dass sie photographiert werden. Sie schauen jedoch nirgendwohin, ausser nach innen.

Die Leute in der Menge scheinen alle gleichermassen in Gedanken verloren und nehmen einander ebenso wenig wahr wie den Photographen. Jeder Einzelne bewegt sich in derselben Richtung wie alle anderen – zunächst auf uns zu, dann unter uns hindurch, da wir die Perspektive des Photographen teilen. Aber sie scheinen kein gemeinsames Ziel zu

haben. Es ist dem, was Sartre als *groupe en série* im Unterschied zur *groupe en fusion* bezeichnet hat, sehr ähnlich. Sartres Beispiel für eine *groupe en série* ist eine Anzahl Leute, die an der Bushaltestelle Schlange stehen; jeder hat seine eigenen Gründe, sich dort aufzuhalten. Die Menge, die spontan in Richtung Bastille aufbricht mit dem gemeinsamen Ziel, das verhasste Gebäude niederzureissen, ist dagegen seine Illustration einer *groupe en fusion*. Solche verschmelzenden Gruppen sind in der gesellschaftlichen Realität selten, aber wir sind es so sehr gewohnt Teil von seriellen, zusammengewürfelten Gruppen zu sein, dass es uns unheimlich anmutete, wenn wir allein in der Oxford Street oder Fifth Avenue herumspazierten und weit und breit keine Menschenseele zu sehen wäre. Wir brauchen die ständige Gegenwart von anderen, die wir gar nicht als Individuen wahrnehmen wollen. Wir sind allein an ihrer Anwesenheit interessiert, um einen weiteren Ausdruck Sartres zu verwenden. Wir sind n i c h t anwesend in der Oxford Street. Wir gehören ebenso wenig zur Menge wie der Photograph auf seiner metaphorischen Brücke.

Es gibt kein «Wo», mit dem wir die Frage «Wo gehen sie hin?» beantworten könnten. Die Menge bildet sich spontan und erneuert sich fortlaufend. Es ist auch nichts so Konkretes wie eine Bushaltestelle auszumachen, was man als gemeinsames, wenn schon nicht gemeinschaftliches Ziel der einzelnen Mitglieder dieser Gruppe verstehen könnte. Es ist unwahrscheinlich, dass sie alle demselben Warenhaus oder Restaurant zustreben. Sie haben etwas Schwerfälliges, einen anhaltend gespannten Ausdruck, einen derart nach innen gekehrten Blick, dass sie uns wie Schlafwandler vorkommen. Da ist wenig Lebhaftigkeit. Alle sehen eher aus wie am Ende eines Arbeits-

ARTHUR C. DANTO ist Professor für Philosophie an der Columbia University New York und Kunstkritiker von *The Nation*.

Gesamtkunstwerk

tags, nicht wie kurz vor Beginn, und sie gehen gerade so schnell, wie es in der Menge eben möglich ist, unterwegs zu den verschiedenen Verkehrsmitteln, die sie nach Hause bringen werden. Wenn nur der übermässige Gebrauch des Terminus «Entfremdung» uns nicht seiner Verwendung entfremdet hätte, diese Menge wäre eine leibhaftige Definition seiner Bedeutung.

In einer leicht verdunkelten Galerie werden die Bilder überlebensgross an eine Wand projiziert. Während wir im Raum stehen und in unregelmässigen Abständen ein Bild auf das andere folgt, nehmen wir wahr, dass wir mit anderen hier stehen; aber die Gruppe in der Galerie ist ein psychisches Spiegelbild der Menge in der Oxford Street, insofern als die wenigsten von uns wegen anderer Anwesender hergekommen sind. Wie dem auch sei, jede der beiden Gruppen ist ein Bild der anderen, zum Beispiel, was die Kleidung angeht. Die Menschen in der Oxford Street sieht man von der Taille an aufwärts. Man sieht ihre Hüte, ihre Haare und vor allem ihre Gesichter, aber auch ihre Pullover, T-Shirts und Jacken: zwanglose Strassenkleidung, die man auf der ganzen Welt trägt, etwa Jeans. Wir sind genau solch eine serielle Gruppe wie die, die wir betrachten. Die Arbeit handelt vom Wir: Sie ist ein Spiegel, welcher der Menge in der Galerie vorgehalten wird. Diese sieht das Kollektiv, das sie selbst bildet, in der auf die Wand projizierten Menge.

Eine Frage, die sich narrative Maler zu stellen pflegten, war, wie viele Figuren dargestellt werden müssten um die Wirkung einer Menge zu erzielen. Zehn? Zwölf? Oder genügten schon fünf? Natürlich könnte man die Personen in einem der OXFORD STREET-Einzelbilder zählen, aber man verbindet mit diesen Bildern ein Gefühl des Zahlreichen ohne bestimmte Zahl, als wäre jeder Einzelne Teil einer allgemeinen menschlichen Substanz, gleichsam eine Illustration eines metaphysischen Lehrsatzes irgendeiner östlichen Philosophie. Manchmal wird die Menge spärlicher und öffnet sich, aber meistens hat man den Eindruck von Konstanz, einer Art stabilem Zustand. Man kann sich eine Hintergrundmusik vorstellen, die den Rhythmus vorgibt, in dem sich die verschiedenen Individuen wie ein einziges Wesen bewegen. Es wäre brutal, dazu einen Marsch zu verwenden. Die Bewegung braucht jedoch keine Musik. Sie ist selbst die «stille traurige Musik der Menschheit».

Was wir tatsächlich zu hören bekommen, ist das Klicken und Summen der aufeinander folgenden Dias in den Projektoren über unseren Köpfen. Diese Geräusche sind ein wesentlicher Bestandteil des Gesamterlebnisses. Sie unterstreichen die Tatsache, dass wir sowohl Bilder als auch Leute anschauen. Musik würde die Geräusche des Apparates übertönen. Dieselbe Wirkung hätte das Geräusch eiliger Schritte. Im Bild muss Stille sein, wenn wir seine Projektion bewusst wahrnehmen sollen.

Bei jedem Summen geschieht etwas an der Wand. Eine Gestalt überlagert, ja verschluckt tatsächlich die andere. Manchmal ist keine der Gestalten so deutlich, dass wir erkennen können, was es ist: Mann oder Frau, jung oder alt, weiss, schwarz oder asiatisch. Man hat jedoch nicht das Gefühl, dass die vorangehende Gestalt durch die folgende aufgelöst oder zerstört wird. Wir wissen, dass das Ausblenden nicht zur Szene gehört, sondern zum Werk. Wie die Geräusche verweist es uns darauf, was wir hier erleben. Manchmal wird auch eine Gestalt aus der Menge herausgegriffen und in Szene gesetzt. Wir sehen dann

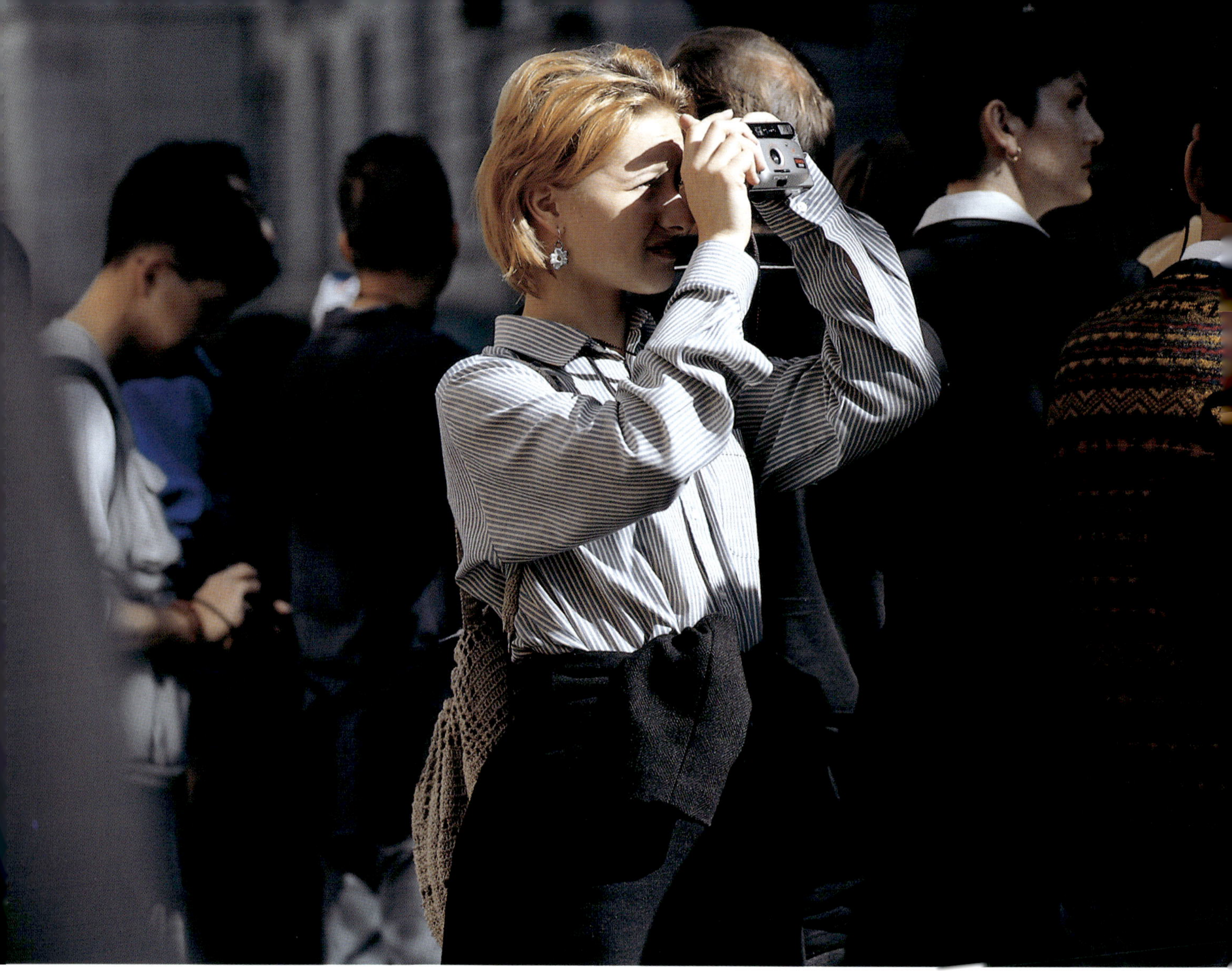

zum Beispiel denselben oder beinah denselben Kopf drei- oder viermal hintereinander als Einzelbild, bis er allmählich einem anderen Ausschnitt aus der Menge Platz macht. Auch dieses Herausgreifen und Wiederholen bringt uns zurück in die Realität des Mediums. Der Künstler ist nicht nur als Photograph über der Menge anwesend, sondern auch als derjenige, der die Bilder ordnet und kontrolliert wie

eine Montage. Die Arbeit ist zugleich Photographie und das, wofür ich einen speziellen Ausdruck geprägt habe: *Photographismus.* Photographismus setzt photographisches Material zu nicht-photographischen Zwecken ein.

Die Eingriffe – diese selbstbezüglichen Rückwendungen auf das Medium selbst – stehen für den Versuch des Photographen Eingang ins von ihm geschaf-

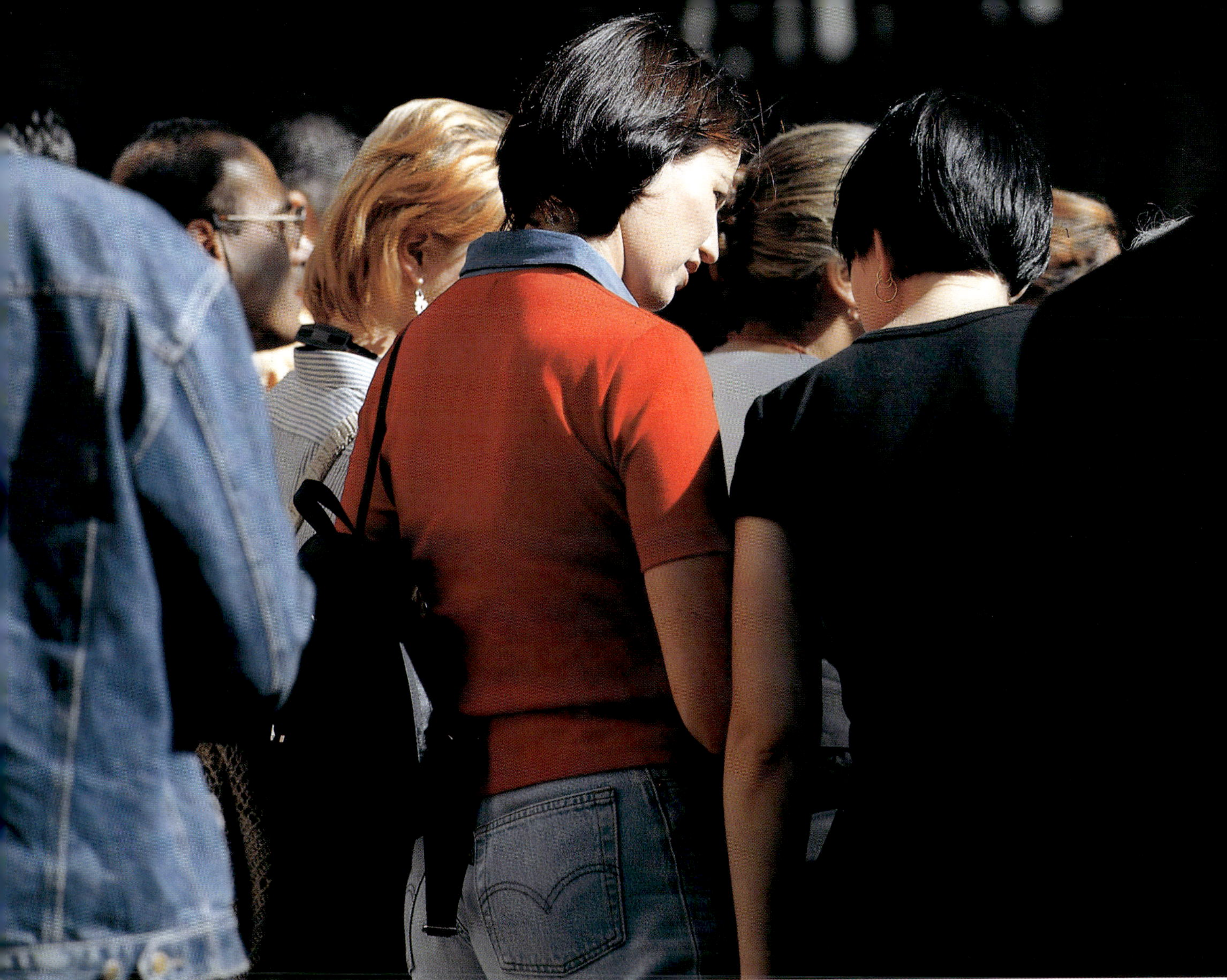

fene Bild zu finden. Es gelingt ihm allerdings nicht, die Kluft zwischen sich und denen, die sein Thema sind, zu überbrücken. Ich nehme an, das könnte als Metapher dienen für das Verhältnis zwischen dem Künstler und dem Fluss menschlichen Lebens, dem er oder sie sich von aussen zuwendet. Wir jedoch haben nicht dieselbe Distanz, selbst wenn wir nicht Teil d i e s e r Menge sind. Doch diese Menge ist ein allzu überwäl-

tigendes, faszinierendes Wesen, als dass wir lange bei der materiellen Realität von Diapositiv, Auflösung, Projektion, Winkel und Oberfläche verweilen könnten. Geht es doch in dieser Arbeit um eine Form menschlichen Daseins in den Städten dieser Welt.

(Übersetzung: Susanne Schmidt)

TARO AMANO

THE DOUBLENESS OF CHARACTER

It is often the case in Japanese that some English words permeate the language to such an extent that they are used in their phonetically transcribed form without being translated. As a result, it often happens that the loan words thus transcribed lack the full semantic range of the original words in English. I take up an English-Japanese dictionary on my desk and look up, for example, the word "character." I read "the nature or quality of somebody or something." There are eleven definitions altogether, and "letter, more particularly an ideograph like *kanji* (the Japanese ideograph originally borrowed from Chinese)" appears belatedly as the ninth definition. After that comes "font" or "type." This is not an extensive dictionary and the description of the word's derivation is limited. Still we may safely assume that

most of the Japanese who encounter the word *kyara-kuta* (the Japanese transcription of "character") will take the word to mean the first definition in the dictionary: the character of persons or things. In fact, expressions such as "he has a lively kyarakuta" are commonly used with little sense of foreignness.

There is a recent development, however. With the use of personal computers more common today, our perception of the word "character" is shifting. "Character" in computational language means in the first place "letter" or "sign." Of all the meanings of the word "character," that which is centered around "letter" surfaces and becomes common. Phrases such as "character set" and "character mode" are both used in this context to mean "the whole set of letters and signs available for software" or "the mode of display on a computer screen." Although the dictionary doesn't tell us much about the history of the word

TARO AMANO is Curator at the Yokohama Museum of Art.

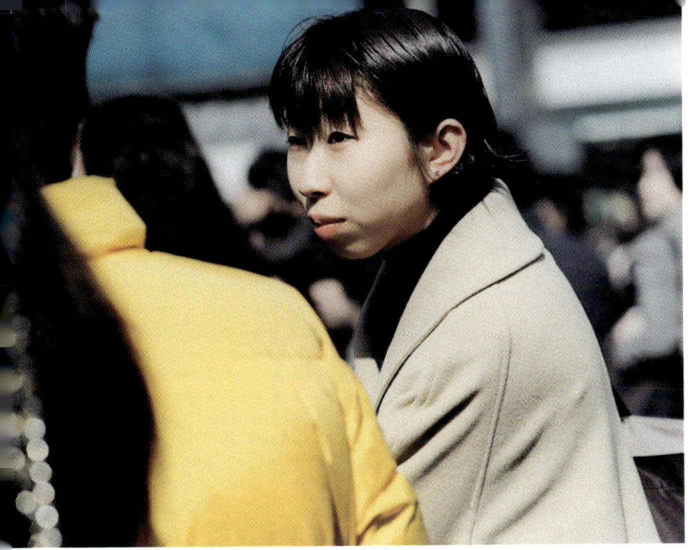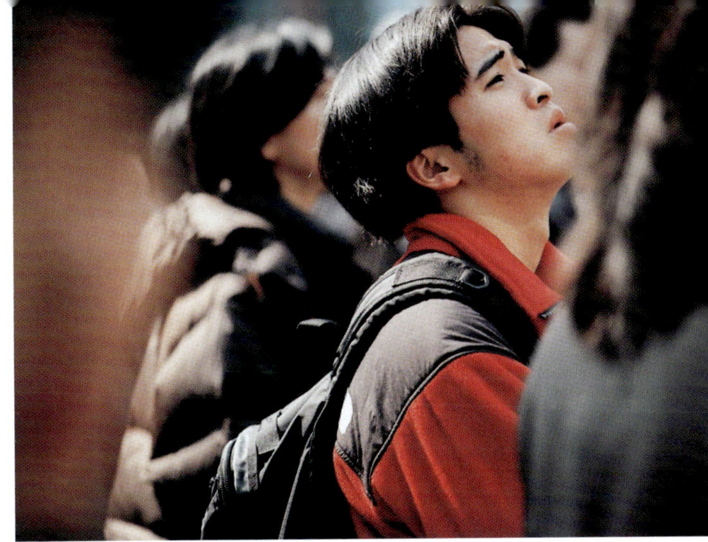

BEAT STREULI, TOKYO SHIBUYA 97, 1997, C-Prints in Plexiglasrahmen, 151 x 201 cm / c-prints in Plexiglas frames, 59½ x 79⅛".

OR THE DOUBLENESS OF PHOTOGRAPHY

"character" between the nature or quality of a person or a thing and letter, font, and type, what interests us is the fact that the rise of computer literacy has made us aware that "character" also means "letter."

But this is not the place to trace the historical semantic drift of the word "character." Roughly speaking, the word's original meaning was "engraved mark," which took on the meaning of "letter" and "sign," and then began to connote "face" and "look" in the sense of interior rather than exterior features. This is said to have happened around the seventeenth century, and here the doubleness in question of the word "character" is born.[1]

As is the case with physiognomy, to read a person as a letter (character) in order to know his nature (character) is not uncommon, be it in the East or in the West. But this may not be a very old practice. The Japanese critic Hiroshi Takayama writes, "Strangers do not talk to each other. They can do nothing but surmise each other's interiority solely by looks. Thus people become semioticized as characters to be deciphered; they become text. A culture that takes the effort of amoral observation by the 'flaneur' (who looks at the mass of people while casually and aimlessly walking about in a city) as paradigmatic comes into being at the end of the eighteenth century. It still is our culture. People, and eventually everything exterior, become 'characters' in such a double sense."[2] Thus describing a stranger's interior nature by means of his exterior developed with the formation and maturation of the modern capitalist city.

I don't mean to discuss the word "character" in vain. At a time when the modern city has well surpassed its maturation and has approached a state of decay, the doubleness of "character" surfaces even more strongly. Such doubleness offers us a useful way

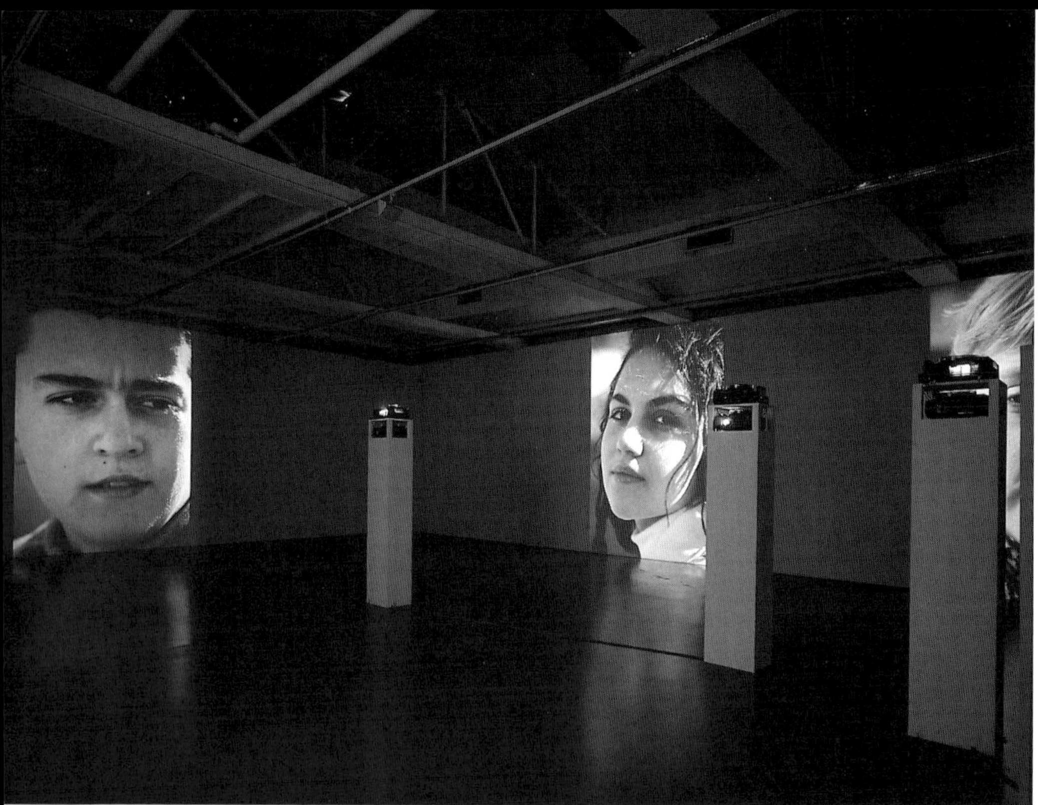

to talk about the work of Beat Streuli. The young people who appear in Streuli's work are photographed in most cases without prior consent. They do not know that they have become subjects. Nothing is particularly asserted in the work, especially about the nationality or gender of the young people. In addition, the backgrounds in these photographs (in what town, on which streets) are de-emphasized as much as possible as if to evade any such assertions about Streuli's subjects. This tendency also betrays Streuli's attempt to efface the political in his work. Streuli says, "Over the last few years (...) the ongoing debate according to which good art somehow needs to be political art—in the sense of being socially significant—has started to feel a bit tiresome to me. Even if I now and then used 'political' argumentation for my works in the past, I have now, however, rather come to the conclusion that speaking of a political quality of contemporary art is basically something questionable." [3]

In many of Streuli's photographs, the subjects remain anonymous. There are, of course, titles which indicate specific places, such as ALLEN STREET or TARRAGONA—a point to which I will return later. But even in these cases, we have to be aware of the fact that signs designating place are often concealed and that the exoticism of the place is stoically avoided. Looking at some of Streuli's titles, we also notice that they do not reveal much about the temporality and locality of their referents.

At the same time, the differences in fashion, gender, and ethnicity in these photographs are not metaphors in the discourse on contemporary culture and cities, nor are they symbols to be mediated by already established cultural codes. These images are indices, so to speak, of the young character-subjects to denote simply that "such and so was here." Streuli takes a great care not to foreground "meaning" in his own work, and, by so doing, succeeds in transferring the semiotic feature of the photographs with all their "crudeness." This is the reason that, looking at his photographs where everything is exposed, with neither hidden significance nor solid ground to fall back on, we find ourselves wordless, growing anxious. Given that his photographs resist talking about a culture or a city, we may probably say that Streuli's work is a clear contestation against the symbolic reading of a city (or landscape) represented in photographs (or not limited to photographs, for that matter)—the kind of reading that was dominant up until the eighties following "New Topographics: Photographs of Man-altered Landscape" at the International Museum of Photography in Rochester, New York.

In 1996, at the occasion of his show in the Catalonian town of Tarragona, Streuli asked the local high school's permission to take pictures of the students with prior consent. Streuli describes the experience as follows: "I then photographed these teenagers with their knowledge and collaboration. I was working in a field between documentary photography and fiction, mise-en-scène, just as in my street photographs, but approaching it from the other side. Here we might, by the way, establish another triangle that structures my work on the level of picture-taking: the face-to-face situation on the street level as the central modus operandi, then the exclusively observing aspects of the ALLEN STREET series, and last but not least the direct collaboration with 'models.' The students' posing turned out to be very interesting—when posing for a photograph, one simultaneously reveals a few things about oneself just through this very act of posing. Involuntarily, one begins to impersonate oneself."[4]

This reminds me of a comment made by Jeff Wall about his own creative process.[5] In recent monochrome works such as VOLUNTEER (1996) and HOUSEKEEPING (1996), Wall hired people for a certain period of time and made them repeat the same actions and postures day after day. This resulted in the subterranean transformation of a theatrical fiction into a highly representational (documentary) work that conveyed a sense of "reality." Wall's attempt here corresponds to Streuli's production with the students' prior consent, which is to say, with the implantation into the subjects of an awareness of "being taken." I am not trying to make a point of the difference between the subject being photographed "naturally" and the subjects' "playing" the characters as themselves. I would only say that a documentary photograph can deduce from the represented image a "story" based upon the reality of what happens at the moment of exposure, but this reality doesn't belong to photography itself. This is because photography as documentation and photography as fiction are, if I may say so, not distinguishable in that they are equal as events that take place on the membrane interposed between reality and photography. In short, the

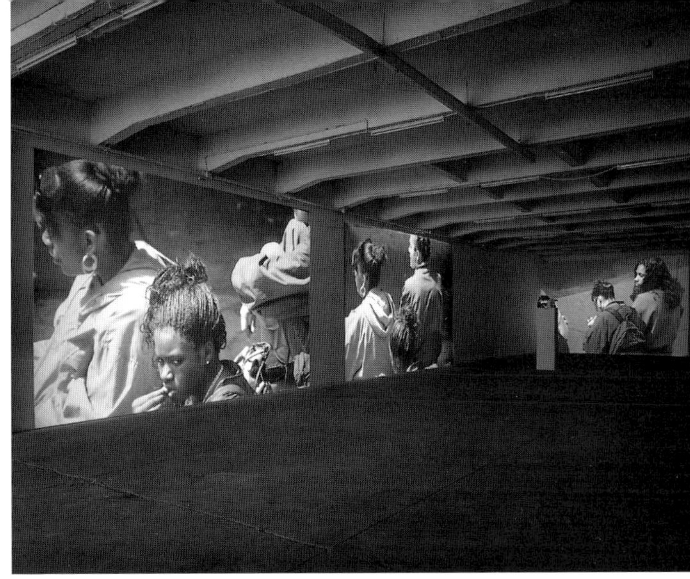

"story" of "in-between documentary and fiction" has from the beginning nothing to do with photography.

The facial expressions of the young people in Streuli's work may well be both indices of the individual characters (characteristics) from A to Z and, at the same time, newly invented characters (letters) of the language of their physical presence, to be read as something, in Streuli's own words, "as yet undecided." Walter Benjamin pointed out that, only with liberation from physiognomical, political and scientific interests, does photography begin to be creative. This suspension alludes to the actual state of the world as undecided. Time is immobilized on the photographic paper, but the meaning and content keep changing in Streuli's images, carefully presented as something forever yet to be completed.

(Translated from Japanese by Keijiro Suga)

1) In *Webster's Third New Dictionary* (Springfield, Massachusetts: Merriam Webster, 1986).
2) Hiroshi Takayama "How We've Been Characterized by Leibniz, Lavater, Borges," in: *The Library of Babel: Character/Books/Media* (Tokyo: NTT Publishing, 1988), p. 15.
3) Beat Streuli, "Beat Streuli," in: *Camera Austria 62/63* (1998), p. 75.
4) Ibid., p. 76.
5) Jeff Wall lecture at his exhibition at the Contemporary Art Center, Mito, Japan, 14 December 1997.

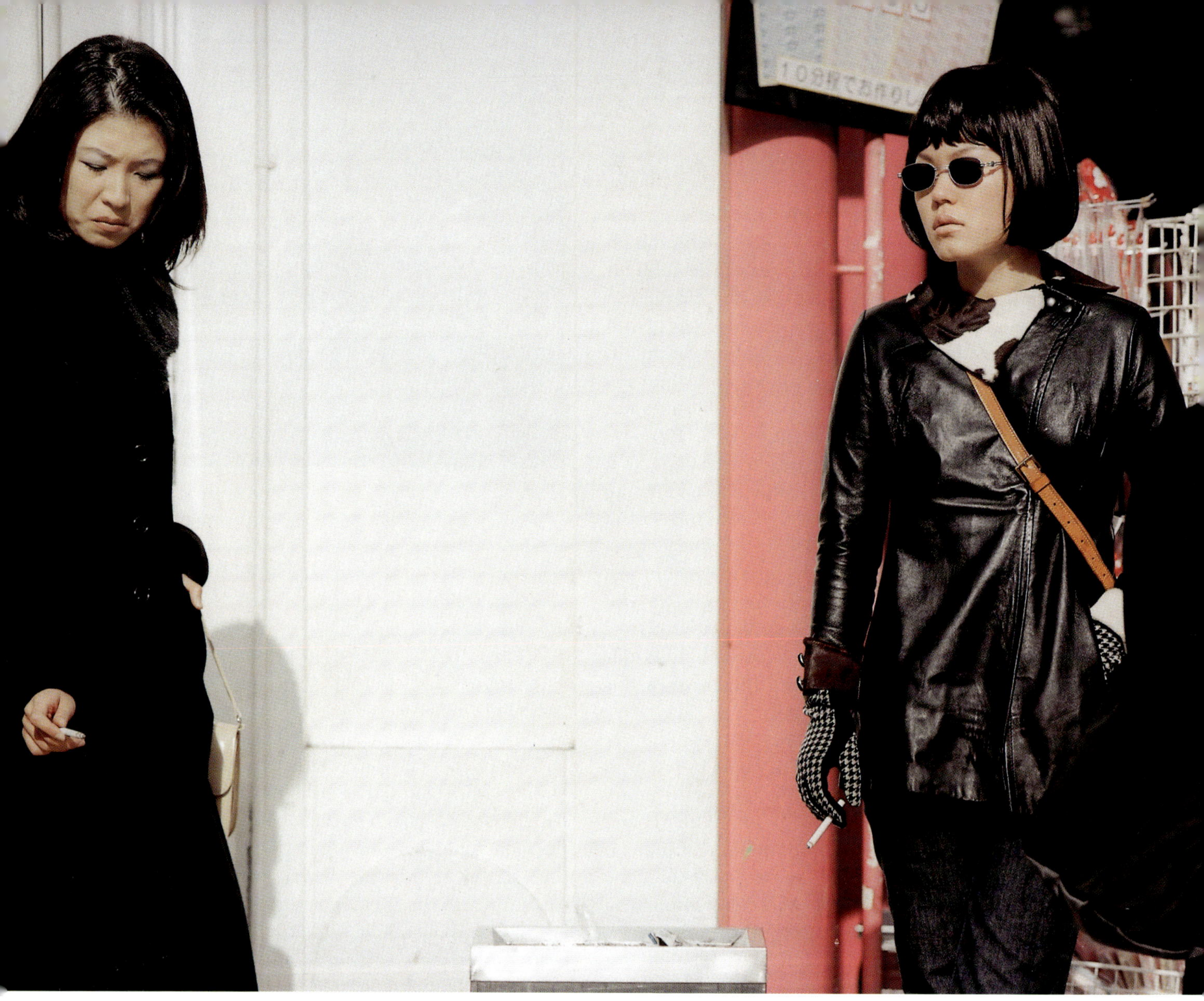

BEAT STREULI, TOKYO I, 1998, C-Prints in Plexiglasrahmen, je 181 x 244 cm / c-prints in Plexiglas frames, 71¼ x 96" each.

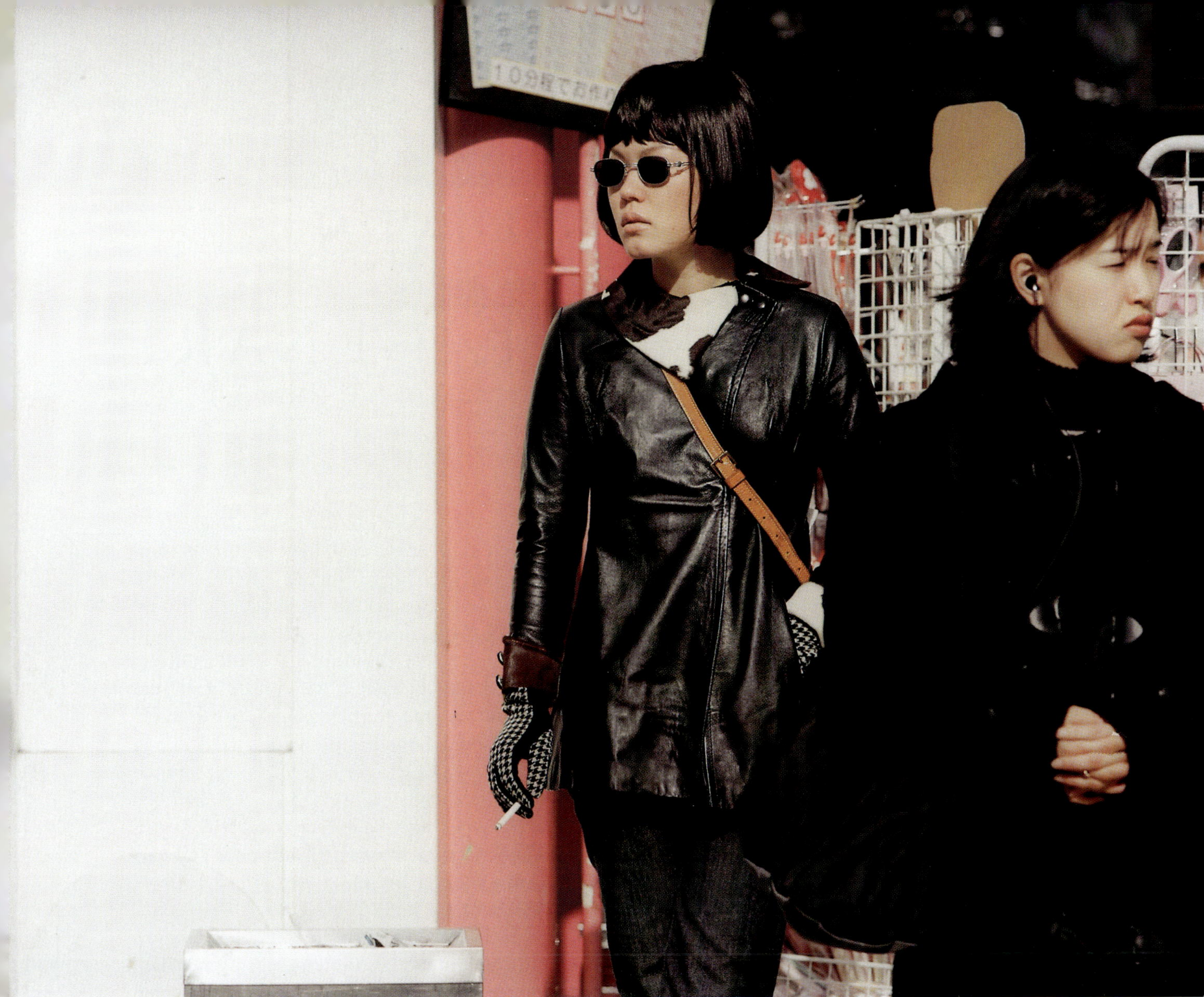

Beat Streuli

«CHARACTER» ALS ZEICHEN UND EIGENART

TARO AMANO

Es kommt häufig vor, dass englische Wörter, ohne übersetzt zu werden, in phonetisch transkribierter Form Eingang in die japanische Sprache finden. Diese transkribierten Lehnwörter weisen jedoch meist nicht dieselbe semantische Bandbreite auf wie die englischen Originalvokabeln. Greife ich zum englisch-japanischen Wörterbuch auf meinem Schreibtisch und schlage beispielsweise das Wort «character» nach, so lese ich: «Natur oder Eigenart einer Person oder Sache». Insgesamt gibt es elf Definitionen, und «Schriftzeichen, etwa ein Ideogramm wie *kanji* (ein ursprünglich aus dem Chinesischen übernommenes japanisches Schriftzeichen)» erscheint erst an neunter Stelle. Danach kommt «Schriftsorte» oder «Drucktype». Das Wörterbuch ist nicht umfassend, und die etymologischen Angaben sind knapp. Dennoch können wir mit einiger Sicherheit annehmen, dass die meisten Japaner, die dem Wort *kyarakuta* (der japanischen Transkription von «character») begegnen, es so verstehen, wie in der ersten Definition im Wörterbuch beschrieben: als Charakter einer Person oder Sache. So werden zum Beispiel Sätze wie «Er hat einen lebhaften *kyarakuta*» häufig gebraucht und kaum mehr als fremd empfunden.

Nun zeichnet sich jedoch eine neue Entwicklung ab. Die zunehmende Verbreitung des Computers hat zur Folge, dass sich unsere Wahrnehmung des Wortes «character» verändert. «Character» bedeutet in der Sprache der Informatik in erster Linie «Schriftzeichen» oder «Zeichen». Von allen Bedeutungen des Wortes «character» tritt diejenige in den Vordergrund, die rund um «Schriftzeichen» angesiedelt ist, und geht in den allgemeinen Sprachgebrauch ein. Ausdrücke wie «character set» (Zeichensatz) und «character mode» (Zeichenformat) werden in diesem Zusammenhang in der Bedeutung von «ein ganzer als Softwarepaket erhältlicher Satz von Buchstaben und Zeichen» oder «die Art der Darstellung derselben auf dem Computerbildschirm» verwendet. Aus dem Wörterbuch erfahren wir nicht allzu viel über die sprachgeschichtlichen Zusammenhänge zwischen «character» im Sinn von «Natur oder Eigenart einer Person oder Sache» einerseits und «Schriftzeichen, Schrift, Drucktype» andrerseits. Aber was uns hier vor allem interessiert, ist die Tatsache, dass uns dank dem zunehmend vertrauten Umgang mit dem Computer bewusst wurde, dass «character» auch «Schriftzeichen» bedeutet.

Es geht an dieser Stelle jedoch nicht darum, die semantische Entwicklung des Begriffs «character» nachzuzeichnen. Grob zusammengefasst lässt sich sagen, dass das englische «character» ursprünglich soviel wie «eingeprägtes Zeichen» bedeutete, auch im Sinn von «Schriftzeichen» und «Zeichen» verwendet wurde und schliesslich die zusätzliche Bedeutung von «Gesicht» und «Aussehen» im Sinne von eher inneren als äusseren Merkmalen erlangte. Diese Entwicklung, die zu der uns hier interessierenden Mehrdeutigkeit des Wortes führte, erfolgte im 17. Jahrhundert.[1)]

Eine Person wie ein Schriftzeichen (character) zu lesen, um ihre Wesensart (character) zu erkennen,

TARO AMANO ist Kurator am Yokohama Museum of Art.

VERSUCH EINER CHARAKTERISIERUNG VON BEAT STREULIS PHOTOGRAPHIE

BEAT STREULI, PORTRAIT COPENHAGEN, 1996
Klarfilm auf Plexiglas, Dogenhaus-Galerie, Leipzig, 1998,
je ca. 230 x 160 cm / transparent film on Plexiglas, ca. 90½ x 63".

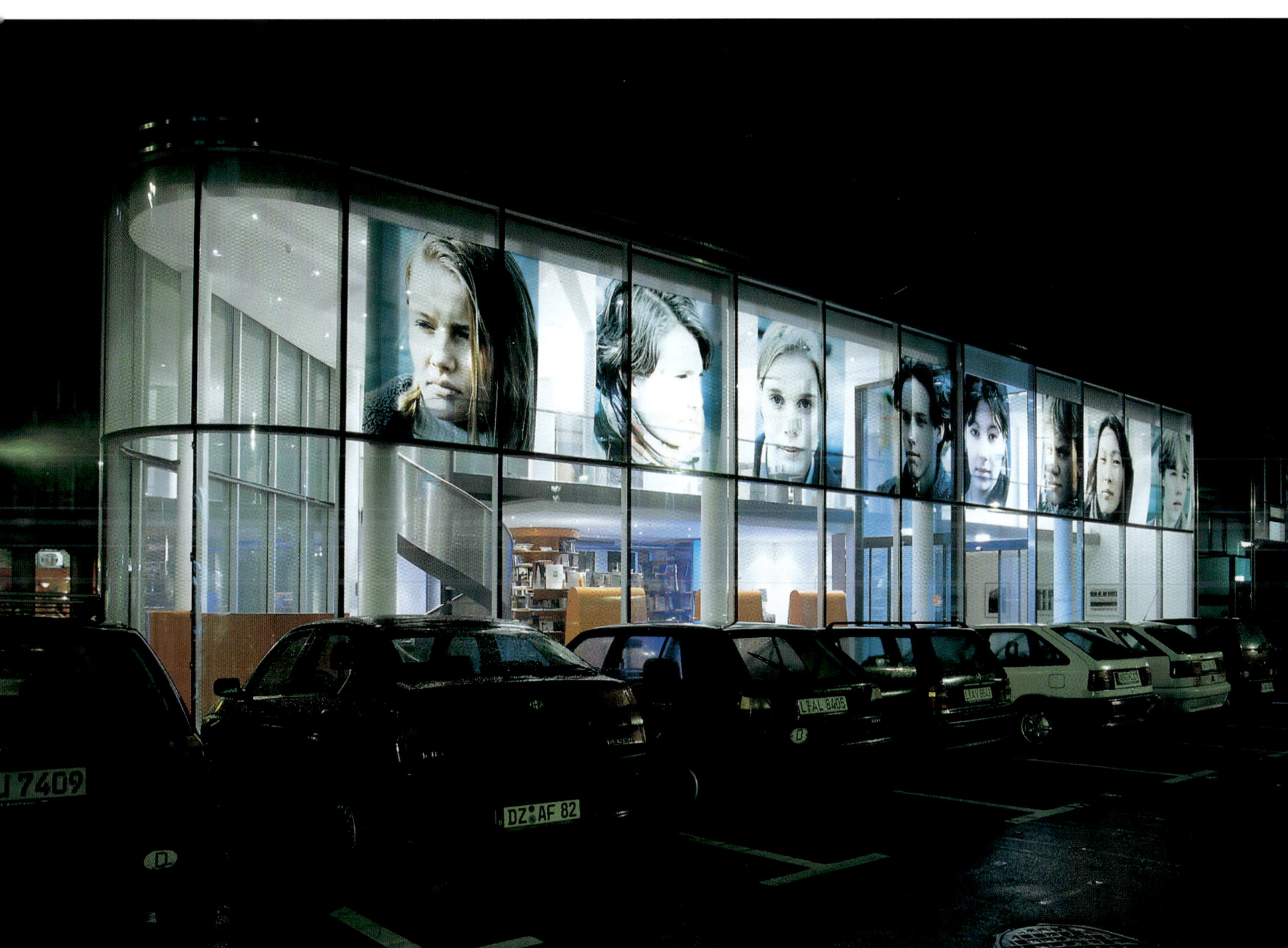

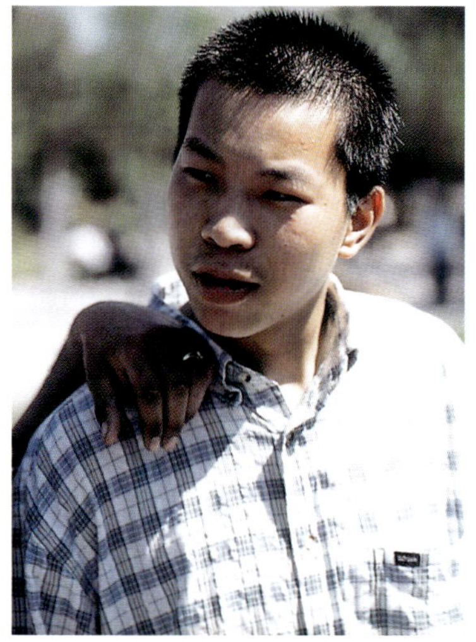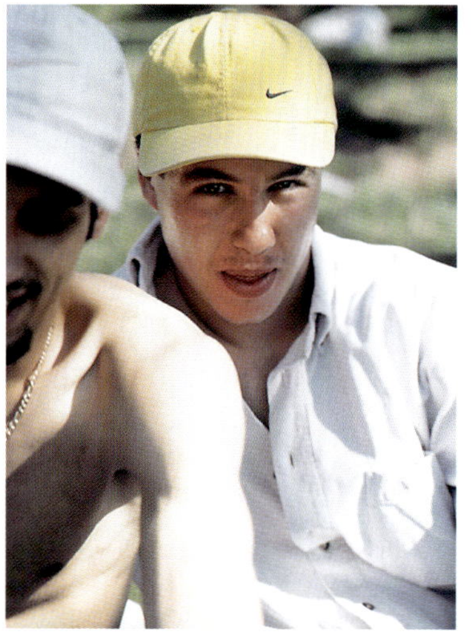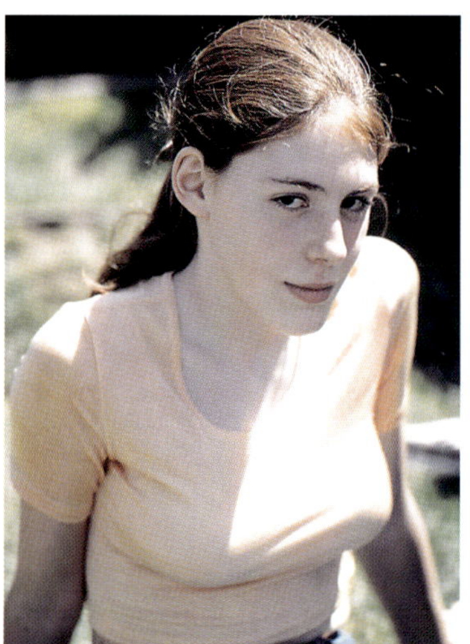

BEAT STREULI, ENGHIEN-LES-BAINS 98, 1998, C-Prints, je 170 x 122 cm / c-prints, 67 x 48" each.

wie das der Physiognom tut, ist nichts Ungewöhnliches, weder im Osten noch im Westen. Doch es ist möglicherweise keine sehr alte Gepflogenheit. Der japanische Kritiker Hiroshi Takayama schreibt: «Fremde sprechen nicht miteinander. Sie können lediglich anhand des Aussehens Mutmassungen über das innere Wesen des Anderen anstellen. So werden Menschen zu Zeichen (Charakteren), die es zu entziffern gilt; sie werden Text. Ende des 18. Jahrhunderts entstand eine Kultur, die sich an der Haltung des amoralischen Beobachtens orientiert, die auch den Flaneur auszeichnet (der sich die Leute anschaut, während er gemächlich und ziellos durch die Strassen der Stadt streift). Wir leben noch immer in dieser Kultur. Menschen und letztlich alle Äusserlichkeiten werden zu ‹Charakteren› in diesem doppelten Sinn.»[2] Die Beschreibung der inneren Wesensart eines Fremden anhand seines Äusseren ging demnach mit der Entstehung und Entwicklung der modernen kapitalistischen Grossstadt einher.

Die Bedeutungen des Begriffs «character» beschäftigen mich nicht ohne Grund. Zu einem Zeit-

punkt, da die moderne Grossstadt ihre Blütezeit längst hinter sich hat und im Niedergang begriffen ist, tritt die Doppelbedeutung von «character» noch stärker zutage. Und sie erweist sich als fruchtbarer Ansatz um über das Werk von Beat Streuli zu sprechen. Die jungen Leute, die in seinen Bildern erscheinen, sind in den meisten Fällen ohne ihre Einwilligung photographiert worden. Sie wissen nicht, dass sie zu Sujets geworden sind. In Streulis Arbeiten werden jedoch keine spezifischen Aussagen gemacht, weder über die Nationalität noch über das Geschlecht der jungen Leute. Zudem ist der Hintergrund in den Photographien (die jeweilige Stadt oder Strasse) so undeutlich wie möglich gehalten, als sollte jede spezifische Information über die Abgebildeten vermieden werden. Diese Haltung offenbart auch Streulis Bestreben, alles Politische aus seinen Arbeiten herauszuhalten. Streuli sagt selbst: «Die Diskussion der letzten Jahre, wonach gute Kunst irgendwo politische Kunst sein muss, im Sinne von gesellschaftlicher Signifikanz, finde ich … langsam etwas ermüdend, und auch wenn ich ‹politische›

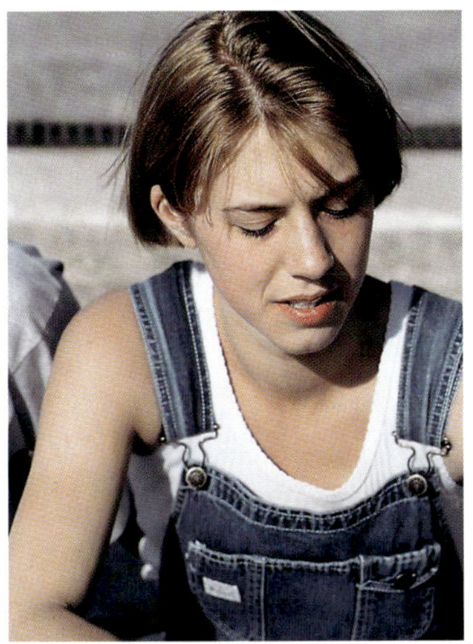 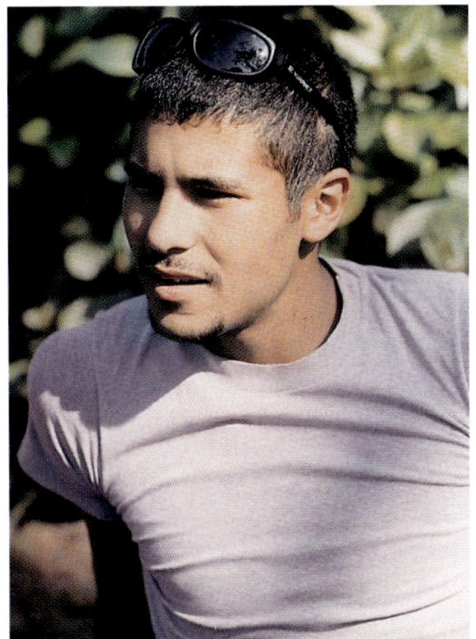 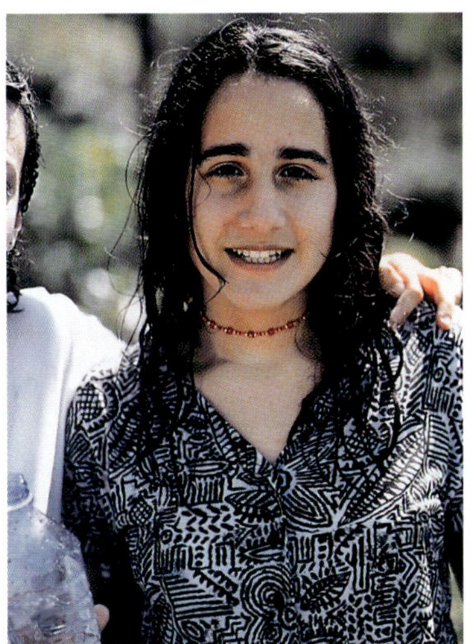

Argumente für meine Arbeit in der Vergangenheit hin und wieder verwendet habe, bin ich unterdessen eher zur Auffassung gekommen, dass es grundlegend fragwürdig ist, von einer politischen Qualität zeitgenössischer Kunst zu sprechen.»[3]

In vielen von Streulis Photographien bleibt das Sujet anonym. Zwar gibt es Titel, die auf bestimmte Orte hinweisen, wie etwa ALLEN STREET oder TARRAGONA – ich werde später auf diesen Punkt zurückkommen. Aber selbst da müssen wir uns im Klaren sein, dass oft jeder Hinweis auf einen bestimmten Ort getilgt und jedes Lokalkolorit stoisch vermieden wurde. Auch bei manchen von Streulis Werktiteln fällt auf, dass sie nur wenig über Zeit und Ort der Entstehung der Bilder offenbaren.

Ausserdem sind die Unterschiede bezüglich Mode, Geschlecht und ethnischer Zugehörigkeit in diesen Photographien keine Metaphern im Diskurs über heutige Kultur und Grossstädte, und auch keine durch bereits etablierte kulturelle Codes zu erschliessenden Symbole. Die Bilder sind gewissermassen von den photographierten jungen Leuten hinterlassene

Indizien, die schlicht aussagen: «Soundso war hier.» Streuli gibt sich grosse Mühe in seinen Arbeiten keine «Bedeutungen» zu evozieren und bringt es auf diese Weise fertig, die semiotische Komponente der Photographie quasi «roh» zum Ausdruck zu bringen. Aus diesem Grund sind wir sprachlos und zunehmend beunruhigt, wenn wir seine Photographien betrachten, die alles enthüllen, ohne versteckte Bedeutungen oder sicheren Boden, der uns Halt bieten könnte. Da Streulis Bilder der Versuchung widerstehen, eine Aussage über eine Kultur oder Stadt zu machen, muss man sein Werk wohl als klare Stellungnahme gegen die symbolische Interpretation von Grossstädten (oder Landschaften) verstehen, wie sie in Photographien (aber nicht nur in Photographien) zum Ausdruck kommt; eine Interpretationsweise, die seit der Ausstellung «New Topographies: Photographs of Man-altered Landscape» im International Museum of Photography in Rochester, New York, bis in die 80er Jahre hinein vorherrschend war.

1996 bat Streuli anlässlich seiner Ausstellung in der katalanischen Stadt Tarragona ein örtliches

Gymnasium um Erlaubnis, die Studentinnen und Studenten mit ihrem Einverständnis zu photographieren. Er schildert diese Erfahrung wie folgt: «(ich) … photographierte diese Teenager mit ihrem Wissen und ihrer Mitarbeit. Ich arbeitete in einem Feld zwischen Dokumentarphotographie und Fiktion, Inszenierung – also eigentlich genauso wie in meinen Strassenarbeiten, nur von der andern Seite her. Man könnte hier übrigens von einem zweiten Dreieck sprechen, das meine Arbeit in der Aufnahmeebene strukturiert: Das Eins-zu-Eins-Gegenüber der Arbeit auf der Strasse als zentrales Vorgehen; das rein beobachtende der ALLEN STREET-Serie; und eben diese direkte Zusammenarbeit mit ‹Modellen› als drittes. Das Posieren der Studenten wurde zu einem interessanten Moment – wenn jemand für ein Photo posiert, enthüllt er auch gleichzeitig einiges von sich selbst, gerade durch diesen Akt des Posierens – man wird ein unfreiwilliger Schauspieler seiner selbst.»[4]

Dies erinnert mich an etwas, was Jeff Wall über seinen Schaffensprozess erzählt hat.[5] Während der Arbeit an neueren monochromen Werken wie VOLUNTEER (Freiwilliger, 1996) und HOUSEKEEPING (Hausarbeit, 1996) engagierte Wall Leute, die er einige Zeit lang jeden Tag dieselben Handlungen und Posen wiederholen liess. Dabei ging das fiktionale Schauspiel ganz unmerklich in ein sehr überzeugendes (dokumentarisches) Werk über, das den Eindruck von «Realität» erweckte. Walls Versuch ist mit Streulis Arbeit mit den Studenten vergleichbar, die er vorher um Einwilligung bat beziehungsweise ihnen das Bewusstsein vermittelte, dass sie photographiert wurden. Es ist nicht meine Absicht, den Unterschied zwischen dem Vorgehen, die Modelle «natürlich» zu photographieren, und jenem, sie zu «Schauspielern» ihrer selbst zu machen, besonders herauszustreichen. Ich meine nur, dass man bei der dokumentarischen Photographie aus dem festgehaltenen Bild eine «Geschichte» ableiten kann, die auf der Realität zum Zeitpunkt der Aufnahme basiert,

dass diese Realität aber nicht Teil der Photographie selbst ist. Dies, weil die dokumentarische Photographie und die fiktionale Photographie meines Erachtens insofern nicht unterscheidbar sind, als sie beide gleichermassen Ereignisse verkörpern, die sich auf der zwischen Wirklichkeit und Photographie liegenden Membran abspielen. Kurz gesagt, die «Geschichte» des «zwischen Dokumentation und Fiktion Angesiedelten» hat von Anbeginn nichts mit Photographie zu tun.

Die Gesichtszüge und Mienen der jungen Leute in Streulis Arbeiten könnten ohne weiteres sowohl Anzeichen ihrer individuellen Charaktere (Charakteristiken) von A bis Z sein als auch neu erfundene Charaktere (Zeichen) der Sprache ihrer physischen Gegenwart, die, wie Streuli es formuliert, als etwas, was «noch nicht entschieden» ist, gelesen werden müssen. Walter Benjamin stellte fest, dass die Photographie erst mit der Befreiung von physiognomischen, politischen und wissenschaftlichen Interessen kreativ zu werden beginnt. Diese Suspension verweist darauf, dass die Welt sich tatsächlich in einem Zustand der Unentschiedenheit befindet. Zwar stockt die Zeit auf dem Photopapier, aber Bedeutung und Inhalt von Streulis Bildern bleiben dem Wandel unterworfen, werden sie doch bewusst als solche präsentiert, die für immer unvollständig bleiben müssen.

(Übersetzung aus dem Englischen: I. Aeberli/W. Parker)

1) Laut *Webster's Third New Dictionary*, 1986. Im Deutschen verhält es sich ähnlich: Hier war es die übertragene Bedeutung «Eigenschaft», «Eigentümlichkeit», «prägender Zug», also quasi «in die Seele eingeritztes Kennzeichen», welche sich im 17. Jahrhundert erneut einbürgerte (sie war auch im Griechischen schon vorhanden gewesen).
2) Hiroshi Takayama, «How We've Been Characterized by Leibniz, Lavater, Borges», in: *The Library of Babel: Character/Books/Media*, NTT Publishing, Tokio 1988, S. 15.
3) Beat Streuli, «Beat Streuli», in: *Camera Austria*, Nr. 62/63, 1998, S. 75.
4) Ibid., S. 76.
5) Vortrag von Jeff Wall vom 14. Dezember 1997 anlässlich seiner Ausstellung im Contemporary Art Center in Mito, Japan.

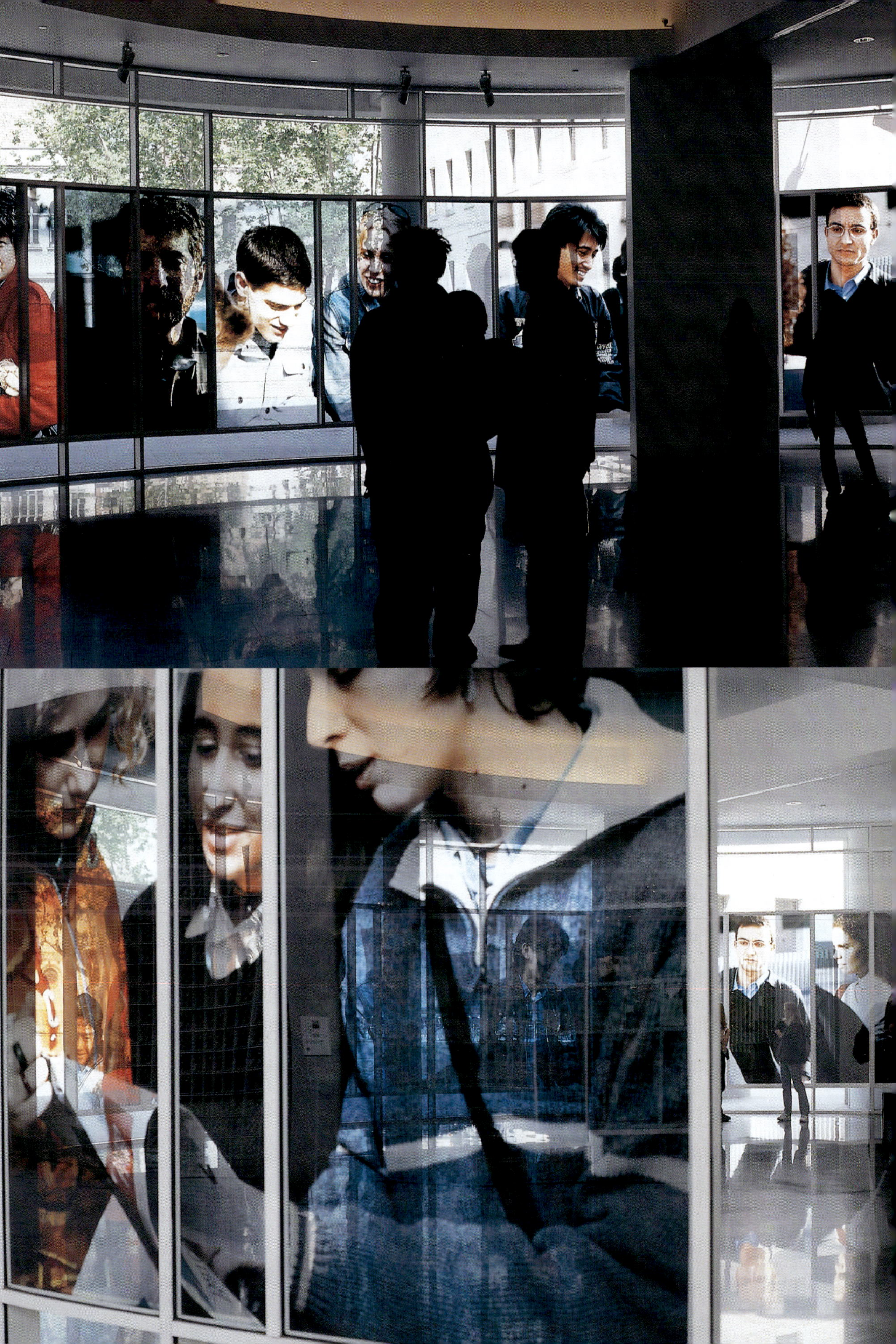

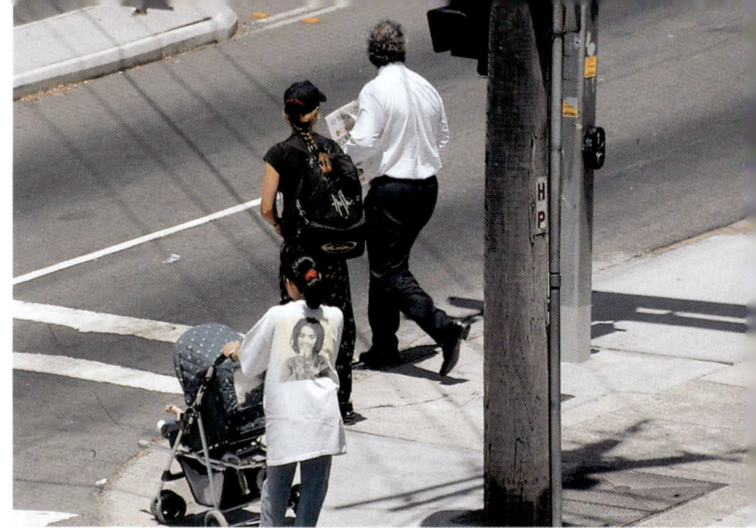

EVERYDAY ARCADIAS

TREVOR SMITH

Beat Streuli is driven by a concern that contemporary art has not delivered the images within which many people can recognize themselves; that the long view of history will probably discern more about our time through pop music, advertising and film than through contemporary art. If Jeff Wall's comment that he always tries to make his pictures beautiful[1] underlines the importance of seduction to the affect of his work, Streuli is more direct: "I want to have installations that are big and beautiful just as the movies are, or great billboards, and without selling stupid products."[2]

Despite the differences between Wall's constructed tableaux and Streuli's street photography, both artists operate in close and critical proximity to the vastly more popular forms of advertising and cinema. If Wall's use of actors and sets for many of his tableaux are a negation of photography's claims to transparency, Streuli's works manipulate our desire for it—a desire to have images which appear to reflect lived experience. In spite of widespread awareness of its openness to manipulation, photography continues to play an intimate role in daily life and how we form our memories. As such it remains a powerful force and it is precisely because of this tense equilibrium between the need for and disappointment in photography that Streuli's works could appear so powerfully crystalline.

Riding the New York City subway between 1938 and 1940, Walker Evans surreptitiously photographed his fellow passengers lost in thought or avoiding each others gazes: no degradation, no titillation, no action, no death, no fame. They are simply pictures of ordinary people negotiating public space; or as Evans would put it when these photographs were finally published in 1966, "As it happens, you don't see among them the face of a judge or a senator or a

---

TREVOR SMITH is Curator of Contemporary Art at the Art Gallery of Western Australia.

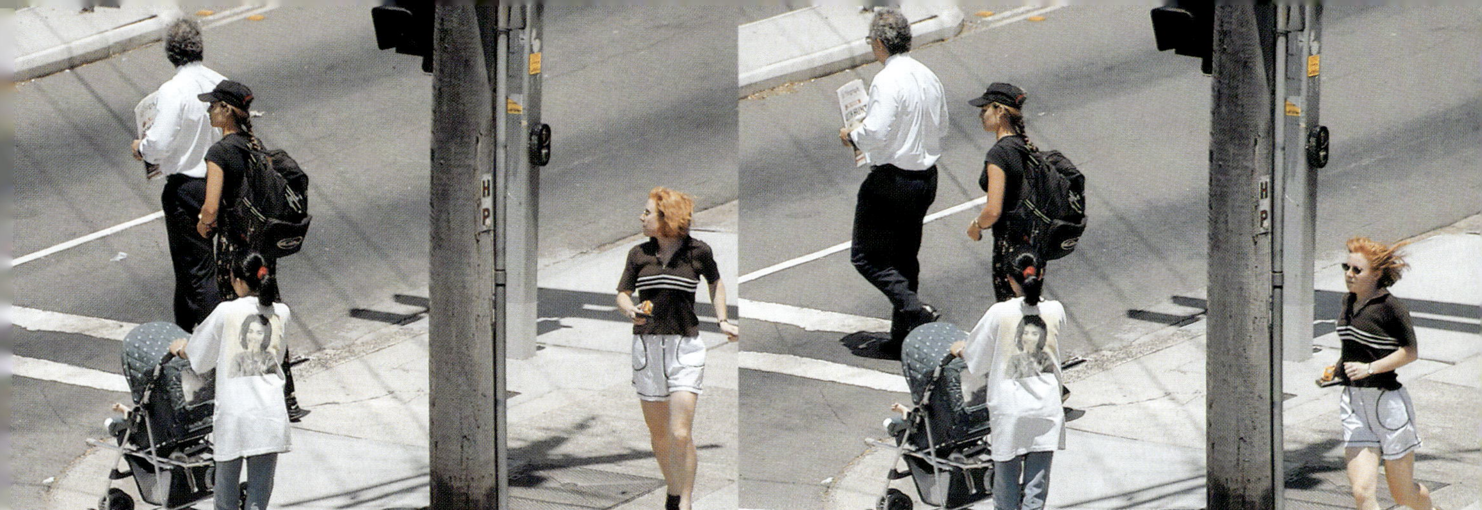

BEAT STREULI, BONDI BEACH/PARRAMATTA ROAD, 1998,
Stillaufnahmen aus Überblende-Diaprojektion, Grösse variabel / stills from fading slide projection, dimensions variable.

bank president. What you do see is at once sobering, startling and obvious: These are the ladies and gentlemen of the jury."[3]

Evans's sober judgment seems all the more powerful for being after the fact. The ladies and gentlemen of the jury do not only sit in judgment over their peers but over we who gaze at their purloined photographs, we who have inherited their world. How have we dealt with our inheritance? Streuli's work presents us with the evidence by which we might begin to consider that question, the evidence of how we inhabit urban situations at the end of the twentieth century. The questions raised by Evans's sober black and white photographs of urban disengagement are answered in some measure by Streuli's spectacular projections of social and psychological connections.

Streuli's BONDI BEACH/PARRAMATTA ROAD explores urbanism precisely through the examination of specific locales and the people who inhabit them. Momentarily frozen in time and viewed in monumental scale, people inhabit the beaches and streets of Sydney during the long hot summer. Microgestures and motion, body language and sartorial selection, the small touches and expressions with which we measure our connections to one another and our environment are given extraordinary weight. If Bondi Beach initially seems an unusually arcadian setting for an artist who is an urbanist par excellence then it needs to be understood that Bondi Beach—along

with Parramatta Road, the second geographical pole in this installation—underscores the particularity of Sydney as a city as much as Oxford Street might represent London. The photographs in BONDI BEACH/ PARRAMATTA ROAD are similar in intent but contrast markedly to those in his earlier installation, OXFORD STREET. In that work, waves of people descend into London's Underground. We see them front on, often from below, some expressions not dissimilar to the Walker Evans *Subway* portraits. On Bondi Beach many of the people are seen from behind, frolicking in the waves that crash upon the beach.

In Europe's densely populated cities it is the street where democracy is most clearly seen. In Oxford Street people from all walks of life negotiate one another's presence without the strict hierarchies of the workplace or traditional society. Class structures do not exactly break down but they are momentarily stymied by the crush of too many people and too much information. Australia's major cities lack European density but all of them lie on the coast and Sydney, most of all, defines itself in relation to its spectacular harbor and many beaches. Its urban environment is connected to its natural setting in a way that has all but disappeared in most European centers. On the beaches of Sydney holiday makers rub shoulders with school kids playing hooky, families play next to singles checking out the action. The beach, like the street, is a neutral zone where all classes must rub shoulders in the most democratic of

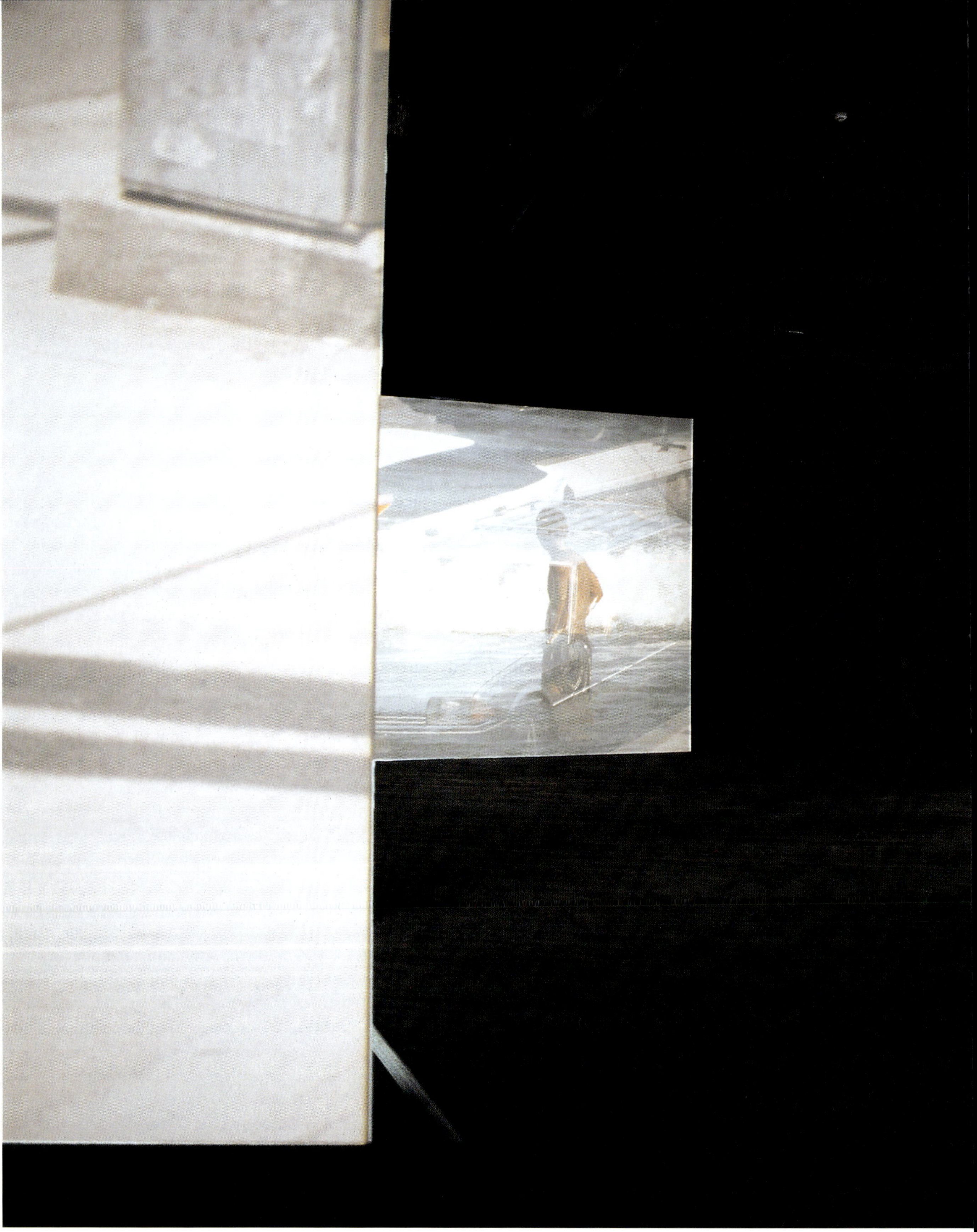

BEAT STREULI, BONDI BEACH/PARRAMATTA ROAD, 1998, Überblende-Diaprojektionen auf 5 freistehenden Wänden, Biennale Sydney, 1998,
je 4,2 x 6,3 m / fading slide projections on 5 free-s anding walls, 4 yd. 17" x 6 yd. 26".

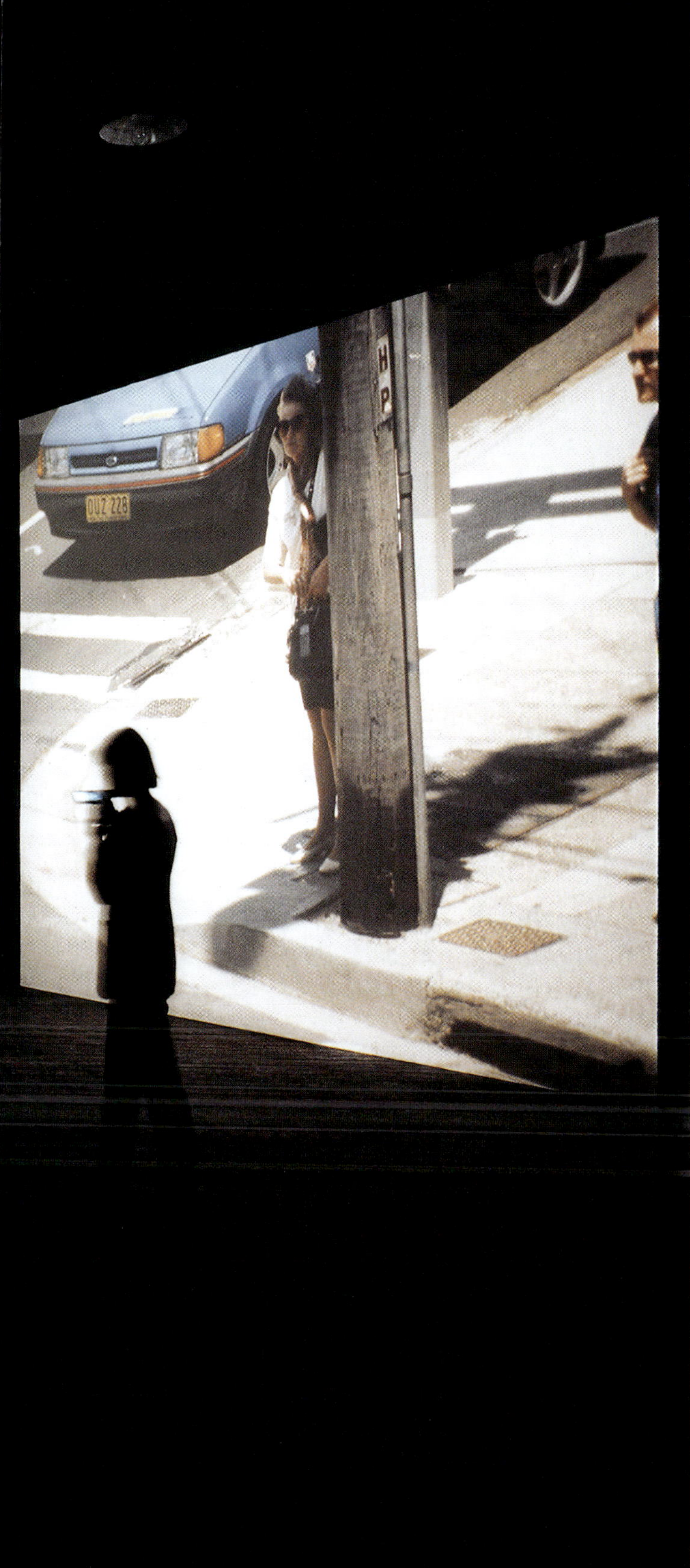

circumstances. But where the street is tinged with mixed emotions, a site to be passed through, the beach is a destination where each crash of the waves acts to focus the mind and leave the working world behind.

While Bondi Beach is inhabited by people from all walks of life, it is set in the wealthy eastern suburbs of Sydney. Not ten kilometers away Parramatta Road begins. Lined with used car lots, discount stores and small immigrant businesses, it is Sydney's light industrial backbone. Traffic crawls through the inner city suburbs of Leichardt and Annandale, through the relatively poor Western suburbs of Parramatta, and onward into the Blue Mountains that lie at the edge of the city. By articulating the tension and the proximity between Paramatta Road and Bondi Beach, Beat Streuli comes closer than most Australian artists in articulating the particularity of Sydney's contemporary urban situation. In its connection to its natural surroundings and in its patterns of migration it is an urbanism that has much more in common with Cape Town and Vancouver than London or Düsseldorf. It would, however, be a mistake to read BONDI BEACH/PARAMATTA ROAD too closely in terms of the specifics of Sydney's urban geography. Instead it makes palpable the psychological dimension of all urban situations. It explores the patterns of attention and inattention that people deploy to live in the city, to be in the crowd.

The people in Streuli's images visibly negotiate their connection to their environment, the boundaries of their awareness are constantly shifting, expanding and contracting to dodge the city's shadows. A simple touch. A kiss. Water splashing. The smell of diesel. Watching the horizon. People watching. A blank stare. Laughing with a friend. Simple things. Small things. Everyday arcadias.

1) Jeff Wall, "Typology, Luminescence, Freedom: an interview with Els Barrents," in: *Jeff Wall: Transparencies* (New York: Rizzoli, 1986), p. 104.
2) Beat Streuli, "Art and Everyday: Transcript of forum on the theme of this year's Biennale of Sydney, Art Gallery of New South Wales, 19 September 1998, *Like*, no. 7, summer 1998–99.
3) Walker Evans quoted in: Sandra Alvarez de Toledo, "Street, Wall, Delirium," *Documenta X: the book* (Ostfildern-Ruit: Cantz Verlag, 1997), p. 114.

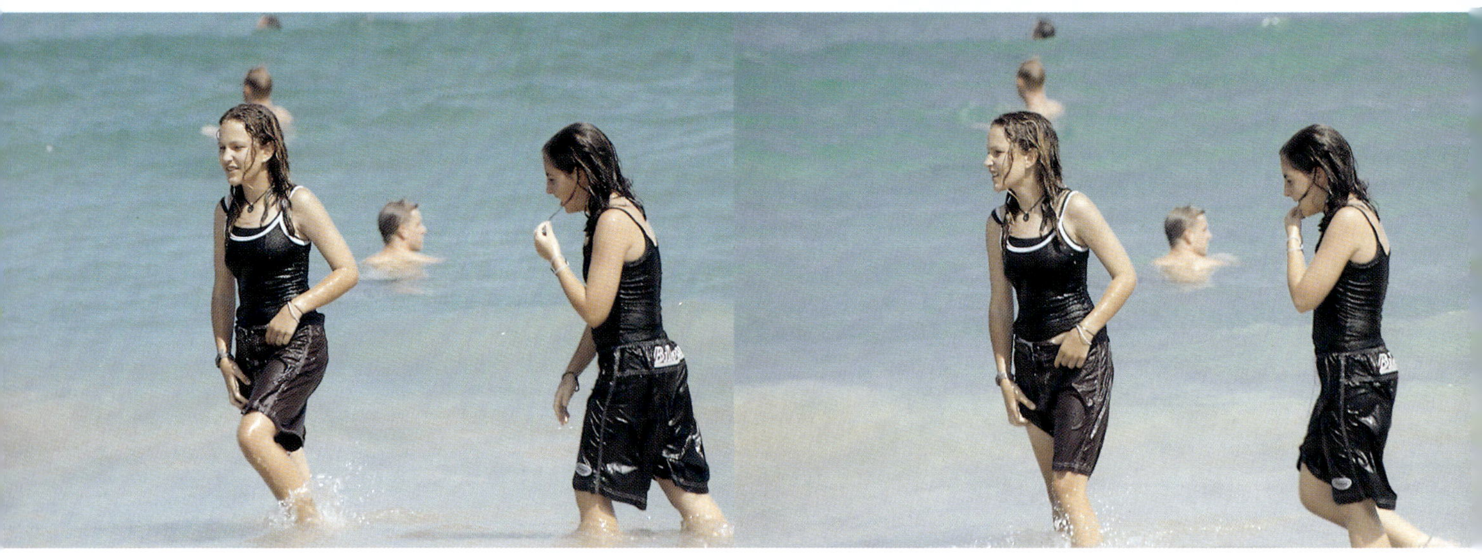

ARKADISCHE ALLTAGSMOMENTE

TREVOR SMITH

Beat Streuli beschäftigt es, dass die zeitgenössische Kunst nicht unbedingt die Bilder hervorgebracht hat, in denen sich viele Menschen wiedererkennen; seine Befürchtung ist, dass spätere Generationen durch Popmusik, Werbung und Film mehr über unsere Epoche erfahren werden als durch die zeigenössische Kunst. Während Jeff Wall mit seiner Bemerkung, er versuche immer, seine Bilder schön aussehen zu lassen,[1] die Bedeutung der Verführung für die Wirkung seiner Arbeiten unterstreicht, ist Streuli direkter: «Ich möchte Installationen haben, die so gross und schön sind wie Filme oder grosse Plakatwände, und zwar ohne damit dumme Produkte zu verkaufen.»[2]

TREVOR SMITH ist Kurator für zeitgenössische Kunst an der Art Gallery of Western Australia.

Trotz aller Unterschiede zwischen Walls inszenierten Tableaus und Streulis Strassenphotographie arbeiten beide Künstler in unmittelbarer und kritischer Nähe zu den weitaus populäreren Medien Werbung und Film. Richtet sich Walls Verwendung von Schauspielern und Kulissen in vielen seiner Bilder gegen den Anspruch der Photographie auf Transparenz, so spielen Streulis Arbeiten mit unserem Verlangen danach – dem Verlangen nach Bildern, die unsere gelebten Erfahrungen wiederzugeben scheinen. Obwohl allgemein bekannt ist, dass sie leicht manipuliert werden kann, hat die Photographie nach wie vor viel mit unserem täglichen Leben und unseren Erinnerungen zu tun. Insofern bleibt sie eine prägende Kraft und es ist genau dieses angespannte Gleichgewicht zwischen dem Bedürfnis nach Photographie und der Enttäuschung über sie, das uns Streulis Bilder so stark

*BEAT STREULI, BONDI BEACH/PARRAMATTA ROAD, 1998,
Stillaufnahmen aus Überblende-Diaprojektion, Grösse variabel /
stills from fading slide projections, dimensions variable.*

und klar erscheinen lässt. Zwischen 1938 und 1940 fuhr Walker Evans in der New Yorker U-Bahn und machte heimlich Aufnahmen von Mitreisenden, die ihren Gedanken nachhingen oder es vermieden, einander anzusehen: Nichts Abschätziges, kein Nervenkitzel, weder Action noch Tod noch Berühmtheit, sondern schlicht Aufnahmen von einfachen Leuten, die sich den öffentlichen Raum teilen, oder wie Evans es ausdrückte, als diese Bilder schliesslich 1966 veröffentlicht wurden: «Offensichtlich sehen Sie unter diesen Menschen weder das Gesicht eines Richters noch das eines Senators oder eines Bankpräsidenten. Was Sie hier sehen, ist verblüffend, erschreckend und eindeutig: Es sind die Damen und Herren Geschworenen.»[3)]

Gerade weil Evans' Einschätzung im Nachhinein getroffen wurde, ist sie besonders präzise. Die Damen und Herren Geschworenen urteilen nicht nur über ihre Mitmenschen, sondern auch über uns, die wir auf ihre gestohlenen Bilder blicken, uns, die wir ihre Welt geerbt haben. Wie sind wir mit unserem Erbe umgegangen? Streulis Arbeiten stellen uns die Beweismittel zur Verfügung, aufgrund derer wir anfangen könnten über diese Frage nachzudenken, Beweismittel dafür, wie wir in städtischen Umfeldern am Ende des zwanzigsten Jahrhunderts leben. Die Fragen, die Evans in seinen nüchternen Schwarz-

weissaufnahmen der städtischen Beziehungslosigkeit stellte, werden zum Teil in Streulis spektakulären Projektionen gesellschaftlicher und psychologischer Bezüge beantwortet.

Streulis BONDI BEACH/PARRAMATTA ROAD untersucht das Urbane eben durch den genauen Blick auf bestimmte Örtlichkeiten und die Menschen, die sie bewohnen. Von einem Augenblick auf den anderen eingefroren und in monumentaler Vergrösserung, bevölkern diese Menschen die Strände und Strassen Sydneys während des langen, heissen Sommers. Den feinen Gesten und Bewegungen, Körpersprache und Kleiderwahl, den kleinen Berührungen und dem Mienenspiel, mit denen wir unsere Beziehungen untereinander und zu unserer Umwelt ausdrücken, wird aussergewöhnliches Gewicht verliehen. Scheint Bondi Beach zunächst ein ungewöhnlich arkadischer Schauplatz für einen Künstler zu sein, der ein Städter par excellence ist, so muss man verstehen, dass Bondi Beach – zusammen mit Parramatta Road, dem geographischen Gegenpart in dieser Installation – genauso repräsentativ für die Stadt Sydney ist wie Oxford Street für London. Die Photos in BONDI BEACH/PARRAMATTA ROAD verfolgen ein ähnliches Ziel, kontrastieren aber entschieden mit denen der früheren Installation OXFORD STREET. In jener Arbeit strömt eine Menschenmenge wellenähnlich in Londons U-Bahn hinab. Wir sehen sie frontal, oft von unten, wobei ihre Mienen denen von Evans' *Subway*-Porträts nicht unähnlich sind. Am Bondi Beach sieht man viele der Menschen, die sich Kühlung suchend in den am Strand aufschlagenden Wellen vergnügen, von hinten.

In Europas dichtbevölkerten Städten ist die Strasse der Ort, wo die Demokratie am deutlichsten sichtbar wird. Auf der Oxford Street finden sich Menschen unterschiedlichster Herkunft zusammen, jenseits der strengen Hierarchien in Arbeitswelt oder Gesellschaft. Klassenstrukturen lösen sich nicht wirklich auf, werden aber durch den Ansturm von zu vielen Menschen und zu viel Information vorübergehend lahm gelegt. Australiens grösseren Städten fehlt diese europäische Dichte, aber alle liegen an der Küste und vor allem Sydney verdankt sein Gesicht seinem herrlichen Hafen und seinen vielen Stränden. Hier ist die Stadtlandschaft mit der umliegenden Natur

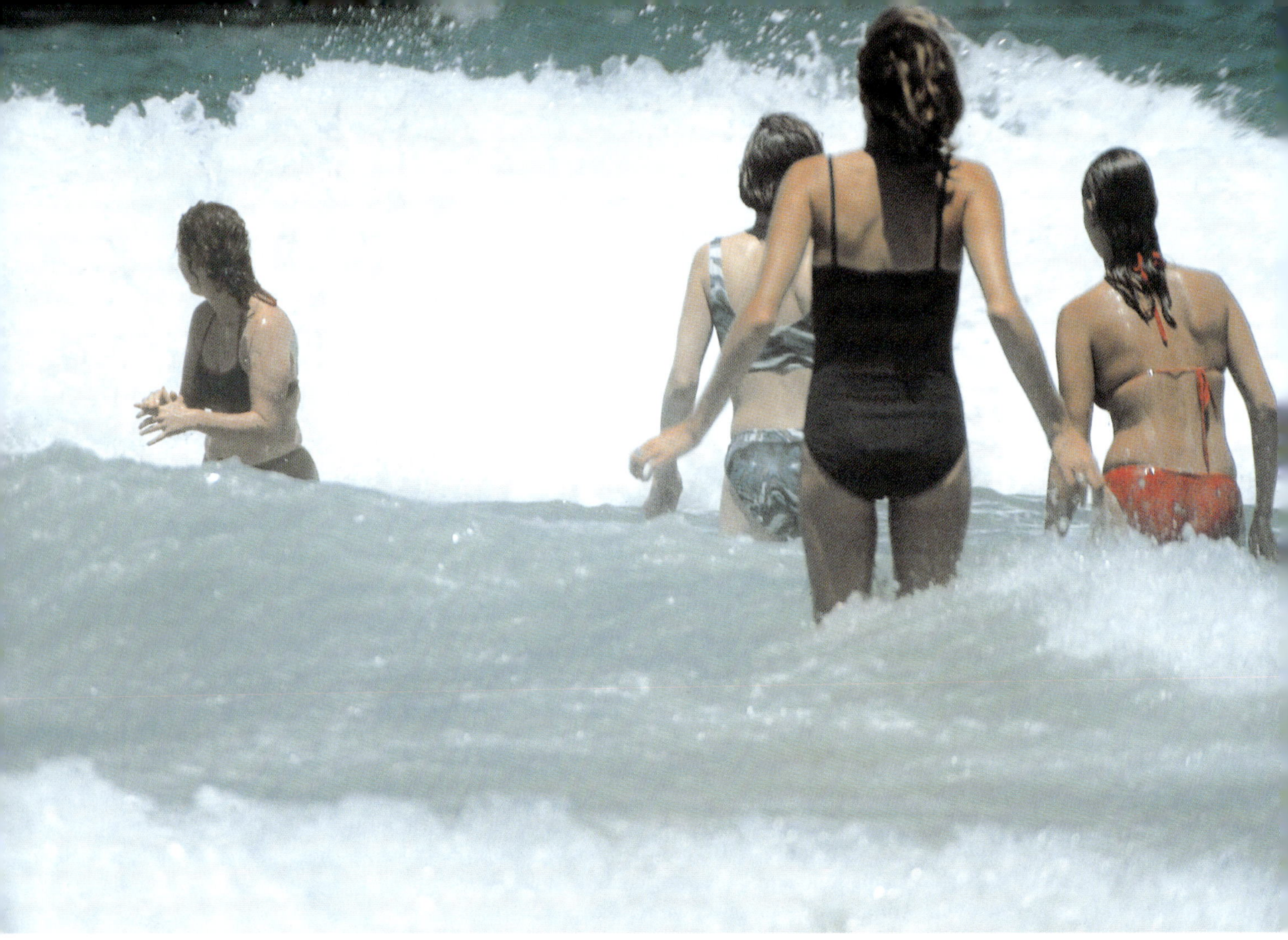

BEAT STREULI, BONDI BEACH/PARRAMATTA ROAD, 1998, Stillaufnahmen aus Überblende-Diaprojektion, Grösse variabel /
stills from fading slide projection, dimensions variable.

in einer Art und Weise verbunden, die den meisten europaischen Zentren verloren gegangen ist. An den Stränden von Sydney mischen sich Urlauber und Kinder, die die Schule schwänzen; Familien spielen direkt neben Singles, die beobachten was rundum vor sich geht. Wie die Strasse ist der Strand eine neutrale Zone, wo alle Schichten völlig gleichberechtigt miteinander in Berührung kommen. Aber während die Strasse ein Durchgangsort ist, mit dem gemischte Gefühle verbunden sind, ist der Strand ein Ort, den wir aufsuchen, weil die Brandung uns fasziniert und die Welt der Arbeit vergessen lässt.

Obwohl Bondi Beach von Menschen aller Schichten bevölkert ist, liegt der Strand doch in den wohlhabenden östlichen Vororten Sydneys. Keine zehn Kilometer entfernt fängt die Parramatta Road an. Gesäumt von Gebrauchtwagenhändlern, Discountläden und kleinen Geschäften von Einwanderern, ist sie Sydneys kleingewerbliches Rückgrat. Der Verkehr kriecht durch die inneren Vorstadtquartiere Leichardt und Annandale, durch die relativ arme westliche Vorstadtgegend von Parramatta und weiter in die Blue Mountains am Stadtrand. Indem er sowohl die Spannung als auch die Nähe zwischen Parramatta Road und Bondi Beach zum Ausdruck bringt, gelingt es Beat Streuli besser als den meisten australischen Künstlern, das Besondere an Sydneys augenblicklicher urbaner Situation zum Ausdruck zu bringen. Dank der Beziehung zur umliegenden Natur und durch seine Einwanderungsstruktur finden wir hier

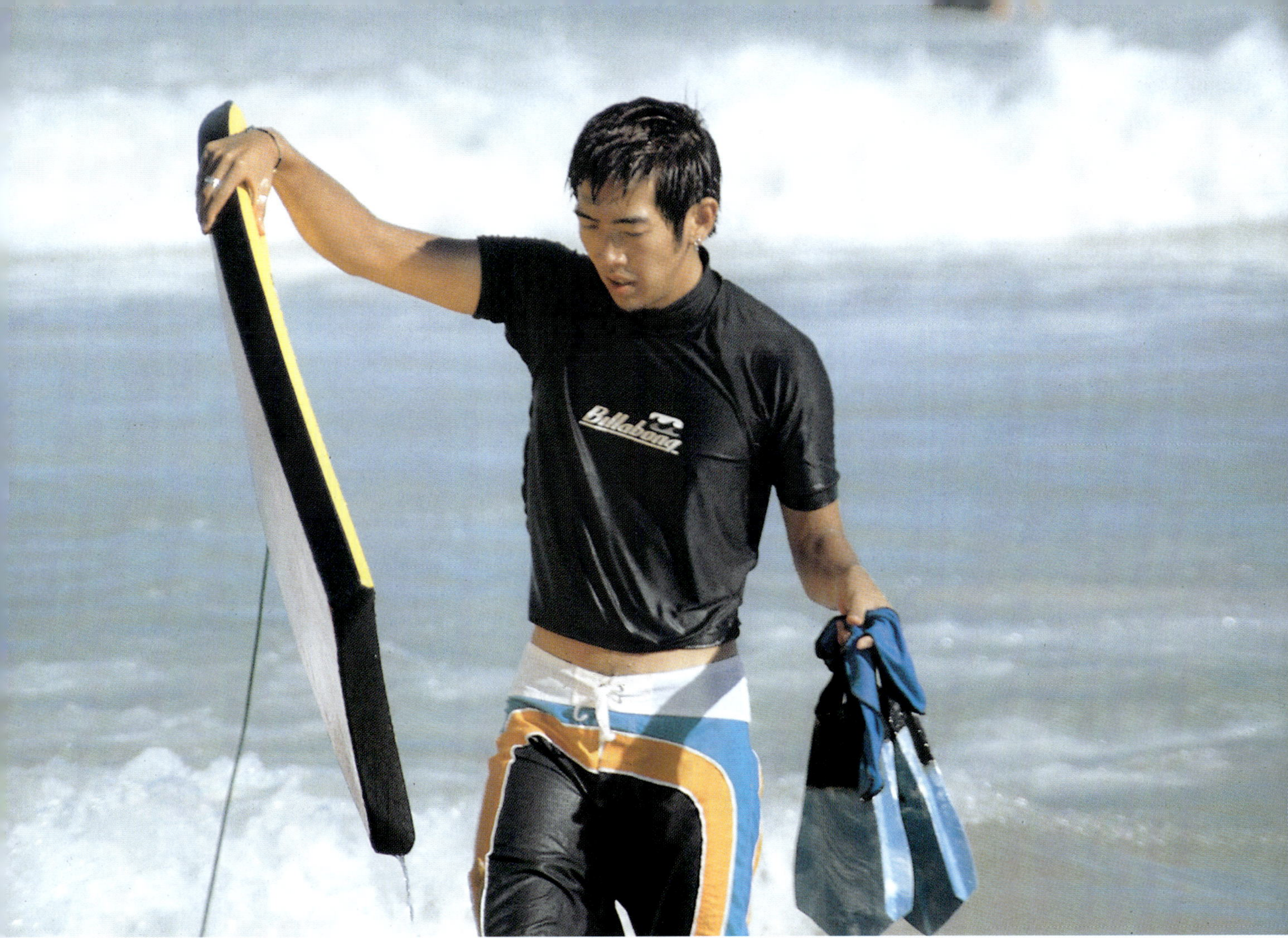

einen Stadtcharakter, der mehr mit Cape Town oder Vancouver als mit London oder Düsseldorf zu tun hat. Es wäre jedoch ein Fehler, BONDI BEACH/PARRAMATTA ROAD zu sehr im Hinblick auf die Besonderheiten von Sydneys urbaner Geographie zu interpretieren. Es lässt vielmehr die psychologische Dimension jeder urbanen Situation greifbar werden. Es untersucht die wechselnden Formen von Aufmerksamkeit und Unaufmerksamkeit, welche Menschen ausbilden um in der Stadt, in der Masse leben zu können.

Man sieht den Menschen auf Streulis Bildern an, wie sie ihre Beziehung zur Umwelt regeln, die Felder ihrer bewussten Wahrnehmung verändern sich ständig, erweitern und verengen sich um den Schatten der Stadt auszuweichen. Eine einfache Berührung.

Ein Kuss. Spritzendes Wasser. Benzingeruch. Den Horizont absuchen. Den Menschen zuschauen. Ein ausdrucksloser Blick. Mit einem Freund lachen. Einfache Dinge. Kleine Dinge. Arkadische Alltagsmomente.

(Übersetzung: Egbert Hörmann)

1) Jeff Wall, «Typology, Luminescence, Freedom: an interview with Els Barrents», in: *Jeff Wall: Transparencies*, Rizzoli, New York 1986, S. 104.
2) Beat Streuli, «Art and Everyday: Transcript of forum on the theme of this year's Biennale of Sydney», Art Gallery of New South Wales, 19. September 1998, *Like*, Nr. 7, Sommer 1998–1999.
3) Walker Evans, zitiert im Katalog zur «Documenta X», Cantz, Ostfildern-Ruit 1997.

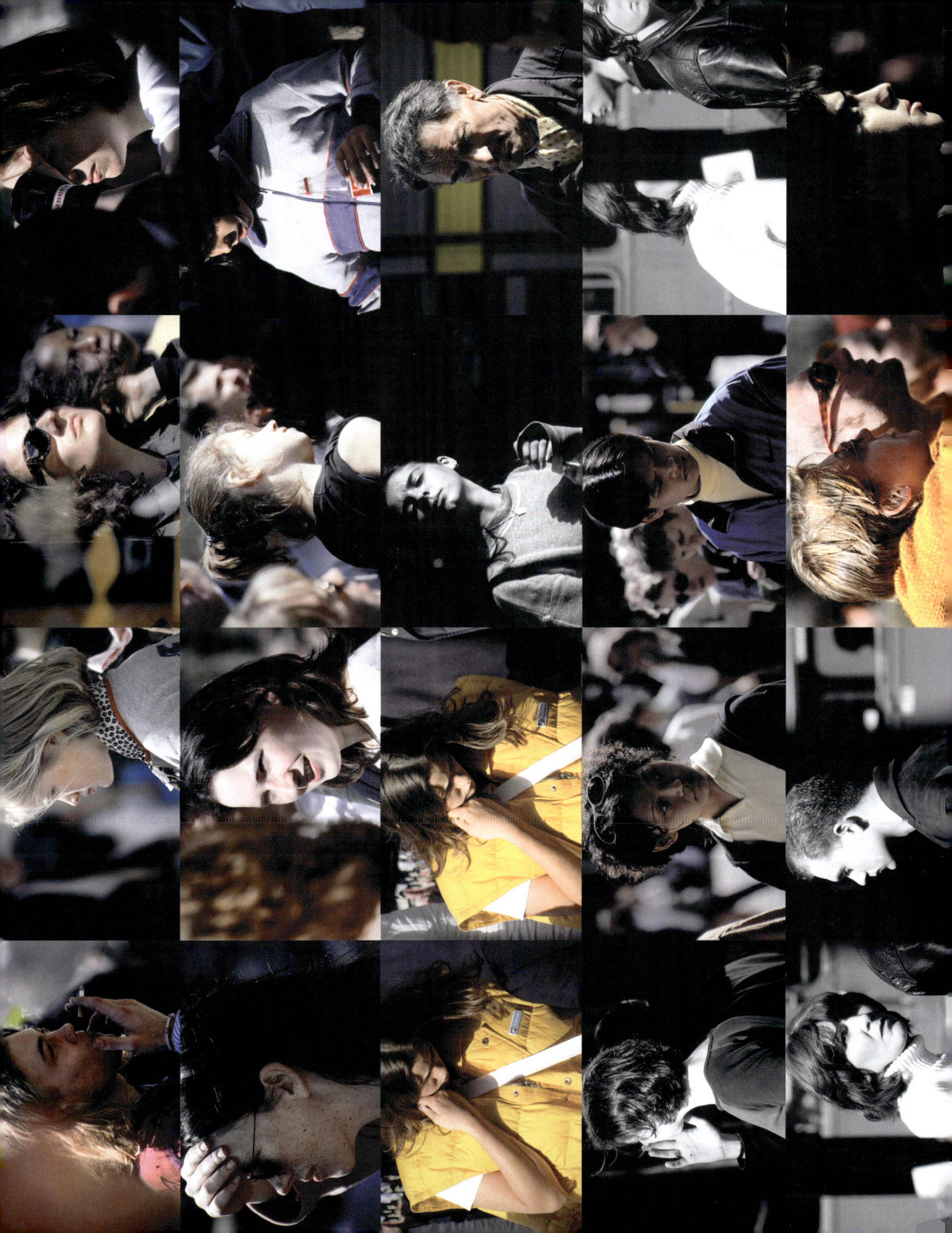

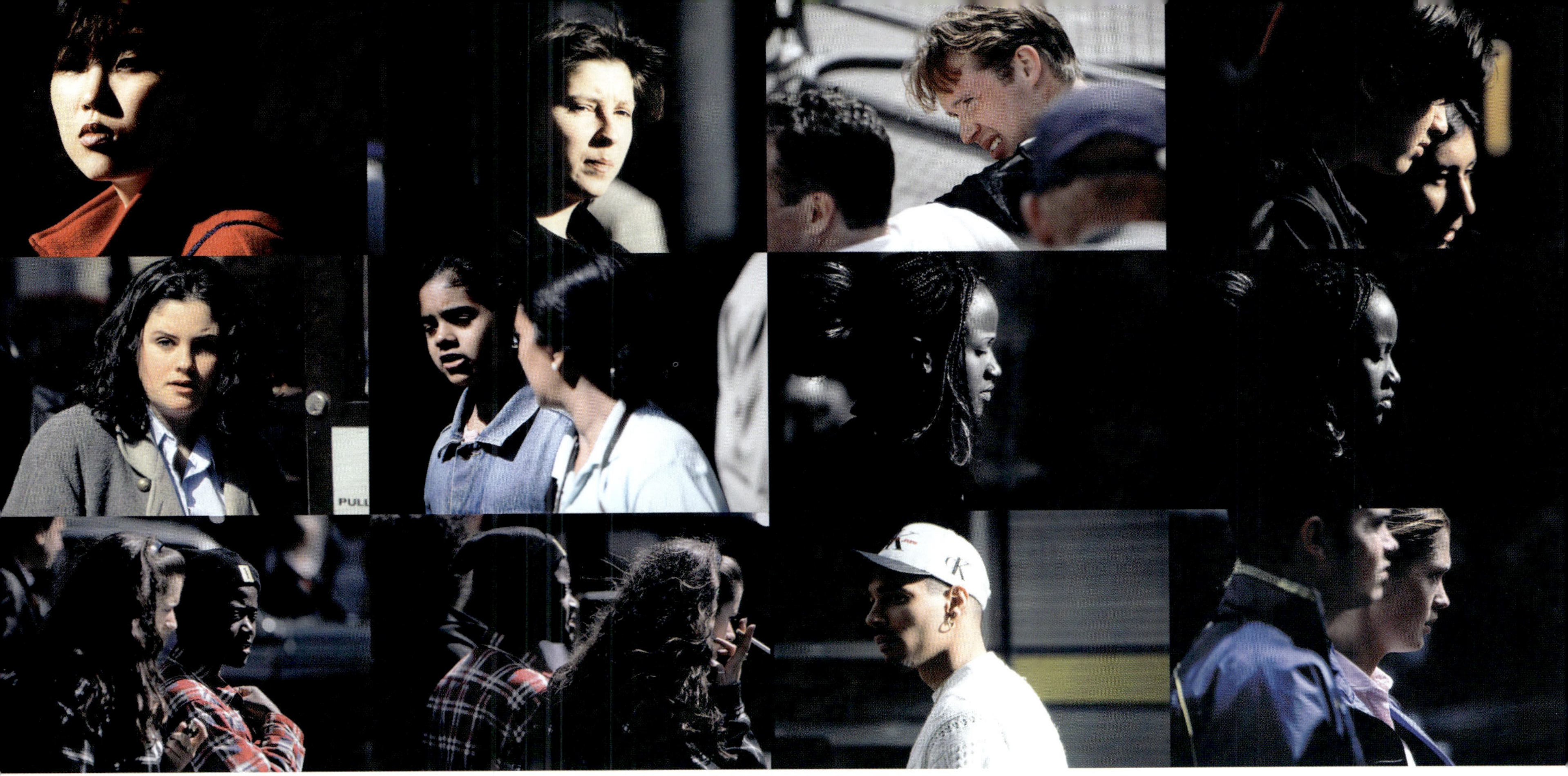

Edition for Parkett   **Beat Streuli**   Oxford Street, 1998

Laserchrome-Print auf Agfa-Hochglanzpapier, Poster mit 32 farbigen und schwarzweissen Bildern, Vergrösserung durch Grieger GmbH, Düsseldorf.
132 x 100 cm
Auflage: 60, signiert und nummeriert

Laserchrome print on Agfa high-gloss paper, poster with 32 colored and b/w photographs, print by Grieger GmbH, Dusseldorf.
52 x 39⅜"
Edition of 60, signed and numbered

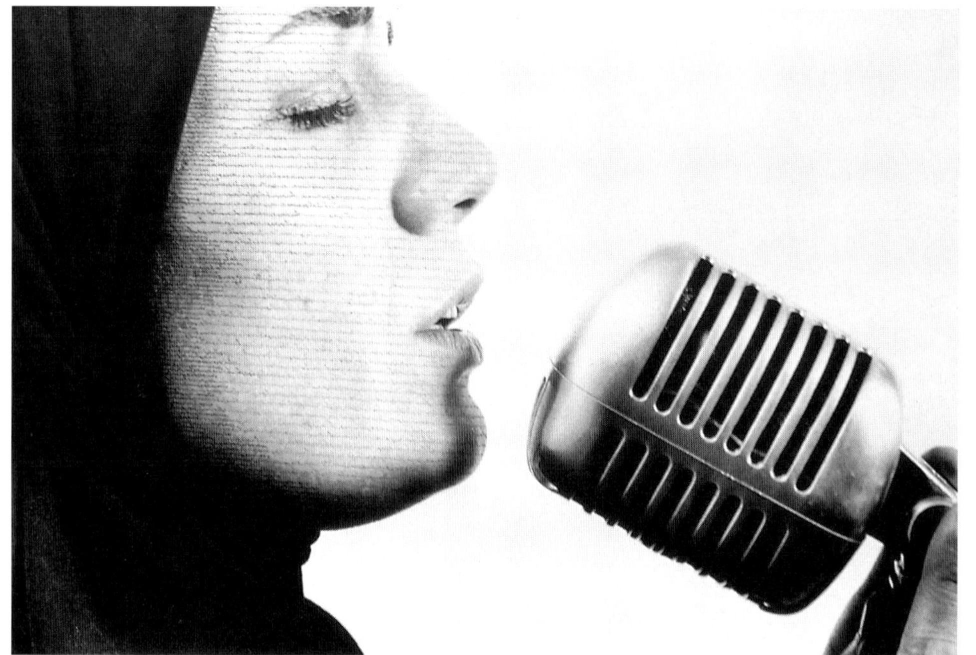

Motion Capture

Sometimes film and video texts are mediums which act as encapsulations of space where culture becomes a living dream and art can be a formula for perceptual and textual permutation. There are so many layers of representation that coalesce in the lens that it becomes a refraction point, a place where everything blurs, and where meaning as we traditionally understand it becomes part of a continuum of associations flickering in the space of the light beaming out of the camera. Shirin Neshat's camerawork (still photo-

PAUL D. MILLER

graphs, video short texts) is a powerful critique, not only of Iranian culture and the changing role of its women, but of the gaze of a world culture where the role of women must be questioned. Neshat's latest video installation, TURBULENT (1998), addresses core issues of the patriarchal, fundamentalist society that the New York-based artist once called home, with deeper implications for a world in which cultural identity is in a constant state of becoming. Neshat's artwork, whether in the form of photographs with

PAUL D. MILLER a.k.a. DJ Spooky that Subliminal Kid, is a writer, conceptual artist and musician. He lives and works in New York City.

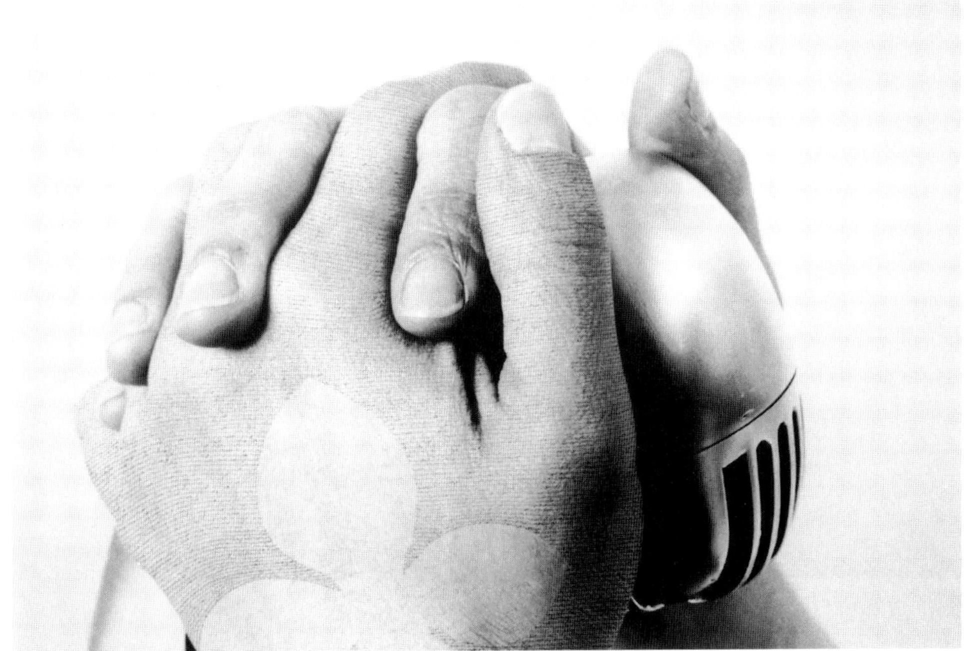

Shirin Neshat's
Turbulent

In my land I will unveil you.
I will hold up a mirror before you.
You will see your blindness with your own eyes.

Hélène Cixous, *First Days of the Year*

calligraphic inscriptions or the recent experimental film works, embodies the tension between the Islamic values of an East estranged from the West and those of an artist who truly transcends normative cultural situations. Akira Kurosawa once said that to be an artist was to not avert your eyes, and in an Iranian society, where women are forbidden many of the creative outlets that their male counterparts take for granted, such a statement takes on a powerful resonance. On the two screens that constitute the architecture of the installation, a roman à clef unfolds; a mystery dialogue between the specific Iranian value structures which permeate Neshat's work and their confrontation with the world at large: male and female, tradition and iconoclasm, literalism and abstraction.

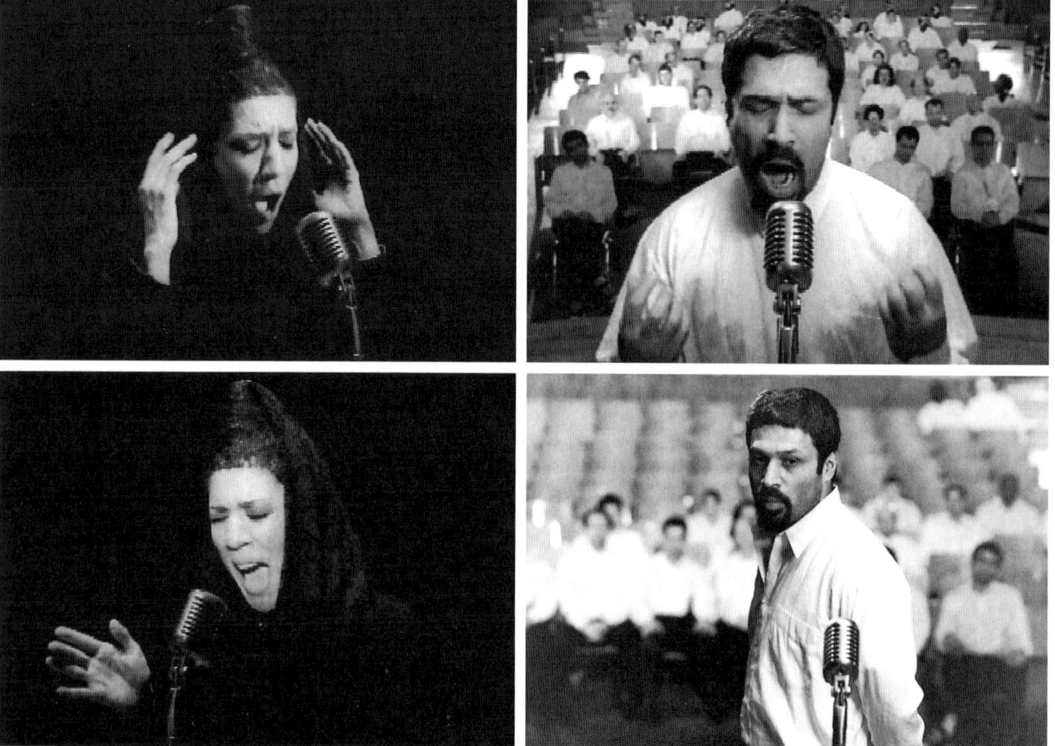

SHIRIN NESHAT, TURBULENT, 1998, 3 video stills, 1 production still / 3 Videostills, 1 Standaufnahme während der Produktion.

In TURBULENT, permutations, codes of conduct, and cycles of representation find themselves in a state of charged indeterminacy. The formal placement of Neshat's observations of Iranian women in a world of culturally inscribed limitations and their subsequent transcendence from their milieu become the foundation of an esthetic based on a negotiation between the different screens. Invocations of masculine and feminine, presence and absence, sight and sound—all are tenuous links in a game of spectral projection. Neshat's scenario offers a kind of suspended intrigue between two protagonists: A man and a woman, two singers, two symbolic vectors, face the viewer's space from opposite sides of the room. The man performs a classical love song based on the Persian poet Rumi's concept of divine love before an appreciative all-male audience; the woman performs—which in Iran is strictly prohibited—to an empty theater, which fills with the shards of her astonishing voice. In TURBULENT there is no solid ground. All perception, actions, and meanings take place in a realm where the devices of theater and intrigue, action and its electronic representations, have displaced the "real." And sound becomes a way of conveying the distance between the real and its inscribed representations.

Intriguing nuances permeate the piece, even down to the opening credits where the titles for the film are presented in Persian and English on separate screens, for the man and woman respectively. Neshat's subtle play with language, location, and editing opens the film to countless narrative permutations within the first few frames. The dichotomies of character are played out in image and sound. The gendered space of the voice and the overlaid simulations that each character embodies reflect cultural circumstances specific to Iran, some of which might pass unnoticed by a Western audience, but which most truly convey the sense of alienation and transcendence that Neshat's work explores. Layers within layers: The man sings (or rather lip-synchs, as we later realize, reading the credits) a song by one of

Iran's most beloved composers, Kambiz Roshan Ravan; the voice we hear is the classical Kurdish singer, Shahram Nazeri, who represents the cultural status quo in Iran and, for those Iranians living outside the country, holds a certain nostalgia for what they have left behind. By contrast, the woman projects a strong sense of mystic power, her thrilling voice rendered even more complex by means of computer-sampling and asynchronization. She emerges as an avatar of displacement in a culture of prohibition, both as a signifier of ancient mysticism and an iconoclastic force of technological modernity. Plots within plots, images within images, sounds within sounds, words within words—in TURBULENT, language itself becomes the cybernetic representation of mimicry and exile.

Neshat filmed TURBULENT in New York in collaboration with fellow Iranian expatriates—Ghasem Ibrahimian (director of photography), Shoja Azari (actor), and Sussan Deyhim (actress and vocalist)—who affirm and compound her sense of cultural de-territorialization inasmuch as they deepen her roots in her homeland. TURBULENT evokes uneasy tensions between old and new, constancy and flux, absence and presence, rendered palpable by the camera which fixes the male performer in his place and, by contrast, roves freely around the woman, evoking the erotic, whirling rhythms of the mystical dervish dance. Thus, two modes of existence, each mutually dependent, each mutually conditioning, emerge and refract one another, forming a third cultural space in which the viewer is strategically placed.

On the two screens, several of confluences make themselves felt. Free to act, the man is bound to repeat what is known and identifiable within the given musical traditions of his culture, whereas the woman, driven by a history of prohibition, is compelled to invent a form which expresses, explodes, and reconfigures sound in a visceral stream of abstract and universal potential. Historical and contemporary issues of mysticism in Islam, namely the denial of woman's mystical potential in Sufi thought, and the phenome-

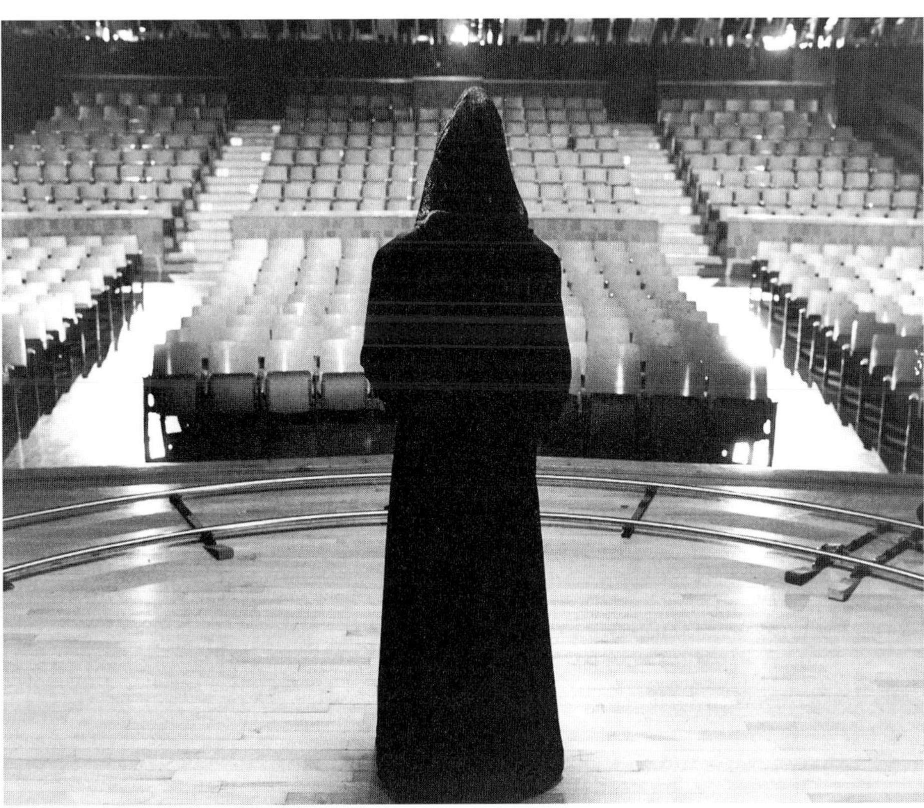

non of cultural rootlessness through exile form the basic foundation of Neshat's critique of Iranian culture but also take us much further afield into the realm of archetypal encounters between different psychic energies.

It is in this manner that a metaphor for the mimetic and abstract qualities of struggle for identity and existence in a climate of suppression is established in TURBULENT. Traditionally a verse from the Qor'an, the central Islamic text of faith-codes, has been the main source for the veiling of women: "And say to the believing woman that they should cast down their eyes, and guard their private parts, and reveal not their adornment save such as is outward; and let them cast their veils over their bosoms, and not reveal their adornment." What Neshat does is to involute this code of conduct with the tools of modern technology—video, voice sampling, multiple narratives—to arrive at a point where the narrative weave of TURBULENT, the interaction of the male and female protagonists, becomes a metaspace, a crossroads where the values of *chador* (the traditional form of veiling throughout the Islamic world) are reversed so that the woman becomes empowered by the sense of multiplication and anonymity that her veiling offers, while the man stands exposed and literalized. Thus Neshat converts the grim indictment of Islamic culture into a situation where women may transcend the entire category of individuation/non-individuation. A new prosthesis emerges; another language, another code of interpretation. Vision. Sound. Flow.

In this sense, Neshat intimates *ejtehad*, the formulation of new solutions to new problems facing the Islamic community that the Qor'an allows for in the ambiguity of interpretation that resides in its text. At the end of TURBULENT, consistent with Neshat's earlier work as a photographer of inscription and re-inscription, the woman who appears to us stands affirmed in her culture, having transcended the silence and invisibility of the veil, whereas the man is rendered querulous, in awe of the psychic energy that the woman has summoned.[1] "Gathering the fragments of a divided, repressed body and reaching out to the other does not necessarily imply a lack or deficiency," Trinh T. Minh-Ha tells us from her essay "Commitment from the Mirror Writing Box," an essay that is part of a larger anthology of her thoughts on the existential condition of women in the "non-industrialized" world. "In writing themselves, women have attempted to render noisy and audible all that had been silenced in phallocentric discourse… writing myself into existence also means emptying myself of all that I can empty out—all that constitutes Old Spontaneous/Premeditated Me—without ceasing from being."

For Neshat, contemporary Iranian filmmakers such as Abbas Kiarostami, Mohssen Makh Mal Baf and his daughter, Samira Makh Mal Baf, offer a sense of transcending the local film traditions based on the revolutionary ideologies imposed on narratives of Muslim culture. For Neshat, as well as the filmmakers she refers to, film acts on two levels: first, as a conduit for more universal themes on the human struggle for identity in the face of the totalizing frameworks of technology and post-industrial, late-twentieth century global culture; and second, as a way of finding reconciliation with the culture in which she traces her roots. With her focus on Iranian contemporary and historical narrative and its engagement with these two realities, Neshat leaves the narrow confines of conventional film or art far behind and arrives at a new crossroads between the modern (and at this point, totally postmodern and post-structuralist) Western culture in which she currently resides, and an Iran shaped by the Hegira that brought Islam to the world at large. As with much of Neshat's work where calligraphic inscription marks and delineates identity by repetition, in TURBULENT we are given over to a constantly repeating text, which devolves into an emptying-out of voices and opens itself to many re-readings, incidental drifts, and black holes in the textual space over which our eyes roam. And so the narrative unfolds. But is TURBULENT a roman-Malaparte or a roman à clef? The clues and involutions are myriad in this dance between many levels of representations, and like the best stories, there are several possibilities, each as astonishing as the next.

1) Almost all Neshat's photographic work to date has been painstakingly inscribed in her own hand with quotations of Farsi poetry. For Neshat, film is the sum total of her previous explorations: word/sound/image equals total text.

Festgehaltene Bewegung

PAUL D. MILLER

Shirin Neshats *Turbulent*

In meinem Land werde ich dich entschleiern.

Ich werde dir einen Spiegel vorhalten.

Du wirst deine Blindheit mit eigenen Augen sehen.

Hélène Cixous, *Jours de l'an*

Manchmal werden Film und Video zu Verkapselungen des Raumes, in denen Kultur zum lebenden Traum wird und Kunst zu einer Formel für die Verwandlung von Wahrnehmung und Kontext. Unzählige Darstellungsebenen fallen in einer Linse zusammen und werden zum Brechungspunkt, in dem alles verschwimmt und Bedeutung im herkömmlichen Sinn lediglich als Teil eines Kontinuums von Assoziationen im Sehstrahl der Kamera aufflackert. Shirin Neshats Arbeiten mit der Kamera (Standphotographien, Videokurztexte) sind eine nachhaltige Kritik nicht nur an der Kultur des Irans und der sich verändernden Stellung der Frau in der patriarchalen, fundamentalistischen islamischen Gesellschaft, sondern auch an der Sichtweise einer Weltkultur, in der die Stellung der Frau ebenso hinterfragt werden muss. Neshats jüngste Videoinstallation, TURBULENT (1998), beschäftigt sich mit zentralen Themen der patriarchalen fundamentalistischen Gesellschaft, welche die in New York lebende Künstlerin einst als Heimat bezeichnete, was von einiger Tragweite ist in einer Welt, deren kulturelle Identität sich in einem laufenden Entstehungsprozess befindet. Neshats Kunst, ob in Gestalt von mit kalligraphischen Texten versehenen Photographien oder in ihren neuesten experimentellen Filmen, verkörpert die Spannung zwischen den islamischen Werten östlicher Länder, die sich dem Westen in vielerlei Hinsicht entfremdet haben, und den Werten einer Künstlerin, die kulturelle Normen wirklich transzendiert. Akira Kurosawa meinte einmal, Künstler sein bedeute die Augen nicht abzuwenden. Vor dem Hintergrund einer iranischen Gesellschaft, in der den Frauen viele, für Männer selbstverständliche kreative Ausdrucksmöglichkeiten verwehrt bleiben, gewinnt ein solcher Satz enormes Gewicht. Auf den beiden Monitoren, die die räumliche Struktur der Installation umreissen, entwickelt sich ein Schlüsselroman, ein geheimnisvoller Dialog zwischen dem spezifisch iranischen kulturellen Wertesystem, das Neshats Werk prägt, und seiner Konfrontation mit der Welt im Allgemeinen: Mann und Frau, Tradition und Bilderstürmerei, Gegenständlichkeit und Abstraktion.

In TURBULENT befinden sich Verwandlungsprozesse, Verhaltensnormen und Darstellungszyklen in einem Zustand bedeutungsgeladener Unentschiedenheit. Die symmetrische Anordnung von Neshats Bildern iranischer Frauen in einer Welt der kulturellen Einschränkungen und die daraus resultierende Transzendierung ihrer jeweiligen Herkunft werden zur Grundlage einer Ästhetik der Verständigung zwischen den verschiedenen Bildschirmen. Beschwörungen von Männlichkeit und Weiblichkeit, Anwesenheit und Abwesenheit, Bild und Ton schaffen zarte Verbindungen in einem geisterhaften Spiel der Projektion. Neshats Szenario entwirft eine Art in der Schwebe gehaltenes

PAUL D. MILLER, Publizist und Konzeptkünstler, auch bekannt unter dem Namen *DJ Spooky that Subliminal Kid,* lebt in New York.

Spannungsverhältnis zwischen zwei Darstellern: Ein Mann und eine Frau, Sänger und Sängerin, zwei Bedeutungsträger, treten von entgegengesetzten Seiten des Raums ins Blickfeld des Betrachters. Der Mann trägt einem wohlwollenden, rein männlichen Publikum ein klassisches Liebeslied vor, das auf der Liebesvorstellung des persischen Dichters Rumi beruht; die Frau steht – im Iran strengstens verboten – auf der Bühne eines leeren Theaters, das sie mit ihrer erstaunlichen Stimme füllt. In TURBULENT haben wir keinen festen Boden unter den Füssen. Alle Eindrücke, alle Handlungen, alle Bedeutungen spielen sich in einem Bereich ab, in dem die Realität von den Mitteln des Theaters, der Spannung, der Handlung und ihrer elektronischen Vermittlung verzerrt wird. Der Ton ist Ausdruck der Distanz zwischen der Realität und ihrer Darstellung.

Das Werk weist faszinierende Nuancen auf, das geht bis zum Vorspann, der für Mann und Frau je einzeln auf Persisch und Englisch auf verschiedenen Bildschirmen abläuft. Neshats subtiles Spiel mit Sprache, Ort und Schnitt lässt schon in den ersten Bildern des Films eine Vielzahl von Erzählsträngen aufscheinen. Das Gegensätzliche der Figuren kommt in Bild und Ton zum Ausdruck. Der geschlechtsspezifische Raum der Stimme und die überlagernden Simulationen, die jeder Darsteller verkörpert, widerspiegeln spezifische kulturelle Gegebenheiten im Iran, die ein westliches Publikum möglicherweise gar nicht alle wahrnimmt. Sie vermitteln aber genau das Gefühl von Entfremdung und Transzendenz, das Gegenstand von Neshats Arbeit ist. Der Mann singt ein bekanntes traditionelles Lied (wie wir dem Abspann entnehmen können, allerdings nur als Playback-Simulation) des populären iranischen Komponisten Kambiz Roshan Ravan; die Stimme ist diejenige des beliebtesten traditionellen kurdischen Sängers im Iran, Shahram Nazeri, eines Vertreters des kulturellen Status quo, der bei den im Ausland lebenden Iranern nostalgische Gefühle weckt. Die Frau dagegen strahlt eine mystische Kraft aus, die Vielschichtigkeit ihrer hinreissenden Stimme wird durch Computer-Sampling und asynchrone Wiedergabe noch gesteigert. Sie wird zum Inbegriff der Entfremdung in einer von Verboten geprägten Kultur, zugleich eine Verkörperung traditioneller Mystik und der ikono-

162

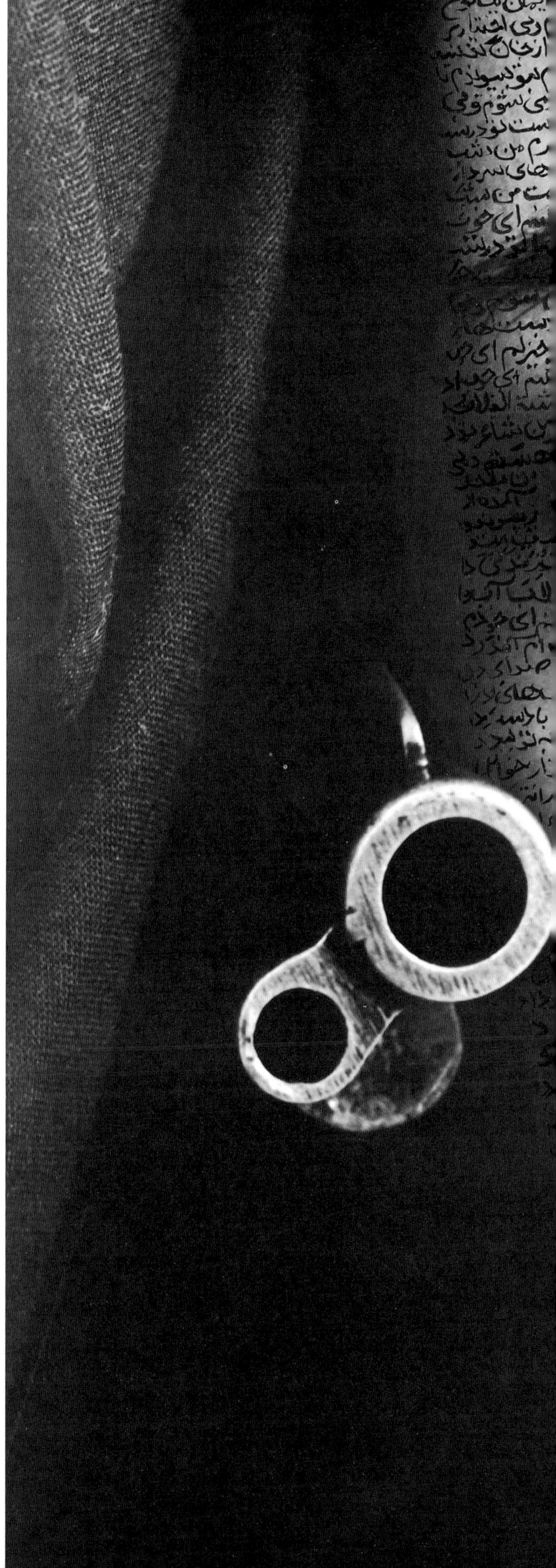

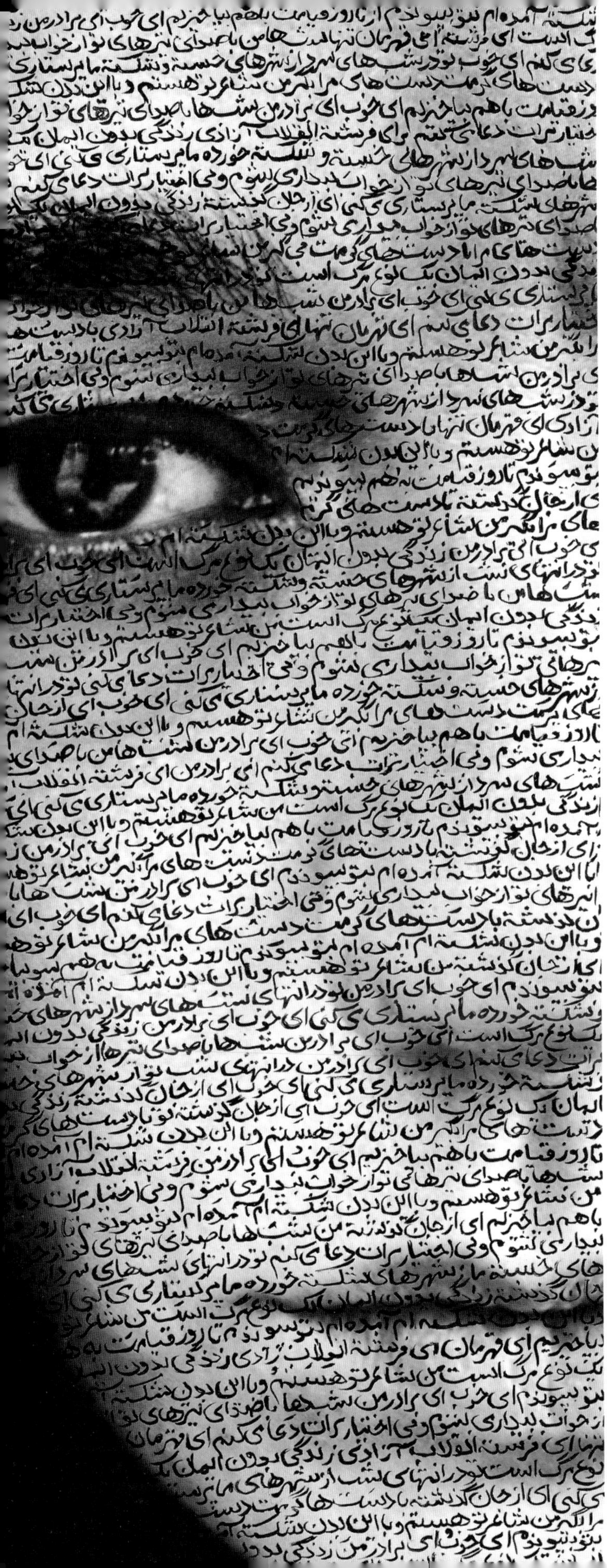

klastischen Kraft der modernen Technologie. Plots innerhalb von Plots, Bilder innerhalb von Bildern, Klänge innerhalb von Klängen, Wörter innerhalb von Wörtern: In TURBULENT wird die Sprache selbst zum kybernetischen Symbol von Assimilation und Exil.

Neshat drehte TURBULENT in New York, in Zusammenarbeit mit anderen iranischen Emigranten – Ghasem Ibrahimian (Kamera), Shoja Azari (Schauspieler) und Sussan Deyhim (Schauspielerin und Sängerin) –, die das Gefühl der kulturellen Entwurzelung noch verstärken und vertiefen, da sie Neshats heimatliche Verwurzelung unterstreichen. TURBULENT löst beklemmende Spannungen aus zwischen Alt und Neu, Beständigkeit und Fluss, Abwesenheit und Anwesenheit, fühlbar gemacht durch eine Kamera, die den männlichen Darsteller an seinem Standort fixiert, jedoch frei um die Frau herumschweift und dabei die erotisch wirbelnden Rhythmen des mystischen Derwischtanzes heraufbeschwört. So treten zwei Lebensformen zutage, die voneinander abhängen, sich gegenseitig beeinflussen, die auseinander hervorgehen, sich spiegeln und brechen und so einen dritten kulturellen Raum bilden, in dem der Betrachter eine strategisch wichtige Position einnimmt.

Auf den beiden Monitoren fliesst einiges zusammen. Der Mann, frei in seinen Handlungen, sieht sich hier genötigt, das innerhalb der musikalischen Traditionen seiner Kultur Anerkannte und Erkennbare zu wiederholen, während die Frau, geprägt von einer Tradition der Verbote, gezwungen ist eine Form zu finden, die Klänge in einem facettenreichen, pulsierenden Strom zum Ausdruck bringt, sprengt und neu konfiguriert. Historische und aktuelle Themen der islamischen Mystik, namentlich das Leugnen des mystischen Potentials der Frau im Sufismus, und das Phänomen der kulturellen Entwurzelung als Folge der Emigration bilden die Grundlagen für Neshats Kritik an der iranischen Kultur, führen uns jedoch auch weiter ins Reich der archetypischen Begegnungen zwischen unterschiedlichen psychischen Energien.

So entsteht in TURBULENT eine Metapher für die mimetischen und abstrakten Züge des Kampfs um Identität und Dasein in einem Klima der Unterdrückung. Die Verschleierung der Frau hat ihren

Ursprung in einem Vers aus dem Koran: «Und sage den gläubigen Frauen, dass sie ihre Blicke senken und ihre Keuschheit wahren sollen und ihren Schmuck nicht zur Schau stellen sollen ausser dem, was davon sichtbar wird, und dass sie ihre Tücher über ihre Busen schlagen sollen und ihren Schmuck niemandem zeigen sollen...» Neshat setzt diese Verhaltensregeln mit den Mitteln der modernen Technik um – Video, Stimmen-Sampling, parallele Erzählstränge – und erreicht dabei einen Punkt, wo die Erzählstruktur von TURBULENT, die Interaktion zwischen der männlichen und der weiblichen Hauptfigur, zum Metaraum wird, einer Überschneidung, in der die Werte des Tschadors sich so verkehren, dass die Frau Kraft schöpft aus dem Gefühl von Vervielfachung und Anonymität, das der Schleier ihr bietet, während der Mann exponiert und auf das Sichtbare reduziert dasteht. Neshat verwandelt so die erbitterte Anklage gegen die islamische Kultur in eine Situation, in der Frauen die gesamte Kategorie der Individuation/ Nicht-Individuation zu transzendieren vermögen. Eine neue These taucht auf; eine neue Sprache, neue Interpretationsregeln. Bild. Ton. Fluss.

So spielt Neshat gewissermassen auf den *idschtihad* an, das Finden neuer Lösungen für neue Probleme in der islamischen Gemeinde, für welches der Koran in Zweifelsfällen der Textauslegung eintritt. Im Einklang mit Neshats früheren Arbeiten als Photographin des Eingeschriebenen und des Wieder-neu-Schreibens[1] erscheint die Frau auf dem Bildschirm am Ende von TURBULENT in ihrer Kultur gefestigt, da sie das Schweigen und die Unsichtbarkeit, die mit der Verschleierung verbunden sind, durchbrochen hat, während der Mann, eingeschüchtert von der psychischen Energie, die sie ausstrahlt, etwas jämmerlich dasteht. «Die Fragmente eines zerteilten, unterdrückten Körpers aufzusammeln und die Hand nach dem Nächsten auszustrecken lässt nicht unbedingt auf einen Mangel oder eine Schwäche schliessen», schreibt Trinh T. Minh-Ha in ihrem Essay «Commitment from the Mirror Writing Box». «Indem sie selbst zur Feder greifen, versuchen Frauen, alles, was im phallozentrischen Diskurs zum Verstummen gebracht wurde, laut und vernehmbar werden zu lassen (...), mich ins Dasein zu schreiben bedeutet auch mich von allem zu befreien, was ich entbehren kann – von allem, was das gute alte, spontane oder besonnene Ich ausmacht –, ohne aufzuhören zu existieren.»

Neshat glaubt, dass es zeitgenössischen iranischen Filmschaffenden wie Abbas Kiarostami, Mohssen Makhmalbaf und dessen Tochter Samira Makhmalbaf in ihren Werken gelingt, den Rahmen der iranischen Filmtradition zu sprengen, die auf den der muslimischen Erzählkultur übergestülpten, revolutionären Ideologien basiert. Für Neshat und die Filmschaffenden, auf die sie Bezug nimmt, funktioniert ein Film auf zwei Ebenen: erstens als Kanal für allgemeinere Themen des menschlichen Identitätskampfs im Umfeld der vereinheitlichenden Struktur der Technologie und der globalen postindustriellen Kultur am Ende des zwanzigsten Jahrhunderts; und zweitens als Möglichkeit sich mit der Kultur auszusöhnen, in der sie ihre Wurzeln hat. Indem sich Neshat mit der zeitgenössischen und historischen iranischen Erzählweise und deren Umgang mit diesen beiden Realitäten auseinander setzt, lässt sie die engen Grenzen des konventionellen Film- oder Kunstschaffens weit hinter sich und erreicht einen neuen Berührungspunkt zwischen der modernen (und gegenwärtig gänzlich postmodernen und poststrukturalistischen) westlichen Kultur, in der sie zurzeit lebt, und einem von der Hedschra und deren Zeitrechnung geprägten Iran. Wie in vielen Arbeiten Neshats, in denen kalligraphische Schriftzeichen Identität durch Wiederholung festhalten und umreissen, werden wir in TURBULENT mit einem sich fortwährend wiederholenden Text konfrontiert, der sich zu einem Entleeren von Stimmen entwickelt und sich auf ein Immer-wieder-neu-Lesen hin öffnet, ein zufälliges Dahintreiben und Schwarze Löcher im Textraum, den unsere Augen überfliegen. Und so entfaltet sich die Erzählung. Aber ist TURBULENT wirklich ein Schlüsselroman? Die Hinweise und versteckten Andeutungen sind zahllos in diesem Tanz zwischen den Bedeutungsebenen, und wie bei allen guten Geschichten gibt es eine Vielzahl von Möglichkeiten, eine erstaunlicher als die andere.

(Übersetzung: Irene Aeberli)

1) Fast alle ihre Photographien hat Shirin Neshat in minutiöser Handarbeit mit Texten der Farsi-Dichtung überschrieben. Der Film ist die Summe ihrer früheren Untersuchungen: Wort/ Klang/Bild gleich vollständiger Text.

OKWUI ENWEZOR

Truth and Responsibility

A Conversation with William Kentridge

Okwui Enwezor: Over the last fifteen years, your work has been very much concerned with the landscape of South Africa. In your schema it seems that there are no certainties, that landscape—in terms of what the land can reveal, or the narratives that support the writing of history within it—has always been under perpetual erasure,

OKWUI ENWEZOR was Director of "Trade Routes: History and Geography, the Second Johannesburg Biennale" in 1997. He is currently Adjunct Curator at the Art Institute of Chicago and was recently named Artistic Director of "documenta XI."

chronically contingent, irresolvable. What do history and memory signify for you, especially in relation to your investigations of the trauma of apartheid?

William Kentridge: You talk about landscape being impermanent. Johannesburg is essentially very flat. Throughout my childhood the only mountains we had were the mine dumps, the large mine tailings all around Johannesburg from the gold mines. If you looked down to the end of the main streets of the city, you could see these golden dumps. In the mid-1970s, when the price of gold went up and technology improved, it became possible to repro-

cess all the paydirt from the mine dumps and re-extract small quantities of gold. One by one these fundamental parts of the Johannesburg landscape were literally removed, washed away overnight, turned into a slurry, and reprocessed. So this sense of the contingency of the landscape is built into the history of Johannesburg itself. It is not a naturally formed landscape; it has been made by the tractors of civil engineering. The work draws what is there, reporting the traces and processes of how the landscape is made. The way to draw that landscape is not dissimilar to the way the landscape itself has been structured. When you are

165

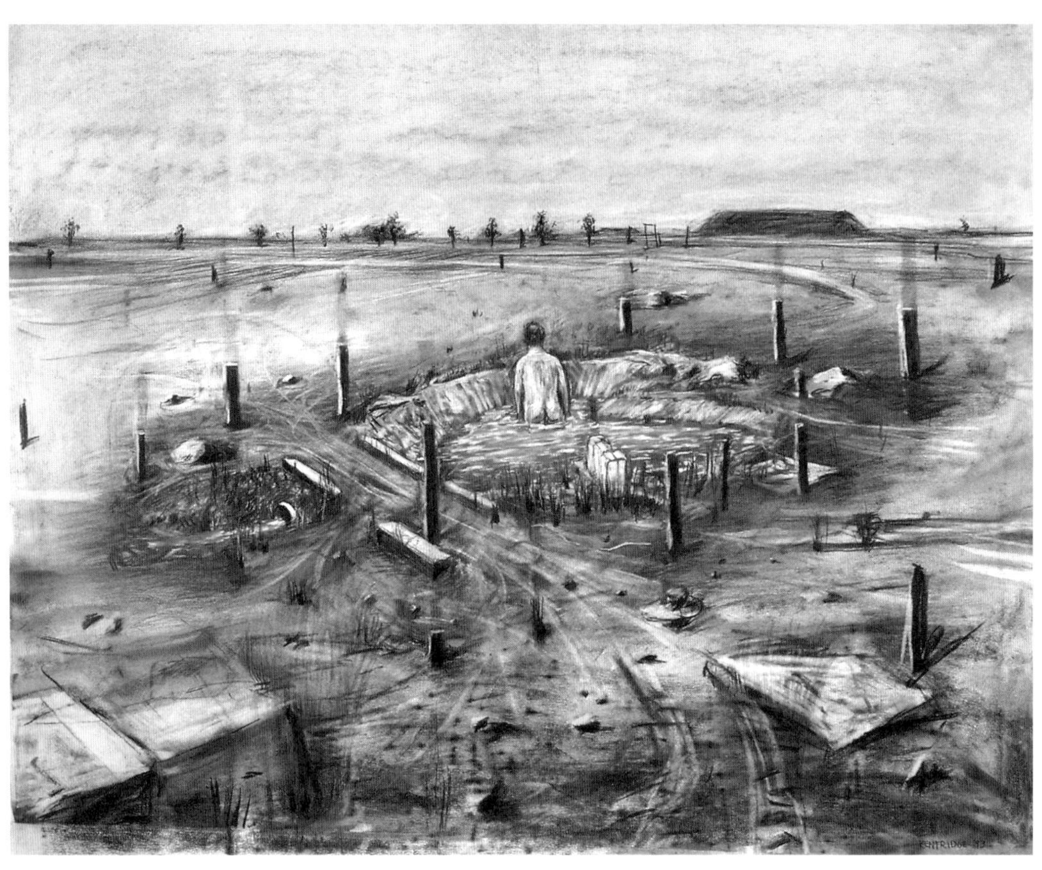

WILLIAM KENTRIDGE, FELIX IN EXILE, 1994, drawings from the film, charcoal and pastel on paper, 47¼ x 59”/ Zeichnungen für den Film, Kohle und Pastell auf Papier, 120 x 150 cm.

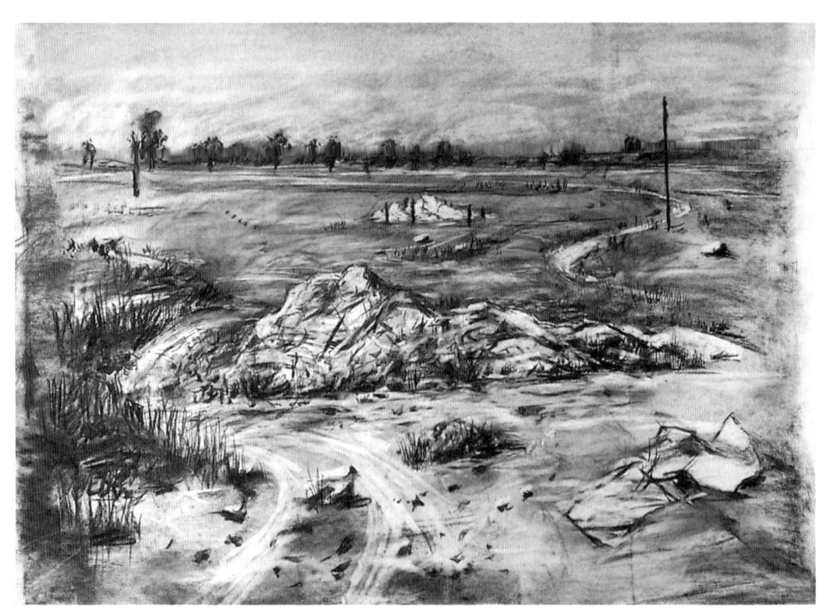

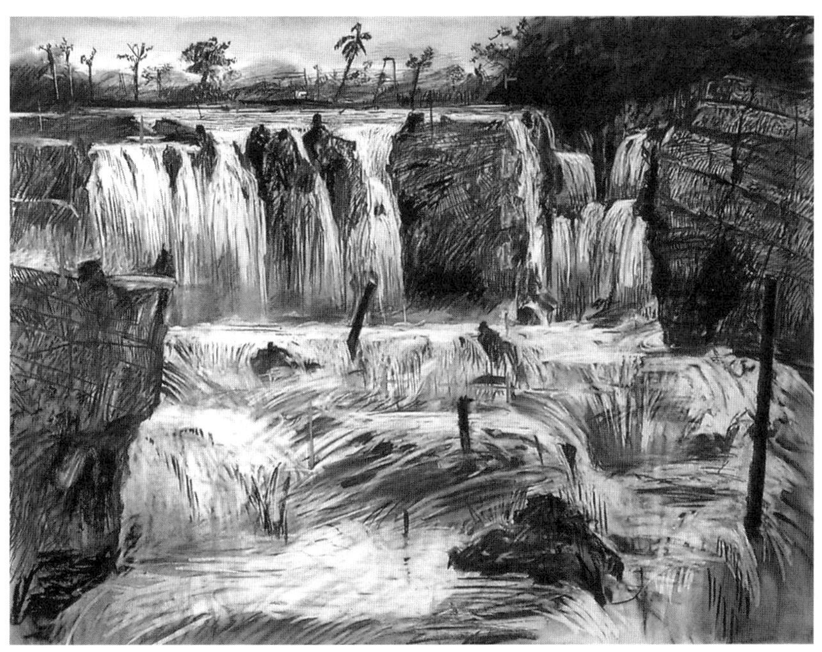

making a drawing of it, it is a line that you describe across the surface, but it is also a civil engineering line drawn across the landscape; accumulated excavations for road-cuttings and so on. Then there is the issue of memory in landscape. Goldmining was the reason for the city of Johannesburg to exist. Now, a lot of the areas which were busy with mining have become semi-abandoned, the mines have been worked out. So then the landscape itself encroaches on what was there. Thus, making the drawings is also the process of looking at the way in which the landscape is effacing its industrial history, but once removed. It's a way of asking how does one draw that process of forgetting? Forgetting is the natural process, remembering is the unnatural effort one makes. There is a correspondence between how landscape erodes and how our own sense of history or understanding becomes something else.

OE: It is striking that the nature of landscape in your work is directly con-

nected to the nature of the films you make, in the sense that the work undergoes a process of mutation as it transforms into a moving image. There is an incredible sense of fragility in the way the films are built, both by erasure and addition. So inevitably, in the process of drawing and erasing, it's almost as if you were inscribing, erasing, and reinscribing. To take this further, certain key works of South African art or South African history have been involved in removing, ideologically, the presence of any kind of "native" human presence. What is it that you are attempting to do when you draw this landscape? Do you have any sense of recuperating this presence or are you mainly investigating the paradoxical nature of landscape and history in South Africa's fraught history?

WK: When I draw the landscape, I am trying to tell myself that I have never seen a South African landscape painting that is like the landscape. There is an historical tendency in

South African landscape painting to efface things, as in a lot of colonial landscape painting in which you see the arrival of the settlers who are going to fight against native inhabitants and, to an extent, wildlife for control of the terrain. It is a world in which the nature of conquest is very present as a subject. Once that conquest is made, suddenly you're living there by divine right rather than by military conquest. At the turn of the century, or even before, in South Africa, landscape painting was suddenly emptied of native inhabitants and became sublime and spiritual, about God's grandeur rather than human conquest. In my drawings I'm not saying can I recuperate what our landscape is as much as can I make a landscape drawing that in some way corresponds to what the world feels like around me—to draw the terrain as a place of social contestation.

OE: It's evident in the drawings that the Johannesburg landscape is not an ideal one. Memories are carved into

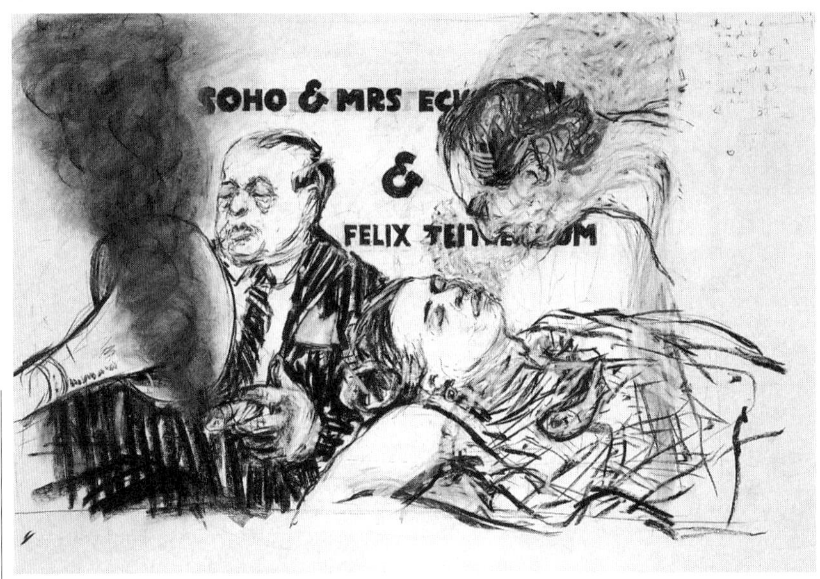

WILLIAM KENTRIDGE, SOBRIETY,
OBESITY & GROWING OLD, 1991,
charcoal and pastel on paper, 47¼ x 59" /
NÜCHTERNHEIT, FETTLEIBIGKEIT
UND ALT WERDEN,
Kohle und Pastell auf Papier, 120 x 150 cm.

it in the very processes of remembering, forgetting, and re-telling. Inevitably, this brings us close to issues of the inequities that made this country what it is before 1994. So what critical role does memory play within your work?

WK: These questions are the things that intrigue me. They work best when they work quite dumbly, that is, from intuitions of images drawn rather than a preconceived critical position. That's not to say that there isn't a program. I think the characters of Felix and Soho, my two main characters, are in a way alter egos. When I started the films, I thought they were antagonists; one looked a bit like me and the other was the typical industrialist from 1920s German Expressionism. But I then understood that one looked much more like my grandfather. They're not exactly interchangeable but they are different aspects of the same person. So there is a sense in which all of their actions have to be understandable or conceivable to me.

OE: So what role does autobiography play? What is the genesis of Felix and Soho, since they are constants in your work?

WK: It's not just by chance that Felix looks like me. The characters arose when I decided I was going to make my first film using charcoal drawings, *Johannesburg 2nd Greatest City After*

Paris (1989). I thought of what other people I would draw: There was the character of the business man and I knew how he would look. I knew his pin-striped suit, so he was possible. Then there was a second person. I was asking myself dumb questions like: What style of clothing does someone like that wear? Smart or casual? Is he in shorts? What would be another uniform that is as familiar as a business suit? So in all the films, Felix is always naked and Soho is always in a suit, whether he s in a coma, or in bed.

I had drawn the businessman before for trade union posters and anti-industrialist, anti-capitalist student posters. I had a sense of how to draw him. I needed Felix to be a second consistent character throughout the film. So who could he be? The easiest thing was to work with a mirror. So it was by chance that he looked like me. But once he started to look like me, I understood that I had to take responsibility for his actions as well. So this became an element, not necessarily of autobiogra-

phy, but of working within the realm of who Felix was. The films function more like a diary than an autobiography. When you're writing a diary you might fill it with anxieties or neuroses or worries, giving equal status to these private ways of being and the major events of the day. In this way, the films function as half-diary, half-autobiography.

OE: Felix and Soho serve as foils in this sort of morality tale. What characterizes Felix, apart from his nakedness, is the notion that he represents the eternally victimized, while Soho embodies the stereotype of the avaricious Jewish industrialist intent on owning the entire world. Did it ever occur to you that in your own anxious recordings you may also have been repeating the figure of two stereotypes of the Jew as both victim and villain?

WK: I think Soho transforms as the series progresses, from *Johannesburg 2nd Greatest City After Paris* where he is stuffing his face with food, to *History of the Main Complaint* where he is in a coma and anxious with feelings of responsibility or guilt. I think the origin of those images came from cultural stereotypes. They are not so much antagonistic people as different aspects of myself. I'm much more generous to Soho than I am to Felix. The principle of making the films is that they are always sidetracks to history. In South Africa, particularly for people on the marginalized Left in the 1970s and 1980s, there was great pressure with regard to what art ought to be made. What were the sort of pictures or pieces of theatre that people needed to see? What were the messages we needed to communicate? The first of the films was made in between doing works for public exhibition. So I hope they're not a reaction to stereotypes. If they are, then it's something that I couldn't avoid. Temperamentally, it just didn't work trying to write the meaning before the word.

OE: But how do the characters of Soho and Felix play out within the fraught history of South Africa?

WK: They figure in two ways. In the first film, which is emblematic of those that follow, there is Soho the industrialist, the mine-owner, the avaricious person: That's been one element of Jewish capitalist life in South Africa; huge empires built, enormous mines opened. And Felix the sensitive person, a person who feels solidarity with the crowds marching through the streets. And there is the sense of his conflict with Soho over this. Throughout South African history there has always been opposition in labor movements with very prominent Jewish figures as part of the opposition, and that was, I suppose, the trajectory that I came out of.

OE: Is that a contradiction then?

WK: It's complicated to understand. People would say, "The Jews are

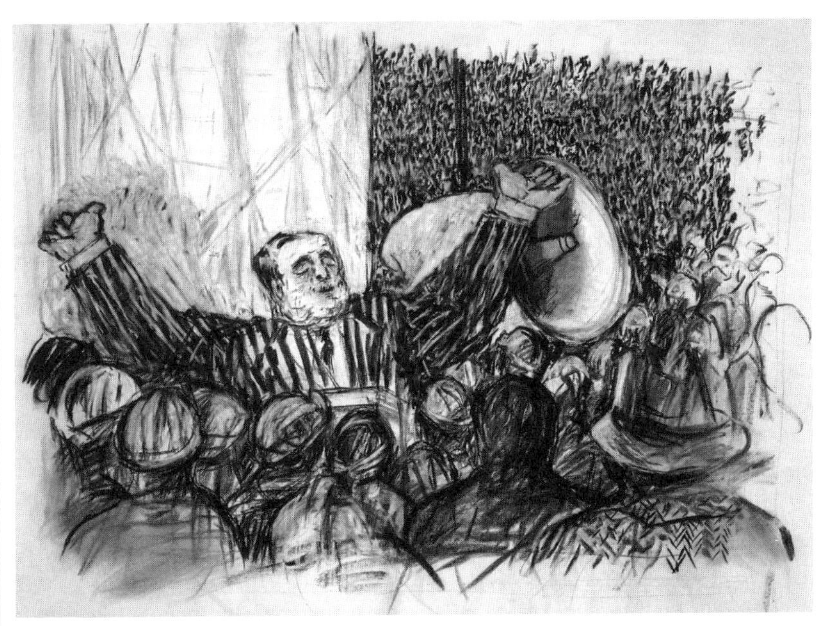

WILLIAM KENTRIDGE, MONUMENT, 1990, drawing from the film, charcoal on paper, 47¼ x 59" / Zeichnung für den Film, Kohle auf Papier, 120 x 150 cm.

WILLIAM KENTRIDGE, JOHANNESBURG, 2ND GREATEST CITY AFTER PARIS, 1989, drawing from the film, charcoal on paper, 42⅛ x 50" /
JOHANNESBURG, ZWEITGRÖSSTE STADT NACH PARIS, Zeichnung für den Film, Kohle auf Papier, 107 x 127 cm.

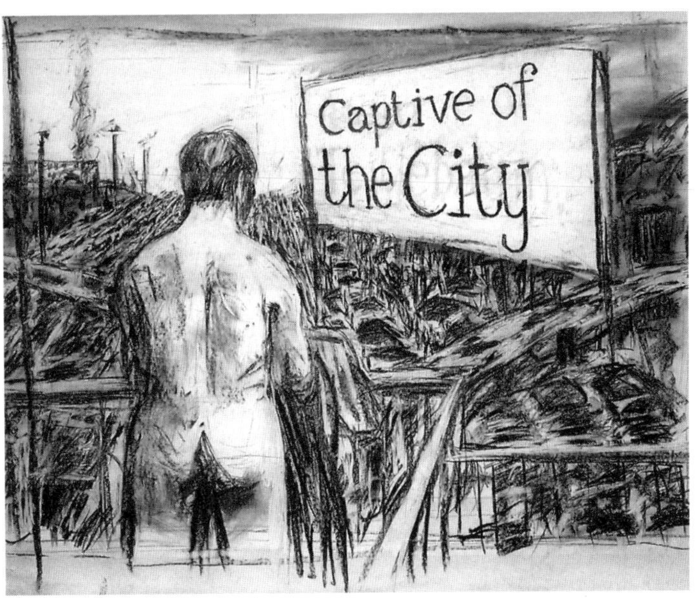

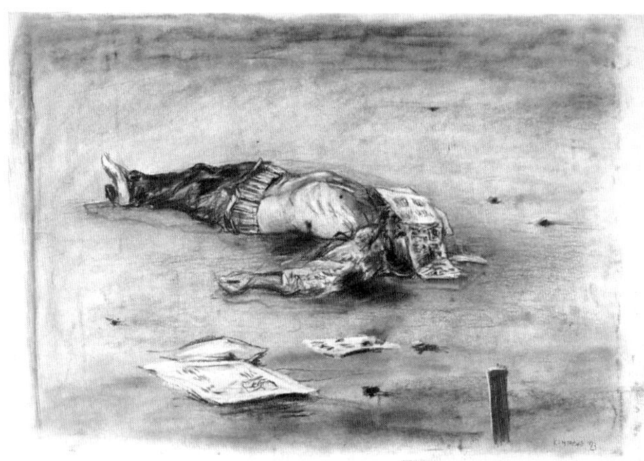

WILLIAM KENTRIDGE, FELIX IN EXILE, 1994, drawing from the film, charcoal and pastel on paper, 47¼ x 59"/ Zeichnung für den Film, Kohle und Pastell auf Papier, 120 x 150 cm.

avaricious capitalists," and get it wrong. Or they'd say, "The Jews are the ones supporting the Communists fighting with the trade unions," and get that wrong too. There is a whole range of Jews who are neither of these two things. I'm just picking up two strands in the world around me: one that says to take control of the world, and the other that says to be very sensitive and aware of the suffering and pain of the events around you. One could say these are two elements of South African life, or of white life, or of Jewish life. But I think rather that they are two elements of how I experience all of those things put together.

OE: Your work has also often dealt with human conscience and its frailties. In many of your films you are really playing with intense psychological questions related to memory and amnesia. Tell me how that in itself becomes the way to deal with individual conscience within the constraints of the apartheid system. Is this the way the past is remembered in the present?

WK: I think it's a question of how does one bring this external world into one's day. How do the larger questions of the world become part of one's working psyche? I was six years old in 1961, after the Sharpville Massacre where people were shot to death by the police during a demonstration. My father was one of the lawyers representing the families of those killed. I remember going into his study and finding in a cupboard a shiny, yellow box which looked as if it might contain chocolates. In fact it was a Kodak box in which there were glossy photographs of people with their backs blown off. The way in which that box changed from being a box of chocolates to containing a world that I didn't know existed was a moment of shock, a forced confrontation in which the outside world turned into a psychic one. In a sense, the film was trying not to re-create that moment, but rather to exorcise those images.

OE: It was a traumatic encounter…

WK: In the sense that all the images of a calm, benevolent world have to be taken provisionally to allow space for that other part of the world that is there. And then to take that one par-

ticular dramatic moment where one could say that autobiography and its critical relationship to the world were suddenly foisted on me. In certain films like *Felix in Exile*, the bodies in the landscape relate very strongly to those photos.

OE: I would like to bring two moments together, one which I would call a "post-holocaust sensibility" in your work, since in the past you have cited Claude Lanzman's film, *Shoah*, as an influence. The other is related to the Truth and Reconciliation Commission currently in progress in South Africa. In terms of this post-holocaust question—the aftermath of apartheid, the moment of recognizing its debilitating effect, the moment of reckoning—where do you see the similarity between these two moments?

WK: I've never thought in those terms until you said it—that Soho's pin-stripe suits are also like concentration-camp pajamas. It's a question of degree in terms of drawing, from pajama to suit, insofar as one of the characteristics of what you call "post-holocaust work" seems to be the insistence on memory. There are, in fact, associative ciphers triggered by the naturalism of working from archival images of the mine, with its mine bunks and rows of communal showers. For example, drawing people standing under a row of showers at the mine recalls other showers and gas chambers. I accept these crossovers. *Ubu Tells the Truth* was very much about how one deals with weaknesses or memory or responsibility. The film is much more real than the drawing. The challenge was whether one can actually put these two things together, so that the archival material imbues the animation with a sort of gravitas, a new clarity.

OKWUI ENWEZOR

Wahrheit und Verantwortung

Ein Gespräch mit William Kentridge

Okwui Enwezor: Während der letzten fünfzehn Jahre haben Sie sich in Ihren Arbeiten intensiv mit der Landschaft Südafrikas beschäftigt. In Ihrer Darstellung scheint es dabei keine Sicherheiten zu geben, diese Landschaft – verstanden als das, was ein Land an sich aufzuzeigen vermag, oder als die Geschichten, die eine an sie anknüpfende Geschichtsschreibung ermöglichen – war schon immer der fortwährenden Zerstörung und einem wechselhaften Schicksal ausgesetzt. Was bedeutet Geschichte und Erinnerung für Sie – insbesondere in Bezug auf Ihre Untersuchungen zum Trauma Apartheid?

William Kentridge: Sie reden von Landschaft als etwas Unbeständigem. Johannesburg ist mehr oder weniger flach. In meiner Kindheit waren die Minenschutthalden, die grossen Geröllhügel der Goldminen rund um Johannesburg die einzigen Berge weit und breit. Am Ende jeder Hauptstrasse dieser Stadt konnte man diese goldenen Schutthaufen sehen. Mitte der 70er Jahre, als der Goldpreis stieg und die Technologie Fortschritte machte, konnte man den Goldschutt dieser Minenhalden wieder aufbereiten und kleine Mengen des edlen Metalls herausfiltern. Nach und nach wurden diese für die Landschaft Johannesburgs kennzeichnenden Hügel samt und sonders abgetragen, über Nacht weggeschwemmt, in Flüssigschlamm verwandelt und wieder aufbereitet. Das Wechselhafte der Landschaft ist ein wesentliches Element der Geschichte Johannesburgs. Seine Landschaft ist keine natürlich gewachsene, sondern das Werk von Tiefbau-Planierraupen. Meine Arbeiten geben wieder, was vorhanden ist, und dokumentieren die Spuren und Prozesse der Entstehung dieser Landschaft. Das Zeichnen ist dabei der Struktur und Entstehung der Landschaft selbst nicht unähnlich. Beim Zeichnen zieht man eine Linie auf einer Fläche, die zugleich aber auch die Linie der sich durch die Landschaft hinziehenden Tiefbauarbeiten ist; eine Baustelle an der anderen für den Strassenbau oder

---

OKWUI ENWEZOR war Direktor der «Trade Routes: History and Geography, the Second Johannesburg Biennale», 1997. Er ist zurzeit Kurator am Art Institute of Chicago und wurde kürzlich zum Leiter der «documenta XI» ernannt.

Ähnliches. Dann ist da noch das Thema der mit der Landschaft verknüpften Erinnerung. Der Grund für die Entstehung Johannesburgs war der Goldabbau. Inzwischen sind viele der einst so betriebsamen Minen halb verlassen, weil sie ausgeschöpft sind; ihre Überreste werden von der ursprünglichen Landschaft wieder in Besitz genommen. Zeichnen heisst also auch beobachten, wie die Landschaft die Spuren ihrer industriellen Geschichte verwischt, kaum ist diese vorüber. Es ist eine Art zu untersuchen, wie man diesen Prozess des Vergessens aufzeichnen kann. Das Vergessen ist der natürliche Vorgang – Erinnerung ist eine unnatürliche Anstrengung, die man unternimmt. Zwischen der Erosion einer Landschaft und der Veränderung unseres eigenen Geschichtsbewusstseins oder -verständnisses besteht ein Zusammenhang.

OE: Auffallend ist, wie der Charakter der Landschaft in Ihren Arbeiten mit dem Charakter Ihrer Filme zusammenhängt, in dem Sinn, dass die Arbeit auf dem Weg zum bewegten Bild eine Verwandlung durchmacht. Das fortgesetzte Auslöschen und Hinzufügen im Ablauf der Filme vermittelt ein Gefühl unglaublicher Fragilität. Es entsteht unweigerlich ein Eindruck von Zeichnen und Ausradieren, als ob Sie etwas hinsetzen, wieder ausradieren und wieder neu hinschreiben würden. Um noch einen Schritt weiterzugehen: Bestimmte Schlüsselarbeiten südafrikanischer Kunst oder südafrikanischer Geschichte waren ideologisch darin verwickelt, jegliches Anzeichen einer «eingeborenen» menschlichen Präsenz zu beseitigen. Was versuchen Sie, wenn Sie diese Landschaft zeichnen? Haben Sie den Eindruck diese Präsenz wieder zurückzugewinnen oder untersuchen Sie hauptsächlich die paradoxe Natur der Landschaft und Geschichte innerhalb der befrachteten Geschichte Südafrikas?

WK: Wenn ich eine Landschaft zeichne, sage ich mir immer, dass ich noch nie ein südafrikanisches Landschaftsbild gesehen habe, das dieser Landschaft entsprochen hätte. Es gibt in der südafrikanischen Landschaftsmalerei eine historische Tendenz bestimmte Dinge einfach auszublenden, wie das in vielen Bildern der Kolonialzeit der Fall war, auf denen man die Ankunft der Siedler sehen kann, bereit zum Kampf gegen die Eingeborenen und bis zu einem gewissen Grad auch gegen die Natur um Land für sich zu erobern. Es ist eine Welt, in der das Element der Eroberung eine wichtige Rolle spielt. Ist diese einmal erfolgt, lebt man plötzlich aufgrund göttlicher Gnade an diesem Ort und die militärische Eroberung gerät in Vergessenheit. Um die Jahrhundertwende oder sogar noch früher verschwanden die Eingeborenen aus der südafrikanischen Landschaftsmalerei, die nun plötzlich erhabene und spirituelle Züge annahm und eher Gottes Allmacht als die menschliche Eroberung zum Inhalt hatte. In meinen Zeichnungen geht es mir weniger darum, wiederherzustellen, was un-

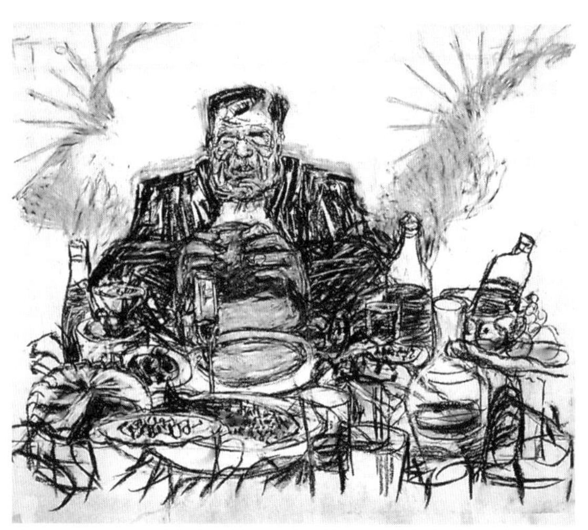

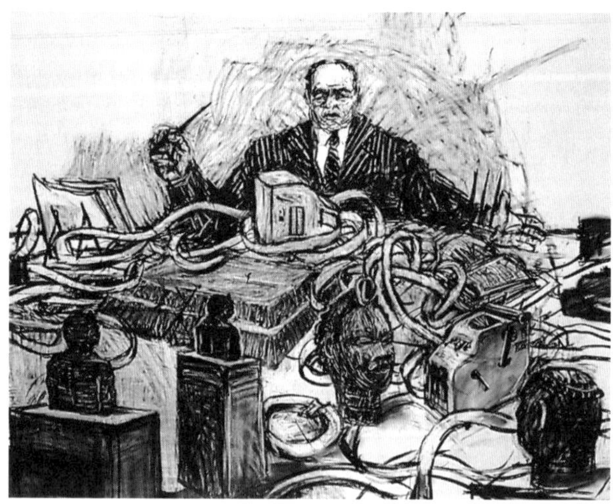

sere Landschaft ausmacht, als zu erfassen, was die Welt um mich herum ausmacht, und darum das Land als Ort der gesellschaftlichen Auseinandersetzung zu zeigen.

OE: Die Zeichnungen lassén erkennen, dass die Landschaft um Johannesburg keineswegs ideal ist. Erinnerungen sind in diesem Prozess des Erinnerns, Vergessens und Wiedererzählens eingegraben. Das konfrontiert uns unweigerlich mit den Fragen der Ungerechtigkeiten, die dieses Land vor 1994 prägten und zu dem machten, was es heute ist. Welche kritische Rolle spielt die Erinnerung in Ihrer Arbeit?

WK: Das sind die Fragen, die mich interessieren. Am besten funktioniert das, wenn sie sich einfach so stellen, das heisst intuitiv aus den gezeichneten Bildern statt aus einer vorgefassten kritischen Position heraus. Das bedeutet natürlich nicht, dass ich kein Programm habe. Ich glaube, dass Felix und Soho, meine beiden wichtigsten Figuren, in gewisser Weise Alter Ego sind. Als ich mit den Filmen begann, betrachtete ich sie eher als Widersacher; der eine sah ein wenig wie ich aus, der andere war der typische Industrielle des deutschen Expressionismus der 20er Jahre. Aber dann fiel mir auf, dass er viel mehr meinem Grossvater glich. Sie sind nicht wirklich austauschbar, stellen aber verschiedene Aspekte ein und derselben Person dar. All ihre Handlungen müssen also in gewissem Sinn für und durch mich verständlich und begreiflich sein.

OE: Welche Rolle spielt das Autobiographische? Wie sind Felix und Soho, die in Ihren Arbeiten regelmässig auftreten, entstanden?

WK: Es ist kein Zufall, dass Felix mir ähnlich sieht. Die Figuren wurden ins Leben gerufen, als ich beschloss,

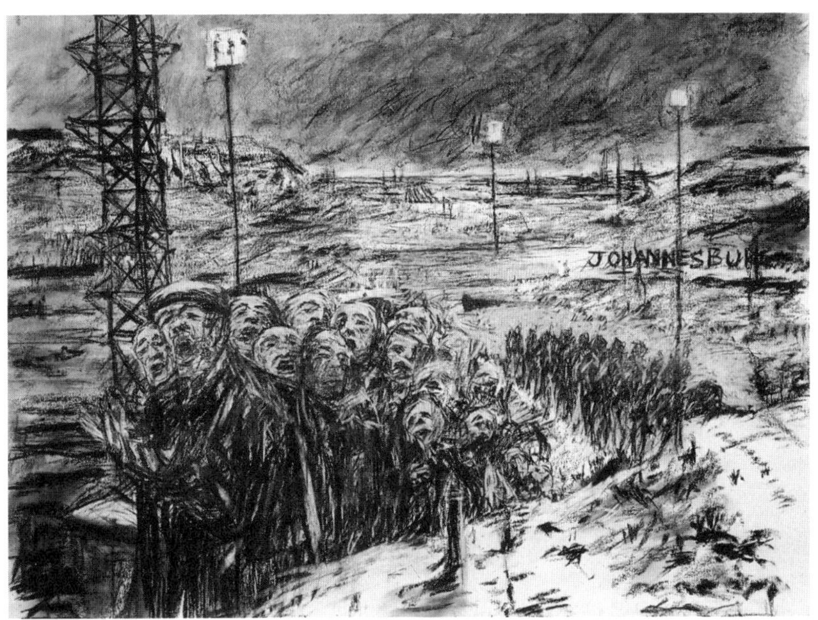

WILLIAM KENTRIDGE, JOHANNESBURG, 2ND GREATEST CITY AFTER PARIS, 1989,
drawing from the film, charcoal on paper, 42⅛ x 50" /
JOHANNESBURG, ZWEITGRÖSSTE STADT NACH PARIS, Zeichnung für den Film,
Kohle auf Papier, 107 x 127 cm.

WILLIAM KENTRIDGE, MINE, 1991, drawing from the film, charcoal on paper, 47¼ x 59" /
Zeichnung für den Film, Kohle auf Papier, 120 x 150 cm.

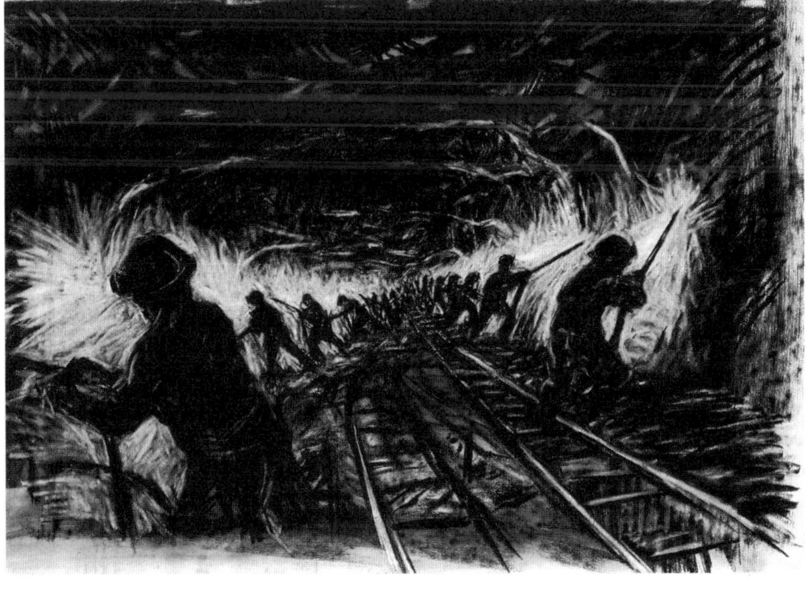

meinen ersten Film *Johannesburg 2nd Greatest City After Paris* (1989) aufgrund von Kohlezeichnungen anzufertigen. Ich überlegte, wen ich noch zeichnen könnte: Da gab es die Figur des Geschäftsmannes und ich wusste, wie er aussehen würde. Ich hatte seinen Nadelstreifenanzug vor Augen, er war also machbar. Dann gab es aber eine zweite Figur. Ich fragte mich blödes Zeug wie: Wie zieht sich jemand wie der an? Schick oder lässig? Trägt er Shorts? Gibt es eine andere Uniform, die genauso geläufig ist wie ein Anzug? So kam es, dass Felix in allen Filmen nackt ist, während Soho immer einen Anzug trägt, egal ob er im Koma liegt oder im Bett.

Den Geschäftsmann hatte ich früher schon für Gewerkschaftsplakate und antikapitalistische Studentenplakate gezeichnet. Er war mir also bereits geläufig. Ich benötigte Felix als zweite tragende Figur. Wie könnte er aussehen? Der Spiegel bot sich an. Es war also reiner Zufall, dass er mir ähnlich sah. Aber als er dann einmal so aussah, begriff ich, dass ich auch für seine Handlungen verantwortlich war. Dadurch kam nicht gerade ein autobiographisches Element hinzu, aber doch etwas Vertrautes, weil seine Entstehung mit meiner Arbeit zu tun hatte. Die Filme gleichen eher einem Tagebuch als einer Autobiographie. Wenn man ein Tagebuch schreibt, füllt man es unter Umständen mit Ängsten, Neurosen oder Sorgen und stellt diese privaten Befindlichkeiten auf dieselbe Stufe mit den wichtigsten Ereignissen des Tages. So funktionieren

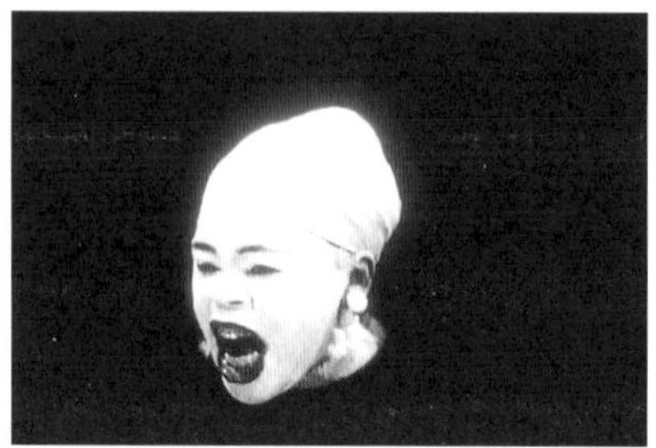 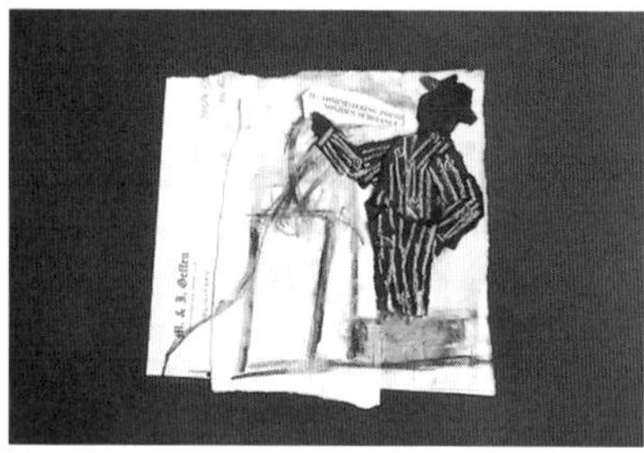 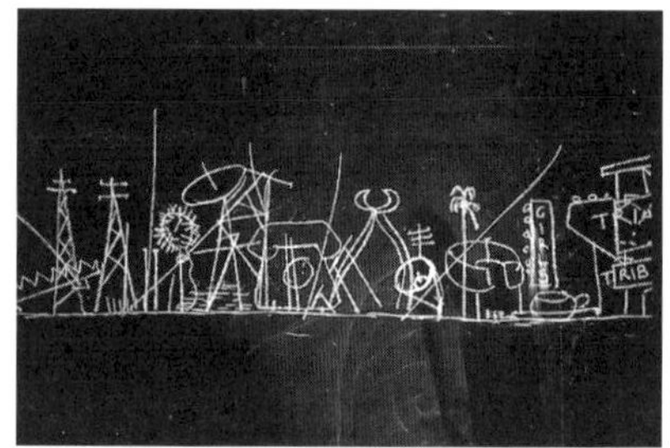

WILLIAM KENTRIDGE, UBU TELLS THE TRUTH, 1997, 35 mm animated film collage of charcoal drawings on paper, chalk drawings on black paper, documentary photographs and film, transferred to video and laser disc, 8 minutes projected onto wall /
UBU SAGT DIE WAHRHEIT, 35-Millimeter-Animationsfilm-Collage aus Kohlezeichnungen, Kreidezeichnungen auf schwarzem Papier, Dokumentarphotos und -film übertragen auf Video und Laserdisk, 8-minütige Wandprojektion.

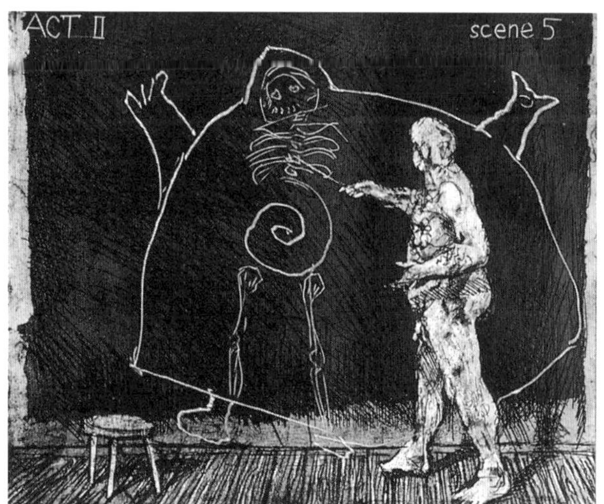

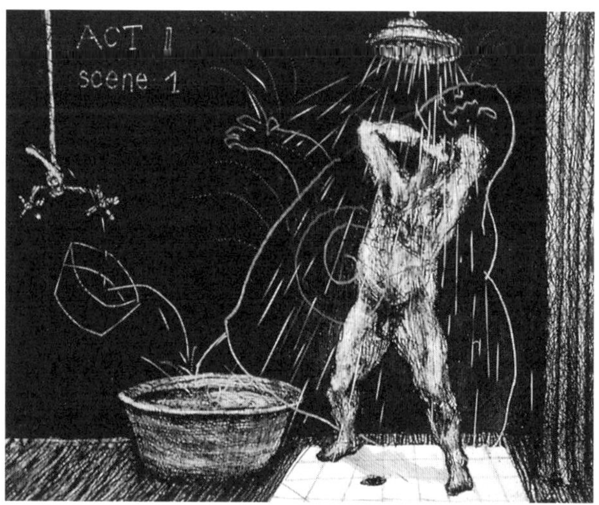

diese Filme halb als Tagebuch, halb autobiographisch.

OE: Felix und Soho fungieren in dieser Art moralischer Erzählung als Projektionsflächen. Was Felix abgesehen von seiner Nacktheit auszeichnet, ist die Idee, dass er immer das Opfer ist, während Soho das Klischee des habgierigen jüdischen Industriellen verkörpert, dem es darum geht, die ganze Welt zu besitzen. Ist Ihnen je aufgefallen, dass Sie, von Ihren eigenen Ängsten heimgesucht, vielleicht die beiden bekannten Klischeevorstellungen des Juden wiederholt haben, jene des Opfers und jene des Bösewichts?

WK: Ich glaube, Soho verändert sich im Lauf der Serie, von *Johannesburg 2nd Greatest City After Paris*, wo er sich mit Essen vollstopft, bis zu *History of the Main Complaint*, wo er im Koma liegt und von Gefühlen der Verantwortung oder Schuld geplagt wird. Ich glaube, die Bilder entspringen kulturellen Stereotypen. Die beiden sind weniger Gegensätze als vielmehr verschiedene Aspekte meiner selbst. Mit Soho bin ich weit nachsichtiger als mit Felix. Die Grundidee der Filme ist, dass sie immer auch ein Nebenschauplatz der Geschichte sind. In Südafrika, besonders bei den marginalisierten Linken der 70er und 80er Jahre, gab es heftige Auseinandersetzungen darüber, welche Art von Kunst gemacht werden sollte. Welche Art von Bildern oder Theaterstücken sollten die Leute sehen? Welche Art von Botschaften sollten vermittelt werden? Der erste Film entstand, während ich eine öffentliche Ausstellung vorbereitete. Ich hoffe daher, dass sie keine Reaktion auf Klischees sind. Falls doch, war es offenbar unvermeidlich. Schon vom Temperament her war es mir nie möglich den Inhalt über das Wort zu stellen.

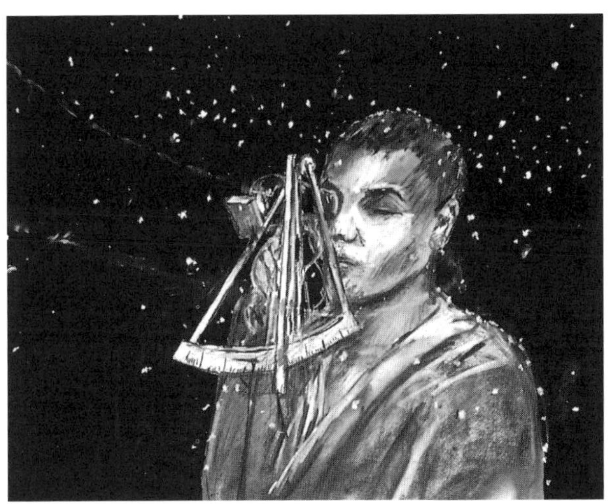

OE: Aber wie fügen sich die Charaktere Soho und Felix in die schwer belastete Geschichte Südafrikas?

WK: Das geschieht auf zweierlei Weise. Im ersten Film, der symbolisch für alle folgenden stehen kann, ist Soho der Industrielle, der Minenbesitzer, der Habgierige: Das ist ein Element des jüdisch-kapitalistischen Lebens in Südafrika; riesige Imperien wurden errichtet und enorme Minen erschlossen; Felix hingegen ist der Einfühlsame, der sich mit den marschierenden Massen auf den Strassen solidarisiert. Der Streit mit Soho liegt in der Luft. Quer durch die südafrikanische Geschichte gab es schon immer die Opposition von Arbeiterbewegungen, wobei bekannte jüdische Persönlichkeiten zu dieser Opposition gehörten – und aus dieser Tradition komme ich.

OE: Sehen Sie darin einen Widerspruch?

WK: Das ist eine vertrackte Sache. Man sagt: «Die Juden sind habgierige Kapitalisten.», und liegt damit falsch. Oder man sagt: «Die Juden unterstützen die Kommunisten im Kampf mit den Gewerkschaften.», und das stimmt auch nicht. Natürlich gibt es vielerlei Juden und sie entsprechen keinem dieser Klischees. Aber ich greife aus der Welt um mich herum lediglich zwei Möglichkeiten heraus, eine, die sagt: «Übernimm das Ruder!», und eine zweite, die meint: «Sei mitfühlend mit dem Leiden und dem Schmerz um dich herum!» Man könnte dies als zwei Elemente südafrikanischen, weissen oder jüdischen Lebens bezeichnen. Aber ich glaube, es sind vielmehr zwei Elemente meiner Wahrnehmung all dieser Dinge zusammen.

OE: Sie haben sich in Ihrer Arbeit auch häufig mit dem menschlichen Gewissen und seinen Schwächen befasst. In vielen Filmen spielen Sie mit brennenden psychologischen Fragen rund um Gedächtnis und Amnesie. Können Sie mir sagen, wie sich dies zu einer Auseinandersetzung mit dem individuellen Gewissenskonflikt innerhalb der Zwänge des Apartheidsystems entwickelt? Bleibt so die Vergangenheit in der Gegenwart als Erinnerung erhalten?

WK: Ich glaube, es geht darum, wie man die äussere Welt ins eigene Alltagsleben einbringt. Wie fliessen die zentraleren Fragen der Welt ins eigene Arbeitsbewusstsein ein? 1961, als während des Massakers von Sharpville Demonstranten von der Polizei erschossen wurden, war ich sechs Jahre alt. Mein Vater war einer der Verteidiger der Familien der Opfer. Ich erinnere mich, wie ich in seinem Arbeitszimmer eine glänzende, gelbe Schachtel fand, in der ich Schokolade vermutete. Es war jedoch eine Kodakschachtel, in der Photographien von Menschen lagen, deren Hinterköpfe weggeschossen waren. Diese Verwandlung einer Schokoladenpackung zum Behältnis einer Welt, von der ich nichts gewusst hatte, war für mich ein Schock – eine gewaltsame Konfrontation, durch die diese äussere Welt zu einer inneren wurde. Der Film wollte jedoch nicht diesen Moment auferstehen lassen, sondern ihn vielmehr exorzieren.

OE: Ein traumatisches Erlebnis...

WK: In dem Sinn, dass all die Bilder von einer ruhigen, gütigen Welt nur provisorisch sein können, damit Platz bleibt für diesen anderen Teil der Welt, den es auch gibt. Um dann genau diesen besonders dramatischen Moment aufzugreifen, von dem man sagen kann, dass ich plötzlich auf mein eigenes Leben und sein heikles Verhältnis zur Welt gestossen wurde. In manchen Filmen, wie *Felix in Exile*, haben die Leichen in der Landschaft sehr viel mit diesen Photos zu tun.

OE: Ich würde gerne zwei Momente zusammenbringen: Das eine möchte ich als «Post-Holocaust-Sensibilität» bezeichnen, da Sie in der Vergangenheit häufig Claude Lanzmans Film *Shoa* zitiert haben. Das andere hat mit der Arbeit der Wahrheits- und Versöhnungskommission in Südafrika zu tun. Im Hinblick auf diese Post-Holocaust-Frage – die Nachwirkungen der Apartheid, das Moment der Erkenntnis ihrer schädlichen Wirkung, das Moment der Abrechnung – sehen Sie eine Ähnlichkeit zwischen diesen beiden Momenten?

WK: Ich habe das nie so betrachtet, bis Sie gesagt haben, dass Sohos Nadelstreifenanzug an die pyjamaähnlichen Sträflingsanzüge der Konzentrationslager erinnert. Beim Zeichnen ist der Unterschied zwischen Pyjama und Anzug lediglich eine Frage der Strichbreite. Insofern scheint ein Charakteristikum dessen, was Sie «Post-Holocaust-Arbeit» nannten, das Insistieren auf Erinnerung zu sein. In der Tat löst der Naturalismus – bedingt durch die Arbeit mit Archivbildmaterial von Minen mit ihren Schlafkojen und gemeinsamen Duschräumen – solche Assoziationen aus. So erinnere ich mich beim Zeichnen einer Reihe duschender Männer in den Minen natürlich an andere Duschräume und an Gaskammern. Ich akzeptiere diese Konnotationen. *Ubu Tells the Truth* hatte sehr viel damit zu tun, wie man mit Schwächen oder Erinnerung oder Verantwortung umgeht. Der Film ist der Realität sehr viel näher als die Zeichnung. Die grosse Frage war, ob sich diese beiden Medien so kombinieren liessen, dass das Archivmaterial der Animation eine Art Gewicht, eine neue Klarheit verlieh.

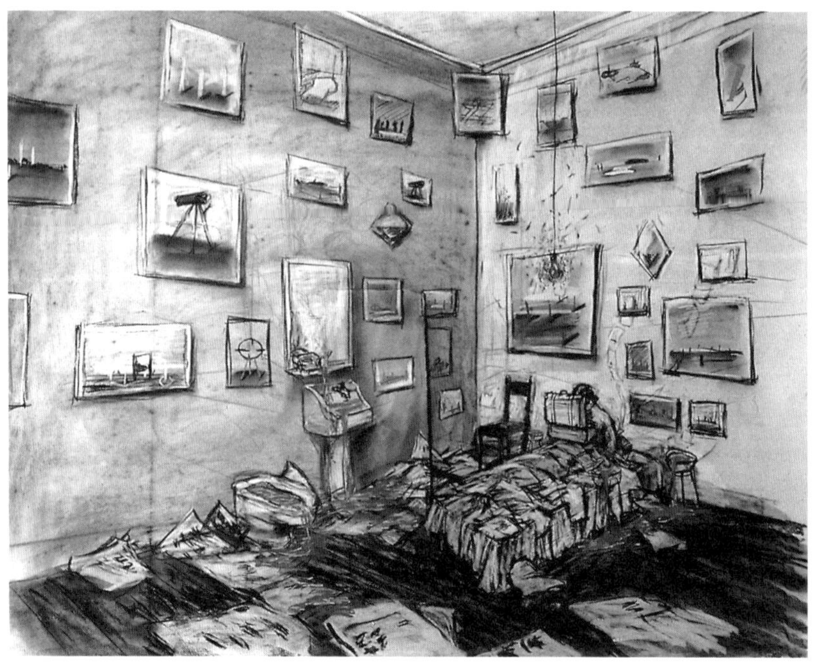

WILLIAM KENTRIDGE, FELIX IN EXILE, 1994, drawing from the film, charcoal and pastel on paper, 47¼ x 59"/
Zeichnung für den Film, Kohle und Pastell auf Papier, 120 x 150 cm.

(Übersetzung: Uta Goridis)

CUMULUS

From America

IN EVERY EDITION OF PARKETT, TWO CUMULUS CLOUDS, ONE FROM AMERICA, THE OTHER FROM EUROPE, FLOAT OUT TO AN INTERESTED PUBLIC. THEY CONVEY INDIVIDUAL OPINIONS, ASSESSMENTS, AND MEMORABLE ENCOUNTERS—AS ENTIRELY PERSONAL PRESENTATIONS OF PROFESSIONAL ISSUES.

OUR CONTRIBUTORS TO THIS ISSUE ARE VALÉRIA PICCOLI, A CURATORIAL ASSISTANT AT THE XXIV BIENAL DE SÃO PAULO, AND MARIA LIND, CURATOR AT THE MODERNA MUSEET, STOCKHOLM.

Inside the XXIV Bienal's Body

VALÉRIA PICCOLI

At the entrance, I see, strategically placed, Tarsila do Amaral's strange figure of the ABAPORU, a masterpiece of Brazilian Modernismo, recently exiled (not without heated local debate) when it was purchased by an Argentine collector. The ABAPORU is a man with a minuscule head and enormous feet sitting on an arid piece of ground from which only a cactus flower springs. According to Tarsila, it was those dis-proportionately large feet planted on the ground that most impressed Oswald de Andrade in the work which she gave him as an anniversary present in 1928. To the poet the feet and hands on the ground suggested the native man, the savage, the anthropophagus. That man was baptized with a name composed by de Andrade himself after he searched for words in a dictionary of the Tupi-Guarani language: *Aba* (man), *poru* (who eats).

A few months later, de Andrade would inaugurate the Anthropophag-ite Movement, a literary movement whose first step was the publication of the *Revista de Antropofagia*, which carried in its first issue the *Anthropophagite Manifesto*. The page on which the manifesto appeared was illustrated with a drawing of Tarsila's ABAPORU. De Andrade, in his characteristically ironic and irreverent tone, proclaimed as a law of anthropophagy: "I am only interested in that which is not mine."

Exactly seventy years later, I see crowds gathering every day around the "man who eats" and frenetically exploring the entire third floor of the pavilion to discover Klein's LARGE BLUE ANTHROPOPHAGY, Bacon's SELF-PORTRAIT WITH NEWSPAPER, Géricault's study for

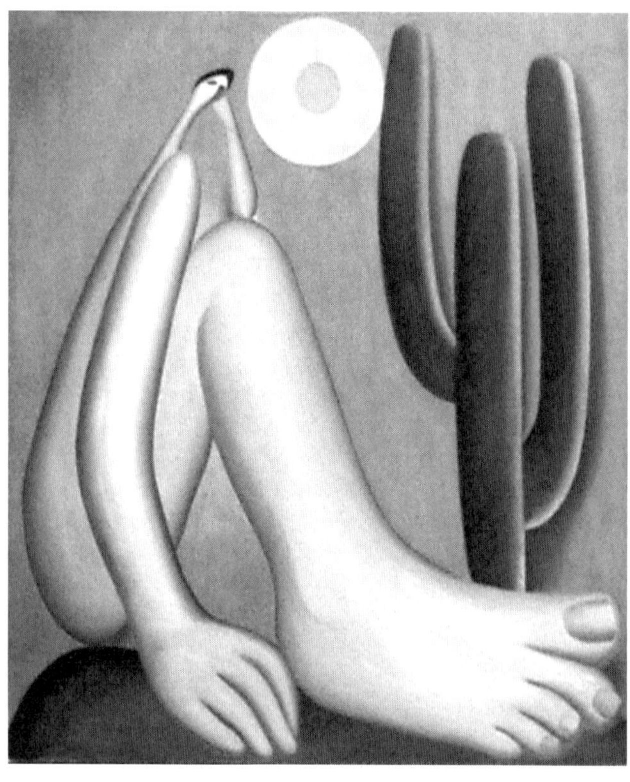

TARSILA DO AMARAL, ABAPORU, 1928, oil on canvas, 57⅞ x 50" / Öl auf Leinwand, 147 x 127 cm.

THE RAFT OF THE MEDUSA, Malevich's SUPREMATIST CROSS, and Giacometti's MAN WALKING. Bodies of work by Masson, Magritte, Siqueiros, Hesse, Smithson, Bourgeois, and Oppenheim resist Nauman's deafening mantra: "Eat me! Feed me! Help me! Hurt me!" Then they descend to the second floor to find Orozco's spliced Citroën; Kentridge's apartheid parables; Jeff Wall's epic grotesque DEAD TROOPS TALK; Tracey Moffatt's wildlife film on male surfers; Miguel Rio Branco's slide show of the visceral acts of daily life; and Meyer Vaisman's spectral skeleton self-portrait in amber resin, to name a few of the cultural cannibals present.

On the ground floor among the national representations, Pierrik Sorin's bawdy holographic video; Sylvie Fleury's couture rockets; a slab of ice that Olafur Eliasson engineered to penetrate the building's glass facade and mysteriously survive the climatic conditions of Ibirapuera Park; and Miroslaw Balka's barking captive dogs. Carrying newspapers, following the monitors, or using audio-tours as guidos, people snake their way through the exhibition as if led by an invisible thread. But what is that thread after all?

"Only anthropophagy unites us. Socially. Economically. Philosophically." In 1928, anthropophagy and cannibalism were understood by de Andrade as a cultural strategy that allowed Latin Americans to conceive of their mestizo identity in terms, for example, of appropriation, the symbolic devouring of the values of the other. Today, in a world debating the inevitability of globalization or resistance to it, anthropophagy and cannibalism acquire new meanings that are transgressive and irreverent (or even more so) than those elaborated by de Andrade. Revealing his meanings as well as newer ones, opening their possibilities even further, revealing their poetics, making them echo, admitting their antecedents and parallels. Here is the thread, the spine that keeps the body of the XXIV Bienal de São Paulo erect.

And like all bodies, the Bienal has various constituents: The "National Representations" section is the most traditional of them, modeled on the Venice Biennale. "Routes. Routes. Routes. Routes. Routes. Routes. Routes." and "Contemporary Brazilian Art" echoed the concepts of anthropophagy and cannibalism in the international setting, while "Historical Nucleus" was intended to group some punctual historical works that could be looked at as metaphors of the idea of anthropophagy. This last segment was subtitled: "Anthropophagy and Stories of Cannibalisms." Structured around the ABAPORU and other works by Tarsila do Amaral, this segment presented the discovery of cannibalistic practices among the Brazilian Indians by European adventurers and travelers. Narratives about sixteenth century Brazil that described in minute detail the culinary refinements involved in the preparation of the body of a prisoner who was to be devoured by the tribe were the principal source for the European image of an America characterized as the "cannibal Indies" in the allegories about the continents. The Ugolinos and Saturns, monstrous devourers of their children, vampires and other mythological figures painted or sculpted by artists like Rodin, Carpeaux,

Moreau, and Munch, are indices of the survival of the idea of cannibalism in the European imagination of the nineteenth century. Perhaps the greatest example is THE RAFT OF THE MEDUSA, a visual narrative of French cannibalism that inflamed Géricault's imagination. Stories of cannibalism run through the self-destructive impulses of Van Gogh, the painting-collages of Magritte that defy the eye's rationality, the flowering of the unconscious brought about by the Surrealists (one cannot overlook the importance of Picabia's magazine *Cannibale* as an antecedent for de Andrade's *Anthropophagite Manifesto)*, or through the work of Siqueiros as a metaphor for war and destruction.

But for these stories about cannibalism to be told, it was necessary to break a few traditions. The Historical Nucleus was not to be made up of rooms given over to artists for small retrospectives, but to be structured according to the presence of works, which, taken

BEATRIZ MILHAZES, BOY FISHING, 1997, oil on canvas, 27½ x 46½" (top) /
FISCHENDER KNABE, Öl auf Leinwand, 70 x 180 cm (oben)

TARSILA DO AMARAL, URUTU, 1928, oil on canvas, 23⅞ x 28½" (bottom) /
Öl auf Leinwand, 60,5 x 72,5 cm (unten).

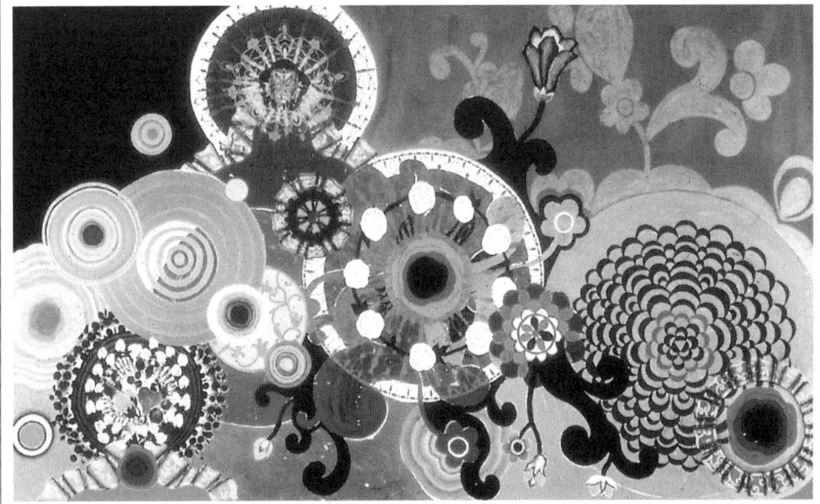

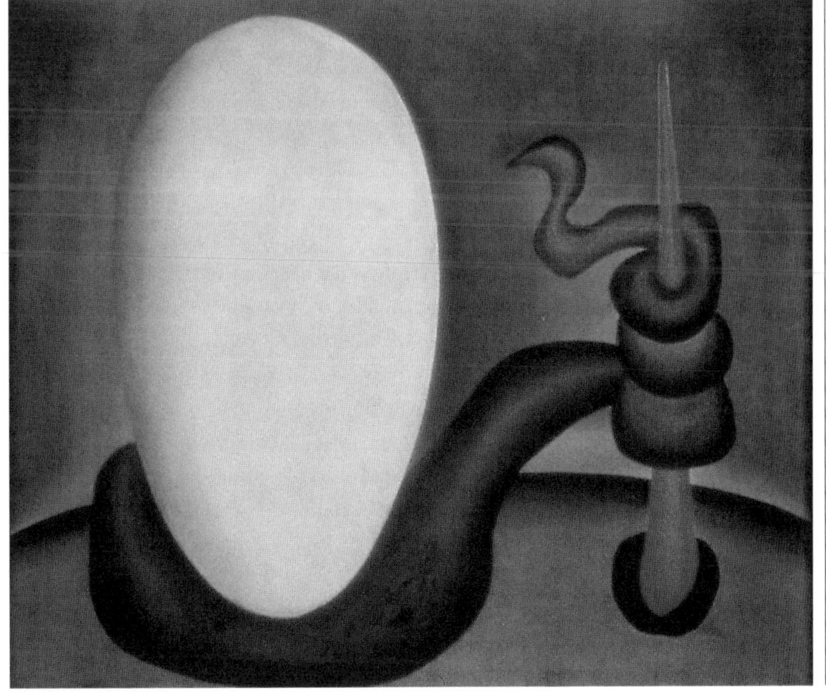

individually and in dialogue with the other exhibitions would resonate with the echoes of anthropophagy. For instance, the STUDY FOR A PORTRAIT OF VAN GOGH by Bacon could be seen from the Van Gogh space, or sculptures by Giacometti and the Brazilian Maria Martins, both derived from the Surrealist primer, were visually integrated, or from a certain point in the Matta space, it was possible to see an imaginary axis of Latin American masters, moving on one side toward Reverón and on the other toward Siqueiros.

A second step was the insertion, in the mode of "contamination," of works by contemporary Brazilian artists in each of the exhibitions that constituted the Historical Nucleus section. A large photograph of a portrait of Freud made in chocolate by Vik Muniz stared down

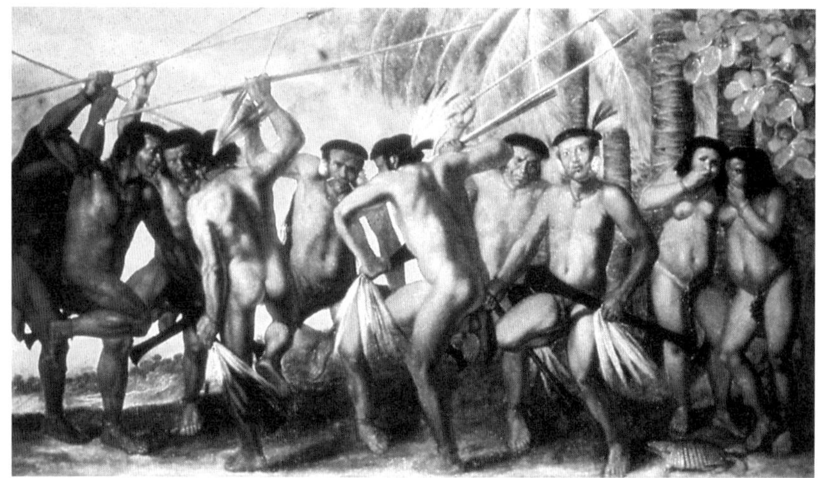

at the viewer from the Dada and Surrealism exhibition; one of Mira Schendel's objects made of twisted Japanese paper communed with Eva Hesse's sculptures, and a bundle of bloody clothes by Barrio lay like a truncated corpse tucked below one of Bacon's paintings. The contaminations were more than just surprise elements, they were there to affirm that criticism and history are made simultaneously, that every present has a past, and that the past always acquires new meanings depending on how and from what point of view the present decides to look at it.

This punctuation of works by Brazilian artists and Tarsila do Amaral's central position in the exhibition might suggest that the Historical Nucleus was constructed from a nationalistic approach. Rather, the punctuation emphasized an art without territorial demarcations, starting from the idea of coexistence and the contemporaneity of themes. A better example of this would probably be the "Monochrome" exhibition: a hall of white works all from the same period (the end of the fifties and the beginning of the sixties) and made by artists from different parts of the world. The white canvas, the zero degree of painting, nonrepresentation, becomes a point of departure for a discussion of plasticity in artists such as the American Ryman, the Venezuelan Soto, the Italian Manzoni, and the Brazilian Oiticica, among others. In the same way, eighteenth-century Mexican *casta* paintings depicting racial mixtures, Brazilian baroque sculptures, and religious iconography from the Andes were grouped together in order to show not their Mexican or Brazilian character but to affirm the digestion of techniques and styles of representation imported from Europe by the artists of the New World. Despite the de-territorialization proposed by the tales of cannibalism, the possibility of initiating a discussion about contemporary art and culture beginning from a theme formulated within a national territory acquired special meaning within the Brazilian cultural panorama—especially if we consider that we are on the verge of commemorating five hundred years of our existence.

For us, that possibility may signify the transformation of taboo into totem. The chance for a new deglutition, for overcoming a Eurocentric gaze, for the inversion of the map as proposed by Torres-García.

As I proceed through the pavilion which once housed industrial fairs, I wonder if in fact we were dealing with anthropophagy. All around me, Niemeyer's architecture is majestic. It seems to me that in none of the previous Bienals did it appear so integral and so well-preserved in its structural clarity. The exhibition project demonstrates the modulations of space, emphasizes the rhythm of the succession of columns that visually stand out. It occurs to me that the great theme is perhaps not anthropophagy, but rather actuality and the relevance of proposals. Actuality and the relevance of works that were actual and relevant in their own time establish a dialogue that continues today. "What you have there is what I call living culture," Lygia Clark would say. Or, quoting Ivo Mesquita, "Ultimately it's life we think about when we talk about art."

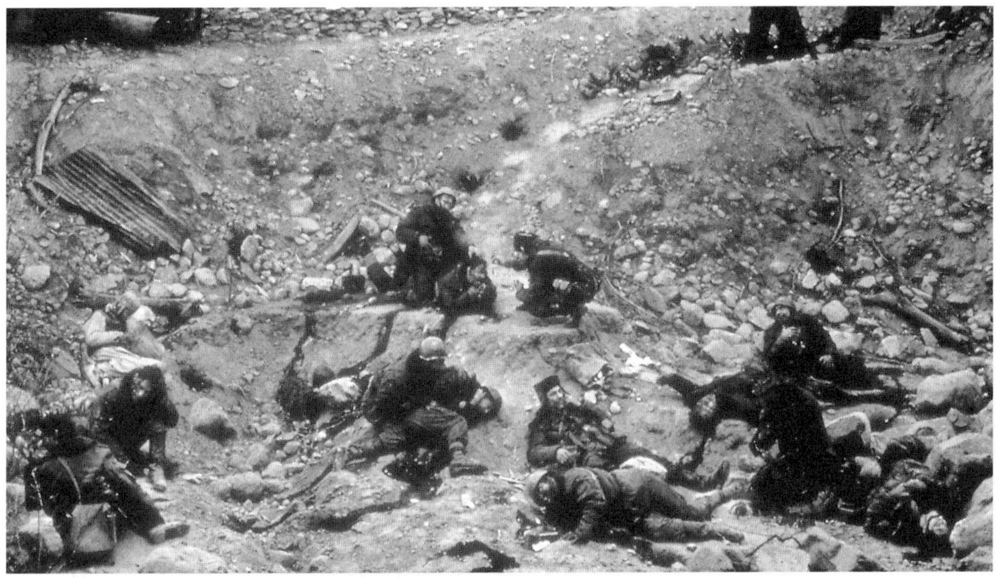

VALÉRIA PICCOLI

Im Körper der XXIV. Biennale

Gleich am Eingang erblicke ich die strategisch geschickt platzierte, merkwürdige Gestalt von Tarsila do Amarals ABAPORU – ein Meisterwerk des brasilianischen Modernismo, das vor kurzem (unter hitzigen lokalen Debatten) sein Ursprungsland verliess, da es in den Besitz eines argentinischen Sammlers überging. Der ABAPORU ist ein Mann mit winzigem Kopf und riesigen Füssen, der auf einem vertrockneten Klumpen Erde sitzt, dem einzig eine Kaktusblüte entspriesst. Laut Tarsila waren es die fest am Boden verwurzelten, übergrossen Füsse, die Oswald de Andrade an diesem Werk, das sie ihm 1928 zum

Geburtstag schenkte, am meisten beeindruckten. Der Dichter verband die Füsse und Hände auf der Erde mit dem Bild des Eingeborenen, des Wilden, des Menschenfressers. Er gab der Figur auch ihren Namen, den er mit Hilfe eines Wörterbuchs der Tupi-Guarani-Sprache selbst kreiert hatte: *Aba* (Mensch), *poru* (der frisst).

Ein paar Monate danach rief de Andrade die Anthropophagie-Bewegung ins Leben, eine literarische Strömung, die mit der Gründung der *Revista de Antropofagia* begann, in deren erster Ausgabe das *Manifesto Antropófago* (Anthropophagisches Manifest) erschien.

Der Abdruck in der *Revista* war mit einer Zeichnung von Tarsilas ABAPORU illustriert. In seiner typischen, ironischen und respektlosen Art erhob de Andrade den folgenden Satz zum Gebot der Menschenfresserei: «Mich interessiert nur, was mir nicht gehört.»

Genau siebzig Jahre später sehe ich, wie die Leute sich täglich vor dem «Mann, der frisst» drängen und eifrig das ganze dritte Stockwerk des Pavillons erkunden, wo sie Werke entdecken wie Kleins GROSSE BLAUE ANTHROPO-PHAGIE, Bacons SELBSTPORTRÄT MIT ZEITUNG, Géricaults Studie zum FLOSS DER MEDUSA, Malewitschs SUPREMA-

TISTISCHES KREUZ und Giacomettis SCHREITENDER MANN. Werkgruppen von Masson, Magritte, Siqueiros, Hesse, Smithson, Bourgeois und Oppenheim stehen unbeeindruckt vor Naumans ohrenbetäubendem Mantra: «Eat me! Feed me! Help me! Hurt me!» Dann steigt man in den zweiten Stock hinunter und erblickt Orozcos zweigeteilten Citroën, Kentridges Apartheidparabeln, Jeff Walls monumentale Groteske DEAD TROOPS TALK (Gespräch der toten Soldaten), Tracey Moffatts Video-Naturstudien über männliche Surfer (HEAVEN), Miguel Rio Brancos Diashow des harten Alltags und Meyer Vaismans geisterhaftes Skelett-Selbstporträt in Bernsteinharz, um nur einige der hier vertretenen Kulturkannibalen zu erwähnen.

Im Erdgeschoss findet man mitten unter den brasilianischen Ausstellungsstücken Pierrik Sorins schlüpfriges holographisches Video, Sylvie Fleurys Couture-Raketen, Olafur Eliassons Eisblock, der die Glasfassade des Gebäudes durchbricht und auf wundersame Weise den klimatischen Verhältnissen des Ibirapuera-Parks trotzt, und Miroslaw Balkas bellende eingesperrte Hunde. Mit Zeitungen im Arm, in geführten Gruppen oder mit Audio-Tour-Kopfhörern ausgestattet schlängeln sich die Leute durch die Ausstellung, als folgten sie einem unsichtbaren Faden. Aber welcher Art ist dieser Faden?

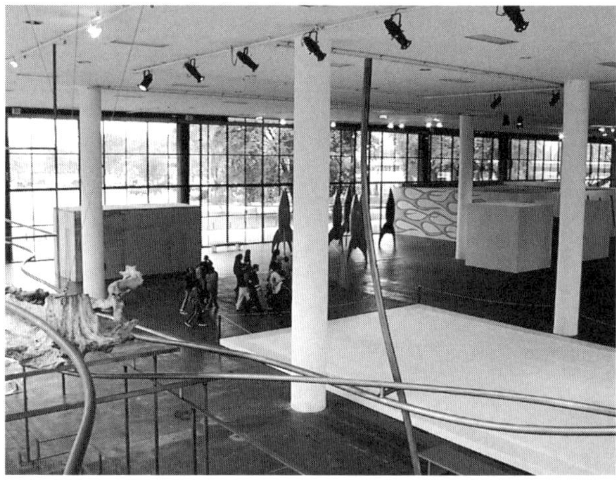

SÃO PAOLO BIENNALE, 1998, general view, first floor (right) / Blick in die Ausstellung im ersten Stock (rechts).

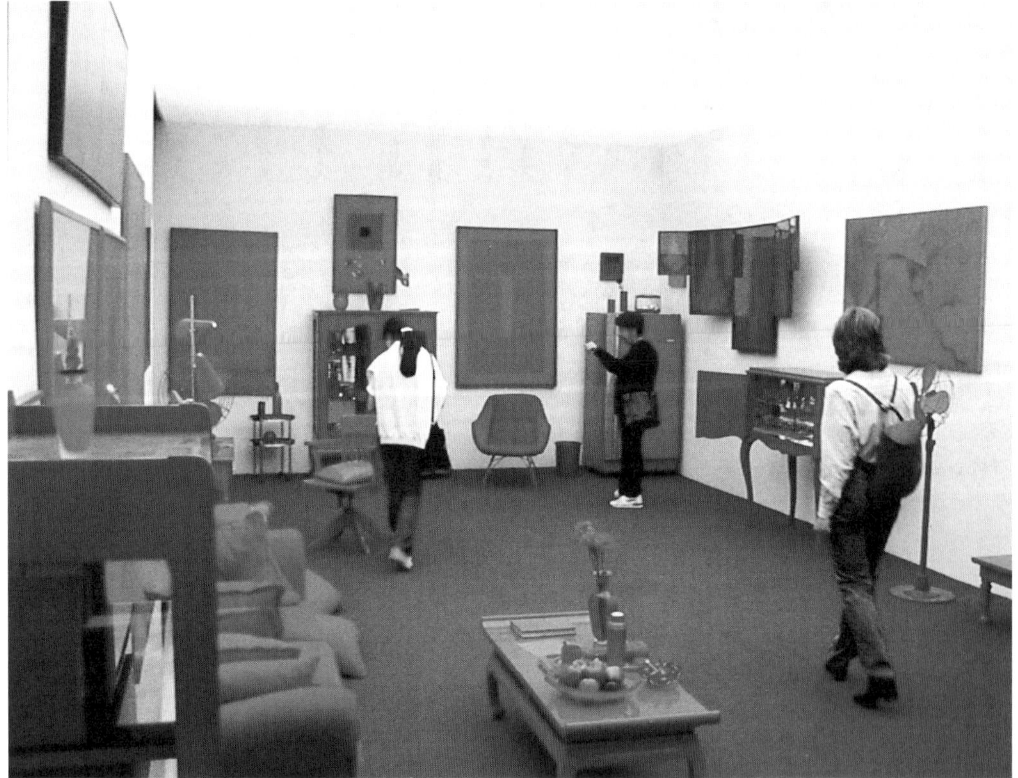

CILDO MEIRELES, INSIDE THE DETOUR INTO THE RED, 1967–98, installation / IM INNERN DER UMLEITUNG INS ROT, Installation.

«Uns verbindet nur die Anthropophagie. Gesellschaftlich. Wirtschaftlich. Philosophisch.» 1928 verstand de Andrade Anthropophagie und Kannibalismus als kulturelle Strategie, die es den Lateinamerikanern erlaubte, ihre mestizische Identität beispielsweise unter dem Aspekt der Aneignung, des symbolischen Verschlingens der Werte des Anderen zu sehen. Heute, da wir das Unausweichliche der Globalisierung oder allfällige Widerstandsmöglichkeiten diskutieren, erhalten die Begriffe Menschenfresserei und Kannibalismus neue Bedeutungen, bei denen Verletzung und Respektlosigkeit anders (oder sogar noch stärker) zum Ausdruck kommen, als dies bei de Andrade der Fall war. Das Aufzeigen seiner und dieser neuen Bedeutungen, ihre Erweiterung, die Offenbarung ihrer Poesie und das Echo, das sie auslösen, neben dem gleichzeitigen Geltenlassen von Vorläufern und Parallelen: Dies ist der rote Faden, das Rückgrat, das den Körper der XXIV. Biennale von São Paulo trägt und aufrecht hält.

Wie alle Körper setzt sich auch die Biennale aus verschiedenen Teilen zusammen: Die Abteilung der Länderausstellungen ist die traditionellste und folgt dem Muster der Biennale von Venedig; die Bereiche «Routes. Routes. Routes. Routes. Routes. Routes. Routes.» und «Zeitgenössische Brasilianische Kunst» stellen die Begriffe Anthropophagie und Kannibalismus in einem internationalen Rahmen dar, während die Abteilung «Historical Nucleus» vereinzelte historische Werke präsentieren sollte, die man als Metaphern der anthropophagischen Idee verstehen kann. Sie trägt denn auch den Untertitel «Anthropophagie und Geschichten über Kannibalismus». Der rund um den ABAPORU und andere Werke von

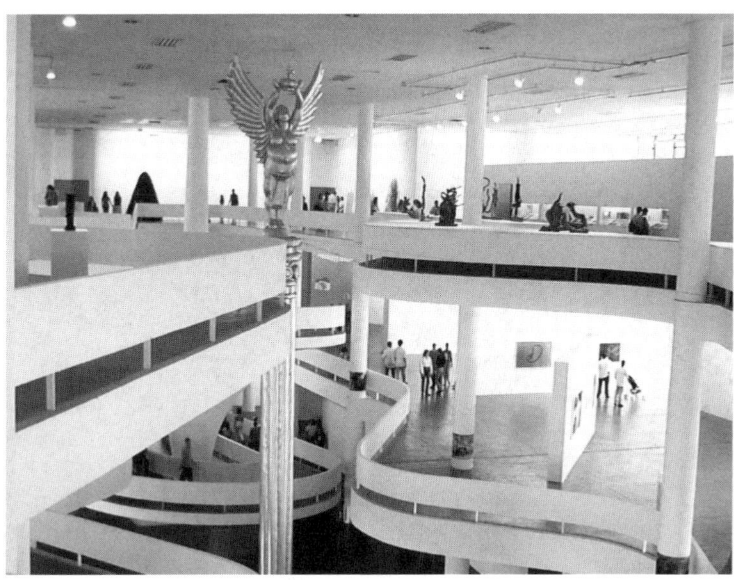

SÃO PAOLO BIENNALE, 1998, general view, 2nd and 3rd floors from the ramp / Blick in den zweiten und dritten Stock der Ausstellung.

Tarsila do Amaral aufgebaute Bereich stellt die Entdeckung kannibalischer Praktiken bei brasilianischen Ureinwohnern durch europäische Reisende und Abenteurer vor. Reiseberichte aus dem sechzehnten Jahrhundert, welche die kulinarischen Finessen der Zubereitung eines zum Verzehr bestimmten Gefangenen bis ins kleinste Detail beschrieben, waren hauptsächlich dafür verantwortlich, dass sich in Europa das Bild eines Amerika entwickelte, auf das die allegorische Bezeichnung «Kannibalisches Indien» passte. Die Ugolinos und Saturne, monströse Verschlinger ihrer eigenen Kinder, Vampire und andere mythologische Gestalten in den Werken von Künstlern wie Rodin, Carpeaux, Moreau und Munch künden davon, dass die Idee des Kannibalismus in Europa auch im neunzehnten Jahrhundert fortdauerte. Das wohl grossartigste Beispiel dafür ist DAS FLOSS DER MEDUSA; ein Bericht über Kannibalismus in Frankreich hatte Géricaults

Phantasie entflammt. Kannibalistisches scheint auch auf in Van Goghs selbstzerstörerischen Impulsen und Magrittes sich dem rationalen Blick widersetzenden Gemälde-Collagen, man begegnet ihm im aufblühenden Unbewussten des Surrealismus (die Bedeutung von Picabias Zeitschrift *Cannibale* als Vorläuferin von de Andrades *Manifesto Antropófago* ist unübersehbar) oder in der Metapher für Krieg und Zerstörung bei Siqueiros.

Damit aber diese Kannibalismus-Geschichten erzählt werden konnten, musste mit ein paar Traditionen gebrochen werden. Man entschied also, die Abteilung «Historischer Kern» nicht als Nebeneinander von Räumen zu gestalten, die einzelnen Künstlern für kleine Retrospektiven überlassen wurden, sondern entsprechend der Ausstrahlung einzelner Werke zu strukturieren, die einzeln und im Dialog mit anderen Ausstellungsstücken das Thema der Menschenfresserei aufnehmen

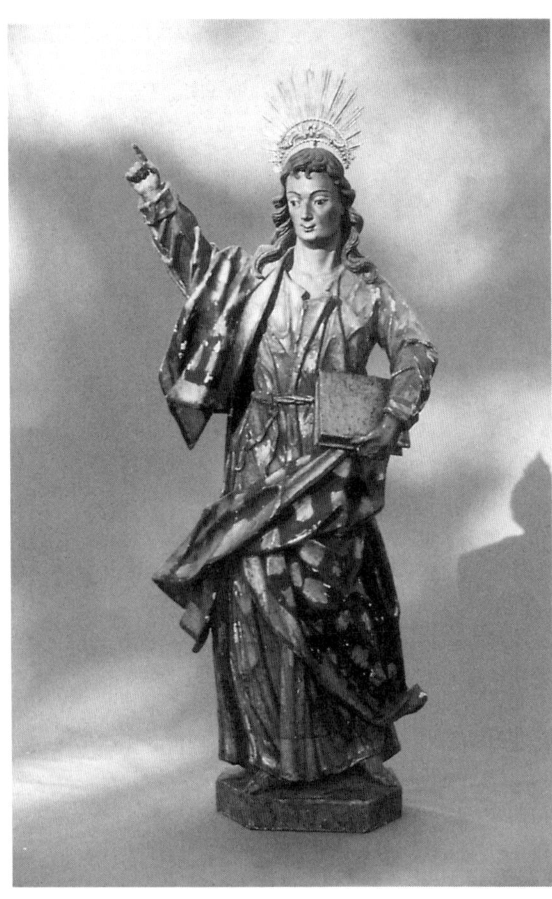

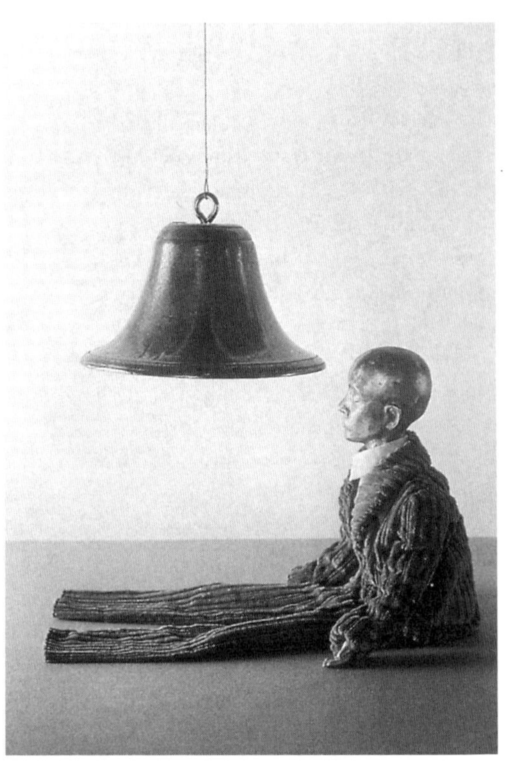

und widerspiegeln sollten. So konnte man zum Beispiel Bacons STUDIE ZU EINEM PORTRÄT VON VAN GOGH vom van Gogh-Raum aus sehen; die Skulpturen von Giacometti und der Brasilianerin Maria Martins, deren Wurzeln auf den Surrealismus zurückgehen, bildeten eine visuelle Einheit; von einem bestimmten Punkt im Matta-Raum liess sich eine imaginäre Achse lateinamerikanischer Meister überblicken, die sich von Reverón bis Siqueiros erstreckte.

Ein zweiter Schritt war das Einfügen von Werken zeitgenössischer brasilianischer Künstler in alle Ausstellungen, die zusammen den «Historischen Kern» bildeten, im Sinn einer «Kontamination». Die grossformatige Photographie eines Freud-Porträts aus Schokolade von Vik Muniz starrte in der Dada- und Surrealismus-Ausstellung auf die Betrachter herab; eines von Mira Schendels Objekten aus geflochtenem Japanpapier hielt Zwiesprache mit Eva Hesses Skulpturen und ein blutiges Kleiderbündel von Barrio lag wie eine verstümmelte Leiche unter einem Gemälde von Bacon. Diese Kontaminationen waren mehr als reine Überraschungselemente; sie dienten als Bestätigung, dass Kritik und Geschichte sich gleichzeitig entwickeln, dass jede Gegenwart eine Vergangenheit besitzt und dass die Vergangenheit immer wieder neue Bedeutungen erhält, je nachdem, wie und aus welchem Blickwinkel die Gegenwart sie betrachten will.

Die Hervorhebung von Werken brasilianischer Künstler und Tarsila do Amarals zentrale Stellung in der Ausstellung könnten den Verdacht wecken, dem «Historischen Kern» liege ein nationalistischer Ansatz zugrunde. Das Gegenteil ist der Fall, legt doch diese Hervorhebung das Schwergewicht auf eine Kunst ohne territoriale Grenzen, die von der Vorstellung der Koexistenz und Gleichzeitigkeit der Themen ausgeht. Ein besseres Beispiel dafür ist wahrscheinlich die Monochromie-Ausstellung: eine Halle voll weisser Arbeiten, die alle aus derselben Zeit (gegen Ende der 50er, Anfang der 60er Jahre), aber von Künstlern aus verschiedenen Teilen der Welt stammen. Die weisse Leinwand, die Nullstufe der Malerei, die Nichtdarstellung, wird zum Ausgangspunkt einer Diskussion plastischer Themen bei Künstlern wie dem Amerikaner Ryman, dem Venezolaner Soto, dem Italiener Manzoni und dem Brasilianer Oiticica. Auf gleiche Weise wurden mexikanische *casta*-Gemälde aus dem achtzehnten Jahrhundert, welche die Vermischung der Rassen wiedergeben, zusammen mit brasilianischen Barockskulpturen und religiösen Bildern aus den Anden gezeigt, nicht etwa um ihren mexikanischen oder brasilianischen Charakter zu betonen, sondern um aufzuzeigen, wie die Künstler der Neuen Welt die aus Europa importierten Darstellungstechniken und Stilarten aufgenommen und ihren Bedürfnissen angepasst haben. Trotz der in den Kannibalismus-Geschichten angesprochenen Deterritorialisierung kam der Möglichkeit, ausgehend von einem nationalen Thema eine Diskussion über zeitgenössische Kunst und Kultur auszulösen, in der brasilianischen Kunstlandschaft besondere Bedeutung zu – vor allem im Hinblick darauf, dass wir in Kürze die 500 Jahre unserer Existenz feiern werden. Für uns könnte es die Verwandlung des Tabu zum Totem bedeuten: die Chance zu einer neuen Ablösung, zur Überwindung des euro-

zentrischen Blicks, zu einer Umkehrung der Landkarte wie sie Torres García vorschlug.

Als ich weiter in dem Pavillon umherwandere, der früher Industriemessen beherbergte, frage ich mich, ob wir es tatsächlich mit Menschenfresserei zu tun haben. Niemeyers Architektur ist majestätisch. Ich habe das Gefühl, dass sie in keiner der früheren Biennalen, die ich sah, so vollständig erschien und in ihrer strukturellen Klarheit derart gut zur Geltung kam. Das Ausstellungsprojekt demonstriert die räumlichen Modulationen, betont den Rhythmus der optisch hervorste-

chenden Säulenreihe. Ich ertappe mich beim Gedanken, dass das grosse Thema vielleicht gar nicht die Menschenfresserei ist, sondern vielmehr die Wirklichkeit und die Relevanz von Vorschlägen. Die wirklichen Gegebenheiten und die Relevanz von Werken, die zu ihrer Zeit wirklich und relevant waren und einen Dialog in Gang setzten, der bis zum heutigen Tag andauert. «Ihr habt dort das, was ich lebendige Kultur nenne», würde Lygia Clark sagen, oder mit den Worten von Ivo Mesquita: «Letztlich meinen wir das Leben, wenn wir über Kunst sprechen.»　*(Übersetzung: Irene Aeberli)*

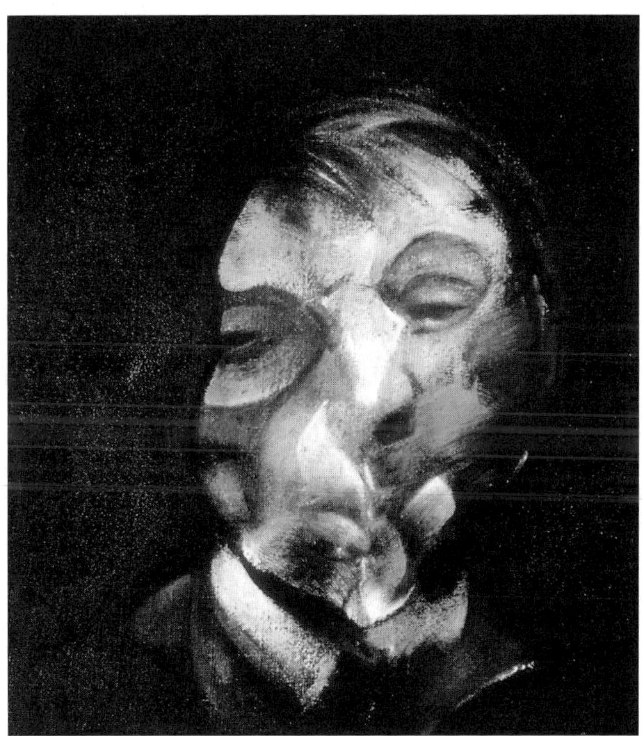

*FRANCIS BACON, SELF PORTRAIT, 1971, oil on canvas, 14 x 12" /
SELBSTPORTRÄT, Öl auf Leinwand, 35,5 x 30,5 cm.*

IN JEDER AUSGABE VON PARKETT PEILT EINE CUMULUS-WOLKE AUS AMERIKA UND EINE AUS EUROPA DIE INTERESSIERTEN KUNSTFREUNDE AN. SIE TRÄGT PERSÖNLICHE RÜCKBLICKE, BEURTEILUNGEN UND DENKWÜRDIGE BEGEGNUNGEN MIT SICH – ALS JEWEILS GANZ EIGENE DARSTELLUNG EINER BERUFSMÄSSIGEN AUSEINANDERSETZUNG.

IN DIESEM HEFT ÄUSSERN SICH MARIA LIND, KURATORIN DES MODERNA MUSEET IN STOCKHOLM, UND VALÉRIA PICCOLI, ASSISTENZKURATORIN DER XXIV. BIENNALE VON SÃO PAULO.

MARIA LIND

RAUMNACHBILDUNG UND ERFAHRUNGSRÄUME

Einige Überlegungen zur Ortsbezogenheit in der Gegenwartskunst

Selbst Robert Smithson war überrascht, als die Museen Ende der 60er Jahre lebendiger zu werden begannen. Er meinte, sie könnten zu Schauplätzen einer besonderen Form von Unterhaltung werden und das könnte so weit gehen, dass sie schliesslich Diskotheken gleichen würden.[1] Dies mag bemerkenswert erscheinen angesichts seiner beredten Klagen über die Langweiligkeit der Museen und seiner oft wiederholten Zweifel an ihrer Funktionsweise und Daseinsberechtigung überhaupt.[2]

Smithson mass der Rolle der Kunst in der Gesellschaft und damit der Frage des Standortes entscheidende Bedeutung bei. Er begab sich aus dem Ausstellungsraum hinaus in die Landschaft, an die Peripherie von Grossstädten, zu abgelegenen Fabrikruinen in der Wildnis und erhob die Ortsbezogenheit wie kein anderer Künstler zum Prinzip.

Seit der Pionierleistung von Robert Smithson ist die *site specificity*, die Ortsbezogenheit, zu einem Renner unter den künstlerischen Prinzipien avanciert.

Sie wird heute derart weit gefasst – und überstrapaziert –, dass ihre Bedeutung unklar geworden ist. Wie nehmen heutige Künstler Bezug auf örtliche Gegebenheiten? Was verstehen sie unter einem Ort? Und unter ortsspezifisch? Ist dieser Begriff für die aktuelle Gegenwartskunst überhaupt relevant? Und nicht zu vergessen: Welche Wünsche und Forderungen tragen Ausstellungsorganisatoren heute an Kunst heran?

Im Zusammenhang mit *site specificity* drängen sich sogleich zweierlei Fragen auf: Einerseits tendieren zahlreiche Künstler zu kontext- oder standortbezogener Arbeit, andrerseits ist im Westen ein Trend zu Ausstellungen und Festivals mit immer mehr ortsbezogener Kunst im öffentlichen Raum zu beobachten. Durch opportunistischen Populismus und überzogene Erwartungen an den Kulturtourismus – und dessen Einträglichkeit – in die Irre geleitet, haben Politiker und Bürokraten diese Kunstform vielfach missbraucht. Insbesondere die Europäischen Kulturhauptstädte haben sich in dieser Hinsicht als Übeltäter ersten Ranges hervorgetan, zuletzt Stockholm, das 1998 eine pervertierte Schreibtischgeburt nach der anderen lanciert hat: Kunst an Bushaltestellen, Kunst an Plakatwänden, Kunst auf Kanaldeckeln, Kunst auf Parkbänken usw. In dieser Form verkommt die Ortsbezogenheit zum reinen Formalismus und bedeutet oft nichts als eine Verunreinigung des öffentlichen Raums.

Sieht man einmal von dieser traurigen Tatsache ab und schaut sich das Kunstschaffen selbst an, entsteht ein anderes Bild. In einer Zeit, in der kontextuelle Kunst und relationale Ästhetik Hochkonjunktur haben, üben Standort und Situation grosse Anziehungskraft aus. Künstler wie Mark Dion und Renee Green zum Beispiel beziehen den Ort oder die Situation in ihre Arbeit ein, nehmen dabei aber zugleich einen kritischen Standpunkt zu bestimmten Institutionen, Systemen oder Diskursen ein. In ihrem wichtigen Aufsatz «One Place After Another: Notes on Site Specificity» prägte Miwon Kwon den Begriff «site oriented» für das Werk dieser Künstler, wobei sie betont, dass die heutige ortsbezogene Kunst diskursiv, nomadisch, fluktuierend ist und nicht auf einen geographisch bestimmbaren

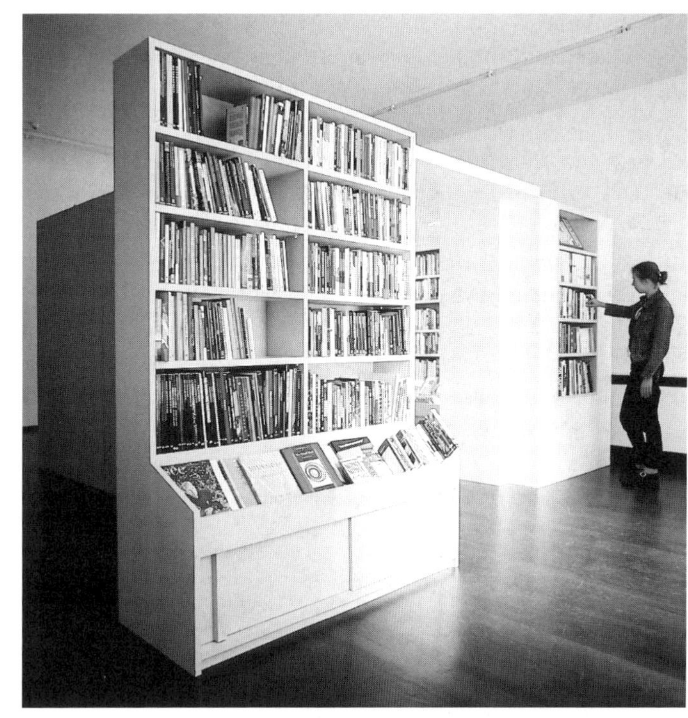

Ort oder eine Institution beschränkt zu sein braucht, sondern sogar von einer virtuellen Situation ausgehen kann.[3]

Es gibt jedoch noch andere Ansätze in der Auseinandersetzung mit Ortsbezogenheit als die von Miwon Kwon untersuchten und andere Interpretationsmöglichkeiten als die von ihr bevorzugten. Zum Beispiel gehen Rirkrit Tiravanija und das Künstlertrio Liesbeth Bik, Peter Fillingham und Jos van der Pol von einem bestimmten Ort mit spezifischen gesellschaftlichen, wirtschaftlichen und emotionalen Konnotationen aus und verlegen ihn dann in Form einer genauen Kopie in einen anderen, oft institutionellen Kontext. Rirkrit Tiravanija hat solche Manöver zwischen seiner New Yorker Galerie und dem Whitney Museum of American Art sowie zwischen seiner eigenen Wohnung und dem Kölnischen Kunstverein durchgeführt, wobei in Köln seine «Wohnung» für Abendessen, Partys oder einfach zum Schlafen frei zur Verfügung stand. Bik/Fillingham/van der Pol haben eine voll funktionsfähige Replik ihrer eigenen Küche angefertigt, die in der Ausstellung «Peiling 5» im Stedelijk in Amsterdam zu einem Treffpunkt wurde. Ihre skulpturähnliche Nachbildung des Londoner ICA-Bookshops samt seinem vollständigen Sortiment wurde im Museum Boijmans-van Beuningen in Rotterdam installiert, das heisst in einer Stadt, in der ein guter Kunstbuchladen fehlt.[4]

Die traditionell mit *site specificity* verbundene Eins-zu-eins-Wiedergabe der jeweiligen räumlichen Verhältnisse wird in diesen Arbeiten zwar bis zu einem gewissen Grad aufrechterhalten, jedoch in einer künstlichen Form: Eine Raumnachbildung wird angefertigt und an einen anderen Ort verlegt.[5] Die Kritik, die gewöhnlich in diesen Arbeiten steckt, ist eher poetisch-sensibler als radikaler Natur: Sie ist Neben-, nicht Hauptsache. Das Erzeugen sozialer Situationen und realer Begegnungen steht im Vordergrund gegenüber dem Bekenntnis zu einem allfälligen höheren Ziel. Die erwähnten Arbeiten sind darüber hinaus nicht nur Beispiele einer echten Interaktion mit den Besuchern, sondern auch mit persönlicher Erfahrung, manchmal auch mit Melancholie aufgeladen. Craig Owens hat auf den melancholischen Charakter von Robert Smithsons ortsbezogenem Werk hingewiesen.[6] Viele seiner analytischen Arbeiten sind tatsächlich durch und durch emotional geprägt und um den Ausstellungsort herum und schafft damit imaginäre Miniaturwelten. In ihrer Installation ∞/24 im Versammlungsraum des Pfarrhauses wurde die Welt draussen ausgesperrt, indem die grossen Fenster mit lichtdurchlässigem Plastik abgedeckt wurden. Vereinzelt waren im Plastik Löcher angebracht, gleichsam Ventile für den Überdruck des hermetisch abgeschlossenen Raums. Auf einem weiss gestrichenen Holztisch hatte Koo Jeong-A fünf Türmchen aus feinsten Bleistiftminen errichtet. Bei der geringsten Erschütterung purzelten die Bleistiftmitails wurden massstabgetreue Schwarzweissphotos gemacht, die in Form von Leuchtkästen vor dem Original angebracht wurden. Der Raum wurde durch Abdeckung der eleganten Terrassentüren verdunkelt, ein schwarzer Teppich dämpfte sämtliche Geräusche und zwei bereits vorhandene Spiegel erhöhten die Zahl der optischen Bezugspunkte, was Wahrnehmung und Raumempfinden gründlich durcheinander brachte. Man wurde das Gefühl nicht los, man befinde sich in einem Spukhaus.

Dass eine solche Atmosphäre nicht unmittelbar von der bestehenden Ar-

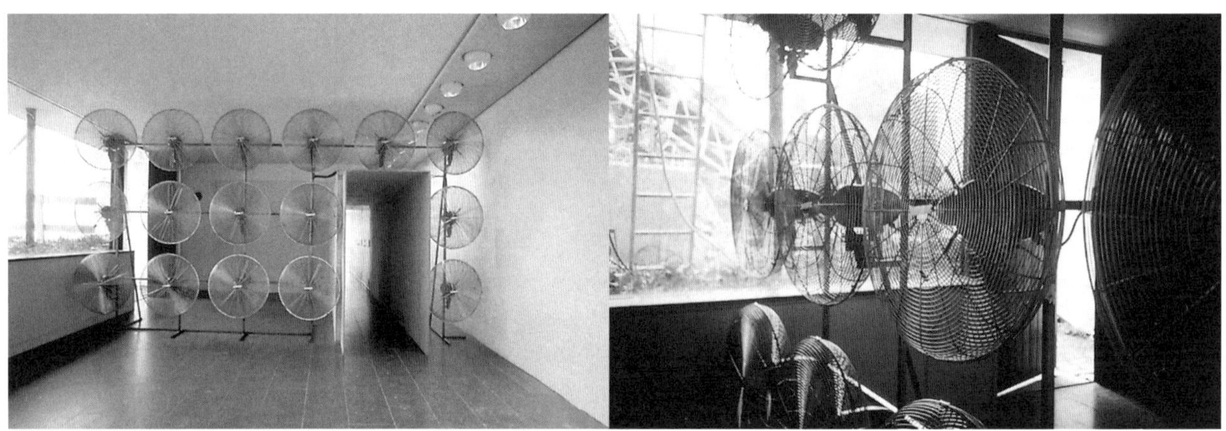

OLAFUR ELIASSON, YOUR WINDLESS ARRANGEMENT, 1997, installation view and detail,
Louisiana Museum of Modern Art, Humlebaek, Denmark / DEIN WINDSTILLES ARRANGEMENT. (PHOTO: NEUGERRIEMSCHNEIDER, BERLIN)

und Smithson selbst hat davon gesprochen, wie wichtig es sei, die Atmosphäre eines gegebenen Raums zu fühlen beziehungsweise ihr Gehör zu schenken.[7]

Als Koo Jeong-a den Projektraum im alten Pfarrhaus neben dem Modernen Museum am Skeppsholmen in Stockholm gestaltete, trug sie der Atmosphäre des Raums Rechnung. Gewöhnlich untersucht sie den Alltag mit archäologischen Methoden: Sie findet ihre äusserst schlichten Materialien – von Staub und Holzstückchen bis zu Kunststoffperlen und Verpackungsmaterial – in nen wie Miniatur-Mikadostäbchen und es war praktisch unmöglich, sie danach wieder originalgetreu aufzubauen. Dieses unprätentiöse und unaufdringliche Gebilde erfüllte den Raum mit einer Atmosphäre konzentrierter Kontemplation.

Die Atmosphäre des Raums spielte auch eine entscheidende Rolle in Erik Bozis' Installation im Musée de la Ville de Luxembourg, wo er sich das leicht dekadente Ambiente zunutze machte und eine kinoähnliche Wirkung hervorrief. Von den typischen Rokokodechitektur eines Raums ausgehen muss, sondern eher eine Funktion ihrer psychologischen Konnotationen ist, zeigen die kargen, aber dichten Installationen von Ann Lislegaard. Ihr Ausgangspunkt sind häufig einfache Raumgebilde zusammen mit fluoreszierendem Licht, das das Raumgefühl durcheinander bringt, oder mit verzerrten Stimmen, die hypnotisch beschwörende Laute von sich geben. Ihre Installationen bedienen sich der minimalistischen Phänomenologie: Sinneseindrücke machen zugleich die eigene physische Präsenz erfahrbar und löschen sie aus. Man kann sich nicht einmal mehr auf das Selbstverständlichste, den konkreten physischen Raum, verlassen. In der Videoinstallation NOTHING BUT SPACE (Nichts als Raum) erscheinen und verschwinden Menschen wie Phantome in einem Raum, dessen Formen sich gleichzeitig verändern. Erzielt wird dies durch Aufnahmen einer leicht bewegten, stark reflektierenden Mylarfolie, einem weichen Isoliermaterial, das von der NASA entwickelt wurde. Der dadurch entstehende Eindruck eines entschwindenden, sich auflösenden Raumes entzieht unserem Selbstverständnis buchstäblich den Boden. Wie in einem Vergnügungspark sind wir mit Schwindel erregenden, halluzinatorischen Erlebnissen konfrontiert. Im Vergleich zu älteren atmosphärischen Arbeiten von Künstlern wie Robert Irwin oder James Turrell ist diese Kunst weniger metaphysisch und steht der Populärkultur näher.

Auch Olafur Eliasson ist ein Künstler, der sich gern mit der Neuschaffung beziehungsweise radikalen Verwandlung von Ausstellungsräumen beschäftigt. Er bringt die Natur mit ihren Elementen und Gewalten in Museen und Galerien, in denen er Wasserfälle, Regenbogen, in einer Installation sogar einen ganzen Garten nachbaut. Die Installation YOUR WINDLESS ARRANGEMENT (Ihr windstilles Arrangement), die im Louisiana-Museum in Humlebæk gezeigt wurde, bestand zunächst nur aus einem Luftzug ohne sichtbare Ursache und aus einem sausenden Geräusch im Korridor. Erzeugt wurde das alles durch 16 Ventilatoren, die in der Mitte des schmalen Eingangsraums auf einem Gerüst montiert waren.

Diese Arbeiten sind beispielhaft für eine Art von ortsbezogener Kunst, die wir heute immer häufiger beobachten. Man kann in diesem Zusammenhang von Erfahrungsräumen sprechen, in denen der Künstler, wie im Film, eine Atmosphäre zu erzeugen und Empfindungen hervorzurufen versucht mit dem Ziel, dass wir uns an einen völlig anderen Ort versetzt fühlen. Der Erfahrungsraum ist eine Sache des Erlebens, einer überwältigenden und allumfassenden Gefühlsreaktion. So verstanden ist der Begriff des Erfahrungsraums mit Ilya Kabakovs Definition der «totalen Installation» als eines «ganz und gar verwandelten Raums» verwandt.[8)] Doch während Kabakov seine Environments mit allen möglichen Gegenständen ausstattet, sind die Installationen von Ann Lislegaard und Olafur Eliasson asketisch, entwaffnend schlicht und aufwühlend. Sie haben etwas Immaterielles an sich und strahlen oft einen zaghaften Optimismus aus, wo Kabakovs Räume eine eher düstere Stimmung vermitteln.

Im Innersten ihrer «Ästhetik der Verschmelzung» sind diese Raumnachbildungen und Erfahrungsräume sowohl in der Vergangenheit verwurzelt als auch unheimlich zeitgenössisch. Sie bewegen sich an der Schnittstelle von Kunst und Architektur, passiver Unterhaltung und aktivem Engagement. Sie sind mit einem bestimmten räumlichen Ausgangspunkt verknüpft, auf dessen Charakter und Atmosphäre die Künstler mehr oder weniger sensibel reagieren.

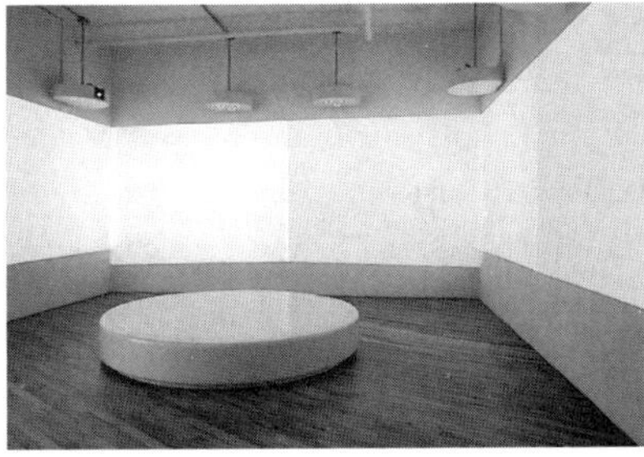

Ausgehend davon wird jedoch etwas Neues eher konstruiert denn dekonstruiert. Die erwähnten Künstler sind mithin Schöpfer kleiner neuer Welten, die an Mini-Utopias erinnern. Diese fallen gelegentlich ausgesprochen persönlich und sogar autobiographisch aus. «Specificity/Bezogenheit» scheint angesichts ihres Vorgehens beinah ein zu starker Begriff zu sein; sie arbeiten eher assoziativ und öffnen sich einem Ort.

Bei diesen, sich einem Raum öffnenden Arbeiten, sowohl bei der Nachbildung wie den Erfahrungsräumen, steht die Verlagerung, ob real oder simuliert, im Mittelpunkt. Mit der riesigen Installation MOMENT GINZA verewigte Dominique Gonzalez Foerster gewissermassen einen bestimmten Augenblick auf der anderen Seite des Globus, auf einer Strasse im Tokioter Einkaufs- und Vergnügungsviertel Ginza. Die dreidimensionale Collage aus eigenen Arbeiten und solchen anderer Künstler – darunter Sprechblasenballons von Phillippe Parreno und Lichterketten von Felix Gonzalez-Torres – evoziert die behagliche Atmosphäre jenes Augenblicks, wenn an Sonntagen die Strasse für den motorisierten Verkehr geschlossen und von Fussgängern in Besitz genommen wird.

Tobias Rehberger hat in seiner stimmungsvollen Videoinstallation mit dem Titel MISSING COLORS (Fehlende Farben) die Versetzung in einen anderen Zustand, nämlich den des Schlafes und des Traumes, thematisiert. Der Anlass dafür war die Erzählung eines Freundes, dass seine Träume, wie alte Filme, nur in Schwarzweiss abliefen. In der Installation werden die Wände eines kleinen Raums, wenn das Licht ausgeschaltet ist, durch Videoprojektionen in verschiedene Farben getaucht. Fast unmerklich gehen die Farben von Hellgrün in Gelb, von Rosa in Violett über. Die friedliche Stille, die den geschlossenen Raum erfüllt, gleicht einem Traum. Die Besucher können jedoch jederzeit einen Kugelleuchter aus den 60er Jahren einschalten und den Traum beenden.

In diesen Arbeiten gibt es keine eindeutige Zuordnung zwischen Zeichen und Referent, ja es kann sogar ein Widerspruch zu den Gegebenheiten des konkreten Ortes entstehen. Stattdessen liegt die Betonung auf der körperlichen, physischen Berührung, auf der unmittelbaren Erfahrung. Genauso wie die Dokumentarphotographie und das massstabgetreue Architekturmodell für die Raumnachbildung nicht wegzudenken sind, so sind auch die Erfahrungsräume (ambient spaces) undenkbar ohne Technokultur und digitale Welten, die die Konstruktion von (virtuellen) Realitäten erlauben. In ihnen steckt die Vision eines anderen, befreienden Zustandes, vermittelt durch eine zutiefst individuelle, möglichst viele Sinne einschliessende Erfahrung. Es ist eine Reise an einen anderen Ort. Man könnte sagen, dass diese Werke die Ortsabhängigkeit mit der Beweglichkeit der eher nomadischen Auffassung von Ortsbezogenheit, von der bei Miwon Kwon die Rede ist, in sich vereinen.

Auch Franz Pomassl «nimmt uns auf eine Reise mit», wenn er leichtfüs-sig zwischen Musik, Klubszene und Kunstmilieu hin und her wechselt. Mit seinen Erfahrungsräumen und denen anderer Künstler (vollends mit dem neuen Trend zu Technopartys in Ausstellungen) hat sich Robert Smithsons Prophezeiung in Sachen Museum und Diskothek erfüllt. Pomassl verändert den Raum ausschliesslich mit Hilfe von Geräuschen und verschiedenen für unser Ohr ungewohnten Frequenzen. Er bezeichnet sich selbst als «Sound-Terrorist» und verschafft Ausstellungs- und Klubbesuchern eine physische Klangerfahrung, die unter die Haut geht. Die Haare sträuben sich und der Puls schnellt in die Höhe: Manche Besucher wagen es gar nicht, den Raum wirklich zu betreten. Die Wirkung ist dermassen physisch spürbar, dass man sagen kann, dass Pomassls Installationen eine nicht minder grosse Gefahr für ein Gebäude darstellen als Richard Serras TILTED ARC im Federal Plaza.

Doch wie schon Robert Smithson meinte: Wenn man sich und andere nicht realen Erfahrungen und Risiken aussetzt, bleibt Kunst uninteressant. Nicht genug, dass der Ort Smithsons Thema schlechthin war, auch das Strukturprinzip der Verlagerung spielte in seinem Werk eine wesentliche Rolle. Regelmässige Reisen waren ein fester Bestandteil seiner künstlerischen Arbeit und er entwickelte auch das Konzept der «non-sites» oder «Nicht-Orte», Arbeiten, die darin bestanden, dass Steine von einem bestimmten Ort genommen und in ein Museum überführt wurden, wo ihre ursprüngliche Fundstelle durch eine Karte des betreffenden Ortes markiert wurde. Die Steine fungierten dabei gleichzeitig als Zeichen, Referent und Metapher für den Ort. Bei den hier angesprochenen Arbeiten der 90er Jahre geht es glei-chermassen um ein Überführen in einen anderen Zustand wie um die Verlagerung an einen anderen Ort. Und wenn Smithsons Werk schon von Melancholie geprägt ist, lässt sich auch hier eine gewisse Melancholie ausmachen, insbesondere bei den Erfahrungsräumen: in ihrer Sehnsucht nach einem anderen Ort, nach etwas unwiederbringlich Verlorenem, in ihrem Hier-und-Jetzt- und zugleich Woanderssein. Es ist eine zeitgenössische, durch die Informationstechnologie besonders virulent gewordene, aber wie es scheint auch grundlegende existenzielle Erfahrung.

(Übersetzung: Bram Opstelten)

1) Siehe «What is a museum? A dialogue between Allan Kaprow and Robert Smithson» (1967), in: *Robert Smithson: The Collected Writings*, Jack Flam (Hrsg.), University of California Press, Berkeley und Los Angeles 1996.
2) Siehe auch Robert Smithson, «Some void thoughts on museums» (1967), ebenda. Er kritisiert die Kunstmuseen, schreibt aber auch, dass Museen noch am ehesten taugen, wenn sie die Beziehung zwischen Kunst und Leben völlig ausklammern.
3) Miwon Kwon, «One Place After Another: Notes on Site Specificity», in: *October*, Nr. 80, Frühjahr 1997.
4) Die gleiche Arbeit wurde von Liesbeth Bik und Jos van der Pol 1998 in der Greene/Naftali Gallery in New York ausgeführt.
5) Rosalind Krauss, «Notes on the Index, Part 1» und «Notes on the Index, Part 2», in: *The Originality of the Avant-Garde and Other Modernist Myths*, The MIT Press, Cambridge (Mass.) und London 1985. Krauss verwendet zwar nicht den Begriff «site specificity», spricht aber über ortsbezogene Arbeiten.
6) Craig Owens, «The Allegorical Impulse: Toward a Theory of Postmodernism», in: *Art After Modernism: Rethinking Representation*, Brian Wallis (Hrsg.), The New Museum of Contemporary Art, New York 1984.
7) Smithson, op. cit., vgl. Anmerkung 1.
8) Ilya Kabakov, *Über die «totale» Installation*, Cantz Verlag, Ostfildern 1995, S. 256.

SPATIAL FACSIMILES AND AMBIENT SPACES

Some Reflections on Site Specificity in Contemporary Art

MARIA LIND

Even Robert Smithson was surprised by the fact that museums started to become livelier at the end of the 1960s. He noted that they might be venues for specialized entertainment and could go so far as to resemble a discotheque.[1] This reaction may seem remarkable considering his eloquent criticism of the dullness of museums and his well-documented doubts about their ways of functioning and their existence in general.[2] For Robert Smithson the role of art in society, and therefore also its domicile, was crucial. By going outside gallery and museum space, out into the landscape, to the outskirts of large cities and to remote industrial ruins in the wilderness, he pioneered site specificity as a concept.

Following Robert Smithson's trailblazing work, site specificity acquired great momentum among artistic methods. It has now become so open-ended—and worn—that the issues have been obscured. How do artists today work in relation to place? What is a site to them and what is the meaning of specificity? Is the concept even relevant in contemporary art practice? And not least, what desires and demands do exhibition organizers place on art?

Two types of questions relating to site specificity immediately present themselves: On the one hand many artists are inclined towards the contextual, place-related; on the other, there is a trend in the western world towards exhibitions and festivals with more and more site specific work in public spaces. Led astray by opportunistic populism and overly optimistic calculations for cultural tourism and its potential commercial gains, politicians and bureaucrats often misused the form. In particular, the European cultural capitals can be singled out as prime offenders, most recently Stockholm, which during 1998 launched one travesty, one desk-top product after another: art in bus shelters, art on billboards, art on manhole covers, art on park benches, etc. Thus exploited, site specificity has become a mere formality, and more often than not, it pollutes public space.

Putting this unfortunate situation aside for a moment and looking at art production itself, one gets a different picture. In an age of context art and relational aesthetics, the site and the situation exert a great magnetism. Artists like Mark Dion and Renee Green, for instance, work in relation to the site or place, but also from a perspective that is critical of institutions and of certain systems or kinds of discourse. Site specificity is coupled with institutional critique among these artists, whose contemporary relationships to place are often a subject of debate in the American context. In her substantial article, "One Place After Another: Notes on Site Specificity,"[3] Miwon Kwon launched the term "site oriented" for these artists' work, emphasizing that present-day site-specific art tends to be discursive, nomadic, fluid and sometimes even virtual rather than restricted to a geographical place or institution.

But there are other attitudes and modes of working in relation to site specificity than those addressed by Miwon Kwon, as well as other ways of interpreting them. For instance, Rirkrit Tiravanija and the artist trio Liesbeth Bik, Peter Fillingham, and Jos van der Pol choose a certain place with particular social, economic and emotional implications and then move it in the form of an exact—and unique—copy to another, often institutional context. Rirkrit Tiravanija executed such facsimiles between his New York gallery and the Whitney Museum of American

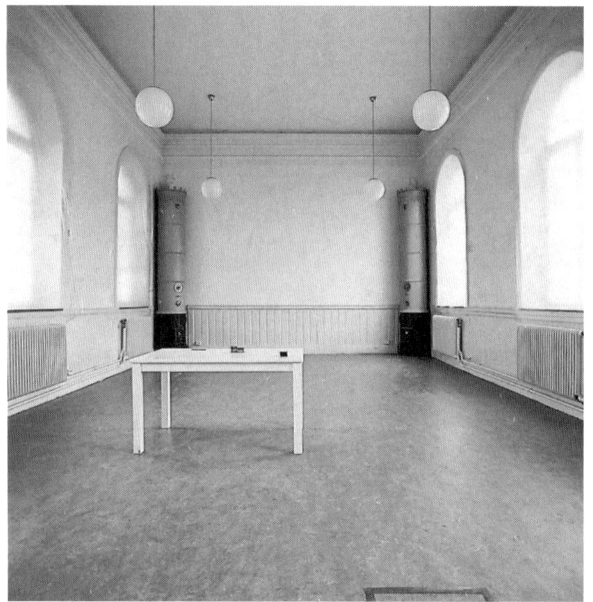

Art and between his own flat and the Kölnischer Kunstverein, where they were available for dinners, parties or merely for sleeping. The above-mentioned trio made a fully-functioning replica of their own kitchen, which became a meeting place in the exhibition "Peiling 5" at the Stedelijk in Amsterdam. Their sculpture-like facsimile of the ICA bookshop in London, including all its products, was installed at the Boijmans van Beuningen Museum in Rotterdam, a city which lacks a good bookshop on art and art theory.[4]

Indexicality in relation to space, which is historically connected with site specificity, is maintained to a degree in these works but it is fabricated: A spatial facsimile is made and transferred.[5] The institutional critique that can be detected here is more lyrical and sensitive than hard core; it is secondary rather than primary. The staging of social situations with literal encounters is privileged over allegiance to certain, presumably grander causes. Further, the above examples are not only genuinely interactive in relation to the exhibition visitors, they are also charged with personal experiences and sometimes even with melancholy. Craig Owens has pointed out that Robert Smithson's site-specific work is melancholic.[6] Many of his analytical pieces are in fact imbued with emotional implications and he has also discussed the importance of feeling—or perhaps listening to—the ambiance of a given space.[7]

When Koo Jeong-a occupied the project space in the Old Vicarage next to the Modern Museum on Skeppsholmen in Stockholm, she took note of its atmosphere. Normally she takes an archaeological approach to everyday life: She finds extremely simple materials—anything from dust and bits of wood to plastic beads and packing materials—in and around the exhibition venue, and from these materials she creates imaginary miniature worlds. In the installation ∞/24 in the assembly room of the Vicarage, the outside world was shut out by covering the large windows with transparent plastic, which was per- forated in places as if to lighten the pressure of a hermetically sealed space. On a wooden table painted white, she built five small towers of the thinnest graphite leads. The least little jarring made the towers topple like lilliputian pick-up sticks, and it was virtually impossible to reconstruct the original configuration. These unpretentious and very discreet means filled the entire space with concentrated contemplation.

The ambiance of a space was also crucial in Erik Bozis's installation in the Musée de la Ville de Luxembourg, where he exploited the slightly decadent atmosphere and produced a near cinematic experience. Typical rococo details were photographed in black and white to full scale and the photos placed as light boxes in front of the original. The windows in the elegant french doors were darkened, a black carpet dampened all sound, and a pair of existing mirrors increased the number of visual points which distorted perception and disrupted spatial orientation. The resulting bewilderment generated a feeling of being in a haunted house that was difficult to shrug off.

That such an atmosphere need not rely on a room's institutional or architectural qualities, but rather on its psychological implications, is exemplified by Ann Lislegaard's sparse but dense installations. They are often based on simple spatial structures and may contain fluorescent light that confuses one's sense of space, or manipulated voices intoning suggestive hypnotic texts. Her installations make use of minimalist phenomenology; the sensual experiences remind us of our own physical presence and cancel it out at the same time. We cannot even trust the most reliable feature—the room's physical structure. In the video installation NOTHING BUT SPACE people crop up and disappear like phantoms in a room which is simultaneously morphed. This is achieved by a camera simply filming a highly reflective and slightly mobile surface of mylar, a soft and protective material developed by NASA. The architectonic structure thereby gives the impression of being dissolved and abstracted. Our very sense of self is jolted. As in amusement parks, we are confronted with more or less vertiginous and hallucinatory experiences. In contrast to older atmospherical work by artists like Robert Irwin and James Turrell, this art is less metaphysical and closer to popular culture.

Olafur Eliasson also delights in radically creating and/or transforming exhibition spaces. He transports nature—its elements and forces—into art institu-

These works are examples of a kind of site-specific work that we are seeing more and more today. The phenomenon might be called ambient spaces where, as in films, an atmosphere is created and feelings are invoked that give the sensation of being transported to a place that is entirely different from the one we entered.[8] It is experiential and affective, totally absorbing and all-encompassing. As described here, the term ambient spaces shows a rapport with Ilya Kabakov's definition of the total installation as an "entirely transformed space."[9] In Ilya Kabakov's spaces we are also transported to another time and another place, but he fills his milieus with all manner of things, while the ambient spaces tend towards the austere, disarmingly simple, and stirring. Instead of being filled

architecture, of the entertainment industry and committed endeavor. Their site is a particular, spatial point of departure, whose character and atmosphere artists exploit to varying degrees. From this point on something new is constructed, rather than deconstructed. The artists mentioned are therefore creators of small, new worlds which sometimes resemble micro utopias. Occasionally the work is explicitly personal and even autobiographical. Specificity seems too strong a notion in relation to their approach. It is rather a question of working associatively, of being sensitive to a site.

In these site sensitive works, in the spatial facsimiles, as well as in the ambient spaces, transference itself is central, whether real or simulated. In the huge installation MOMENT GINZA, Dominique Gonzalez Foerster portrayed a certain moment on a street situated on the other side of the globe—Ginza in Tokyo. A pleasant atmosphere, which suggests the moment of twilight when the street is closed to traffic on Sundays and is taken over by people, was invoked in a three-dimensional collage of her own and others' work—including Phillippe Parreno's swaying talk bubble balloons and Felix Gonzalez-Torres's festooned lamps.

In an atmospherical video installation, Tobias Rehberger thematized being transferred into another condition—that of sleep and the dream. MISSING COLORS is Rehberger's reaction to learning that a friend of his dreams only in black and white, as in an old film. In the installation, when the light is extinguished in a little white room, video projections paint the walls in different colors. Almost imperceptibly they shift from light green to yellow, from rose to violet.

ANN LISLEGAARD, THE GARDEN OF EDEN/THE NEED OF DANGER, 1996,
black lights, white veils, 4 soundtracks, exibition "NowHere"
at the Louisiana Museum of Modern Art, Humlebaek, Denmark /
DER GARTEN EDEN/DAS BEDÜRFNIS NACH GEFAHR,
schwarze Lampen, weisse Vorhänge, 4 Soundtracks.

tions where he recreates waterfalls, rainbows, and, in one installation, a garden. The installation YOUR WINDLESS ARRANGEMENT shown at Louisiana started as a breeze without a visible source and a whizzing sound in a corridor. Both came from 16 fans mounted on a structure in the middle of the narrow space that leads into the museum.

with objects, they are charged with immaterial effects and sometimes convey a certain, shy optimism in contrast to Kabakov's rather pessimistic tone.

The spatial facsimiles and ambient spaces are—in the midst of their "fusional esthetics"—both historically oriented and uncannily contemporary. They exist at the intersection of art and

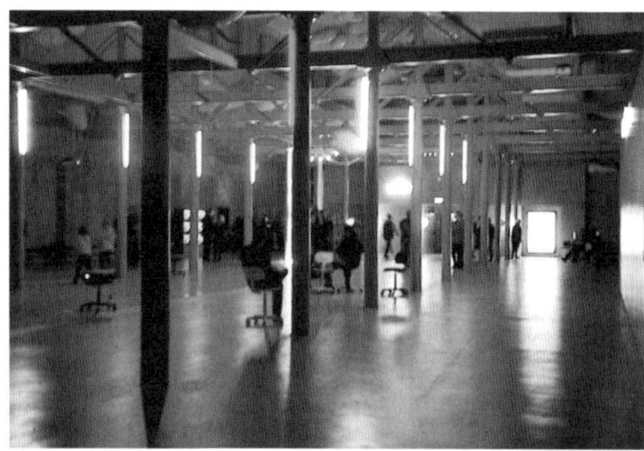

DOMINIQUE GONZALEZ FOERSTER, MOMENT GINZA, 1997, three-dimensional collage including works of other artists (a.o. Phillippe Parreno and Felix Gonzalez-Torres) / dreidimensionale Collage, welche Werke anderer Künstler mit einbezieht.

The quiet ambiance which pervades the still and closed room is like a dream. But at any time a cluster of 1960s spherical lamps may be lit by the visitors and the dream ends.

These works do not establish an indexical relationship between the sign and the referent, and they may also undermine the givens of the site itself. What is emphasized instead is direct physical contact, first-hand experience, whether hallucinatory or not. Just as the tradition of documentary photography and the scale model as a form is crucial for the spatial facsimile, the ambient spaces would be hard to imagine without techno-culture and digital worlds, where reality can be constructed. They contain a vision of another, liberating condition based on an intensely individual experience, involving as many senses as possible. It is a trip to somewhere else. One could say that the spatial facsimiles and ambient spaces fuse dependence on the site with the mobility of the more nomadic notion of site orientation discussed by Miwon Kwon.

Franz Pomassl also "transports" us, as he moves with ease between music, the club world, and art contexts. With his and other artists' ambient spaces—and the recent spate of techno parties at exhibitions—Robert Smithson's concern about museums and discotheques seems to have come true. Franz Pomassl transforms space solely by means of variations in sound and highly unusual frequencies. He calls himself a "sound terrorist," who gives exhibition visitors and clubgoers a physical, carnal experience of sound. Their hair stands on end and their pulse increases—many visitors don't even cross the threshold. The effect is so physical that Pomassl's installations may be said to constitute as serious a threat to structures as Richard Serra's TILTED ARC in the Federal Plaza.

But, according to Robert Smithson, exposure to art is uninteresting without real experiences and risks. Despite the fact that the site was pivotal to him, transference as a structural principle was an equally important aspect of his work. Not only did he himself regularly go on trips as a part of his work, he also developed the non-sites where stones were taken from a certain place and then moved into the museum with the original location marked on a map. The stones thereby signify the location both indexically and metaphorically. In the work of the nineties discussed here, moving into another condition is as important as moving to another place. Just as Robert Smithson's work is melancholic it may also be said that there is a certain melancholy here too, especially in the ambient spaces, with their sense of longing, of wishing for something irretrievably lost, or of being here and now but at the same time somewhere else. It is a contemporary, "IT-infested" phenomenon, indeed, but apparently also an essentially existential experience.

(Translated from the Swedish by Jan Teeland)

1) See, "What Is a Museum? A Dialogue between Allan Kaprow and Robert Smithson" (1967), in: *Robert Smithson, The Collected Writings*, Jack Flam, ed. (Berkeley and Los Angeles: University of California Press, 1996).
2) See also, Smithson, "Some Void Thoughts on Museums" (1967), in: ibid., where he criticizes art museums, but also writes that museums are best—or at least not at their worst—when they deny the relationships between art and the rest of life altogether.
3) Miwon Kwon, "One Place After Another: Notes on Site Specificity," in: *October*, no. 80, Spring 1997.
4) The same piece was carried out by Liesbeth Bik and Jos van der Pol at the Greene/Naftali Gallery in New York, 1998.
5) Rosalind Krauss, "Notes on the Index, Part 1, and Notes on the Index, Part 2," in: *The Originality of the Avant-Garde and Other Modernist Myths* (Cambridge, Massachusetts, and London: The MIT Press, 1985). Even though Krauss does not use the term site specificity, it is site-specific work she discusses.
6) Craig Owens, "The Allegorical Impulse: Toward a Theory of Postmodernism," in: Brian Wallis, ed., *Art After Modernism: Rethinking Representation* (New York: The New Museum of Contemporary Art, 1984).
7) See note 1.
8) Robert Smithson, "A Cinematic Atopia" (1971), in: op. cit.
9) Ilya Kabakov, *On the "Total" Installation* (Ostfildern: Cantz Verlag, 1995), p. 256.

Garderobe

'gär-ˌdrōb

That is one, that is one audience then this. So then we go on. And then gradually anything goes on that is to say it is does not go on but any way there is anything there any way and is any one that is are you the audience for that too that is to say do you see it when it is there and is it there and what have you to say, what have you to say. What is it to be an audience, I tell I must get down solidly to that what is it to be to have an audience what is it and is it the same thing or is it. What is it. That is to say can does any one separate themselves from the land so they can see it and if they see it are they the audience of it or to it. If you see anything are you its audience and if you tell anything are you its audience, and is there any audience for it but the audience that sees or hears it. And if you do do that to yourself or anything else you see does that after all begin what you began when you were it as it happened to come to be it or not. Who is alike when everybody looks at anybody and which is like which, the thing which has been seen or the thing which is prepared for it that is prepared to be seen because after all who cannot who will not prepare it. Really no one, when you come to think about it and yet every one does, does not prepare it. And all this has so much to do with writing a narrative of anything that I can almost cry about it.

Below, one of the many reactions inspired by Shrigley's INSERT in no. 53. It is the work of / Eine der vielen Reaktionen auf Shrigleys Insert in Parkett Nr. 53, ein Werk von **Tanja Obrist**, Zürich.

Das ist ein einziges Publikum dann ein Publikum dies. Wir gehen dann allmählich geht alles weiter das heisst es geht nicht weiter aber jedenfalls ist alles weiter da und ist irgendwer da das heisst sind Sie auch das Publikum dafür das lieben sehen Sie es wenn es da ist und ist es da und was haben Sie zu sagen, was haben Sie zu sagen. Was ist es ein Publikum zu sein ich habe gesagt ich muss dem auf den Grund gehen das soll es sein ein Publikum zu haben was ist es und ist es das gleiche oder was. Was ist es. Das heisst können oder nun es welche dass sie sich vom Land trennen damit sie es sehen können und wenn sie es sehen sind sie das Publikum dafür oder davon. Wenn Sie irgend etwas sehen sind Sie dann sein Publikum und wenn Sie etwas erzählen sind Sie dann sein Publikum, und gibt es ein dein Publikum dafür ausser dem Publikum das es sieht oder hört. Und wenn Sie das tatsächlich für sich selbst tun oder anderes das Sie sehen fängt dadurch denn an was Sie anfingen als Sie es waren dass es zu entstehen begann oder nicht. Wer sieht gleich aus wenn jeder jeden anschaut und was ist wie was, das Ding das gesehen worden ist oder das Ding das dafür vorbereitet wird nämlich vorbereitet um gesehen zu werden denn schliesslich wer kann wer wird es nicht vorbereiten. Wirklich keiner, wenn Sie darüber nachdenken und doch tut es jeder, bereitet es nicht vor. Und all das hat so viel mit dem Schreiben einer Erzählung von etwas zu tun dass ich darüber fast weinen kann.

(from: Gertrude Stein, *Narration*, 4th lecture, Chicago, 1935) / (Aus: Gertrude Stein, *Erzählen*, 4. Vortrag, übersetzt von Ernst Jandl, Frankfurt am Main 1971)

The **PARKETT** Series is created in collaboration with artists, who contribute an original work available exclusively to the subscribers in the form of a signed limited **SPECIAL EDITION**. The available works are also reproduced in each **PARKETT** issue.

Each **SPECIAL EDITION** is available by order from any one of our offices in New York or Zurich. Just fill in the details below and send this card to the office nearest you. Once your order has been processed, you will be issued with an invoice and your personal edition number. Upon receipt of payment, you will receive the **SPECIAL EDITION**. (Please note that supply is subject to availability. **PARKETT** does not assume responsibility for any delays in production of **SPECIAL EDITIONS**. Postage is not included.)

☐ As a subscriber to **PARKETT**, I would like to order the following Special Edition(s), signed and numbered by the artist.

PARKETT No.	ARTIST		NAME:
PARKETT No.	ARTIST		ADDRESS:
PARKETT No.	ARTIST		CITY:
PARKETT No.	ARTIST		STATE/ZIP:
PARKETT No.	ARTIST		COUNTRY:
PARKETT No.	ARTIST		PHONE:

☐ I have indicated my way of payment on the reverse side of this form.

Send this form to the PARKETT office nearest you:

PARKETT PUBLISHERS   155 AV. OF THE AMERICAS   NEW YORK, NY 10013   PHONE (212) 673-2660   FAX (212) 271-0704

PARKETT VERLAG   QUELLENSTRASSE 27   CH-8005 ZÜRICH   TELEFON +41-1-271 81 40   FAX +41-1-272 43 01

PARKETT VERLAG   TANNENWALDALLEE 17   D-61348 BAD HOMBURG   FAX 06172-937 444

PARKETT   KÜNSTLEREDITIONEN FÜR PARKETT-ABONNENTEN   **54**

Die **PARKETT**-Buchreihe entsteht in Zusammenarbeit mit Künstlern, die eigens für die Abonnenten einen Originalbeitrag in Form einer limitierten und signierten **EDITION** gestalten. Diese Editionen sind auch in der Zeitschrift abgebildet und können mit dieser Bestellkarte in jedem unserer Büros in Zürich, Frankfurt oder New York bestellt werden. Sie erhalten dann Ihre persönliche Editionsnummer und eine Rechnung. Sobald wir Ihre Zahlung erhalten haben, schicken wir Ihnen Ihre Edition(en). (Lieferung nur solange vorrätig. **PARKETT** übernimmt keine Verantwortung für allfällige Verzögerungen bei der Herstellung der Vorzugsausgaben. Versandkosten zuzüglich.)

☐ Ich bin **PARKETT**-Abonnent(in) und bestelle folgende **EDITION(EN)**, numeriert und vom Künstler signiert:

PARKETT Nr.	KÜNSTLER/IN		NAME:
PARKETT Nr.	KÜNSTLER/IN		STRASSE:
PARKETT Nr.	KÜNSTLER/IN		PLZ/STADT:
PARKETT Nr.	KÜNSTLER/IN		LAND:
PARKETT Nr.	KÜNSTLER/IN		TEL.:

☐ Meine Zahlungsweise habe ich auf der Rückseite angegeben.

Senden Sie die Bestellkarte an das PARKETT-Büro in Ihrer Nähe:

PARKETT VERLAG   QUELLENSTRASSE 27   CH-8005 ZÜRICH   TELEFON +41-1-271 81 40   FAX +41-1-272 43 01

PARKETT VERLAG   TANNENWALDALLEE 17   D-61348 BAD HOMBURG   FAX 06172-937 444

PARKETT PUBLISHERS   155 AV. OF THE AMERICAS   NEW YORK, NY 10013   PHONE (212) 673-2660   FAX (212) 271-0704

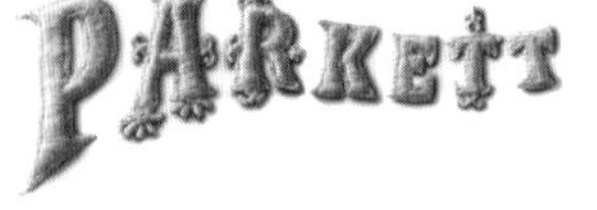

SUBSCRIBE, COMPLETE OR SEND A GIFT SUBSCRIPTION TO THE BEST BOOK SERIES ON CONTEMPORARY ARTISTS

■ I subscribe to the PARKETT series
- ■ for 1 year (3 issues) at US$ 80 (USA/Canada), SFr. 118.– (Europe), SFr. 140.– (Rest of the world).
- ■ for 2 years (6 issues) at US$ 145 (USA/Canada), SFr. 215.– (Europe), SFr. 265.– (Rest of the world).
- ■ for 1 year (3 issues) at a 20% student discount (US$ 65 for USA/ Canada, SFr. 95.– for Europe). A copy of my student ID is enclosed.

■ Send a gift subscription in my name
- ■ for 1 year (3 issues) at US$ 80 (USA/Canada), SFr. 118.– (Europe), SFr. 140.– (Rest of the world).
- ■ for 2 years (6 issues) at US$ 145 (USA/Canada), SFr. 215.– (Europe), SFr. 265.– (Rest of the world).
  A gift card in my name will be sent to the recipient.

Postage included. All prices subject to change.

■ I wish to complete my PARKETT collection and order the following issue no(s):

at SFr. 43.– each (up to no 43: SFr. 30.–; no. 44–48: SFr. 39.–), postage not included. Within the USA & Canada $ 32 (up to no. 43: $ 19.50; no. 44–48: $ 29), add postage: $ 5 (USA), $ 10 (Canada). (Sold out: No. 1–10, 13, 16, 19, 27, 29–31, 35)

■ I wish to order the catalog raisonné of all PARKETT Artists' Editions from 1984–95 (SILENT & VIOLENT, 183 pages of which 144 in color, text by Susan Tallman, short artists' biographies) for Sfr. 49.– (USA: $ 39), excl. postage.

■ I wish to order ________ copies of the set of 36 postcards featuring PARKETT Artists' Editions for Sfr. 19.– (USA: $ 16) per set, excl. postage.

NAME:

ADDRESS:

CITY:

STATE/ZIP:

COUNTRY:

TEL.:   FAX:

GIFT RECIPIENT:

ADDRESS:

CITY:

STATE/ZIP:

COUNTRY:

■ Charge my Visa Card   ■ Mastercard   ■ AMEX

Card No. |_|_|_|_|_|_|_|_|_|_|_|_|_|_|_|_| Expiration date ________

■ Payment enclosed (US check or money order)

DATE

SIGNATURE

Send this form to the PARKETT office nearest you:

PARKETT PUBLISHERS   155 AV. OF THE AMERICAS   NEW YORK, NY 10013   PHONE (212) 673-2660   FAX (212) 271-0704

PARKETT VERLAG   QUELLENSTRASSE 27   CH-8005 ZÜRICH   TELEFON +41-1-271 81 40   FAX +41-1-272 43 01

PARKETT VERLAG   TANNENWALDALLEE 17   D-61348 BAD HOMBURG   FAX 06172-937 444

54

ABONNIEREN, VERVOLLSTÄNDIGEN ODER VERSCHENKEN SIE DIE UMFASSENDSTE BUCHREIHE ÜBER GEGENWARTSKÜNSTLER

■ Ich abonniere die PARKETT-Reihe
- ■ für 1 Jahr (3 Ausgaben) zu: DM 130.– (BRD), SFr. 108.– (Schweiz), SFr. 118.– (übriges Europa).
- ■ für 2 Jahre (6 Ausgaben) zu: DM 238.– (BRD), SFr. 190.– (Schweiz), SFr. 215.– (übriges Europa).
- ■ für 1 Jahr (3 Ausgaben) mit 20% Studentenermässigung (BRD: DM 104.–/Schweiz: SFr. 87.–/Europa: SFr. 95.–). Eine Kopie meines Studentenausweises lege ich bei.

■ Ich verschenke ein PARKETT-Abonnement
- ■ für 1 Jahr (3 Ausgaben) zu: DM 130.– (BRD), SFr. 108.– (Schweiz), SFr. 118.– (übriges Europa).
- ■ für 2 Jahre (6 Ausgaben) zu: DM 238.– (BRD), SFr. 190.– (Schweiz), SFr. 215.– (übriges Europa). Das Geschenk-Abo mit einer Geschenkkarte wird in meinem Namen versandt.

Preise einschliesslich Versandkosten. Preisänderungen vorbehalten.

■ Ich möchte meine PARKETT-Sammlung vervollständigen und bestelle die folgende(n) noch erhältliche(n) Ausgabe(n) Nr. ________
zu je DM 49.–/SFr. 43.– (bis Nr. 43: DM 35.–/SFr. 30.–; Nr. 44–48: DM 45.–/ SFr. 39.–, zzgl. Versandkosten (vergriffen: Nr. 1–10, 13, 16, 19, 27, 29–31, 35)

■ Ich bestelle das Werkverzeichnis der PARKETT-Künstlereditionen von 1984–95 (SILENT & VIOLENT, 183 S., davon 144 farbig, Text von Susan Tallman, Kurzbiographien der Künstler) für DM 60.–/SFr. 49.– zzgl. Versandkosten.

■ Ich bestelle ________ Ex. des Postkarten-Sets mit 36 PARKETT-Künstlereditionen zum Preis von DM 23.–/SFr. 19.– pro Set, zzgl. Versandkosten.

NAME:

STRASSE:

PLZ/STADT:

LAND:

TEL.:   FAX:

BESCHENKTE(R):

STRASSE:

PLZ/STADT:

LAND:

■ Ich zahle mit Visa   ■ Eurocard/Mastercard   ■ Amex

Karten Nr. |_|_|_|_|_|_|_|_|_|_|_|_|_|_|_|_| Gültig bis ________

■ Mein Scheck über SFr./DM ________________ liegt bei.

DATUM

UNTERSCHRIFT

Senden Sie die Bestellkarte an das PARKETT-Büro in Ihrer Nähe:

PARKETT VERLAG   QUELLENSTRASSE 27   CH-8005 ZÜRICH   TELEFON +41-1-271 81 40   FAX +41-1-272 43 01

PARKETT VERLAG   TANNENWALDALLEE 17   D-61348 BAD HOMBURG   FAX 06172-937 444

PARKETT PUBLISHERS   155 AV. OF THE AMERICAS   NEW YORK, NY 10013   PHONE (212) 673-2660   FAX (212) 271-0704

TONY OURSLER
RAYMOND PETTIBON
THOMAS SCHÜTTE
COOKE, RICHARD, NERI,
LEWIS, GROYS, ALS, RUGOFF,
GOODEVE, SEARLE, MARI, REUST,
WAKEFIELD, LOOCK, JANUS
INSERT: **ZOE LEONARD & CHERYL DUNYE**
JURI STEINER: **EMMA KUNZ**
MAX WECHSLER: **CHRISTOPH RÜTIMANN**
SUSAN MORGAN: **DIANE ARBUS**
CUMULUS: PRINCENTHAL, BOVIER/CHERIX

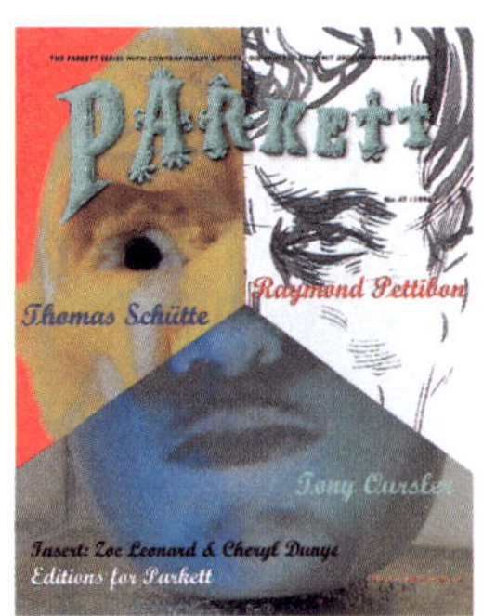

No. 47 - ISBN 3-907509-97-8

RICHARD ARTSCHWAGER
CADY NOLAND
HIROSHI SUGIMOTO
DEITCHER, SCHAFFNER, FORSTER, MUNIZ
ARMSTRONG, RELYEA, BOGDAN, GOODEVE
NICKAS, BRYSON, RUGOFF, DENSON
INSERT: **JOHN M ARMLEDER**
ROLAND WÄSPE: **ERWIN WURM**
DANIEL BIRNBAUM: **ÖYVIND FAHLSTRÖM**
LES INFOS DU PARADIS: ROBERT FLECK
CUMULUS: MILLER, VETTESE
BALKON: MARTIN HELLER

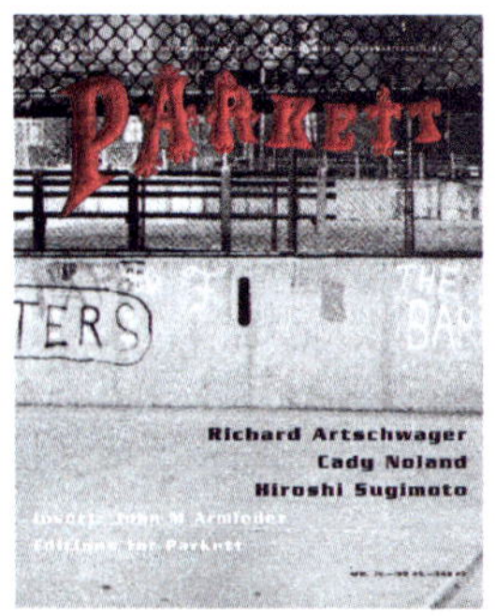

No. 46 - ISBN 3-907509-96-X

MATTHEW BARNEY
SARAH LUCAS
ROMAN SIGNER
BRYSON, ONFRAY, SEWARD, GOODEVE,
SALTZ, VAN ADRICHEM, SCHORR, FREEDMAN,
JOUANNAIS, BITTERLI, DOSWALD,
VIEWING, WECHSLER, DELAND
INSERT: **ELLIOTT PUCKETTE**
HEIDI GILPIN: **WILLIAM FORSYTHE**
ROBYN McKENZIE: **GEOFF LOWE**
MICHAEL TARANTINO: **CHANTAL AKERMAN**
CUMULUS: McEVILLEY, WAKEFIELD

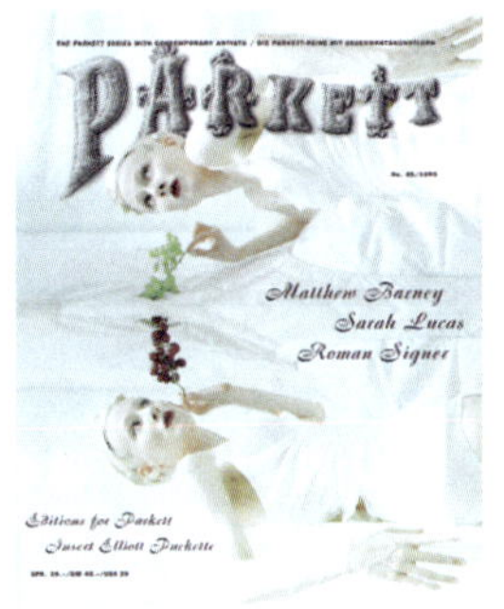

No. 45 - ISBN 3-907509-95-1

VIJA CELMINS
ANDREAS GURSKY
RIRKRIT TIRAVANIJA
PRINCENTHAL, LEWIS, SILVERTHORNE
SHIFF, CRIQUI, BURCKHARDT, WAKEFIELD
SCHORR, MELO, GILLICK, FLOOD, STEINER
INSERT: **HANS DANUSER**
LES INFOS: LIAM GILLICK & DOUGLAS GORDON
LYNNE COOKE, DAVID DEITCHER
DANIEL KURJAKOVIC: **MARIE JOSÉ BURKI**
NAN GOLDIN: **PETER HUJAR**
NOEMI SMOLIK: **ANDREAS SLOMINSKI**
JASON SIMON: **MARK DION**
LUK LAMBRECHT: **MARK LUYTEN**

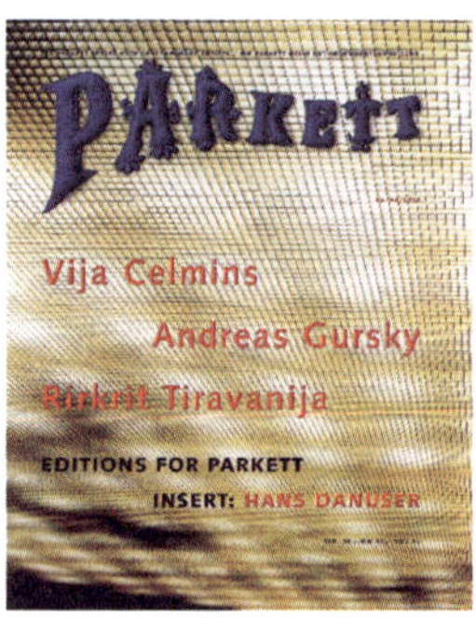

No. 44 - ISBN 3-907509-94-3

JUAN MUÑOZ
SUSAN ROTHENBERG
LYNNE COOKE, ALEXANDRE MELO
JAMES LINGWOOD, GAVIN BRYARS
ROBERT CREELEY, INGRID SCHAFFNER
JEAN-CHRISTOPHE AMMANN
MARK STEVENS, JOAN SIMON
INSERT: **ROBERT SMITHSON**
NEVILLE WAKEFIELD
MICHELLE NICOL: **CARSTEN HÖLLER**
HANS-ULRICH OBRIST: **FABRICE HYBERT**

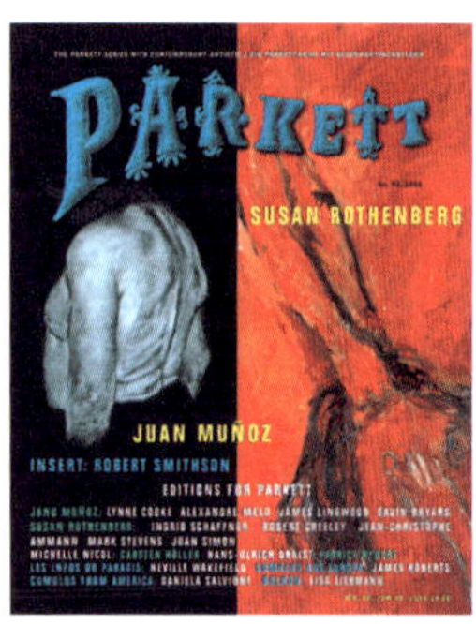

No. 43 - ISBN 3-907509-93-5

LAWRENCE WEINER
RACHEL WHITEREAD
BROOKS ADAMS, FRANCES RICHARD
DIETER SCHWARZ, DANIELA SALVIONI
ED LEFFINGWELL, LANE RELYEA
NEVILLE WAKEFIELD, RUDOLF SCHMITZ
TREVOR FAIRBROTHER, SIMON WATNEY
INSERT: **NAN GOLDIN**
VINCE LEO: **ROBERT FRANK**
CLAUDE RITSCHARD: **MARKUS RAETZ**

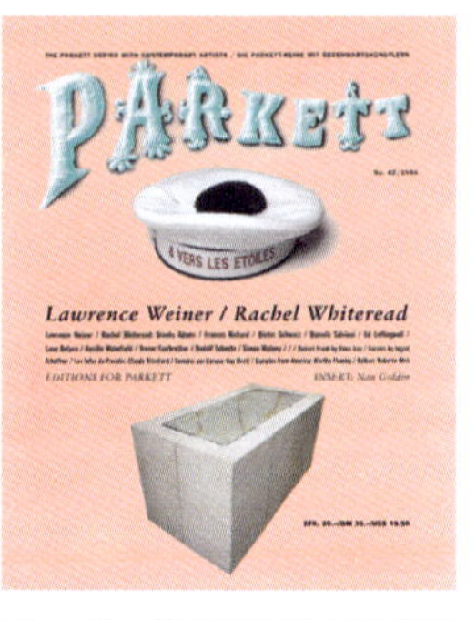

No. 42 - ISBN 3-907509-92-7

FRANCESCO CLEMENTE
GÜNTHER FÖRG
PETER FISCHLI / DAVID WEISS
DAMIEN HIRST
JENNY HOLZER
REBECCA HORN
SIGMAR POLKE
HOLLAND COTTER, BORIS GROYS
MAX WECHSLER, DAVID RIMANELLI
JOAN SIMON, GORDON BURN
GILBERT LASCAULT, WERNER SPIES
BICE CURIGER, JEFF PERRONE
G. ROGER DENSON, VIK MUNIZ
DAVE HICKEY

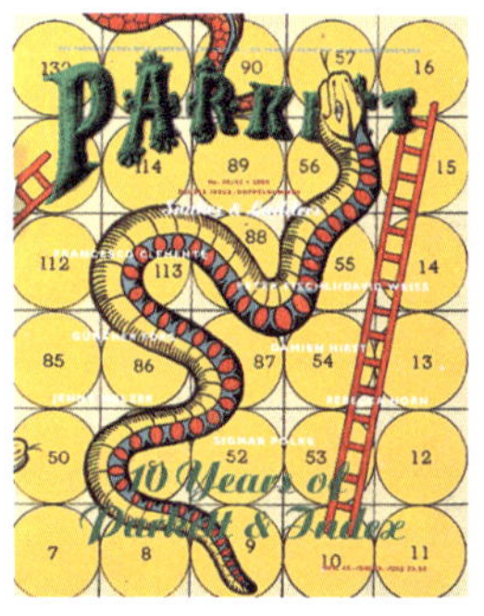

40/41 - ISBN 3-907509-90-0

FELIX GONZALEZ-TORRES
WOLFGANG LAIB
NANCY SPECTOR, SIMON WATNEY,
SUSAN TALLMAN, DIDIER SEMIN,
CLARE FARROW, JEAN-MARC AVRILLA,
THOMAS McEVILLEY
CLAUDE GINTZ: **GABRIEL OROZCO**
WALTER GRASSKAMP: **AXEL KASSEBÖHMER**
NEVILLE WAKEFIELD: **MATTHEW BARNEY**
INSERT: **RONI HORN**
LES INFOS DU PARADIS: **BURT BARR**
CUMULUS: **MEYER VAISMAN**

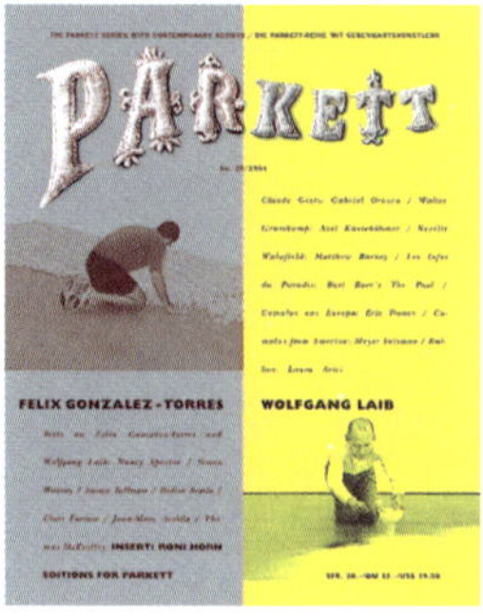

No. 39 - ISBN 3-907509-89-7

ROSS BLECKNER
MARLENE DUMAS
EDMUND WHITE, SIMON WATNEY
JOSE LUIS BREA, MARINA WARNER
ANNA TILROE, INGRID SCHAFFNER
ULRICH LOOCK
INSERT: **RUDI MOLACEK**
HARTMUT BÖHME
MAX WECHSLER: **ADRIAN SCHIESS**
DORIS VON DRATHEN:
RACHEL WHITEREAD

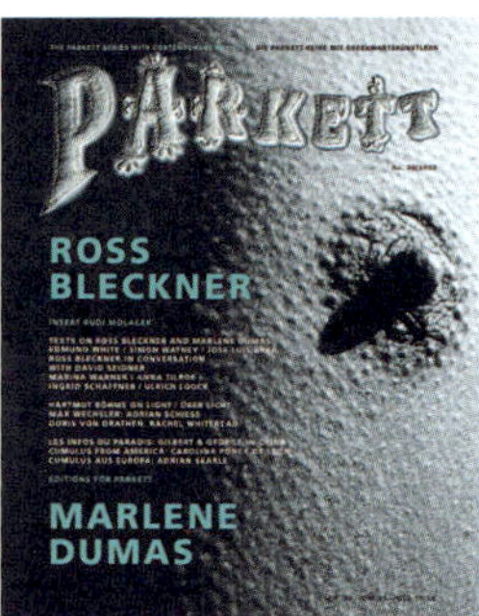

No. 38 - ISBN 3-907509-88-9

CHARLES RAY
FRANZ WEST
KLAUS KERTESS, CHRISTOPHER KNIGHT
PETER SCHJELDAHL, ROBERT STORR
JAN AVGIKOS, AXEL HUBER
MARTIN PRINZHORN, ELISABETH
SCHLEBRÜGGE, HARALD SZEEMANN,
DENYS ZACHAROPOULOS
INSERT: **PIPILOTTI RIST**
JEAN BAUDRILLARD
HANS RUDOLF REUST: **LUC TUYMANS**
PARKETT INQUIRY:
CHERCHEZ LA FEMME PEINTRE!

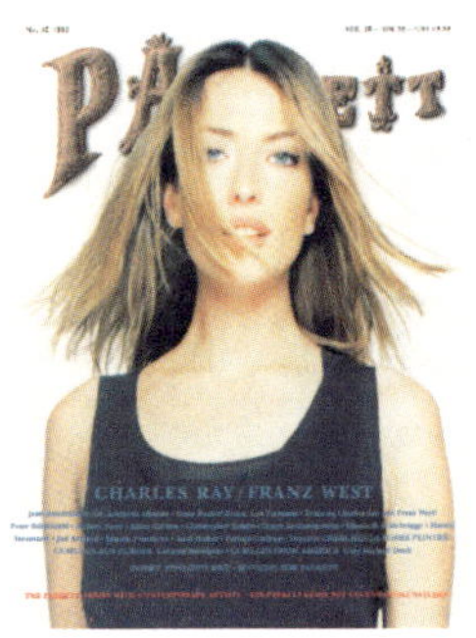

No. 37 - ISBN 3-907509-87-0

STEPHAN BALKENHOL
SOPHIE CALLE
NEAL BENEZRA, VIK MUNIZ, MAX KATZ
JEAN-CHRISTOPHE AMMANN
LUC SANTE, JOSEPH GRIGELY
PATRICK FREY, ROBERT BECK
INSERT: **RICHMOND BURTON**
URSULA PANHANS-BÜHLER: **EVA HESSE**
DOUGLAS BLAU: **JON KESSLER**
KIRBY GOOKIN: **LIZ LARNER**
LÁSZLÓ FÖLDÉNYI:
RUDOLF SCHWARZKOGLER

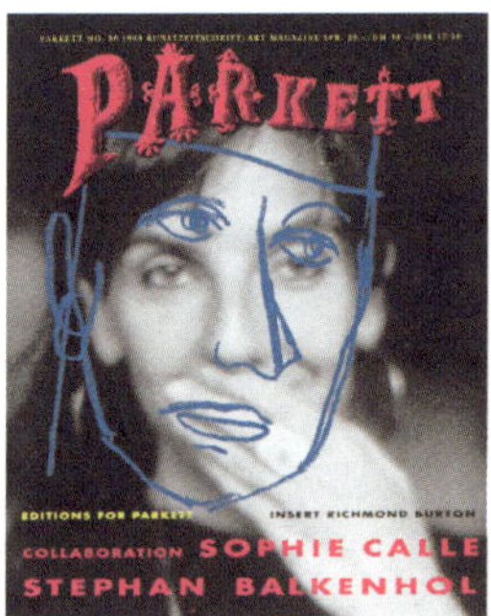

No. 36 - ISBN 3-907509-86-2

ILYA KABAKOV
RICHARD PRINCE
BORIS GROYS, ROBERT STORR
JAN THORN-PRIKKER
CLAUDIA JOLLES, EDMUND WHITE
SUSAN TALLMAN, DANIELA
SALVIONI, KATHY ACKER
INSERT: **TATSUO MIYAJIMA**
GUDRUN INBODEN: **ASTA GRÖTING**
LYNNE COOKE: **GARY HILL**
PATRICK McGRATH: **STEPHEN ELLIS**

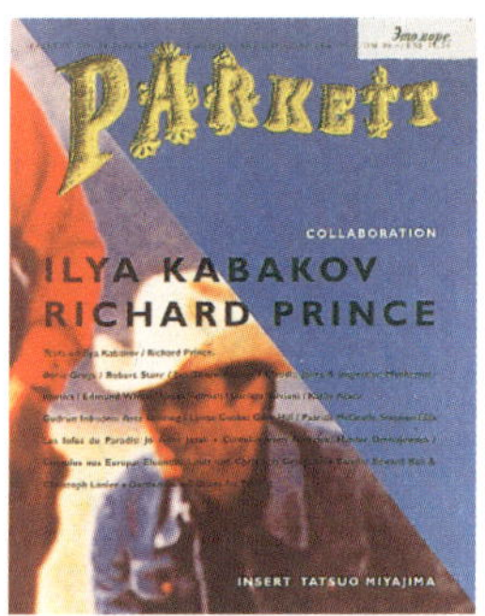

No. 34 - ISBN 3-907509-84-6

ROSEMARIE TROCKEL
CHRISTOPHER WOOL
VERONIQUE BACCHETTA,
BARRETT WATTEN,
ANNE WAGNER, JIM LEWIS,
GREIL MARCUS, JEFF PERRONE,
DIEDRICH DIEDERICHSEN
INSERT: **ADRIAN SCHIESS**
MARINA WARNER: **PENIS PLENTY**
G. ROGER DENSON:
DENNIS OPPENHEIM
CAMIEL VAN WINKEL

PARKETT

WOOL

TROCKEL

33

No. 33 - ISBN 3-907509-83-3

IMI KNOEBEL
SHERRIE LEVINE
RUDOLF BUMILLER
RAINER CRONE/DAVID MOOS
LISA LIEBMANN, DANIELA SALVIONI
ERICH FRANZ, HOWARD SINGERMANN
INSERT: **DAMIEN HIRST**
SHEENA WAGSTAFF: **VIJA CELMINS**
JIM LEWIS: **LARRY CLARK**
LIAM GILLICK: **BETHAN HUWS**
THOMAS KELLEIN: **WALTER DE MARIA**

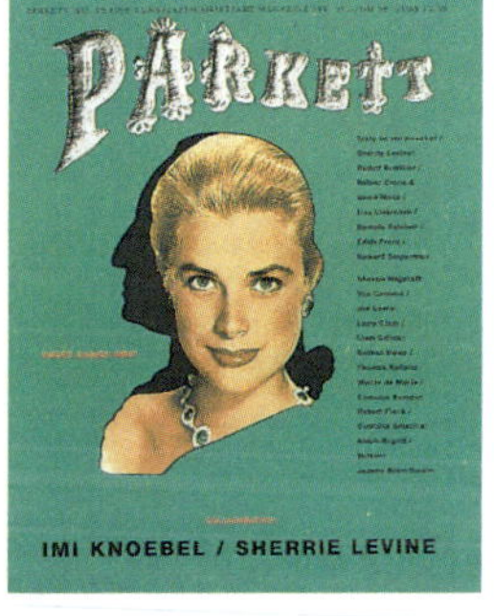

No. 32 - ISBN 3-907509-82-X

FRANZ GERTSCH
THOMAS RUFF
HELMUT FRIEDEL, ULRICH LOOCK
I. MICHAEL DANOFF, AMEI WALLACH
RAINER MICHAEL MASON
MARC FREIDUS, JÖRG JOHNEN
TREVOR FAIRBROTHER/NORMAN BRYSON
INSERT: **LIZ LARNER**
JAMES LEWIS: **RICHARD PRINCE**
DAVID HICKEY:
THE INVISIBLE DRAGON/
DER UNSICHTBARE DRACHEN
PAUL TAYLOR: **JAMES ROSENQUIST**

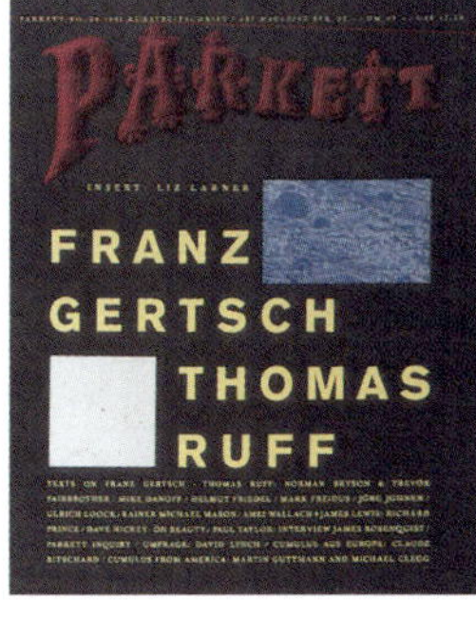

No. 28 - ISBN 3-907509-78-1

GÜNTHER FÖRG
PHILIP TAAFFE
JOHN CALDWELL, CATHERINE QUELOZ
WILFRIED DICKHOFF
JEFF PERRONE, EDMUND WHITE
FRANCESCO PELLIZZI
G. ROGER DENSON
INSERT: **PETER GREENAWAY**
BICE CURIGER: **SIGMAR POLKE**
HANS-ULRICH OBRIST:
ROMAN SIGNER
DAVID LEVI STRAUSS:
JOSEPH BEUYS

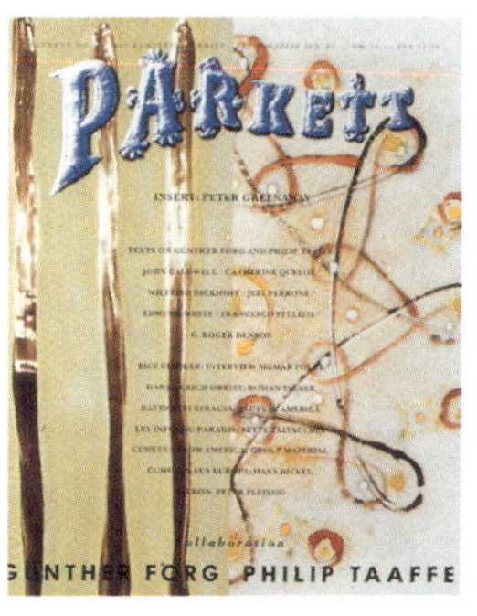

No. 26 - ISBN 3-907509-76-5

ALIGHIERO E BOETTI
JEAN-CHRISTOPHE AMMANN
GIOVAN BATTISTA SALERNO
RAINER CRONE & DAVID MOOS
FRIEDEMANN MALSCH
JEAN-PIERRE BORDAZ
ALAIN CUEFF
INSERT: **CINDY SHERMAN**
SHEENA WAGSTAFF:
SOPHIE CALLE
HERBERT LACHMEYER/
BRIGITTE FELDERER: **FRANZ WEST**
JUTTA KOETHER: **MIKE KELLEY**

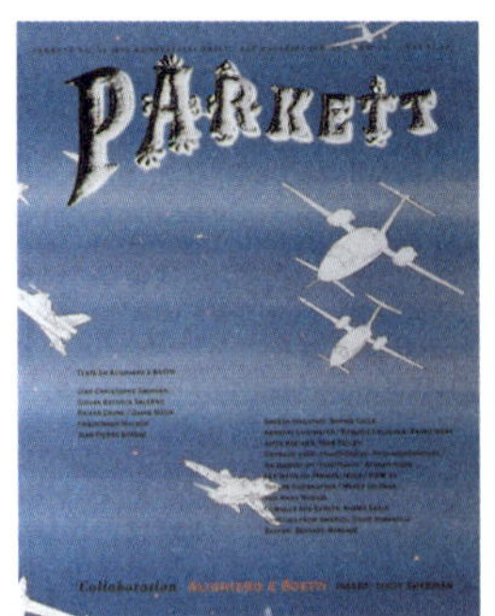

No. 24 - ISBN 3-907509-74-9

RICHARD ARTSCHWAGER
ARTHUR C. DANTO, GEORG KOHLER,
MARIO A. ORLANDO, JOYCE
CAROL OATES, WERNER OECHSLIN,
ALAN LIGHTMAN, PATRICK
McGRATH, DANIEL SOUTIF,
LASZLO F. FÖLDENYI, JEAN STROUSE
INSERT: **DAVID BYRNE**
RENATE PUVOGEL: **ANDRÉ THOMKINS**
ULRICH LOOCK: **THOMAS STRUTH**
NANCY SPECTOR: **MEREDITH MONK**

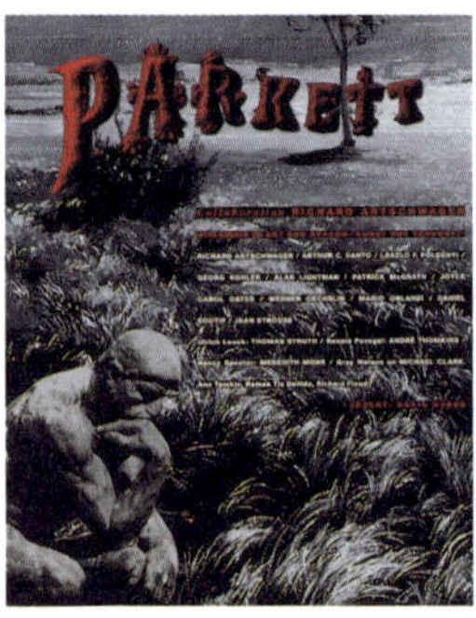

No. 23 - ISBN 3-907509-73-0

ALEX KATZ
JOHN RUSSELL, BROOKS ADAMS,
DAVID RIMANELLI, FRANCESCO
CLEMENTE, MICHAEL KRÜGER,
RICHARD FLOOD, PATRICK FREY,
CARL STIGLIANO, BICE CURIGER,
GLENN O'BRIEN
INSERT: **WILLIAM WEGMAN**
LISA LIEBMAN: **ROBERT GOBER**
JACQUELINE BURCKHARDT:
GIULIO ROMANO

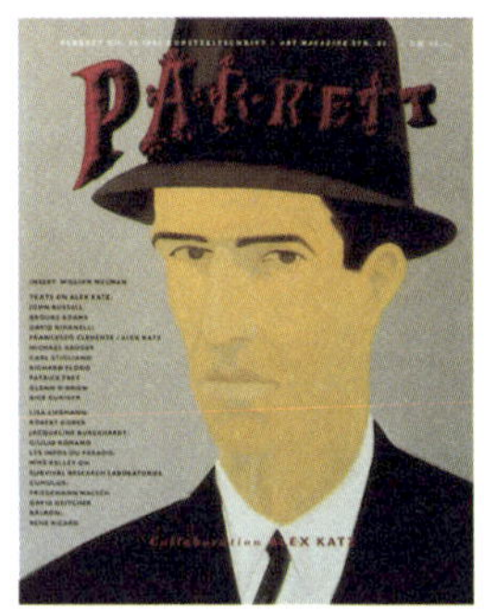

No. 21 - ISBN 3-907509-71-4

TIM ROLLINS + K.O.S.
MARSHALL BERMAN
TREVOR FAIRBROTHER
STATEMENTS, DIALOGUE 5
INSERT: **ANDREAS GURSKY**
MICHAEL NASH: **BILL VIOLA**
STEPHEN ELLIS: **ROSS BLECKNER**
KLAUS KERTESS: **TRISHA BROWN**

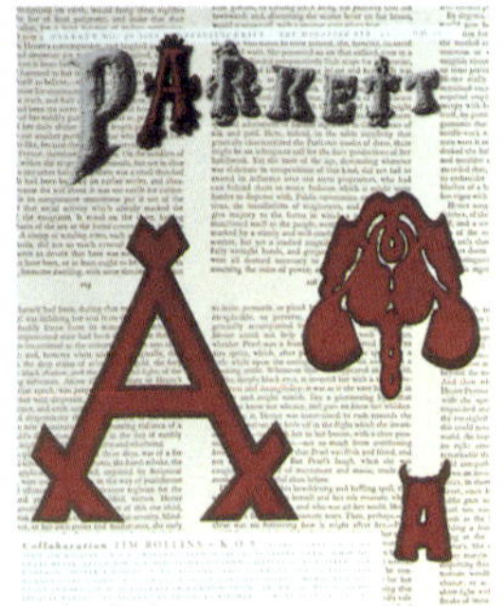

No. 20 - ISBN 3-907509-70-6

EDWARD RUSCHA
DAVE HICKEY, DENNIS HOPPER
ALAIN CUEFF, JOHN MILLER
CHRISTOPHER KNIGHT
INSERT: **BOYD WEBB**
JAN THORN-PRIKKER: **WOLS**
LYNNE COOKE: **TONY CRAGG**
BROOKE ADAMS: **JULIAN SCHNABEL**
DER KÜNSTLER ALS EXEM-
PLARISCH LEIDENDER?
EINE UMFRAGE / THE ARTIST AS A
MODEL SUFFERER? AN INQUIRY

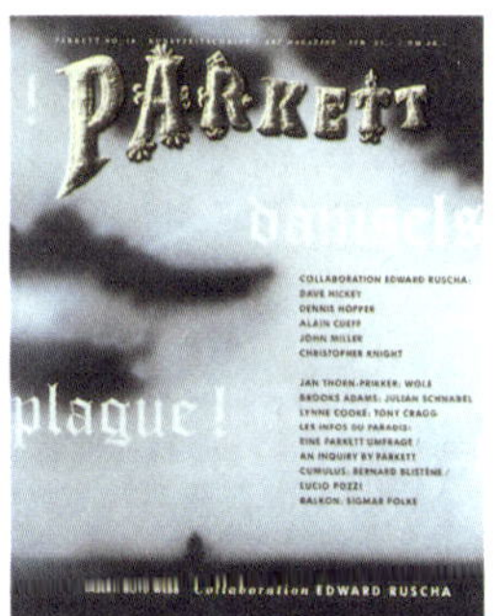

No. 18 - ISBN 3-907509-68-4

MARIO MERZ
MARLIS GRÜTERICH, JEANNE
SILVERTHORNE, DEMOSTHENES
DAVVETAS, HARALD SZEEMANN,
DENYS ZACHAROPOULOS
INSERT: **GENERAL IDEA**
MAX KOZLOFF: **GILLES PERESS**
FRIEDEMANN MALSCH:
GEORG HEROLD
BRUNELLA ANTOMARINI:
FRANCESCA WOODMAN

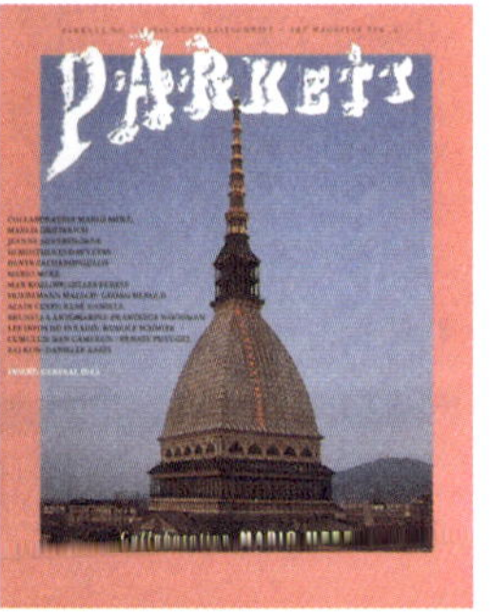

No. 15 - ISBN 3-907509-65-X

GILBERT & GEORGE
DUNCAN FALLOWELL, MARIO
CODOGNATO, JEREMY COOPER,
DEMOSTHENES DAVVETAS,
WOLF JAHN
INSERT: **ROSEMARIE TROCKEL**
ROBERT STORR: **NANCY SPERO**
HAIM STEINBACH: **MANIFESTO**
JÖRG ZUTTER: **THOMAS HUBER**

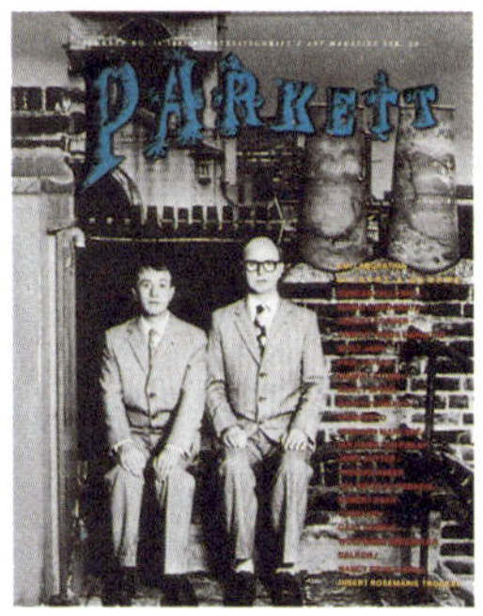

No. 14 - ISBN 3-907509-64-1

GEORG BASELITZ
REMO GUIDIERI, DIETER
KOEPPLIN, ERIC DARRAGON,
RAINER MICHAEL MASON, FRANZ
MEYER, JOHN CALDWELL
INSERT: **BARBARA KRUGER**
GRAY WATSON: **DEREK JARMAN**
CAROL SQUIERS:
PHOTO OPPORTUNITY
ROSETTA BROOKS:
TROY BRAUNTUCH

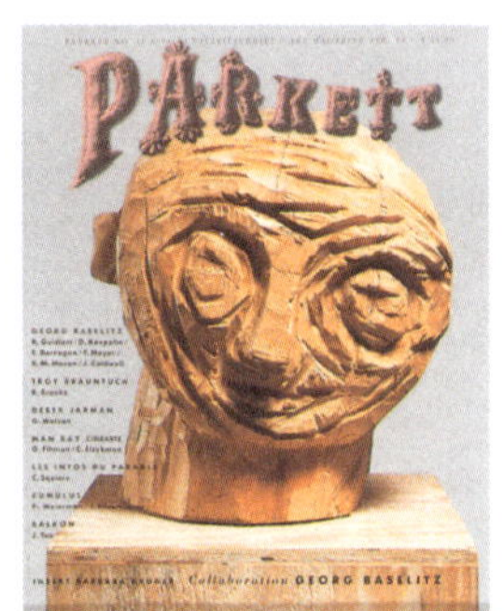

No. 11 - ISBN 3-907509-61-7

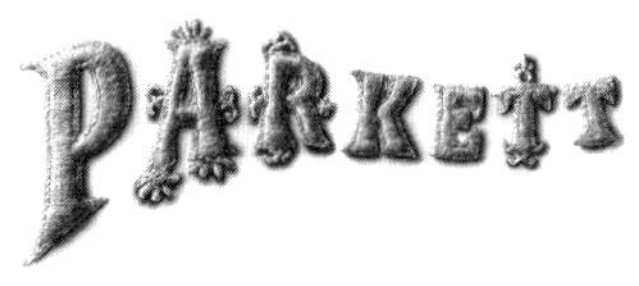

Laurie Anderson, vol. 49
John Armleder, vol. 50/51
Richard Artschwager, vol. 23, vol. 46
John Baldessari, vol. 29
Stephan Balkenhol, vol. 36
Matthew Barney, vol. 45
Georg Baselitz, vol. 11
Ross Bleckner, vol. 38
Alighiero e Boetti, vol. 24
Christian Boltanski, vol. 22
Louise Bourgeois, vol. 27
Sophie Calle, vol. 36
Vija Celmins, vol. 44
Francesco Clemente, vol. 9 & 40/41
Enzo Cucchi, vol. 1
Martin Disler, vol. 3
Marlene Dumas, vol. 38
Eric Fischl, vol. 5
Peter Fischli/David Weiss, vol.17, 40/41
Günther Förg, vol. 26 & 40/41
Katharina Fritsch, vol. 25
Franz Gertsch, vol. 28
Gilbert & George, vol. 14
Robert Gober, vol. 27
Felix Gonzalez-Torres, vol. 39
Douglas Gordon, vol. 49
Andreas Gursky, vol. 44
David Hammons, vol. 31
Damien Hirst, vol. 40/41
Jenny Holzer, vol. 40/41
Rebecca Horn, vol. 13 & 40/41
Roni Horn, vol. 54
Gary Hume, vol. 48
Ilya Kabakov, vol. 34
Alex Katz, vol. 21
Mike Kelley, vol. 31
Karen Kilimnik, vol 52
Martin Kippenberger, vol. 19
Imi Knoebel, vol. 32
Jeff Koons, vol. 19, 50/51
Jannis Kounellis, vol. 6
Wolfgang Laib, vol. 39
Sherrie Levine, vol. 32
Sarah Lucas, vol. 45

Brice Marden, vol. 7
Mario Merz, vol. 15
Tracey Moffatt, vol. 53
Mariko Mori, vol. 54
Malcolm Morley, vol. 52
Juan Muñoz, vol. 43
Jean-Luc Mylayne, vol. 50/51
Cady Noland, vol. 46
Bruce Nauman, vol. 10
Meret Oppenheim, vol. 4
Gabriel Orozco, vol. 48
Tony Oursler, vol. 47
Raymond Pettibon, vol. 47
Elizabeth Peyton, vol. 53
Sigmar Polke, vol. 2, 30 & 40/41
Richard Prince, vol. 34
Markus Raetz, vol. 8
Charles Ray, vol. 37
Gerhard Richter, vol. 35
Pipilotti Rist, vol. 48
Tim Rollins & K.O.S., vol. 20
Ugo Rondinone, vol. 52
Susan Rothenberg, vol. 43
Thomas Ruff, vol. 28
Ed Ruscha, vol. 18
Thomas Schütte, vol. 47
Cindy Sherman, vol. 29
Roman Signer, vol. 45
Beat Streuli, vol. 54
Thomas Struth, vol. 50/51
Hiroshi Sugimoto, vol. 46
Philip Taaffe, vol. 26
Wolfgang Tillmans, vol. 53
Rirkrit Tiravanija, vol. 44
Rosemarie Trockel, vol. 33
James Turrell, vol. 25
Jeff Wall, vol. 22 & 49
Andy Warhol, vol. 12
Lawrence Weiner, vol. 42
Franz West, vol. 37
Rachel Whiteread, vol. 42
Sue Williams, vol 50/51
Robert Wilson, vol. 16
Christopher Wool, vol. 33

vol.	Collaboration	m	e
54	Roni Horn	m	e
	Mariko Mori	m	e
	Beat Streuli	m	e
53	Tracey Moffatt	m	e
	Elizabeth Peyton	m	
	Wolfgang Tillmans	m	e
52	Karen Kilimnik	m	e
	Malcolm Morley	m	e
	Ugo Rondinone	m	e
50/51	John Armleder	m	e
	Jeff Koons	m	e
	Jean-Luc Mylayne	m	e
	Thomas Struth	m	
	Sue Williams	m	e
49	Laurie Anderson	m	e
	Douglas Gordon	m	e
	Jeff Wall	m	
48	Gary Hume	m	
	Gabriel Orozco	m	
	Pipilotti Rist	m	
47	Tony Oursler	m	
	Raymond Pettibon	m	e
	Thomas Schütte	m	e
46	Richard Artschwager	m	
	Cady Noland	m	e
	Hiroshi Sugimoto	m	
45	Matthew Barney	m	
	Sarah Lucas	m	e
	Roman Signer	m	e
44	Vija Celmins	m	
	Andreas Gursky	m	
	Rirkrit Tiravanija	m	e
43	Juan Muñoz	m	e
	Susan Rothenberg	m	e
42	Lawrence Weiner	m	e
	Rachel Whiteread	m	
40/41	Francesco Clemente	m	e
	Peter Fischli/David Weiss	m	
	Günther Förg	m	
	Damien Hirst	m	
	Jenny Holzer	m	
	Rebecca Horn	m	
	Sigmar Polke	m	e
39	Felix Gonzalez-Torres	m	
	Wolfgang Laib	m	e
38	Ross Bleckner	m	
	Marlene Dumas	m	
37	Charles Ray	m	
	Franz West	m	e

vol.	Collaboration	m	e
36	Stephan Balkenhol	m	e
36	Sophie Calle	m	e
35	Gerhard Richter		
34	Ilya Kabakov	m	
	Richard Prince	m	e
33	Rosemarie Trockel	m	e
	Christopher Wool	m	
32	Imi Knoebel		
	Sherrie Levine		
31	David Hammons		e
	Mike Kelley		
30	Sigmar Polke		
29	John Baldessari		
	Cindy Sherman		e
28	Franz Gertsch	m	e
	Thomas Ruff	m	e
27	Louise Bourgeois		
	Robert Gober		
26	Günther Förg	m	
	Philip Taaffe	m	
25	Katharina Fritsch	m	e
	James Turrell	m	e
24	Alighiero e Boetti	m	e
23	Richard Artschwager	m	
22	Christian Boltanski	m	
	Jeff Wall	m	
21	Alex Katz	m	e
20	Tim Rollins + K.O.S.	m	
19	Martin Kippenberger		
	Jeff Koons		
18	Ed Ruscha	m	
17	Peter Fischli/David Weiss		
16	Robert Wilson		
15	Mario Merz	m	
14	Gilbert & George	m	
13	Rebecca Horn		
12	Andy Warhol		
11	Georg Baselitz	m	
10	Bruce Nauman		
9	Francesco Clemente		
8	Markus Raetz		
7	Brice Marden		
6	Jannis Kounellis		
5	Eric Fischl		
4	Meret Oppenheim		
3	Martin Disler		
2	Sigmar Polke		
1	Enzo Cucchi		

m = available monograph
e = available edition
Delivery subject to availability at time of order

m = erhältliche Monographie
e = erhältliche Edition
Lieferung solange Vorrat

EDITIONS FOR PARKETT

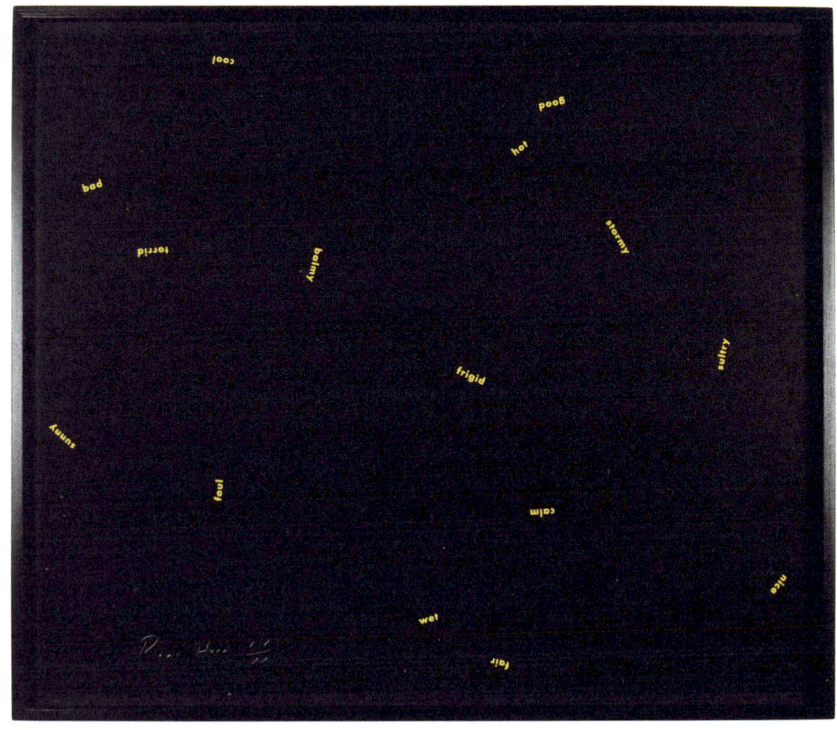

Atmospheric traces of mood: changes of
climate mapped in a constellation of words.

Atmosphärische Stimmungsspuren: Wetter-
aufzeichnungen als Wortsternkarte.

PARKETT 54

RONI HORN
FROM: YOU ARE THE WEATHER, 1998
Two-color silkscreen on Arches in wooden frame,
21⅛ x 25 1/8", printed by Lorenz Boegli, Zurich.
Edition of 60, signed and numbered, **$ 850**

AUS: YOU ARE THE WEATHER, 1998
Zweifarbiger Siebdruck auf Arches in
Holzrahmen, 53,7 x 63,8 cm,
gedruckt bei Lorenz Boegli, Zürich.
Auflage: 60, signiert und nummeriert, **sFr. 1100.–**

Shooting star: When collective identity
collides with cyber culture, the child of
the future is born.

Sternschnuppe: In rasanter Jungfernzeu-
gung bricht die Zukunft aus der Gegenwart heraus.

PARKETT 54

MARIKO MORI
STAR DOLL, 1998
Doll with microphone, earphones, white boots, white stockings, red plaid skirt,
top in blue, black and white, transparent bracelets, yellow shoulder pads, brooch
and blue hair; height: 10¼".
Edition of 99, signed and numbered certificate, **$ 490**

STAR DOLL, 1998
Puppe mit Mikrophon, Kopfhörer, weissen Stiefeln und Strümpfen, Jupe mit
rotem Schottenmuster, blau-schwarz-weissem Oberteil, transparenten Armreifen,
gelben Schulterpatten, Brosche und blauem Haar; Höhe 26 cm.
Auflage: 99, signiertes und nummeriertes Zertifikat, **sFr. 650.–**

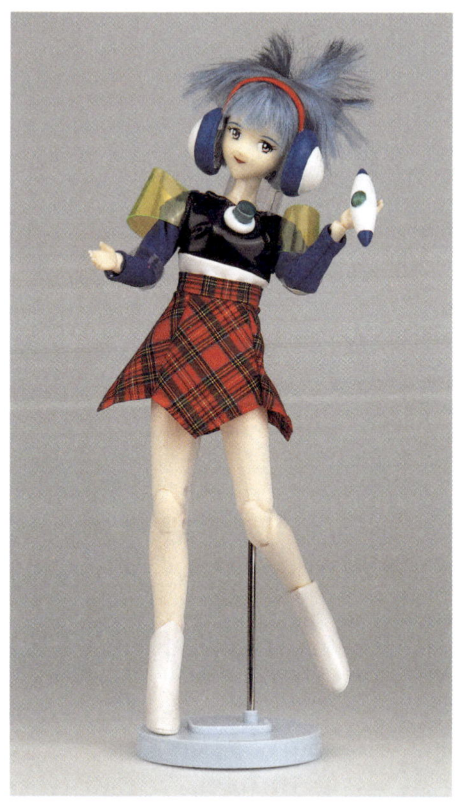

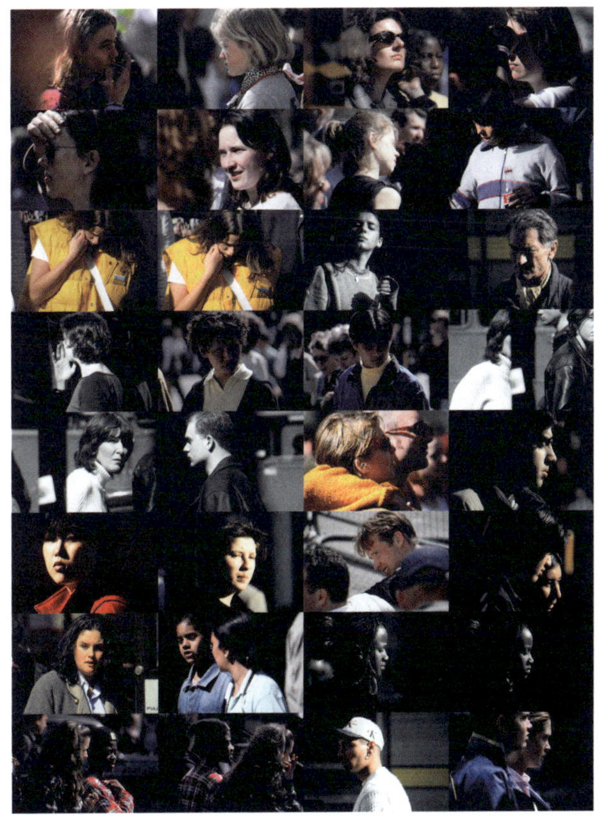

PARKETT 54

BEAT STREULI

OXFORD STREET, 1998

Laserchrome-Print auf Agfa-Hochglanzpapier, Poster mit 32 farbigen
und schwarzweissen Bildern, Vergrösserung durch Grieger GmbH,
Düsseldorf, 132 x 100 cm.

Auflage: 60, signiert und nummeriert, **sFr. 1100.–**

OXFORD STREET, 1998

Laserchrome print on Agfa high-gloss paper,
poster with 32 colored and b/w photographs, print by Grieger
GmbH, Dusseldorf, 52 x 39⅜".

Edition of 60, signed and numbered, **$ 800**

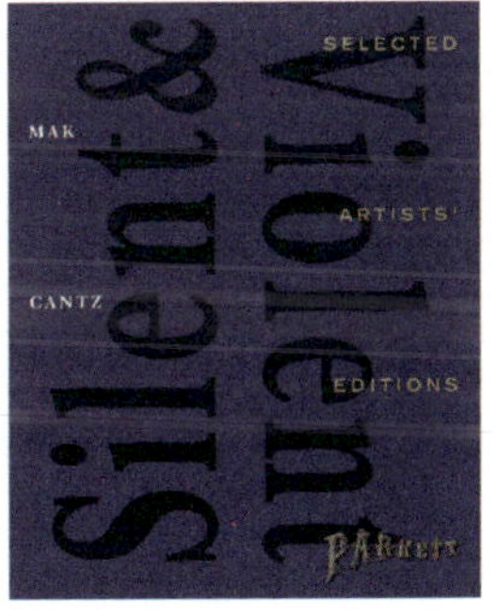

SILENT & VIOLENT
CATALOG RAISONNÉ OF ALL PARKETT ARTISTS' EDITIONS
from No. 1–44, 183 pages, 144 in color
text by Susan Tallmann, short biographies of all artists

WERKVERZEICHNIS ALLER PARKETT-KÜNSTLER-EDITIONEN
von Nr. 1–44, 183 Seiten, davon 144 in Farbe
Text von Susan Tallmann, Kurzbiographien der Künstler

sFr. 49.– / $ 39

ISBN 3-89322-796-3 (engl.), ISBN 3-89322-787-3 (dt.)

PARKETT-POSTCARD SET
featuring 36 artists' editions made for Parkett

PARKETT-POSTKARTEN-SET
mit 36 Editionen, die von Künstlern für
Parkett geschaffen wurden.

sFr. 19.– / $ 16

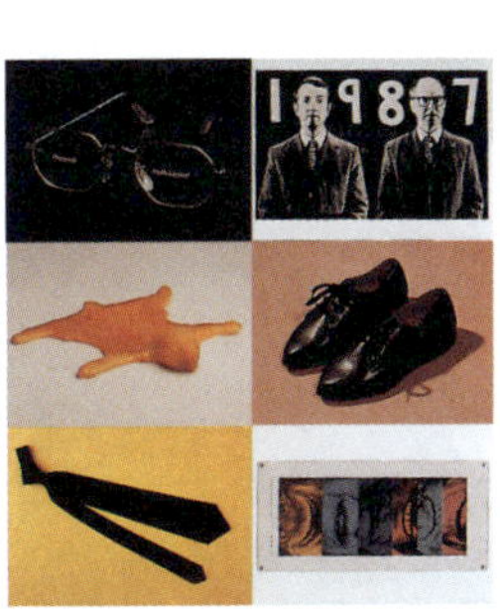

E X H I B I T I O N S

ZÜRICH

ACP **VIVIANE EHRLI**	Austrasse 38 8045 Zürich Tel. 01 463 63 53	DIET SAYLER – MALEREI, HELGA SPIEKER – KONSTRUKTIVE RELIEFS	 **4.3.–30.4.99**
THOMAS AMMANN **FINE ART**	Restelbergstrasse 97 P.O. Box 922 8044 Zürich Tel. 01 360 51 60	IMPRESSIONISTS & 20TH CENTURY MASTERS	
ARS FUTURA	Bleicherweg 45 8002 Zürich Tel. 01 201 88 10	DANIELE BUETTI MARTIN PARR	**22.1.–20.3.99** **9.4.–15.5.99**
BOB VAN ORSOUW	Limmatstrasse 270 8005 Zürich Tel. 01 273 11 00	NICKY HOBERMAN BEWITCHED	 **16.1.–6.3.99**
MAI 36 GALERIE	Rämistrasse 37 8001 Zürich Tel. 01 261 68 80	FRANZ ACKERMANN RITA MCBRIDE	**6.2.–13.3.99** **27.3.–22.5.99**
MARK MÜLLER	Gessnerallee 36 8001 Zürich Tel. 01 211 81 55	DIREKT AUF DIE WAND – MALEREI IV BAUDEVIN, BOLLER, GRITSCH, GROSSE, LEVI, SANDER, WEGGENMANN, ZODERER MARCIA HAFIF – MALEREI FRANCOIS MORELLET	 **9.1.–20.2.99** **6.3.–10.4.99** **17.4.–29.5.99**
SEMINA RERUM **IRÈNE PREISWERK**	Cäcilienstrasse 3 8032 Zürich Tel. 01 251 26 39	FRIEDEMANN VON STOCKHAUSEN UTE LANGANGKY	**30.1.–13.3.99** **30.3.–24.4.99**

E X H I B I T I O N S

ANNEMARIE VERNA	Neptunstrasse 42	JOSEPH EGAN – PAINT TO COLOUR	**BIS 30.1.99**
	8032 Zürich	ANDREAS CHRISTEN	**4.2.–20.3.99**
	Tel. 01 262 38 20	RITA MCBRIDE	**26.3.–22.5.99**

JAMILEH WEBER	Waldmannstrasse 6	BASELITZ, DE MARIA, JAHANGUIR,	
	8001 Zürich	LICHTENSTEIN, LICHTSTEINER, MARDEN,	
	Tel. 01 252 10 66	POTTORF, RAUSCHENBERG, SCULLY,	
		SERRA, SHAPIRO, STELLA.	

GALERIE	Josefstrasse 53	GROUP SHOW WITH JEAN CROTTI,	
SCHEDLER	8005 Zürich	ROMANO DELLA CHIESA &	
	Tel. 01 440 61 20	RODNEY WHITE	**19.2.–20.3.99**
		ALFRED WIRZ –	
		DAS GROSSE PANORAMA	**26.3.–1.5.99**
		ART FRANKFURT	**23.4.–26.4.99**
		CHRISTOPH WACHTER	**7.5.–5.6.99**

BERN

GALERIE	Lorrainestrasse 19	«GÄSTE/GUESTS 7», SILVIA BÄCHLI	
ERIKA + OTTO	Postfach 323	ARBEITEN 1982–1998	**BIS 29.1.99**
FRIEDRICH	3013 Bern	CANDIDA HÖFER	**12.2.–20.3.99**
	Tel. 031 331 33 30	VACLAV POZAREK	**26.3.–1.5.99**

GENÈVE

DANIEL VARENNE	8, rue Toepffer	PAINTINGS AND DRAWINGS	
	1206 Genève	19TH AND 20TH CENTURY	
	Tel. 022 789 16 75		

ST. GALLEN

WILMA LOCK	Schmiedgasse 15	BERNARD FRIZE – NOUVELLE	
	9000 St. Gallen	PEINTURE	**30.1.–13.3.99**
	Tel. 071 222 62 52	MARK FRANCIS – PAINTINGS	
		AND PAPERWORKS	**27.3.–15.5.99**
		STEPHEN WESTFALL – NEW	
		PAINTINGS	**29.5.–17.7.99**

9 January – 13 February

Rudolf Stingel
New Works

Zoe Leonard
Recent Photographs

20 February – 20 March

Wall Works
in collaboration with
Edition Schellmann

26 March – 24 April

Julian Lethbridge

1 May – June

Tony Smith

Paula Cooper Gallery
534 West 21 New York NY 10011
tel 212 255 1105 fax 255 5156

Winter 1999

Winter 1999

Jean-Marc Bustamante

Peter Fischli / David Weiss

Roni Horn

Ellsworth Kelly

Inez van Lamsweerde

Matthew Marks Gallery

New York

RONI HORN
AND
BEAT STREULI
ARE
REPRESENTED
BY
JABLONKA GALERIE
KÖLN

LAWRENCE WEINER

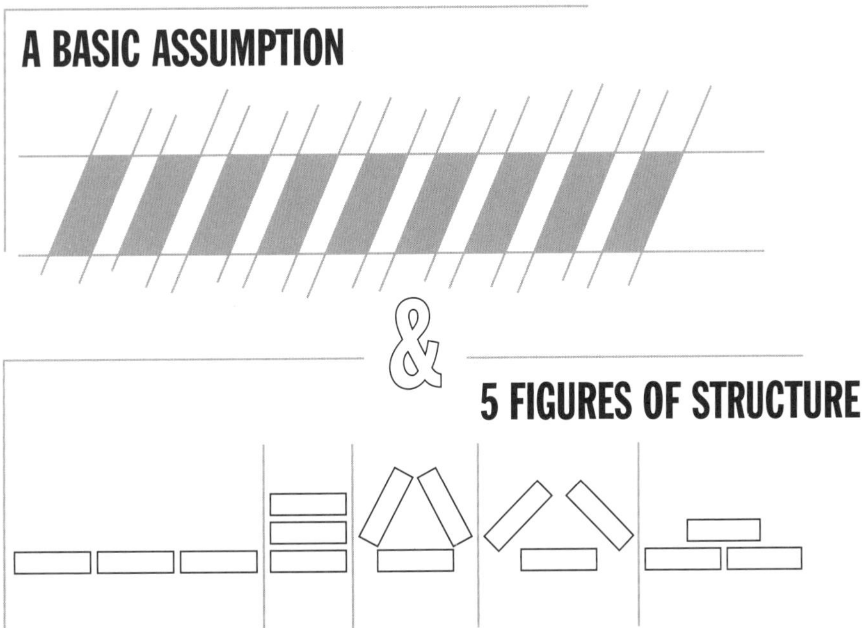

MARIAN GOODMAN 15 JAN – 20 FEB
24 WEST 57 NYC 212-977-7160

THOMAS SCHÜTTE

January 15–February 25, 1999

IN OUR NEW SPACE:

BERNIER/ELIADES

11, EPTACHALKOU, GR-118 51 ATHENS
TEL.: +30 1 3413935-7, FAX: +30 1 3413938
E-mail: bernier_eliades@ibm.net

16 January to 13 March 1999

2nd floor

ROMAN SIGNER

GALERIE HAUSER & WIRTH

Limmatstrasse 270   CH-8005 Zurich   Tel +41 1 446 80 50   Fax +41 1 446 80 55   e-mail: info@ghw.ch

Gallery Hours: Tue-Fri 12-6pm Sat 11am-4pm

16 January to 13 March 1999

1st floor

Urs Fischer

ESPRESSOQUEEN

Galerie Hauser & Wirth ▶2

Director: Eva Presenhuber

Limmatstrasse 270, CH-8005 Zurich, T: +41-1-446 80 60, F: +41-1-446 80 65, e-mail: ghwzurich2@access.ch

Gallery Hours: Tue-Fri 12am-6pm, Sat 11am-4pm

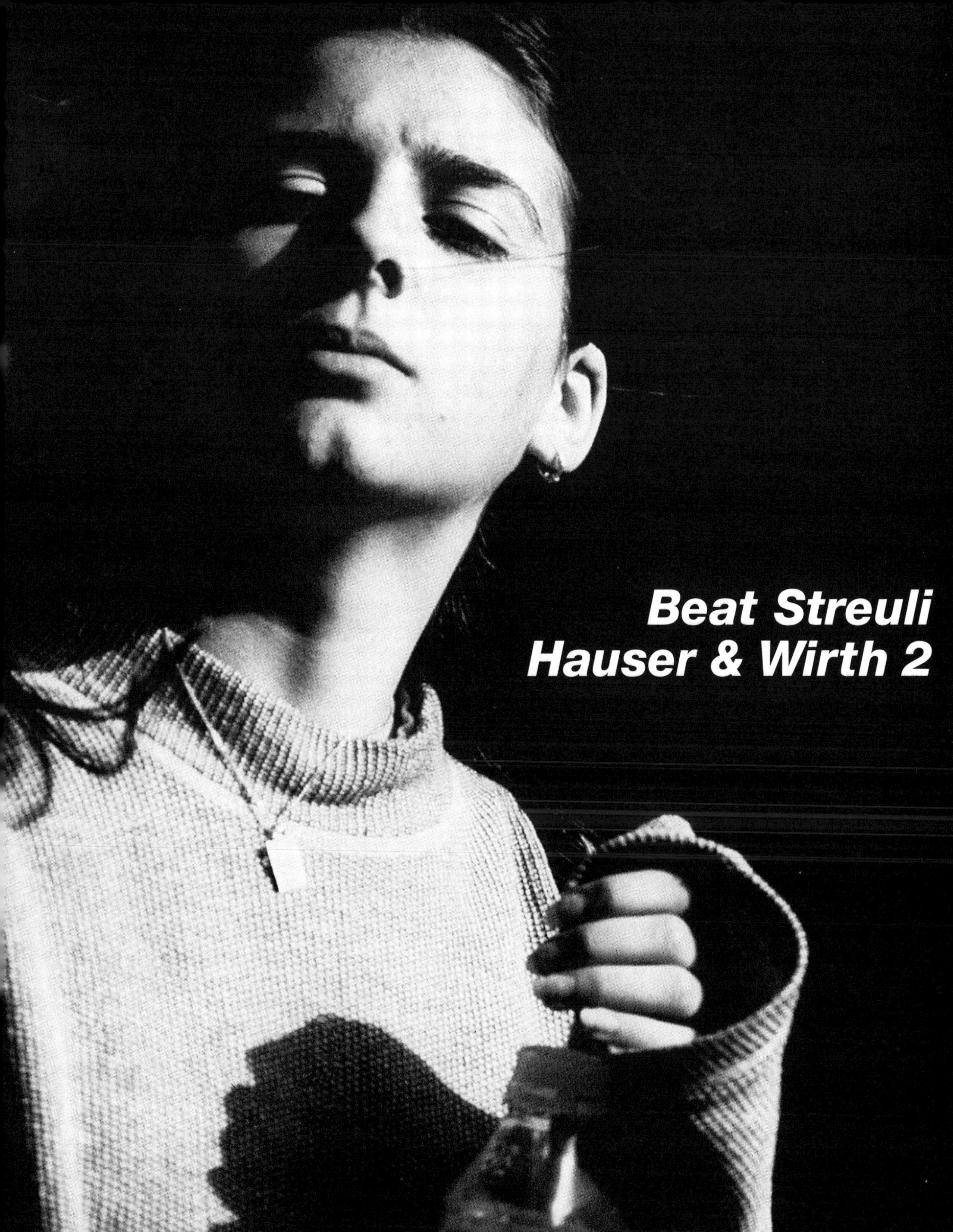

Beat Streuli
Hauser & Wirth 2

Roni Horn
29 OCTOBER – 12 DECEMBER 1998

Allan McCollum
Visible Markers (Drawings)
17 DECEMBER 1998 – 17 JANUARY 1999

James Welling
1981
17 DECEMBER 1998 – 17 JANUARY 1999

Antony Gormley
Insiders
and other recent works
21 JANUARY – 20 MARCH 1999

TEFAF Maastricht
13 – 21 MARCH 1999

Jan Vercruysse
25 MARCH – 24 APRIL 1999

ARTBrussels
23 – 27 APRIL 1999

Xavier Hufkens

Sint-Jorisstraat 6–8 rue Saint-Georges

Brussel 1050 Bruxelles

TEL. 32 (0)2 646 63 30 – FAX 32 (0)2 646 93 42

Open Tuesday to Saturday, noon to 6 pm

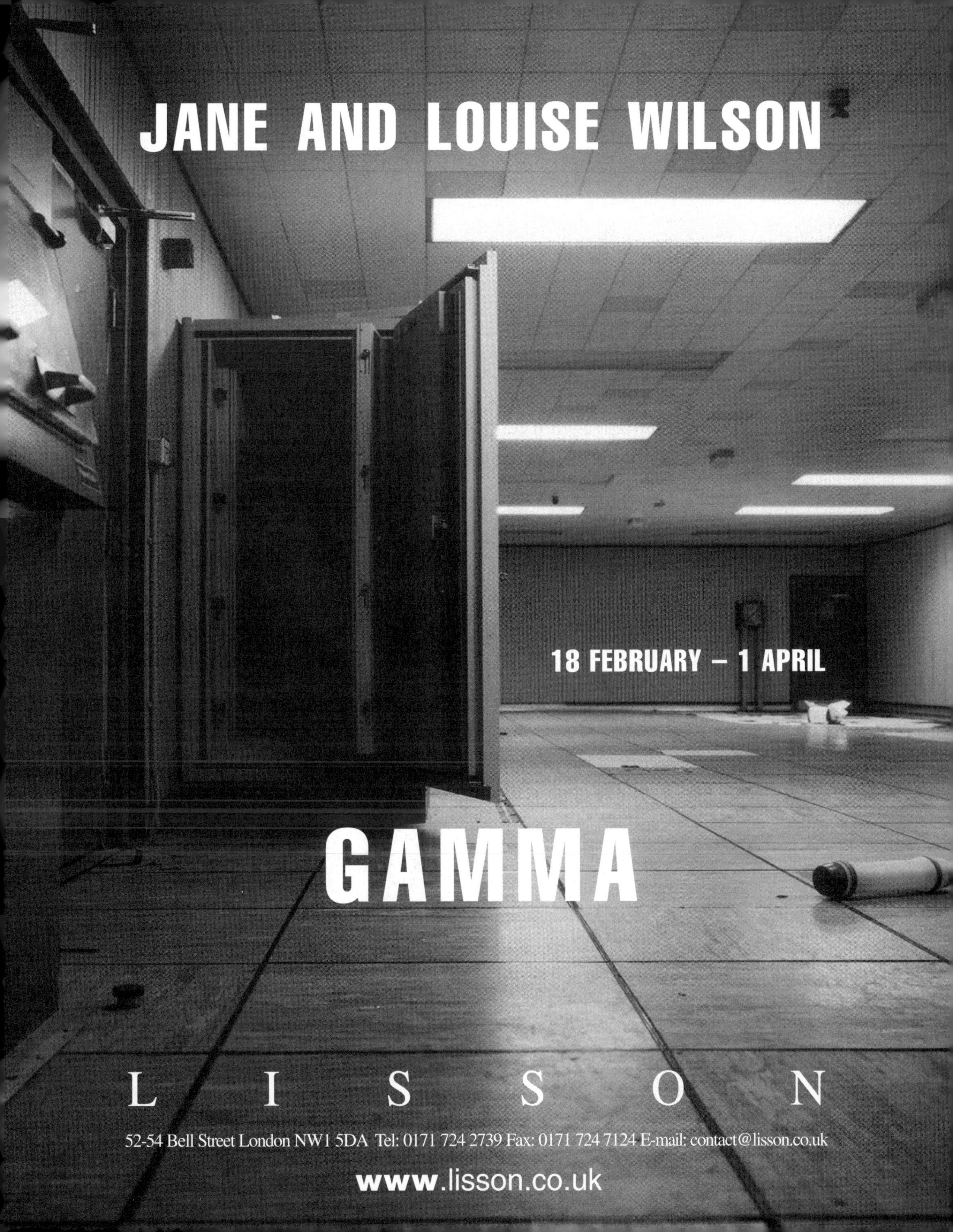

JANE AND LOUISE WILSON
18 FEBRUARY – 1 APRIL
GAMMA
LISSON
52-54 Bell Street London NW1 5DA Tel: 0171 724 2739 Fax: 0171 724 7124 E-mail: contact@lisson.co.uk
www.lisson.co.uk

MARKUS RAETZ

DOUBLE

BROOKE ALEXANDER

59 Wooster St. New York NY 10012

brookealex@earthlink.net Tel (212) 925 4338 Fax (212) 941 9565

SEAN KELLY

43 MERCER STREET
NEW YORK NY 10013
TELEPHONE 212 343-2405
FAX 212 343-2604

Marina Abramović

Fabric Workshop, Philadelphia, PA
December 1998 – February 1999

Christine Borland

De Appel, Amsterdam
November 1998 – January 1999

Museum für Gegenwartskunst, Zürich
February – March 1999

James Casebere

Sean Kelly, New York, NY
January – March 1999

Museum of Modern Art, Oxford
January – April 1999

Ann Hamilton

Aldrich Museum of Contemporary Art, Ridgefield, CT
January – May 1999

Venice Biennale: The American Pavilion
June 1999

Callum Innes

Kunsthalle, Bern
February – March 1999

Irish Museum of Modern Art, Dublin
April – May 1999

Julião Sarmento

Sean Kelly, New York, NY
December 1998 – January 1999

Hirshhorn Museum and Sculpture Garden, Washington, DC
February – June 1999

Lorna Simpson

Walker Art Center, Minneapolis, MN
April – July 1999

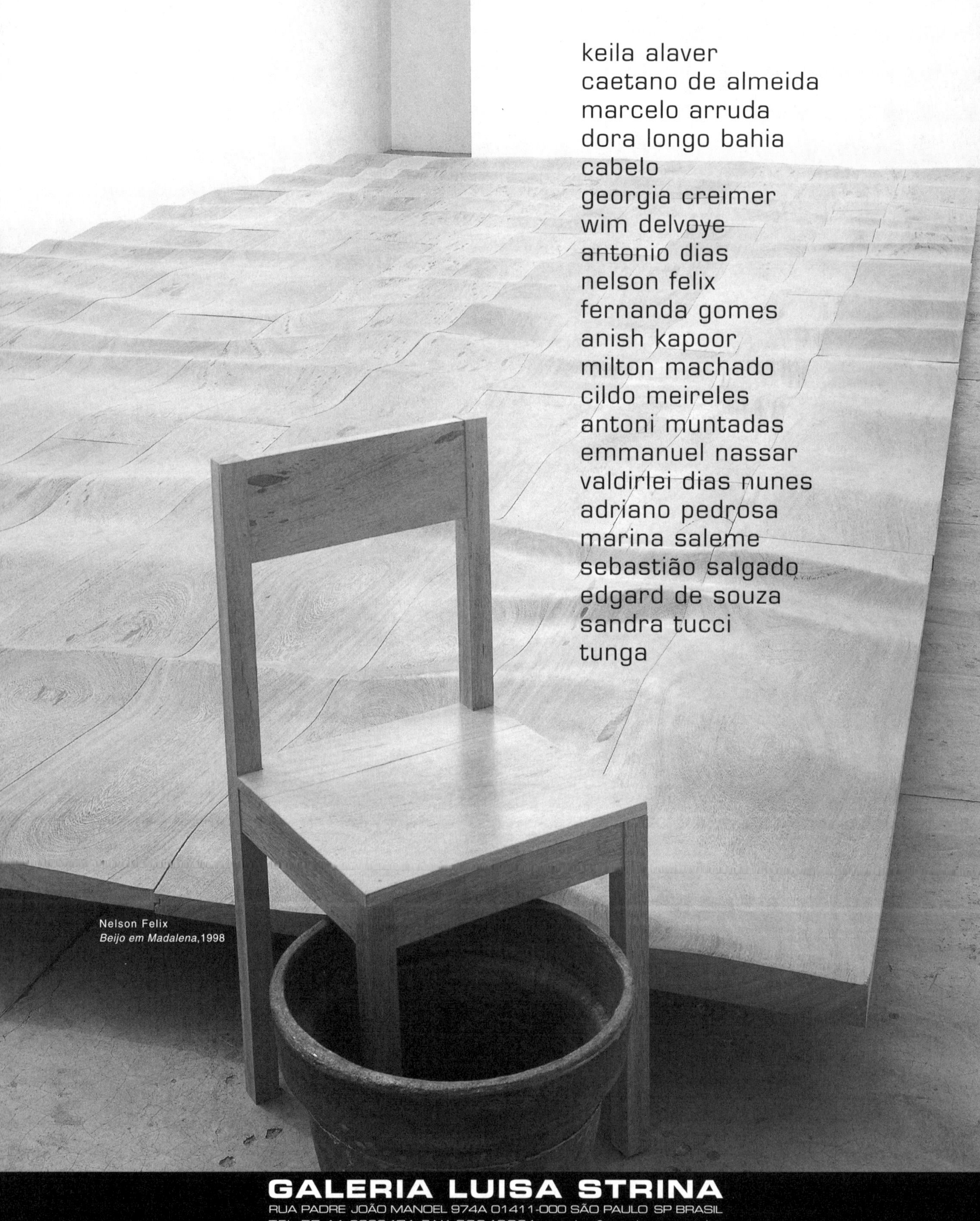

Nelson Felix
Beijo em Madalena, 1998

MAI 36 GALERIE

FRANZ ACKERMANN
FEBRUARY 6 – MARCH 13

ANNEMARIE VERNA GALLERY
NEPTUNSTRASSE 42, ZURICH
AND MAI 36 GALLERY

RITA McBRIDE
MARCH 27 – MAY 22

Rita McBride is represented in
Europe by Annemarie Verna Gallery
and Mai 36 Zürich

Rämistrasse 37, CH-8001 Zürich, Tel. 01 261 68 80, Fax 261 68 81

GALERIA ■ **HELGA DE ALVEAR**

DR. FOURQUET 12, 28012 MADRID. TEL:(34) 91 468 05 06 FAX:(34) 91 467 51 34
E-MAIL:dealvear@aleph-arts.org http://aleph-arts.org/dealvear

November 97-January 98

ROLAND FISCHER

ESTUDIO ♠ **HELGA DE ALVEAR**

PETER HUTCHINSON

January - March

JAVIER VALLHONRAT

Sala 2

FRANK THIEL

ESTUDIO ♠ **HELGA DE ALVEAR**

MITSUO MIURA & JESÚS PALOMINO

March - April

CHRISTINE DAVIS

ESTUDIO ♠ **HELGA DE ALVEAR**

JOSEPH BEUYS

karyn lovegrove gallery

Opening February 1999

Bill Henson
13 February—20 March

Karyn Lovegrove Gallery
6150 Wilshire Boulevard #8
Los Angeles CA 90048 USA
Telephone: 323 525 1755
Facsimile: 323 525 1245
Email: lovegrovek@aol.com
Gallery Hours: 11am—5pm
Tues—Sat or by appointment

GALERIE   MEERT   RIHOUX

MICHAEL VENEZIA	January Febr. 1999
IAN WALLACE	March April 1999
SOL LEWITT	May June 1999

RUE DU CANAL 13
1000 BRUSSELS
VAARTSTRAAT 13
1000   BRUSSEL
FAX 02/219.37.21
TEL 02/219.14.22

gallery bob van orsouw   limmatstrasse 270   8005 zurich
phone +41-1-273 11 00   fax +41-1-273 11 02

january 16
until **nicky hoberman**
march 6, 1999
bewitched

the armory show new york, february 18 until 22, 1999

Katharina Grosse

5. März - 10. April 1999

Beat Streuli

16. April - 5. Juni 1999

GALERIE CONRADS

Poststr.3 D - 40213 Düsseldorf
Tel. 0049 - 211 - 323 07 20
Fax 0049 - 211 - 323 07 22

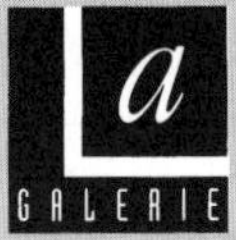

L.A. Galerie – Lothar Albrecht

Domstrasse 6, D-60311 Frankfurt, Telefon: (49) 69 - 28 86 87, Fax: (49) 69 - 28 09 12

Representing:

ART FAIRS:

OLIVER BOBERG	LUKAS EINSELE	ART BASEL
BERNARD FAUCON	JOAN FONTUCBERTA	ART COLOGNE
ROBERT F. HAMMERSTIEL	NAOYA HATAKEYAMA	ART FORUM BERLIN
JOHN HILLIARD	EDGAR LISSEL	ART FRANKFURT
TRACEY MOFFATT	MABEL PALACIN	THE ARMORY SHOW, NY
IRENE PESCHICK	KEN PROBST	
ARTHUR TRESS	JAVIER VALLHONRAT	

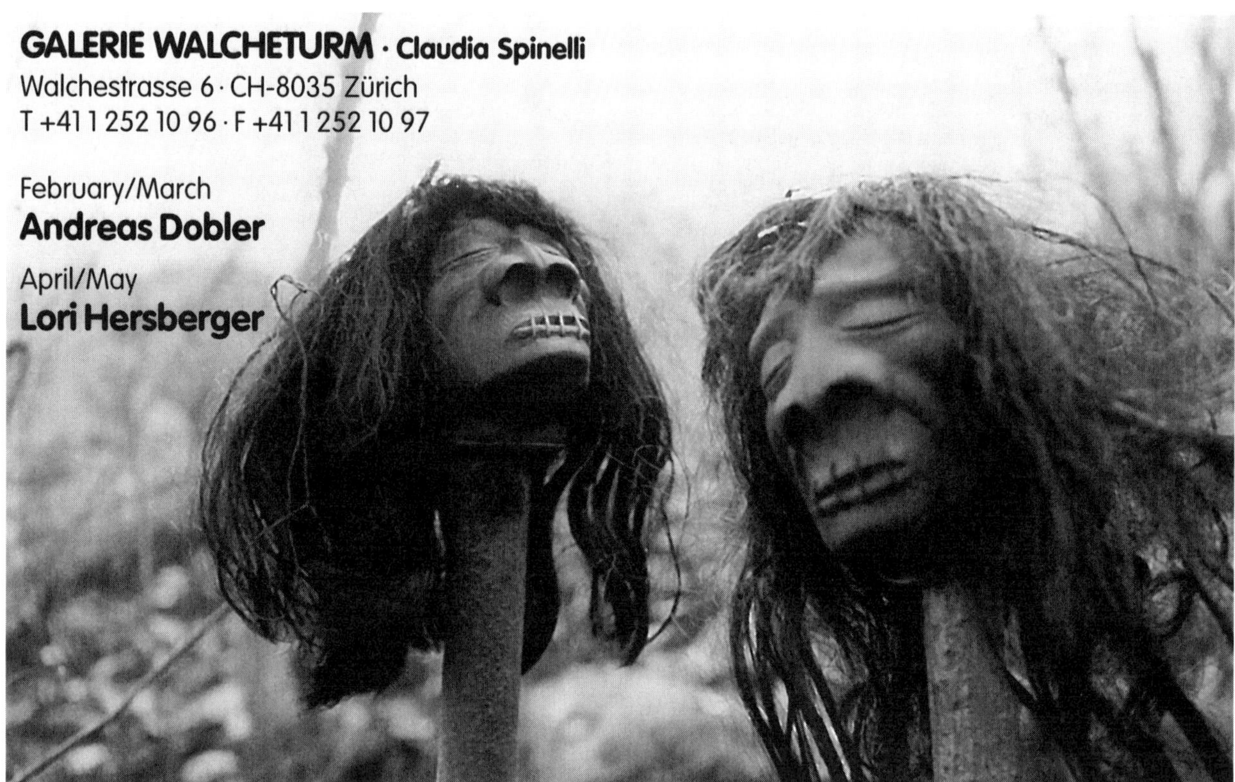

15 January to 13 February	**Allen Frame** **new photography** **Dieter Hall** **new painting**
19 February to 20 March	**group show with Jean Crotti, Romano della Chiesa & Rodney White**
26 March to 1 May	**Alfred Wirz** **Das grosse Panorama**
23 to 26 April	**ART Frankfurt with Attila Richard Lukacs, Max Grüter, Richard Müller, Christoph Wachter and Alfred Wirz**
7 May to 5 June	**Christoph Wachter**

Sylvie Fleury

Hot Heels, 7. November 1998 – 10. Januar 1999

Christine Borland

30. Januar 1999 – 21. März 1999

Atelier van Lieshout

Die Guten, die Bösen und die Hässlichen, 3. April 1999 – 30. Mai 1999

Uri Tzaig

12. Juni 1999 – 15. August 1999

Olivier Mosset / Cady Noland

28. August 1999 – 24. Oktober 1999

Peace

6. November 1999 – 9. Januar 2000

«migros museum»

Museum für Gegenwartskunst Zürich

Limmatstrasse 270 CH-8005 Zürich Di–Fr 12–18 h / Sa, So 11–17 h

1999

24. JANUAR – 21. MÄRZ **PIPILOTTI RIST**

2. APRIL – 30. MAI **GEORG HEROLD**

12. JUNI – 15. AUGUST **STEVE M^cQUEEN**

28. AUGUST – 24. OKTOBER **BEAT STREULI**

6. NOVEMBER – 30. DEZEMBER **EIDG. PREISE FÜR FREIE KUNST 1999** SWISS AWARDS OF FINE ARTS 1999

KUNSTHALLE ZÜRICH

LIMMATSTRASSE 270 CH-8005 ZÜRICH TEL (01) 272 15 15 FAX (01) 272 18 88 E-MAIL: KUNSTHALLEZH@ACCESS.CH

15 Installationen im Gehörgang

Kunst am Radio mit Vito Acconci, Dara Birnbaum, Louise Bourgeois, Marie José Burki, Silvie Defraoui, Iris Gallaroti, Jos Näpflin, Shahryar Nashat, Ilona Ruegg, Julian Opie, Vittorio Santoro, Nika Spalinger, Sarah Sze, Lawrence Weiner, Robert Wilson von 4. bis 22. Januar 1999.

täglich 12.15 / 19.45 Uhr

DRS2aktuell

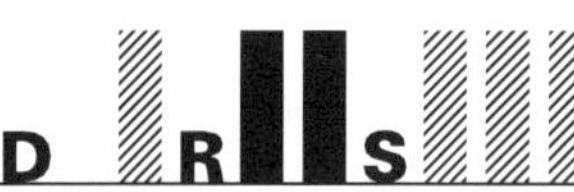

JÄNNER - MÄRZ

BORIS BECKER
LOUISE BOURGEOIS
DAN GRAHAM
AXEL HÜTTE
KATARINA MATIASEK & SCANNER
RIKA NOGUCHI
GISELA STIEGLER & BEATRICE DREUX
THOMAS STRUTH

MÄRZ - MAI

GARY HILL
CHRISTOPH HINTERHUBER
CANDIDA HÖFER
SABINE JELINEK
HANS KUPELWIESER
NAM JUNE PAIK
RUTH SCHNELL
MARIJKE VAN WARMERDAM

TRABANT

A - 1040 WIEN SCHLEIFMÜHLGASSE 13 TEL / FAX 0043 1 272 21 79

GREGORY GREEN

19 FEBRUARY – 27 MARCH 1999

AEROPLASTICS
CONTEMPORARY

32 rue Blanche   1060 Brussels   Telephone 32 2 537 22 02   Fax 32 2 537 15 49

CHRISTOPH DRAEGER

11 FEBRUARY – 13 MARCH 1999

DAMASQUINE
ART GALLERY

62 rue de l'Aurore   1000 Brussels   Telephone 32 2 646 31 53   Fax 32 2 646 48 52

damasquine@skynet.be
http://www.damasquine.be

DOUG AITKEN

THOMAS DEMAND

HANS-PETER FELDMANN

MAUREEN GALLACE

RODNEY GRAHAM

MARTIN HONERT

 KAREN KILIMNIK

ELKE KRYSTUFEK

LIZ LARNER

DANIEL OATES

KRISTIN OPPENHEIM

ROBERT PRUITT

THOMAS RUFF

COLLIER SCHORR

SUE WILLIAMS

JANE AND LOUISE WILSON

303GALLERY

525 WEST 22ND STREET NEW YORK 10011

TEL 212 255 1121 FAX 212 255 0024

Kunsthalle
Basel

Herbert Brandl
30. Januar – 21. März 1999

René Daniëls
30. Januar – 28. März 1999

Kunsthalle Basel, Klostergasse 5, Eingang Ausstellungen: Steinenberg 7, CH-4051 Basel, Telefon 061/206 99 00, Fax 061/206 99 19
Öffnungszeiten: Dienstag – Sonntag 11 – 17 Uhr, Mittwoch 11 – 20.30 Uhr, Montag geschlossen. Führungen Sonntag 11 Uhr

Städtische Kunstsammlungen
Schloß Salder, Salzgitter-Salder

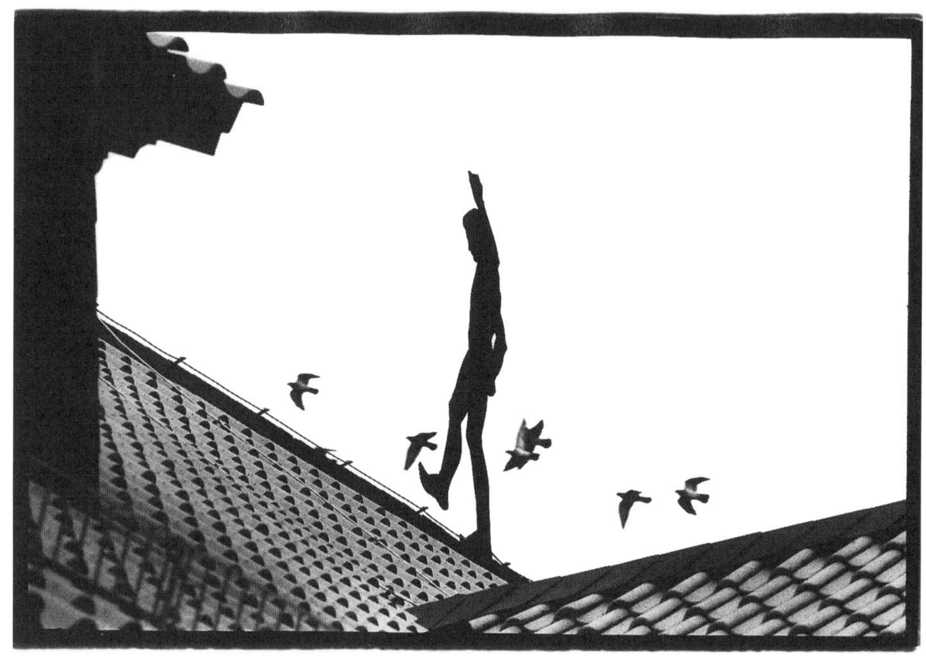

Arbeit von Hubertus von der Goltz auf dem Dach des Ausstellungsgebäudes im Komplex Schloß Salder. Foto © Andreas Baier

Alle Jahre wieder:

"Salon Salder"
– Aus Ateliers im Lande Niedersachsen
Kurator: Alexander Baier

Gefördert durch:

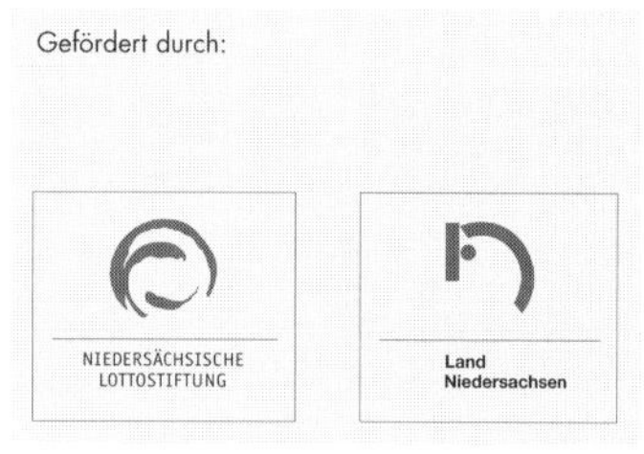

Städtische
Kunstsammlungen
Museumstraße 34
D-38229 Salzgitter-Salder
Tel. 0 53 41 / 8 39-46 31
Tel. 0 53 41 / 8 39-46 11

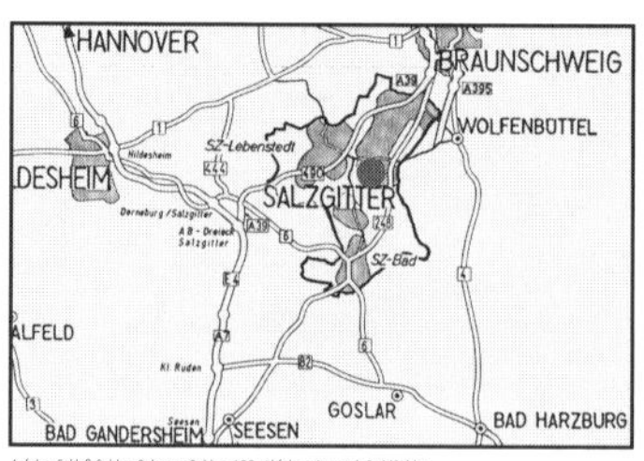

Anfahrt: Schloß Salder, Salzgitter-Salder: A39, Abfahrt Lebenstedt Süd/Salder

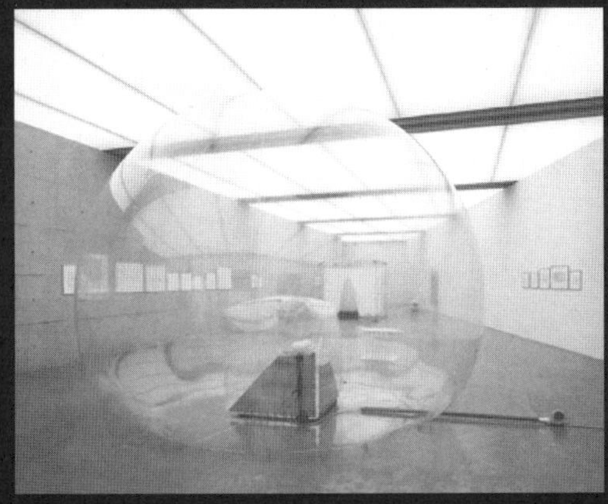

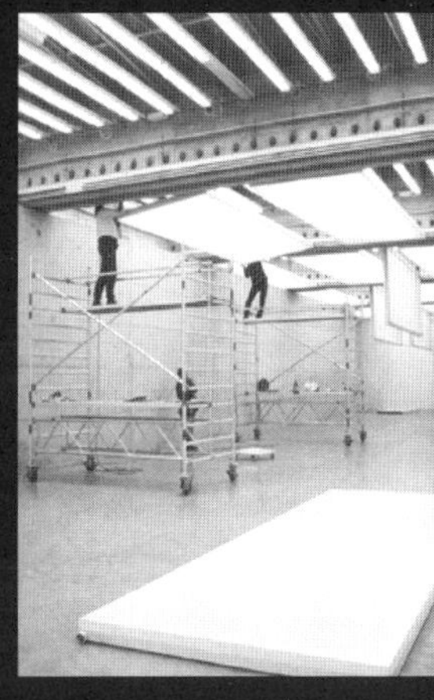

10 Jahre
Generali Foundation

Generali Foundation
Wiedner Hauptstraße 15
1040 Wien, Austria
Telefon (+43 1) 504 98 80

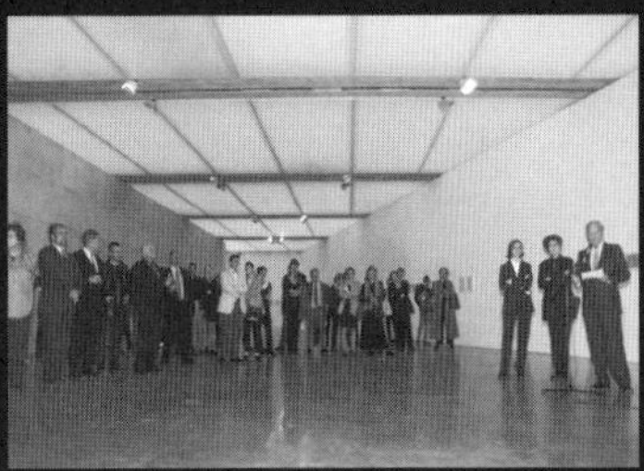

Ausstellungen Sammlung Studienraum Publikationen

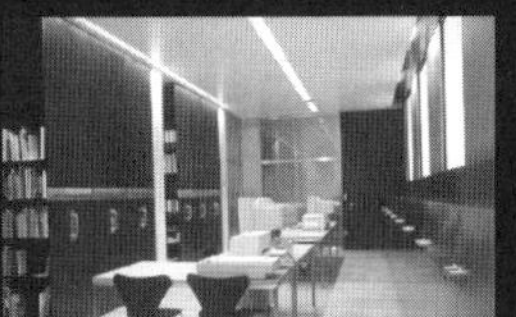

KUNST HEUTE

GESPRÄCHE MIT ZEITGENÖSSISCHEN KÜNSTLERN
HERAUSGEGEBEN VON GISELA NEVEN DU MONT UND WILFRIED DICKHOFF

BEUYS
BASELITZ
RAUSCHENBERG
LÜPERTZ
CLEMENTE
A.R.PENCK
OEHLEN
DAHN
HOLZER
DOKOUPIL
IMMENDORFF
BROODTHAERS
KIRKEBY
SHERMAN
KOUNELLIS
BYARS
ANZINGER
FÖRG
KLAUKE
IKEMURA

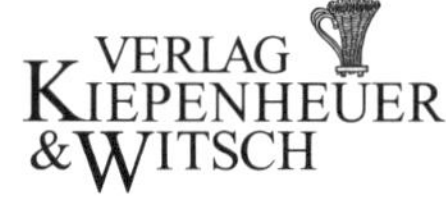

VERLAG KIEPENHEUER & WITSCH

Art | 30 | Basel
The Art Fair

Art | 30 | Basel | 16 – 21 | June | 99

Art 30 Basel, P.O. Box, CH-4021 Basel
Tel. +41 61 686 20 20, Fax +41 61 686 26 86, E-Mail: art@messebasel.ch, www.art.ch

Messe Basel.

sponsored by ✳ UBS

A printing collaboration
for 12 years and
44 Parkett issues:

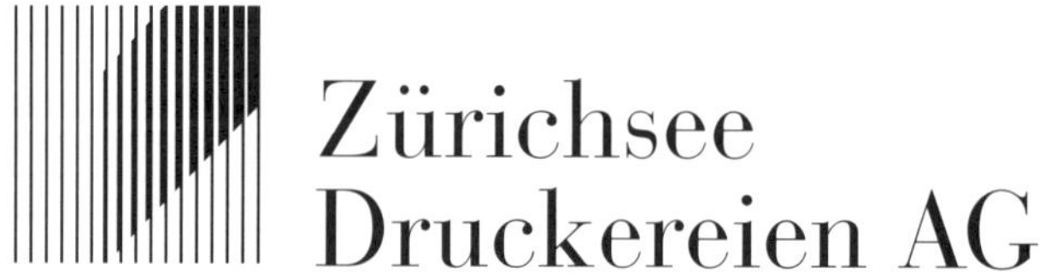

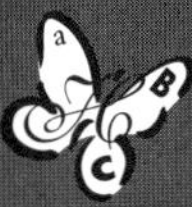

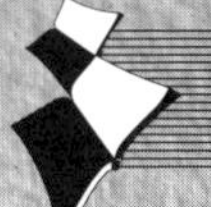

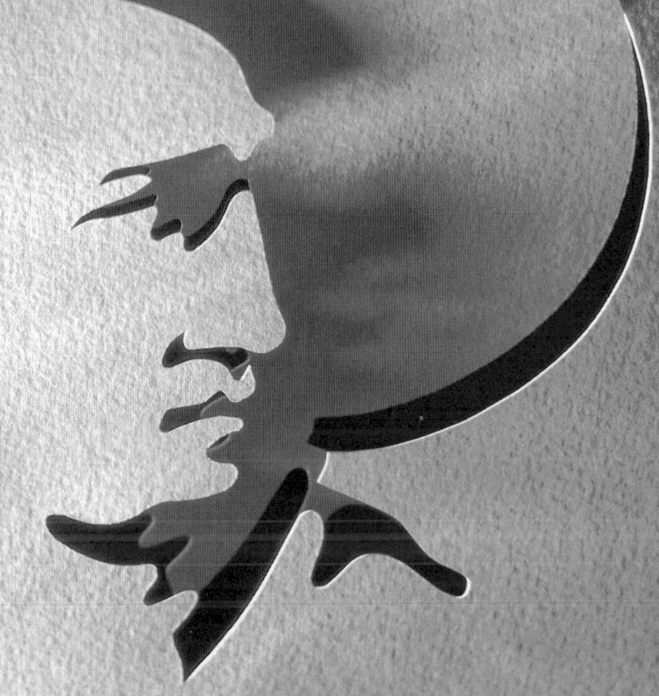

Art again
welcomes you
at the
51st
Frankfurt
Book Fair
October 13-18
1999

Artists' books
Hand-printed books
Special edition
Galleries
Museums
Art magazines
Art books

Our
representative:
Françoise Knabe
Weckmarkt 7-9
D-60311 Frankfurt/Main
Tel.:+49 (0) 69 91 39 83 21-23
Fax:+49 (0) 69 2 02 50

Frankfurter Buchmesse
P.O. 10 01 16
D-60001 Frankfurt
Germany
Tel.: +49 (0) 69 / 21 02-0
Fax: +49 (0) 69 / 21 02-227/277
e-mail: weber@book-fair.com
Internet: http://www.frankfurt-book-fair.com

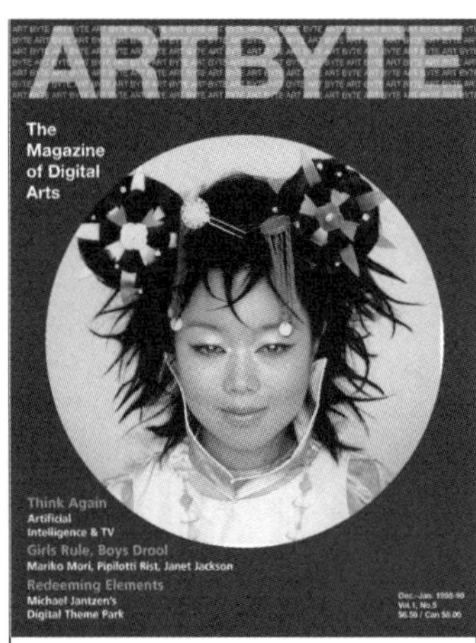

The
Magazine
of Digital
Arts

Winner
1998 Ozzie Award for Best New Magazine Design

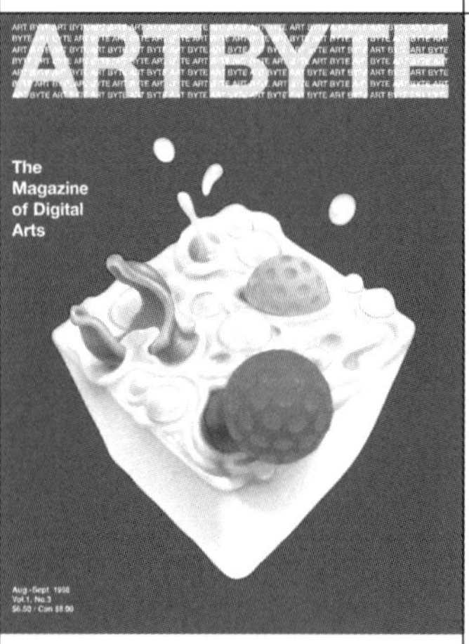

3D video animation

Digital photography

Imaging

Digital prints

Electronic music

Art on the Internet

and more

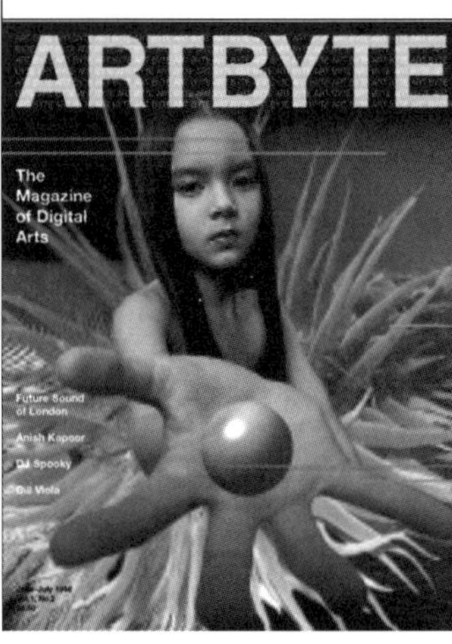

SUBSCRIBE

ARTBYTE, 39 East 78th Street,
New York, NY 10021 USA
Tel. 212 988 5959 / Fax 212 988 6107
www.artbyteonline.com
1 Year Subscription $34.95 / 2 Years $59.95
Foreign Subscriptions add USD $28 per year.

art frankfurt

23.–26. April 1999

Die Messe zum Thema Kunst Moderne Kunst von den 60er Jahren bis heute – Halle 1.2, New Attitudes: Junge Galerien und die Kunst der 90er Jahre – Halle 1.1, Neu: ArtKino mit Nonstop-Programm. Halle 1 Eingang City, täglich 11–19 Uhr, Eintritt inkl. Katalog: Tageskarte DM 25, Abendkarte DM 12, Infoline 069-75 75 66 64, Internet www.artfrankfurt.de, Messe Frankfurt GmbH, Ludwig-Erhard-Anlage 1, 60327 Frankfurt am Main **The fair that keeps to the subject of art** Modern art from the Sixties until today – hall 1.2, New Attitudes: young galleries and art of the Nineties – hall 1.1, New: ArtCinema with non-stop programme. Hall 1 City entrance, daily from 11 a.m. to 7 p.m., Tickets incl. catalogue: daily ticket DM 25, evening ticket DM 12, Infoline +49-(0)69-75 75 66 64, Internet www.artfrankfurt.de, Messe Frankfurt GmbH, Ludwig-Erhard-Anlage 1, 60327 Frankfurt am Main

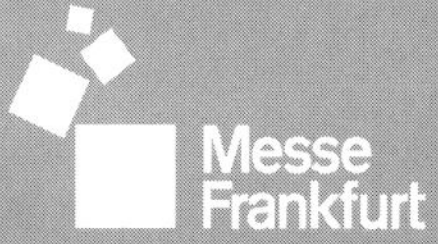

MARIKO MORI

SOPHIE CALLE
MARLENE DUMAS
TATSUO MIYAJIMA
REI NAITO
YUKIO NAKAGAWA
YOSHIHIRO SUDA
HIROSHI SUGIMOTO

GALLERY KOYANAGI

1-7-5 Ginza, Chuo-ku, Tokyo, Japan 104 Telephone 03-3561-1896 TeleFax 03-3563-3236

THOMAS AMMANN FINE ART AG ZURICH

IMPRESSIONIST & 20TH CENTURY MASTERS

SELECTED WORKS BY MAJOR ARTISTS

BACON
BALTHUS
BEUYS
BRAQUE
CALDER
CHAGALL
ERNST
GIACOMETTI
KANDINSKY
KIRCHNER
KLEE
DE KOONING
LEGER
LICHTENSTEIN
MARDEN
MARTIN
MATISSE
MIRO
PICASSO
RYMAN
ROTHKO
TAAFFE
TWOMBLY
WARHOL

RESTELBERGSTRASSE 97   CH-8044 ZÜRICH
TEL. (411) 360 51 60   FAX (411) 360 51 61

georg baselitz
max bill
john chamberlain
nicola de maria
dan flavin
christian herdeg
jahanguir
roy lichtenstein
alois lichtsteiner
catherine lee
brice marden
mimmo paladino
darryl pottorf
robert rauschenberg
sean scully
richard serra
joel shapiro
frank stella
jean tinguely

galerie jamileh weber

waldmannstrasse 6
ch-8001 zürich
telefon 01 252 10 66
telefax 01 252 11 32